HISTÓRIA DAS IDEIAS CONTEMPORÂNEAS

@editoraquadrante
@editoraquadrante
@quadranteeditora
Quadrante

MARIANO FAZIO

HISTÓRIA DAS IDEIAS CONTEMPORÂNEAS

Tradução
Tadeu Duarte Barros dos Santos Duarte

São Paulo
2022

Título original
Historia de las ideas contemporáneas

Copyright © 2021 by EDICIONES RIALP, S. A. (Madri, Espanha)

Capa
Larissa Fernandez

Dados Internacionais de Catalogação na Publicação (CIP)
(Câmara Brasileira do Livro, SP, Brasil)

Fazio, Mariano
    História das ideias contemporâneas / Mariano Fazio; tradução de Tadeu Duarte Barros dos Santos Duarte. – São Paulo: Quadrante Editora, 2022.

    Título original: *Historia de las ideas contemporáneas.*
    ISBN: 978-65-86964-64-6

    1. Filosofia moderna 2. Ideia (Filosofia) - História 3. Secularismo - História I. Duarte, Tadeu Duarte Barros dos Santos. II. Título.

21-86669   CDD 190

Índice para catálogo sistemático:
1. Filosofia moderna 190

Eliete Marques da Silva - Bibliotecária - CRB-8/9380

Todos os direitos reservados a
QUADRANTE EDITORA
Rua Bernardo da Veiga, 47 - Tel.: 3873-2270
CEP 01252-020 - São Paulo - SP
www.quadrante.com.br / atendimento@quadrante.com.br

Sumário

Introdução da 3ª edição espanhola 13

PRIMEIRA PARTE

As raízes da modernidade 17

I. Renascimento, novo mundo e Reforma Protestante 21
  1. Renascimento e antropocentrismo... 22
  2. Descoberta da América e secularização 27
    a) Os Títulos Justos e a secularização da teocracia medieval 27
    b) O mito do bom selvagem e as visões utópicas europeias 35
  3. Reforma e modernidade 42
  4. A Reforma católica 50

II. Do Antigo ao Novo Regime 53
  1. O Antigo Regime 53
    a) Rumo à monarquia absoluta: a teoria política de Bodin............ 54
    b) O direito divino dos reis 55
    c) O contrato social de Hobbes 59
    d) A estrutura social 63
  2. O Novo Regime 64

III. O Iluminismo 67
  1. Características gerais da filosofia moderna 67
    a) René Descartes (1596-1650) 71
    b) David Hume (1711-1776)... 74

2. Introdução ao Iluminismo.. 77
3. O Iluminismo inglês 80
    a) A física de Newton 80
    b) O deísmo inglês.. 81
    c) A filosofia moral... 83
4. O Iluminismo francês... 84
    a) Pierre Bayle, o precursor.. 85
    b) A Enciclopédia... 86
    c) O materialismo 87
    d) A teoria político-social 90
5. O Iluminismo alemão 96
6. O sistema kantiano.. 99
    a) Vida e obras 100
    b) A Crítica da razão pura 102
    c) A moral kantiana.. 105
    d) A filosofia da religião.. 109
    e) Filosofia do direito e da história................................... 109

IV. O romantismo e o idealismo alemão 113
1. Precedentes culturais do romantismo................................... 115
    a) O movimento *Sturm und Drang*.................................. 115
    b) O classicismo 118
2. Elementos característicos do romantismo 119
    a) A revalorização do sentimento...................................... 120
    b) A redescoberta do infinito.. 121
    c) O interesse pela história e pela tradição 121
    d) A nova função da arte como saber de salvação................. 124
3. Autores românticos e desenvolvimentos nacionais 125
4. Romantismo e secularização 127
5. Introdução ao idealismo 129
    a) Características gerais do idealismo 129
    b) O idealismo absoluto de Hegel (1770-1831).................... 131
        1. Vida e obras 131
        2. Influências. Primeiro período teológico 132
        3. A função da filosofia.. 133
        4. O Absoluto e a dialética 133
        5. A lógica hegeliana 135
        6. A filosofia do espírito 135
        7. A filosofia da história.. 137
        8. A esfera do Espírito Absoluto 139
6. A reação anti-hegeliana: Sören Kierkegaard 141

SEGUNDA PARTE

A modernidade ideológica 149

V. O liberalismo 155
  1. O que é o liberalismo? 155
  2. Os pensadores liberais 162
    a) John Locke e a *Glorious Revolution* 162
    b) O liberalismo econômico de Adam Smith 167
    c) Humboldt e Constant: a liberdade individual 170
    d) Liberdade e igualdade: Tocqueville 172
    e) Bentham e Mill: liberalismo e utilitarismo 174
    f) Os neoliberalismos 181

VI. O nacionalismo 187
  1. Nacionalismo e revolução 188
  2. O nacionalismo romântico (1800-1848) 192
  3. O nacionalismo da *Machtpolitik* e o imperialismo 198
    a) O nacionalismo subjetivo 198
    b) O nacionalismo objetivo 202
    c) O imperialismo 205
    d) O nacionalismo da descolonização 206
  4. O nacionalismo como totalitarismo 209
  5. Nacionalismo e fundamentalismo religioso 213

VII. O marxismo 219
  1. A esquerda hegeliana 220
  2. Ludwig Feuerbach 222
    a) Vida e obras 222
    b) A inversão materialista de Hegel 223
  3. O socialismo utópico e o movimento anarquista 226
  4. Karl Marx 230
    a) Vida e obras 230
    b) O materialismo dialético e histórico 232
    c) Crítica da alienação religiosa 235
    d) Crítica da alienação filosófica 236
    e) Crítica da alienação política 237
    f) Crítica da alienação social 238
    g) Crítica da alienação econômica 238
  5. Os neomarxismos e o movimento social-democrata 241
  6. As ideias se transformam em realidade 245

VIII. O cientificismo 249
    1. O positivismo de Auguste Comte 251
        a) Vida e obras 251
        b) O conhecimento positivo e a teoria dos três estados 251
        c) A classificação das ciências 254
        d) Religião e moral 255
    2. O positivismo na França 256
    3. Evolucionismo biológico
        e darwinismo social 258
    4. O cientificismo contemporâneo 263

TERCEIRA PARTE

A crise da cultura da modernidade 267

IX. A saída da modernidade ideológica 275
    1. A doutrina moral e religiosa de Henri Bergson 276
    2. A filosofia da ação de Blondel 278
    3. O existencialismo cristão de Gabriel Marcel 282
    4. O personalismo 285
        a) Características gerais 285
        b) Emmanuel Mounier (1905-1950) 287
    5. O neotomismo 291
        a) A encíclica Aeterni Patris (1879) e a renovação do tomismo 292
        b) Jacques Maritain (1882-1973) 294

X. Os niilismos 301
    1. O niilismo de Nietzsche 302
        a) Vida e obras 302
        b) A vida: o grande tema de Nietzsche 305
        c) A morte de Deus e o niilismo 306
        d) O eterno retorno 309
        e) O super-homem 311
        f) A vontade do poder 313
        g) A moral e o cristianismo 315
    2. O humanismo agnóstico 316
    3. Da morte de Deus à morte do homem: a pós-modernidade 320
        a) Jean-François Lyotard (1924-1998) 322
        b) Jacques Derrida (1930-2004) 323
        c) Gianni Vattimo (1936-) 326

XI. A sociedade permissiva 333
1. O pansexualismo de Sigmund Freud 333
2. As origens da revolução sexual: Wilhelm Reich 339
3. A Escola de Frankfurt e a teoria crítica da sociedade 341
4. O feminismo 345
5. A ideologia de gênero 352
6. Os neomalthusianismos 358
7. Os ambientalismos 362
8. O retorno do sagrado 366

QUARTA PARTE

A Igreja Católica e o mundo contemporâneo 371

XII. Igreja, Antigo Regime e Revolução. De Pio VII ao beato Pio IX ... 373
1. Igreja e mudança histórica 373
2. Gregório XVI e o Beato Pio IX 377

XIII. De Leão XIII a Pio XII 381
1. Leão XIII 381
2. São Pio X e Bento XV 384
3. Pio XI 387
   a) O programa do seu pontificado 387
   b) Pio XI e a crise da cultura da modernidade 390
4. Pio XII (1939-1958) 401
   a) A encíclica programática: Summi pontificatus 402
   b) Pio XII e a Segunda Guerra Mundial 405
   c) A ordem internacional e a democracia 414
   d) Um mundo dividido em dois blocos 418
   e) A unificação europeia e a descolonização 419

XIV. Do Vaticano II a João Paulo II 423
1. O Concílio Vaticano II: legítima autonomia do temporal e da liberdade
   religiosa 424
2. O Pontificado de João Paulo II (1978-2005):
   Para uma modernidade cristã 435
   a) A doutrina social da Igreja frente à ética liberal 436
      1. Os juízos do magistério sobre o capitalismo liberal 438
      2. A democracia liberal na Centesimus annus 441
      3. A antropologia cristã 444
   b) Cultura da vida e cultura da morte 449
   c) A proposta de João Paulo II sobre uma nova ordem mundial 454

3. Bento XVI (2005-2013) 459
4. Francisco (2013-) 464

Epílogo 465

Bibliografia 469

Ao professor Gonzalo Redondo,
com agradecimento por seu magistério.

Introdução da 3ª edição espanhola

Este livro tem certas características específicas que convém esclarecer desde o início destas páginas. A História das Ideias é um âmbito de estudo não muito definido, que se encontra entre a História e a Filosofia, e onde intervêm também conceitos em uso na Literatura, Sociologia, Direito e Ciência Política. Esta definição permite ao historiador das ideias uma grande liberdade de movimentos, que vai além dos estritos limites metodológicos de outro tipo de disciplinas.

A causa final, denominada pelos antigos *causa causarum*, condiciona o esquema de todo o histórico sobre as ideias. Originalmente, o presente livro foi publicado em italiano (2001, 2005), como manual para os estudantes da Faculdade de Comunicação Institucional da Pontifícia Universidade da Santa Cruz. Propunha-se apresentar um panorama das principais correntes culturais dos últimos séculos, com a finalidade de compreender o contexto cultural contemporâneo, campo habitual do futuro trabalho dos estudantes de comunicação. A boa aceitação dos leitores sem relação com este campo de estudos incentivou a sua publicação em espanhol para um público mais amplo.

As ideias contemporâneas são múltiplas. É humanamente impossível ocupar-nos de sua totalidade. Impõe-se uma escolha e ela foi feita, tendo em conta a finalidade original do livro. Como se poderá comprovar lendo as presentes páginas, existe uma linha que estrutura as diversas partes. Esta linha é o processo de secularização que se verifica na modernidade. A secularização não equivale, sem mais, à descristianização e apresenta diversos aspectos: concretiza-se numa afirmação da autonomia relativa do temporal, sem perder o horizonte da transcendência (laicidade), que pode desembocar numa autofundação antropológica de caráter prometeico que termina no niilismo.

Todavia, o estudo das ideias dos últimos séculos será confrontado, do ponto de vista da secularização, como processo caraterístico da modernidade. A história – e, em menor medida, a história das ideias – não alcançou nunca o nível de objetividade idealizado pelos positivistas. As decisões do historiador pesam na apresentação do objeto de estudo. Neste caso, a escolha do fio condutor condiciona o esquema do livro. Poderia ter-se escolhido outro tema estruturante – o desenvolvimento científico, a história econômica etc. –, mas preferimos este por causa da mesma finalidade que queríamos dar ao presente trabalho: uma espécie de orientação cultural para um futuro comunicador institucional. Entender as origens intelectuais dos movimentos culturais ajuda, sem dúvida, na análise serena e ponderada do mundo circundante.

Além de esclarecer o fio condutor destas páginas, é preciso mencionar que a perspectiva que o autor adota é a própria da visão cristã do homem, da história e da sociedade. O leitor também poderá observar que foi privilegiada a análise da cultura ocidental, porque se trata da cultura que mais se difundiu e chegou a ser mundial. Isso não significa que no livro se identifiquem cristianismo e cultura ocidental, e aqui e ali serão feitas referências importantes sobre os desenvolvimentos culturais fora do nosso hemisfério.

O livro tem quatro partes. Na primeira, abordam-se os elementos mais caraterísticos da época moderna (séculos XV-XVIII), pondo-se em evidência a marcha do processo de secularização. Nesta parte serão abordadas as consequências culturais do Renascimento, o descobrimento da América, a Reforma protestante, o Iluminismo e o Romantismo. Na segunda parte, a mais extensa, estudar-se-ão as principais ideologias contemporâneas – liberalismo, nacionalismo, marxismo, cientificismo –, mostrando o seu papel como religiões substitutivas. A terceira parte constitui uma análise da crise da cultura da Modernidade a partir do início do século XX, quando os paraísos profetizados pelas ideologias não se tornaram realidade. As temáticas centrais desta parte do livro são o niilismo, a sociedade permissiva e os movimentos culturais mais atuais: feminismo, ecologismo, novos movimentos religiosos. O presente trabalho conclui-se com uma análise da relação entre cristianismo e modernidade e, em particular, entre a Igreja Católica e o mundo contemporâneo. Este será o objeto da quarta parte do nosso estudo.

* * *

Desde a primeira edição italiana até a terceira edição espanhola passaram-se mais de dez anos. A história acelerou-se e, por isso, foi necessária uma atualização do texto. Graças às sugestões de alguns leitores, na primeira parte ampliou-se a exposição das filosofias de Descartes e Hume. A apresentação de Kant simplificou-se, atendendo ao público pouco familiarizado à Filosofia.

Ampliamos a terceira parte, sobretudo, no que respeita aos movimentos culturais atuais, em particular à ideologia de gênero. A referência a Freud foi completamente revista. Na quarta parte, tendo em conta as polêmicas surgidas nos últimos anos, acrescentamos um ponto sobre Pio XII e a sua atuação na Segunda Guerra Mundial. Incluímos também uma breve visão do pontificado de Bento XVI.

Primeira parte
As raízes da modernidade

O processo de secularização está longe de ser unívoco. De fato, secularização não é em absoluto equivalente a descristianização. A afirmação paulatina da autonomia das realidades temporais pode coincidir com um processo de *desclericalização* – processo que purificaria as concretizações históricas de inspiração cristã de alguns elementos estranhos a esta inspiração – ou pode acabar na pretensa afirmação da independência absoluta das realidades temporais a respeito de toda instância transcendente.

O conceito de *Cristandade* também é, por sua vez, profundamente equívoco. Utilizo o termo Cristandade nestas páginas para significar a organização sociológica que se formou no Ocidente europeu ao longo da Baixa Idade Média (século XI até meados do século XV). A Cristandade foi uma das concretizações sociais possíveis do cristianismo, mas nada nos autoriza a identificá-la com a organização sociopolítica cristã *par excellence*, na suposição de que existe algum tipo de organização sociopolítica cristã *par excellence*. A Cristandade medieval aparece-nos como Jano, o deus bifronte dos romanos: um rosto cristão – e, portanto, profundamente humano – que ofereceu aos homens a possibilidade de encontrar uma resposta com sentido para as interrogações fundamentais da existência humana e que, simultaneamente, deu vida a manifestações sociais que procuravam salvaguardar valores imperecíveis, como as universidades e os hospitais. O outro rosto da Cristandade, a que chamaremos clerical, concretizou-se na confusão mais do que frequente da ordem natural com a ordem sobrenatural, desencadeando duas identificações injustificadas: a identificação do poder espiritual com o poder político e a identificação da pertença à Cidade de Deus com a pertença à cidade terrena.

O problema da cristandade medieval é um problema político. Se o poder espiritual e o poder temporal têm a mesma origem e o mesmo fim, a identificação entre eles está justificada e, portanto, a separação, ou mesmo a distinção, é desnecessária. Mas, se não existe esta unidade na origem e no fim, a absorção de um poder pelo outro é injustificável: estaríamos, pois, perante uma limitação ulterior ou um abuso de poder.

A atitude adotada a respeito do problema da Cristandade medieval pode, por isso, variar. Se procurarmos manter o *status quo* sociopolítico, adotamos uma atitude clerical que se poderia resumir da seguinte forma: a resolução dos problemas temporais seria uma tarefa, mais ou menos direta, de quem exerce o *munus regendi Ecclesiae*, quer dizer, o serviço da hierarquia eclesiástica, uma vez que, segundo esta perspectiva, pensa-se que o poder temporal do príncipe deriva do poder espiritual. Uma radicalização desta atitude clerical está presente no tradicionalismo, que, partindo da Cristandade medieval – pensada como a concretização *in terra* da essência do cristianismo –, aspira, como *desideratum* íntimo, ao regresso à sociedade e cosmovisão medievais.

Por sua vez, quem defende que a origem remota de ambos os poderes é a mesma – Deus –, mas que os fins para que tendem são distintos – o bem comum sobrenatural, no primeiro caso; o bem comum temporal, no segundo –, estaria levando a cabo um processo de secularização, compreendido como um despertar para a autonomia relativa do temporal. E diz-se relativa porque, segundo essa teoria interpretativa, na sua própria origem o temporal encontra-se fundado numa perspectiva transcendente.

Por fim, quem afirma que o poder temporal – e, *grosso modo*, o mundo de tudo o que é humano – não só tem um fim distinto, como na sua origem não se encontra nenhum elemento transcendente, estaria promovendo um processo de secularização que tenderia predominantemente para a apresentação de uma autonomia temporal absoluta, identificável com aquilo que no século XIX se começou a designar por *laicismo*.[1]

Secularização não é o equivalente à perda do sentido religioso. O processo de secularização, devidamente compreendido, conduz, para utilizar a célebre expressão de Max Weber, ao *desencantamento* do mundo. Durante a época moderna encontramos uma crise de fé que se manifesta na desmitificação e racionalização do mundo, na perda crescente de toda a transcendência que aponta para além do que é visível e palpável. Nas palavras de Khan, pode-se dizer que a crise de fé «significa a perda de uma imagem do mundo unitária e global, segura, na qual todas as partes se relacionavam com um centro: trata-se, pois, fundamentalmente, da perda de um centro. Se esta imagem do mundo com a certeza de um centro era a nossa herança, pode-se falar, com propriedade, de um espírito deserdado, de uma *desinherited mind*».[2] No entanto, a crise de fé não é o mesmo que o desaparecimento do sentido religioso. Se o que desaparece é a fé num Deus pessoal e transcendente, o sentido religioso inerente ao espírito humano encontra outros centros que se absolutizam: sacralizam-se os elementos terrenos que fornecerão os elementos para religiões substitutivas. Se este processo é evidente nas ideologias contemporâneas, também já na primeira etapa da modernidade encontramos esta alteração. Pensemos na razão iluminista, no sentimento romântico ou no Eu absoluto do idealismo alemão.

Começamos o estudo das raízes da modernidade com a análise do novo espírito que nasce em meados do século XV na Europa ocidental: referimo-nos ao Renascimento, cuja riqueza de conteúdos nos instiga a evitar visões simplistas ou esquemáticas. Por sua vez, o descobrimento da América é considerado *fato criador de uma época*, que marca a mudança entre duas realidades históricas de influência ampla, a que chamaremos *estruturas* ou *unidades de compreensão histórica*. Tendo em conta a perspectiva do presente ensaio – a perspectiva da história das

---

(1) Cf. M. FAZIO, *Due visioni della modernità*, em «Acta Philosophica» 2/1 (1993), 135--139.

(2) L. KHAN, *Letteratura e crisi della fede*, Città Nuova, Roma, 1978, p. 49.

ideias –, procuraremos analisar de que maneira a novidade americana influenciou o processo de secularização que caracteriza a passagem da Cristandade medieval para a modernidade – secularização de duas faces, como o era a Cristandade medieval. Em seguida, faremos uma referência ao papel desempenhado pela Reforma protestante – outro fato criador de uma época. Nos dois capítulos sucessivos, apresentaremos brevemente os elementos mais importantes do Antigo e Novo Regime, de forma a encontrar as diferenças entre estas duas etapas da modernidade, separadas pelas revoluções de finais do século XVIII. Continuando, dedicaremos algumas páginas ao estudo das origens filosóficas e ideológicas do Novo Regime, incidindo especialmente na análise do Iluminismo, que será a fonte principal da modernidade ideológica, sobre a qual nos debruçaremos na segunda parte deste ensaio. A primeira se encerra com um estudo do romantismo e do idealismo alemão, nos quais encontramos elementos que terão presença decisiva na modernidade ideológica.

Entre os traços com que habitualmente se caracteriza a modernidade, a noção de *secularização* ocupa um lugar de destaque. Afirma-se frequentemente que o mundo moderno é um mundo secularizado, enquanto o mundo medieval foi um mundo cristão. Afirmação simplista que exige algumas distinções se não quisermos cair em visões excessivamente esquemáticas da História. As grandes estruturas interpretativas costumam deixar amplos espaços abertos através dos quais escapa a realidade dos fatos, que nunca se apresenta com cores nítidas, mas oferece, quase sempre, uma gama de todos os matizes cromáticos possíveis.

I. Renascimento, novo mundo e Reforma Protestante

Entre o século XV e o século XVI ocorre uma série de fatos históricos que apontam para o esgotamento de um mundo – o medieval – e para o nascimento de um outro – o mundo moderno. A queda de Constantinopla sob os turcos, em 1453, põe fim a uma continuidade histórica milenar: a da dignidade imperial romana. Esse acontecimento traz consigo consequências importantes que influenciarão a nova configuração do mundo. Numerosos teólogos, filósofos, escritores e filólogos bizantinos abandonarão a sua pátria a caminho da Itália – em particular, a caminho de Florença –, fortalecendo, desta forma, um movimento de regresso às fontes clássicas da cultura que se denominará Renascimento ou Humanismo. Por sua vez, o encerramento da rota comercial com o Oriente, provocada pela queda de Bizâncio, será um elemento fundamental para explicar os avanços técnicos que se verificam durante a segunda metade do século XV no que diz respeito às ciências e técnicas de navegação. Esses desenvolvimentos permitiram empreender diversas tentativas para encontrar novas rotas que levaram os homens à China e à Índia. Algumas dessas tentativas terminaram providencialmente com o descobrimento da América e, por conseguinte, com a ampliação da visão europeia do mundo. Em 1517, pouco antes de Magalhães começar a travessia de circunavegação do mundo e de que Cortéz estivesse às portas do México, um frade agostiniano, Martinho Lutero, inicia a sua pregação antirromana na cidade de Wittenberg. O fim da unidade da Cristandade medieval, provocado pelas discórdias religiosas entre católicos, luteranos, calvinistas e anglicanos, terá consequências tão revolucionárias como a entrada na cena ocidental do novo continente americano.

Renascimento, descoberta da América e Reforma protestante fizeram circular uma grande quantidade de ideias novas, que encontraram um aliado fundamental num recente avanço tecnológico dessa época: refiro-me à invenção da imprensa, em meados do século XV, por obra de Johannes Gutenberg.

Os séculos XV e XVI são uma espécie de eixo entre duas estruturas históricas: a da Cristandade medieval (século XI até meados do século XV) e a do Antigo Regime (séculos XVII e XVIII). Esta é uma época caracterizada por processos de mudança, em que se fazem notar novidades modernas, mas nas quais, simultaneamente, perduram aspectos que mantêm a estrutura medieval. Nestas páginas, focaremos em particular os elementos que manifestam o começo do processo de secularização, entendido nos dois sentidos anteriormente descritos: o da afirmação da autonomia absoluta do homem e o da desclericalização ou *conscientização* da autonomia relativa das realidades temporais.

1. Renascimento e antropocentrismo

Com o termo Renascimento designam-se uma série de processos culturais ocorridos entre os séculos XV e XVI, mas cujos primeiros sinais já se podem encontrar no século XIV. Provavelmente, o elemento principal do espírito renascentista é o retorno aos clássicos. A chegada de humanistas gregos à Itália favoreceu os estudos da antiguidade grega e romana. A análise minuciosa das fontes e os esforços para compreender os textos no contexto histórico em que foram escritos deram vida a este renascimento da cultura clássica.

Durante a Idade Média também se utilizaram muitas fontes clássicas para a elaboração dos sistemas teológicos escolásticos. No entanto, em sua maioria essas fontes eram instrumentos ao serviço da exposição sistemática da fé. Agora, tratava-se de valorizar as fontes por si mesmas: Platão, Aristóteles, os estoicos e Cícero ganham nova vitalidade a partir dos estudos filológicos, retóricos e linguísticos. Os humanistas propuseram-se imitar a eloquência grega e latina, superando as decadências estilísticas baixo-medievais.

Processo análogo ocorreu no terreno das artes plásticas: os exemplos da antiguidade mediterrânea na arquitetura, pintura e escultura foram seguidos por um grande número de artistas italianos, que conseguiram impor as suas técnicas ao serviço do novo estilo de reminiscências clássicas no resto da Europa. Basta lembrar Leonardo, Michelangelo, Rafael, Botticelli ou Ticiano para compreender a importância que teve o Renascimento no nascente mundo moderno.

A tendência a regressar às origens da civilização europeia também se concretizou no interesse crescente pelo estudo das origens do cristianismo. Durante o Renascimento fazem-se numerosas edições da Sagrada Escritura, que procuraram estabelecer o texto original da Vulgata, considerada repleta de erros. Ao mesmo tempo, editam-se os Padres da Igreja, que se veneravam como os mais autorizados testemunhos da vida cristã primitiva. Nesta tarefa empenhou-se especialmente o célebre humanista holandês Erasmo de Roterdá.

No âmbito científico, durante esse período de mudança formulam-se teorias cosmológicas que modificarão a visão do universo. As descobertas de Copérnico, Ticho Brahe e Kepler na astronomia marcam uma nova época, ainda que essa nova visão demore décadas para se impor face às ideias populares. Realizam-se igualmente avanços tecnológicos importantes em matéria de navegação, arte militar, exploração mineira etc., os quais, se é verdade que se apoiavam em invenções medievais, não é menos verdadeiro que neste período aceleram de forma rápida, preparando o terreno para o desenvolvimento tecnológico mais sólido e revolucionário do século XVII.

Não é possível nestas páginas abordar questões menores. Como terá ficado claro para este período, interessa-nos sobretudo assinalar os elementos próprios do processo de secularização que caracteriza a modernidade. Nesse sentido, o Renascimento apresenta muitas facetas repletas de diversidades, e não é razoável propor um juízo sumário acerca da influência que o movimento teve no processo de secularização moderna. A primeira impressão que poderia ter um investigador superficial seria a seguinte: o Renascimento redescobre o mundo clássico em seu radical antropocentrismo, que se opõe à tradição medieval cristã teocêntrica. A partir do século XV, abandona-se a visão transcendente da vida para dar ênfase ao valor intrínseco das coisas naturais. Evidentemente, esta descrição sumária peca por simplismo e exige uma análise mais serena e integral a respeito destas questões.

Na filosofia renascentista, é evidente que se altera o ambiente intelectual a respeito da escolástica baixo-medieval, ao menos quanto ao estilo, métodos e temáticas. No entanto, a filosofia renascentista não é um bloco monolítico: há correntes platônicas, desenvolvidas fundamentalmente em Florença, que procuram uma síntese entre o pensamento clássico e o cristianismo, enquanto outras escolas tendem ao naturalismo. Nas correntes de inspiração platônica, o tema fundamental é o homem, entendido como microcosmos em harmonia com o universo e como alguém que contempla a perfeição de Deus qual modelo que deve espelhar. Autores como Nicolau de Cusa (1401-1464), Pico della Mirandola (1463-1494) ou Marsílio Ficino (1433-1499) podem ser apelidados de antropocêntricos não no sentido da negação do transcendente, mas tão somente pelo papel que ocupa o estudo do homem nas suas doutrinas. Trata-se, entretanto, de um homem que não se concebe sem a sua referência a Deus. Serão outras correntes renascentistas mais naturalistas que vão proporcionar, em certa medida, as bases para a afirmação da autonomia absoluta do homem; por exemplo, o aristotelismo da escola de Pádua, que nega que se possa demonstrar com argumentos racionais a imortalidade da alma. Em geral, pode-se afirmar que o impulso platônico permitiu sínteses harmoniosas entre fé e razão, entre a cultura clássica e a visão cristã do homem, enquanto os aristotélicos tenderam para um naturalismo autônomo que entrava em conflito com algumas verdades religiosas.

No âmbito das artes, a ambiguidade do Renascimento manifesta-se, por um lado, na secularização dos motivos estéticos, com a proliferação de temáticas mitológicas e representações sensuais, e, por outro, na exaltação da fé cristã por meio de edifícios, pinturas, esculturas e composições musicais. O fato de os materiais das ruínas clássicas terem sido utilizados para a construção dos templos mais importantes da Roma cristã é significativo. O que realmente é um elemento comum nas diversas expressões artísticas de um ou outro sentido é o apreço pela natureza, concretizado nas novas técnicas para reproduzir espaços segundo as leis da perspectiva e no lugar preponderante do corpo humano. Este elemento comum implicou uma valorização positiva da criação e da vida terrena, a qual não se opunha, necessariamente, à visão transcendente da existência humana. O predomínio do sentido da visão, defendido por Leonardo da Vinci (1425-1519) – «o olho é o mais digno dos sentidos» –, anunciava algumas características da modernidade: a primazia do experimentável sobre o recebido por tradição (em que preponderava o sentido do ouvido, através do qual se recebem as autoridades) e a tendência a impor a lógica do domínio do homem na sua relação com a natureza, reforçada mais tarde por Galileu, Descartes e Francis Bacon.

O desejo de voltar às fontes da vida cristã não significava uma crítica da religião por si só, mas antes um desejo de purificação das vivências cristãs, distinguindo seus elementos autênticos daquelas de superstições e costumes humanos que foram progressivamente tomando forma nos séculos medievais. Os estudos filológicos de Lorenzo Valla chegaram, por exemplo, à conclusão de que a chamada «Doação de Constantino» – suposta entrega ao Papa, por parte do Imperador, do poder temporal no centro da Itália – era uma invenção medieval carente de fundamento histórico. Por vezes, as intenções dos humanistas foram meramente eruditas, mas em outras ocasiões, também, os estudos filológicos achavam-se animados por um sincero desejo de reforma moral, como o demonstram as obras de Tomás More, Juan Luis de Vives ou, com certas reservas, Erasmo de Roterdã.

A revalorização da antiguidade clássica esteve por vezes animada pela pretensão de «superar» o cristianismo mediante modelos de vida estoico-epicuristas, como no caso do libertinismo renascentista. Mas também abriu a possibilidade de apresentar o cristianismo como o ápice do verdadeiramente humano, que aperfeiçoa e completa as falhas da visão clássica do homem.

Como se vê, o Renascimento enquanto antropocentrismo é secularizador em diversos sentidos, e é imprescindível distinguir nele os processos de diversos tipos a fim de não cair em visões maniqueístas. Onde podemos observar uma clara e expressiva manifestação da secularização – como afirmação da autonomia absoluta do homem – é em uma das doutrinas renascentistas mais centrais e de maior influência nos séculos seguintes: refiro-me à teoria política de Nicolau Maquiavel (1469-1527). O autor florentino elabora uma doutrina que separava radicalmente a política da religião e da moral. Segundo Maquiavel, a tradição política clássica centrava-se no que o homem deveria ser. Desta forma, as soluções políticas gregas, latinas e medievais acabavam numa abstração longe da realidade dos fatos. As circunstâncias históricas da Itália renascentista levam o florentino a olhar para a realidade mais corrente e a contemplar o homem real preso na sua contradição existencial. O fim último do príncipe deve consistir em conservar o poder político. Para isso é necessário conhecer as paixões humanas e jogar com elas. Todos os meios que salvaguardem a manutenção do poder são, segundo esta perspectiva pragmática, lícitos. A política possui uma autonomia particular, em que as regras da moral natural e as verdades da religião revelada deixam de ter caráter absoluto, com o fim de se converterem em meios para a conservação do Estado, identificado, em algumas passagens de Maquiavel, com a força do poder político.

Talvez Maquiavel não estivesse consciente das consequências que as suas teorias teriam num futuro longínquo, quando outras teorias políticas, baseadas na força e na violência, fizeram a sua aparição no cenário da história mundial. A secularização da política, entre outras consequências, elevou a razão de Estado a fim último dos estados nacionais. O cardeal Richelieu, no século XVII, e Otto von Bismarck, no século XIX, serão os principais defensores desta teoria no âmbito das relações internacionais, construindo as bases para as grandes tragédias do século XX. Essas teorias serão objeto da segunda parte deste ensaio.

Os intelectuais do Renascimento tinham uma clara consciência de que viviam o começo de uma nova época. Giorgio Vasari (1511--1574), pintor e historiador da arte, utiliza pela primeira vez o termo «moderno» para se referir aos novos estilos picturais, arquitetônicos e esculturais, considerados superiores mesmo em relação aos clássicos. Francis Bacon falava de uma «terceira época», passadas a Antiguidade e a Idade Média, e afirmava que «esta terceira época superará largamente o patrimônio cultural da Grécia e de Roma»[1]. Em 1559,

---

(1) [1] F. BACON, *Essays... with other Writings*, Londres, 1902, p. 433

Mathias Quadt declarava: «O que no passado só era entendido por uns poucos e seletos adeptos, agora é compreendido por pessoas comuns, medíocres, de instrução modesta. Chegará o dia em que todos os segredos da natureza estarão ao alcance da mente humana»[2]. Contemporaneamente, Jean Fernel elogiava «esta nossa era, que vê as artes e as ciências triunfalmente renascidas depois de doze séculos de abandono»[3]. Surgia, assim, o conceito autorreferencial de modernidade, ligado à afirmação das capacidades humanas e em contraposição ao período precedente, apelidado de gótico e bárbaro.

2. Descoberta da América e secularização

O contato dos europeus com o continente americano trouxe consequências várias e de índoles diversas. Focando-nos nas que incidem no processo de secularização, daremos especial atenção, por um lado, às críticas que no contexto das conquistas americanas dirigem-se contra a teocracia medieval; e, por outro, ao surgimento de uma nova figura antropológica que constituirá a base para as doutrinas revolucionárias do século XVIII: refiro-me à visão do homem primitivo como o bom selvagem, que se acha em plena harmonia com a natureza.

a) Os Títulos Justos e a secularização da teocracia medieval

Quando Colombo regressa de sua primeira viagem, a coroa castelhana delibera rápidas diligências para obter uma série de privilégios junto à Santa Sé sobre os territórios recém-descobertos. Tratava-se de uma prática comum na Europa do século XV, ainda unida moralmente pela autoridade pontifícia. Por meio de quatro bulas, em 1493 o Papa Alexandre VI doou as terras descobertas e por descobrir aos reis de Castela, com o fim de as evangelizar. Este ato papal, no fundo,

---

(2) Citado por J. HALE, *La civiltà del Rinascimento in Europa*, Mondadori, Milão, 1994, p. 600.

(3) *Ibidem*, p. 601.

significava que o Romano Pontífice tinha o máximo poder espiritual e temporal sobre todo o mundo e, por causa deste poder, podia doar terras povoadas por infiéis a um reino cristão, tendo em vista a sua cristianização. A chamada *dúvida índia* – a dúvida que se colocava à consciência cristã a respeito da legitimidade da ocupação da América – surgiu rapidamente. As declarações de princípio dos reis de Castela e a legislação que foi sendo elaborada em defesa dos aborígenes americanos – condição de vassalos livres, tratamento justo, regulamentação humanitária do trabalho – baseavam-se na pretensa validade real da doação pontífícia. Os teóricos da Junta de Burgos de 1512, que criaram um sistema legislativo que favorecia os indígenas, estavam realmente convencidos da justiça das construções características da teocracia medieval, que atribuía o poder universal – tanto o espiritual como o temporal – ao Romano Pontífice. Por consequência, o título de posse do rei sobre as Índias não era outro senão o título da doação pontífícia. Esta doutrina encontra-se bem expressa na obra do dominicano Matias de Paz: *De dominio Regum Hispaniae super indos*; e na obra do jurista Palacios Rubios: *De insulis oceanis*.

Outros autores, como o mestre nominalista Maior e o humanista Ginés de Sepúlveda, acrescentavam a teoria aristotélica da escravidão natural às pretensões teocráticas. Tendo em conta a barbárie dos índios, era lícito que os príncipes cristãos os submetessem a uma efetiva servidão à qual estavam, por natureza, destinados[4].

Teremos de esperar até 1538 para ver refutadas estas teorias. Este trabalho purificador, que constitui a pedra fundamental no processo de secularização que caracteriza a modernidade, foi levado a cabo de forma extraordinária por um dominicano espanhol, fundador da Escola de Salamanca: Francisco de Vitória (1492-1546). A sua *Relectio de indis* é uma obra breve, pronunciada oralmente diante do corpo docente da Universidade de Salamanca. Está estruturada em três partes. Na primeira, o autor questiona se os índios seriam verdadeiros senhores – quer dizer, se possuíam capacidade de domínio – antes da chegada dos espanhóis. Na segunda parte, analisa sete títulos utiliza-

---

(4) Cf. T. URDANOZ, *Síntesis teológico-jurídica de la doctrina de Vitoria*, em F. de VITÓRIA, *Relectio de indis*, Corpus Hispanorum de Pace, BAC, Madri, 1967, pp. XLVIII--XLIX.

dos pelos peninsulares que supostamente justificariam a ocupação da América e que, de resto, o autor considera sem qualquer valor. Finalmente, na última parte de sua relação, apresenta sete títulos que poderiam legitimar o domínio da Coroa sobre as Índias, acrescentando ainda um oitavo título com caráter apenas provável.

As características desta obra poderiam levar a pensar que Vitória pensa totalmente dentro do quadro da escolástica medieval. No entanto, os temas que apresenta denotam uma força e uma novidade tão grandes que, de fato, transformam o dominicano no fundador do direito internacional moderno, colocando em xeque a teocracia do medievo. Vitória enfrenta uma tradição de numerosos autores – em sua maioria, teólogos e canonistas – que haviam estabelecido com solidez uma série de princípios jurídicos que identificavam a ordem natural com a ordem sobrenatural e transpunham, sem mais, as atribuições do poder temporal para o poder espiritual.

O problema do domínio efetivo dos índios sobre as terras e bens americanos antes da chegada dos espanhóis é a ocasião histórica a que Vitória recorre com o fim de formular uma doutrina que hoje chamaríamos «personalista», inspirada na antropologia de São Tomás de Aquino. Opondo-se a Armacano, a John Wycliffe e aos valdenses, «que defendiam que o título de domínio é o estado de graça»[5], argumenta que os índios são senhores efetivos dos seus bens, pois «o domínio fundamenta-se na imagem de Deus»[6]. Ser imagem de Deus é algo próprio do homem em virtude da sua natureza racional, e não em virtude da graça. Pertence à ordem natural. Graças às suas faculdades racionais, o homem tem o domínio sobre os seus atos. Como afirma São Tomás, citado por Vitória, «uma pessoa é senhora dos seus atos quando pode escolher entre várias possibilidades»[7]. A capacidade de domínio do homem tem origem na sua condição pessoal – autodomínio – e, por este motivo, nenhum pecado, nenhuma infidelidade – que o fazem perder bens sobrenaturais, mas não a sua condição pessoal própria –, impede o homem de ser senhor dos seus bens.

---

(5) F. de VITÓRIA, *Relecciones teológicas*, BAC, Madri, 1960, p. 651.

(6) *Ibidem*, p. 654.

(7) S.Th., I-II, 82, I, ad 3.

Vitória não só desqualifica a teoria da graça como título de domínio natural – considerada pelo autor «heresia pura» –, como também nega que tenha valor a suposta teoria aristotélica da escravidão natural defendida por alguns autores medievais. Demonstrando uma abertura surpreendente para a sua época, distante de uma atitude etnocêntrica, afirma que os índios «à sua maneira usam a razão. Tal é manifesto pelo fato de terem estabelecidas as suas coisas com certa ordem. Têm, na verdade, cidades, que requerem ordem, e têm instituídos casamentos, magistrados, senhores, leis, artesãos, mercados, coisas que requerem o uso da razão. Além disso, têm também uma espécie de religião, e não erram sequer nas coisas que para os outros são evidentes, o que é indício do uso da razão. Por outro lado, nem Deus, nem a natureza faltam à maior parte da espécie nas coisas necessárias; mas o fundamental do homem é a razão, e seria inútil a potência que não se reduz a ato»[8].

Fundamentar o título de domínio jurídico sobre a natureza da pessoa humana sem recorrer a nenhum argumento de ordem sobrenatural pode parecer uma verdade simples e evidente. No entanto, devemos lembrar que em 1538 a doutrina era nova. Não que fosse uma novidade absoluta – São Tomás de Aquino e os seus melhores comentadores, como Tomás de Vío, o Cardeal Caetano, tinham já assinalado claramente a distinção entre as duas ordens –, mas Vitória sistematizou num todo coerente esta mesma doutrina, aplicando-a a um caso específico que, na época, era de uma atualidade extraordinária. Se os índios eram verdadeiros senhores, a legitimação da doação pontifícia encontraria um obstáculo sério.

Na segunda parte da *relectio*, Vitória faz um resumo dos títulos falsos apresentados pelos espanhóis para justificar a ocupação da América. Não faremos, agora, uma análise detida dos argumentos utilizados por ele. Assinalaremos, apenas, a novidade revolucionária da perspectiva do dominicano ao criticar a tradição teocrática medieval.

Os que defendiam como títulos jurídicos válidos o domínio universal do imperador ou do papa, ainda que aparentemente pertences-

---

(8) F. DE VITÓRIA, *ibidem*, p. 656.

sem a correntes políticas opostas, na verdade sustentavam princípios teóricos idênticos. A ideia de império universal é antiquíssima – basta pensar nos grandes impérios orientais –, mas na Cristandade medieval ela adquire características específicas. O *imperium mundi* transforma--se no *Sacrum Imperium*, cuja cabeça é o papa, que delega ao imperador o poder temporal universal, do qual é depositário. As cerimônias de coroação do imperador por parte do Romano Pontífice mostram de modo patente e gráfico a teoria política que está em sua base. Em alguns casos, a teoria imperialista não aceitava a derivação do poder temporal a partir do poder espiritual, mas apregoava que o imperador recebia diretamente de Deus o seu poder universal.

Vitória considera que nem o domínio universal do imperador, nem o domínio universal temporal do Papa – supondo que existisse – sejam títulos jurídicos válidos que legitimem a ocupação da América pela coroa espanhola. Segundo o dominicano, todos os homens são livres e iguais por natureza. Na instituição concreta dos poderes públicos, para além do fundamento que encontra na natureza social do homem, também entram em jogo a vontade humana livre e o direito positivo. A divisão das nações verificou-se ao longo da história de forma quase espontânea, e no processo de sua formação interveio de maneira decisiva o consenso dos membros de determinado grupo[9]. Vitória, opondo-se a juristas do nível de um Bartolo di Sassoferrato, não encontra nenhum título nem de direito natural, nem de direito divino, nem de direito humano, capaz de outorgar ao imperador o domínio sobre todo o universo.

Quando o dominicano analisa o segundo título não legítimo – o domínio universal do papa –, não deixa argumentos de fora, já que, utilizando as suas palavras, os que consideram que o Sumo Pontífice é monarca de todo o orbe, também em matéria temporal, consideram--no «com arrogância»[10]. Fazendo face a Enrique de Segusio, Antônio de Florença, Agostinho Triunfo de Ancona, Silvestre Prierias e outros autores medievais e renascentistas, Vitória afirma que «o Papa não é o senhor civil e temporal de todo o orbe, falando do domínio e

---

(9) *Ibidem*, pp. 667-675.
(10) *Ibidem*, p. 676.

potestade civil em sentido próprio [...]; se o Sumo Pontífice tivesse tal potestade secular em todo o orbe, não poderia transmiti-lo aos príncipes seculares [...]; o Papa tem potestade temporal na ordem das coisas espirituais, isto é, tem-no enquanto é necessário tê-lo para administrar as coisas espirituais [...]; o Papa não tem nenhuma potestade temporal sobre os bárbaros nem sobre os outros infiéis [...]; mesmo que os bárbaros não queiram reconhecer o domínio do Papa, não se pode, por isso, entrar em guerra com eles ou ocupar-lhes os seus bens»[11]. As conclusões antiteocráticas de Vitória baseiam-se em argumentos de razão e no testemunho da Sagrada Escritura e dos Padres da Igreja. O seu humanismo cristão permitiu ao dominicano de Burgos selecionar os elementos próprios da doutrina cristã e os elementos espúrios, fruto de tradições políticas humanas que podiam ter valor circunstancial histórico, mas que não pertenciam ao depósito da revelação. Vitória abriu um clarão na selva das argumentações teológicas e canônicas em disputa. Depois da sua crítica, surge a luz: os direitos de ordem natural, que não são suprimidos pela ordem sobrenatural, são incorporados e elevados por esta.

Precisamente esta defesa da ordem natural, unida à afirmação da absoluta gratuidade da ordem sobrenatural, permite a Vitória estabelecer a necessidade de evitar a coação em matéria de fé. «Mesmo que a fé tenha sido anunciada aos bárbaros de forma provável e suficiente, e estes não a tenham querido receber, não é lícito, por esta razão, fazer-lhes guerra nem os despojar dos seus bens»[12]. Crer é uma ação livre e a fé, um dom de Deus. Recolhendo a tradição tomista e a tradição de muitos autores medievais, Vitória alertava contra a tentação de impor por via da força a verdade cristã, violando, desta forma, o íntimo sacrário da consciência pessoal.

Analisando os títulos que legitimavam o direito da Espanha a ocupar a América, Vitória abandona a crítica banal para deixar espaço a um espírito construtivo que será a base de uma teoria racional do direito internacional. São elementos próprios do humanismo cristão o que defende o dominicano: a afirmação da sociabilidade natural,

---

(11) *Ibidem*, pp. 678-682.
(12) *Ibidem*, p. 695.

a existência de uma comunidade de nações que deve tender ao bem comum universal e a obrigação moral do que, hoje, chamaríamos «ingerência humanitária».

Vitória defende a existência de uma comunidade internacional – nas suas palavras, uma *Totus Orbis* – da qual formam parte todas as nações com igualdade de direitos. Superava, assim, a visão da Cristandade, constituída somente pelas nações cristãs da Europa ocidental. As leis para esta comunidade são o direito das gentes, direito que, por sua vez, deriva diretamente do direito natural.

Os únicos títulos pelos quais Castela poderia justamente reivindicar a intervenção na América baseiam-se, em primeiro lugar, no direito natural de comunicação. Na medida em que índios e espanhóis formam parte da mesma humanidade, os segundos podem estabelecer-se na América, na condição de que não lhes seja permitido violar nenhum direito dos bárbaros; e, na mesma medida, os primeiros podem radicar-se na Europa. «A amizade entre os homens – argumenta Vitória – parece ser de direito natural, e é contrário à natureza rejeitar a amizade daqueles que não fazem nenhum mal»[13]. Se os índios se opuserem ao direito natural de comunicação, os indígenas estariam cometendo uma injustiça.

Vitória continua analisando outros títulos justos possíveis e encontra-os na liberdade de navegação e comércio – liberdade que tem origem no direito das gentes –, o direito de igualdade no comércio e reciprocidade, o direito de optar pela nacionalidade, o direito de anunciar o Evangelho – salvaguardando a liberdade dos índios na questão das conversões – etc.

O conceito de «ingerência humanitária» surge, com palavras diferentes, no desenvolvimento do quinto título legítimo: «Outro título pode ser a tirania dos próprios bárbaros ou as leis tirânicas contra os inocentes, como as que mandam sacrificar homens inocentes, ou a morte de homens sem culpa, para os comer»[14]. Por cima das leis positivas de uma nação estão as leis da humanidade, que se enquadram no âmbito do direito natural e divino, «pois a todos Deus mandou que

---

(13) *Ibidem*, p. 708.
(14) *Ibidem*, p. 721.

cuidassem do próximo, e próximos são todos: por isso, qualquer um pode defendê-los de semelhante opressão ou tirania»[15].

Os espanhóis poderiam intervir em nome da comunidade internacional para defender os inocentes da morte injusta, intervenção que deve cessar quando terminem as injustiças que a provocaram.

O humanismo de Vitória é um humanismo cristão. E o que entendemos por humanismo cristão? Vitória, mesmo dentro do contexto da tradição escolástica tomista, também se insere nas correntes do pensamento contemporâneo do seu tempo. Por um lado, é influenciado pelo humanismo espanhol de António de Nebrija e de Pedro Mártir de Anglería; por outro, confronta-se sempre com o ambiente humanista de Paris, centro intelectual da Europa. O humanismo de Vitória põe o homem no centro da especulação filosófica, mas, longe de cair no antropocentrismo, sublinha o caráter de criatura do homem e a sua radicação existencial na transcendência. Humanismo *cristão*, que se purifica das concessões teocráticas alheias ao depósito da fé e que harmoniza os elementos naturais e sobrenaturais do homem chamado à vida da graça.

Com Vitória e a Escola de Salamanca entrava-se num mundo moderno (reconhecimento da autonomia do temporal) e cristão (reconhecimento da dignidade da pessoa enquanto imagem de Deus e da chamada universal à fé e à graça). A novidade trazida por Francisco de Vitória, em sua *Relectio de indis*, a respeito das relações entre a ordem natural e a sobrenatural e entre o poder espiritual e o poder temporal supera em suas perspectivas as concretizações históricas da teocracia medieval e supõe uma secularização que tende a esclarecer a legítima autonomia da ordem temporal sem cortar as raízes que unem esta ordem com a transcendência. A *Relectio de indis* é uma das portas pelas quais se passa do mundo medieval ao mundo moderno[16].

---

(15) *Ibidem.*

(16) Cf. M. FAZIO, *Francisco de Vitoria: cristianismo y modernidad*, Ciudad Argentina, Buenos Aires, 1998.

b) O mito do bom selvagem e as visões utópicas europeias

Até agora vimos como a descoberta da América produziu na Espanha um despertar das doutrinas do direito natural e uma progressiva secularização da teoria política. Era, para dizê-lo de alguma maneira, um processo que tomava a direção América-Europa. Nesse ponto, temos de abordar um segundo processo, que tem a particularidade de ser ambidirecional. Refiro-me à corrente de pensamento que chegou à Europa com o surgimento das visões utópicas da realidade americana. A pintura de uma América paradisíaca, de um mundo indígena puro e ingênuo, foi um dos múltiplos fatores que alimentaram novas tendências antropológicas que, mais tarde, tiveram como consequência as revoluções de finais do século XVIII. Estas novas tendências antropológicas, integradas a uma filosofia política de cunho liberal, fariam a viagem de regresso à América, onde as encontraremos na base do processo de emancipação americano.

Paul Hazard, em seu clássico *La crise de la conscience européenne*[17], analisa como a chegada de notícias e relatos do mundo extraeuropeu animou os intelectuais do Velho Continente a colocarem-se uma série de questões vitais de grande importância. A existência de costumes diversos, de religiões muito distintas da religião cristã, de instituições políticas que pouco tinham que ver com a monarquia absoluta foi o fermento que corroeu lentamente o sistema de certezas sólidas em que se apoiava a cosmovisão europeia.

Além disso, não é difícil encontrar o rastro, desde a Antiguidade, de uma constante na história do pensamento: a tendência para a mitificação, que muitas vezes foi o lenitivo psicológico para escapar a uma realidade dura e dolorosa. A *idade de ouro* em que supostamente tinha vivido a humanidade na sua bela infância, ou o futuro *reino milenar*, onde tudo seria melhor, são manifestações deste sentimento que aparecem nas mais diversas civilizações e culturas. Existe na natureza humana certa *veia utópica* que expressa a fome de transcendência que o homem sente nas circunstâncias limitadas da sua existência.

---

(17) Cf. P. HAZARD, *La crise de la conscience européenne*, Boivin, Paris, 1935, pp. 8-17.

Em sua miséria e grandeza, a Europa do século XVI foi terreno fértil para que surgissem visões utópicas americanas, alimentadas pelas notícias que iam chegando ao Velho Continente das supostas maravilhas transoceânicas. Os primeiros portadores da novidade americana que alcançaram rapidamente fama e notoriedade no continente europeu foram Cristóvão Colombo e Américo Vespúcio. O genovês, em sua *Carta anunciadora da Descoberta*, traça um quadro americano edênico: homens nus sem malícia e sem interesses materiais, que vivem em harmonia com a natureza. O navegador dirá que são «as melhores e mais mansas criaturas do mundo»[18]. Estas gentes vivem no meio de infindáveis riquezas, tantas que o próprio Colombo promete aos Reis Católicos «as quantidades de ouro que sejam necessárias»[19].

A chegada da carta à Corte, as traduções imediatas e sua rápida difusão pela Europa foram um acontecimento único. As utopias clássicas encontravam um correlato *real*, não fictício ou meramente imaginativo. Ao choque provocado pela viagem de Colombo somou-se a confirmação dessa mesma realidade pelas cartas de Américo Vespúcio. O florentino, em suas missivas dirigidas a diferentes personagens da Toscana, dá conta das terras paradisíacas pelas quais vai passando. Numa carta datada de 1503 diz: «É justo chamar a estas terras Novo Mundo. [...] O clima é mais temperado e morno que em qualquer região conhecida»[20]. É a mesma terra que Colombo, em carta aos Reis Católicos escrita depois da terceira viagem, descreve como o Paraíso Terrestre[21].

Às cartas de Colombo e Vespúcio acrescentar-se-ão, mais tarde, algumas obras de Frei Bartolomeu de Las Casas, rapidamente traduzidas para o inglês, francês e flamengo, já que as suas denúncias das injustiças hispânicas nas Índias eram muito bem acolhidas pelas nações rivais. Las Casas apresentará uma visão do índio americano perfeitamente de acordo com a figura posteriormente elaborada pelos europeus do *bon sauvage*. Certamente preocupado com a possibilidade de vingar na Espanha a ideia de que, no fundo, os indígenas fossem servos natu-

---

(18) C. COLOMBO, *Carta anunciadora del Descubrimiento*, em C. Varela, *Cristóbal Cólon. Textos y documentos completos*, Alianza, Madri, 1982, p. 82.

(19) *Ibidem*, p. 141.

(20) A. VESPÚCIO, *Viajes y documentos completos*, Akal, Madri, s.d.

(21) C. VARELA, *Cristóbal Colón...*, cit., pp. 220-221.

rais – correspondendo à suposta teoria de Aristóteles da escravidão natural –, Frei Bartolomeu descreve os índios em termos idílicos: «Deus criou toda esta multidão de gente simples, sem maldades e duplicidades. Obedientes, fidelíssimos aos seus senhores naturais e aos cristãos a quem servem. São submissos, pacientes, pacíficos e virtuosos. Não são preguiçosos, rancorosos ou vingativos. Além disto, são mais delicados que príncipes e morrem facilmente por causa do trabalho ou das doenças. São também pessoas muito pobres, que não possuem, nem querem possuir, bens temporais. De certeza que estas gentes seriam as mais bem-aventuradas, se conhecessem o Deus verdadeiro»[22].

Como bem notou o ensaísta venezuelano Arturo Uslar Pietri, «a América fez a Europa sonhar. Ofereceu-lhe um mundo novo e desconhecido com que medir-se e comparar-se. Proporcionou aos europeus novos temas e novos motivos para expressarem a insatisfação pela situação em que viviam. As utopias sociais do Renascimento, repletas de ímpetos críticos e reformistas, inspiraram-se na América. Muito mais que no efetivo conhecimento, basearam-se num vago sentimento de novidade e bondade americanas»[23].

Como notou Uslar Pietri, a visão da América na Europa não hispânica baseia-se mais num sentimento do que num autêntico conhecimento. Foram suficientes poucos anos de contato com os indígenas americanos para comprovar que a versão de Colombo na carta que anunciava a descoberta era, pelo menos, de um ponto de vista antropológico, truncada. Os índios pertenciam à comum natureza humana – e Vitória apelava a essa pertença para fazer valer o direito natural no caso americano – e, portanto, estavam presentes no Novo Mundo virtudes e vícios, acertos e erros, heroísmos e miséria, tal como na Europa. No entanto, a primeira visão da América – o Novo Éden, a Idade de Ouro rediviva – continuaria a alentar sonhos e construções utópicas.

O primeiro pensador político que utilizará a palavra *utopia* – palavra cuja etimologia grega significa «nenhum lugar» – foi São Tomás More, lorde chanceler da Inglaterra. Na sua obra *Utopia*,

---

(22) B. DE LAS CASAS, *Brevíssima relación de la destrucción de las Índias*, Sarpe, Madri, 1985, p. 37.
(23) A. USLAR PIETRI, *Obras selectas*, EDIME, Madri-Caracas, 1956, p. 1157.

editada em 1516, More apresentará uma sociedade ideal, caracterizada pela procura da felicidade e o desenvolvimento da liberdade, com uma comunidade de bens na base do sistema econômico e uma forte instituição familiar como fator de coesão social. Mas pergunta-se: o que essa obra tem a ver com a América? Muito, ao que parece. O santo chanceler, na hora de dar lugar – se me é permitida a expressão contraditória – à sua ilha da *Utopia*, não hesita em situá-la no continente recém-descoberto. Na verdade, o autor inglês coloca um personagem, Rafael Hythlodeo, para narrar as aventuras que viveu numa recente viagem feita como tripulante de uma embarcação comandada por Américo Vespúcio. Numa conversa descontraída, o navegante descreve a sociedade ideal que supostamente existia do outro lado do oceano.

Tomás More não foi, de maneira nenhuma, o único cuja imaginação se incendiou com as notícias provenientes da América. Outra obra clássica do pensamento político utópico do Renascimento é *A cidade do sol*, do escritor calabrês Tommaso Campanella. Desta vez, porém, não será a América, mas a distante ilha de Sumatra, o lugar escolhido para a sua sociedade ideal. No entanto, o marinheiro, que chega a esta ilha, é um genovês que a imaginação mediterrânea de Campanella identifica com um companheiro de viagem de Colombo.

Quando Tomás More escreveu a *Utopia*, as grandes conquistas americanas – México e Peru – ainda não tinham acontecido. Por sua vez, quando Montaigne, perto de Bordéus, utiliza a sua magnífica pena, a geografia americana era conhecida quase em sua totalidade e a Europa ia progressivamente tomando consciência das dimensões não só territoriais, mas também humanas, do Novo Mundo.

Os *Ensaios* de Montaigne tinham posto em xeque uma série de certezas recebidas pela tradição e criaram um ambiente de ceticismo ao qual serão obrigados a responder, para contradizê-lo, os dois maiores pensadores franceses do século XVII: Descartes e Pascal. A existência de diversas culturas e civilizações, com suas concomitantes diferenças nas instituições religiosas, políticas e sociais, é um dos argumentos utilizados por Montaigne para mostrar a relatividade radical de toda certeza recebida. As notícias que chegam do outro lado do oceano foram consideradas por Montaigne como testemunhos preciosos que corroboravam a sua tese de ceticismo radical.

Em vez de ler Colombo ou Vespúcio, Montaigne tinha nas mãos duas obras de Francisco López de Gómara: a *História General de las Indias* e a *Historia de las Conquistas de Hernán Cortéz*[24]. Recebeu o testemunho direto de um homem que esteve na *France Antartique*, um dos primeiros territórios franceses na América. E, apesar do maior conhecimento que Montaigne tem da América – muito maior do que More jamais poderia receber –, em sua obra a utopia continua unida ao Novo Mundo.

«O nosso mundo acaba de encontrar outro mundo – escreve o pensador francês –, tão novo e tão jovem que podemos ainda aprender o seu novo alfabeto. Há não mais de cinquenta anos, não havia lá nem letras, nem pesos, nem medidas, nem vestidos, nem trigo e vinho. [...] Este novo mundo virá à luz quando o nosso desaparecer»[25]. As gentes que habitam este mundo tinham «mais devoção, observância da lei, bondade, liberalidade, lealdade e franqueza» que os europeus. Foi precisamente esta bondade natural que permitiu que fossem conquistados[26].

Michel de Montaigne critica os feitos dos espanhóis na América, acusando-os de serem portadores de todos os vícios, aberrações e crueldades europeias. Diante da avareza das hostes espanholas, o pensador francês apresenta as sociedades mexicanas e peruanas como sociedades delicadas e suaves, governadas por monarcas sábios e virtuosos[27].

Ele escuta as palavras do francês recém-chegado da América – «homem simples e rude, o que é condição adequada para converter em verdadeiro um testemunho»[28] –, que conta que os americanos que viu estão ainda «muito próximos da ingenuidade natural. As leis naturais ainda os governam. [...] O que vemos pela experiência dessas nações ultrapassa em muito não só os cenários que a poesia embelezava acerca da idade de ouro, como também todas as invenções que os homens

---

(24) G. LANSON, *Les Essais de Montaigne*, Mellottée, Paris, 1948, p. 96.

(25) M. de MONTAIGNE, *Essais*, La Pléiade, Bruges, 1950 p. 1018.

(26) *Ibidem*.

(27) Cf. *Ibidem*, pp. 1024-5.

(28) *Ibidem*, p. 242.

imaginam do que possa ser uma condição humana feliz, bem como a concepção e o próprio desejo da filosofia. Não se consegue imaginar uma ingenuidade tão pura e simples, [...] nem que uma sociedade possa sobreviver com tão poucas coisas artificiais. [...] Não existe nenhuma espécie de comércio, nenhum conhecimento das letras, nenhuma ciência dos números, nenhuma espécie de magistrado nem de superioridade política, nenhuma dependência da riqueza, nem escravidão da pobreza, nenhum contrato, sucessão ou repartição. [...] As próprias palavras que significam mentira, traição, dissimulação, avareza, inveja, retração, perdão, são inúteis»[29]. Montaigne citará Sêneca – «homens saídos das mãos de Deus» – e Virgílio – «a Natureza impôs-lhes, no começo, as suas leis» – para impressionar o leitor com a apresentação deste novo Éden terreno[30].

O ceticismo de Montaigne faz-se notar claramente nas seguintes palavras: «Não encontro nada de bárbaro e de selvagem nesta nação, acreditando no que me contaram. Acontece, porém, que cada um chama barbárie ao que não é do seu costume; como também é perfeitamente certo que não temos outra visão da verdade e da razão senão a que nos proporciona o exemplo e as ideias das opiniões e usos do país em que nascemos. Onde nascemos está sempre a religião perfeita, a política perfeita, os usos e os costumes perfeitos e acabados de todas as coisas»[31].

A obra de Montaigne não cairia facilmente no esquecimento. E a sua visão – novamente utópica e idílica – dos índios americanos voltaria a influenciar pensadores europeus não hispânicos. Entre eles, Jean-Jacques Rousseau, cidadão de Genebra.

A carreira filosófica de Rousseau iniciou-se com um livro intitulado *Discurso sobre as ciências e a artes*, que foi premiado com o primeiro lugar no concurso literário organizado pela Academia de Dijon, em 1745. O tema de debate consistia em saber se o desenvolvimento das ciências e das artes tinha ou não favorecido a purificação dos costumes. A resposta de Rousseau é conhecida: as ciências e as artes contribuíram para a criação de uma sociedade artificial que acabou

---

(29) *Ibidem*, p. 244.
(30) *Ibidem*.
(31) *Ibidem*, p. 243.

por alienar o homem da sua autêntica natureza. Apesar de esse princípio-chave do sistema de Rousseau só ser aprofundado no *Discurso sobre a origem da desigualdade entre os homens* e no *Contrato social*, os elementos principais da argumentação já figuram nas poucas páginas deste primeiro discurso.

Será precisamente nesta obra inicial que Rousseau recolherá a tradição do pensamento de Montaigne. O autor de Genebra traz à baila diversos exemplos de sociedades antigas ou de sociedades não ocidentais em que a existência humana estava mais próxima da natureza do que na França do século XVIII. Numa nota ao texto principal Rousseau escreve: «Não me atrevo a falar daquelas nações felizes, que não conhecem nem sequer o nome dos vícios daqueles selvagens da América que nós reprimimos com tanto esforço, cujos governos simples e naturais Montaigne não duvida em preferir, não só em relação às leis de Platão, mas inclusive a tudo o que a filosofia jamais possa imaginar de mais perfeito para o governo do povo. Montaigne cita uma quantidade de exemplos que impressionam aqueles que sabem apreciá-los»[32].

Estamos no século XVIII, e o conhecimento muito mais completo e preciso das culturas americanas não conseguiu apagar a visão utópica do século XVI. Rousseau seria o pensador destinado a transformar em clichê a afirmação de que «o homem nasce bom, mas a sociedade o torna mau», e será ele que, na obra *Do contrato social*, apresentará um projeto de sociedade em que o bom selvagem possa recuperar, dentro do possível, os direitos que perdeu juntamente com a sua bondade ao integrar a sociedade artificial criada pelo *Ancien Régime*.

O bom selvagem, figura literária que procurava espelhar as visões utópicas da América e da Europa absolutista, desempenhou, desta maneira, um papel importante no desenvolvimento dos fundamentos teóricos dos processos revolucionários do século XVIII, que assinalariam o começo do Novo Regime tanto no Antigo como no Novo Mundo.

---

(32) J.-J. ROUSSEAU, *Discours sur les sciences et les arts*, Garnier, Paris, 1960, p. 8.

3. Reforma e modernidade

Paralelamente ao processo de secularização – entendido nos dois sentidos já descritos – que a descoberta da América desencadeou com a afirmação do direito natural e com o mito do *bon sauvage*, no âmbito mais restrito da história da Igreja os conceitos da Reforma protestante e da Reforma católica (ou Contrarreforma) marcam a passagem da Baixa Idade Média à Idade Moderna.

Humanismo, Renascimento e Reforma são termos historiográficos utilizados para designar processos culturais de mudança. Na origem destes processos encontramos um denominador comum: o desejo de renovação. *Renovatio* é um conceito de origem religiosa: nascer de novo, morrer para o homem velho e nascer para a vida da graça. Significava um regresso às origens, que no campo estritamente religioso consistia num esforço de purificação capaz de converter o Evangelho em fé vivida.

Os pedidos de reforma interna da Igreja faziam-se sentir desde o século XIV com cada vez mais frequência. A reforma *in capite et in membris* era uma manifestação não só dos anseios de vastos setores da Igreja em favor de uma maior vivência da fé, mas também do profundo desvio originado por alguns costumes que, no interior da Igreja, eram realmente incoerentes com o testemunho cristão. Em livros tão distintos como são o *Diálogo*, de Santa Catarina de Sena, ou o *Libro del buen amor*, de Juan Ruiz, arcipreste de Hita, vê-se por um lado a falta de testemunho evangélico de alguns membros da hierarquia e, por outro, os desejos de uma reforma disciplinar eficaz. Esta reivindicação geral de uma reforma estava tão presente que em algumas regiões da Alemanha, pelo menos durante os primeiros anos da pregação de Lutero, chegou-se a pensar que o frade agostiniano estava empreendendo a ansiada reforma da Igreja Católica sem se suspeitar que, na verdade, estava a afastar-se da ortodoxia da fé[33]. A Reforma católica desenvolver-se-á a partir do Concílio de Trento, como reação aos movimentos protestantes. Em primeiro lugar,

---

(33) Cf. E. ISERLOH, *Compendio di teologia e storia della Riforma*, Morcelliana, Brescia, 1990.

vamos fazer referência às ideias dos reformadores, para em seguida nos debruçarmos sobre a Reforma católica.

A Reforma protestante não é um movimento homogêneo, e a própria dinâmica das ideias reformadas faz com que a diversidade de doutrinas seja inevitável. Nestas páginas, faremos referência fundamentalmente às ideias de Lutero e de Calvino, por serem as ideias que mais influência tiveram na configuração do mundo moderno.

Martinho Lutero (1483-1546) nasceu em Eisleben (Turíngia) em 10 de novembro de 1483. Em 1505, entra no convento agostiniano de Erfurt, onde professa como religioso. Três anos depois começa o seu trabalho de docente, na recém-fundada Universidade de Wittenberg. Em sua vida espiritual padeceu de fortes escrúpulos, e a sua preocupação principal era o tema da sua salvação eterna. Sentindo-se incapaz de realizar as obras meritórias para alcançar a salvação – mesmo que numa narrativa autobiográfica diga que se comportava como um religioso observante – e, em consequência, considerando impossível que o homem possa fazer ações válidas para salvar-se, elabora uma doutrina sobre a justificação que é o princípio substancial do luteranismo teológico. Lutero inicia a sua reforma em 1517 quando traz a público 95 teses sobre as indulgências da Igreja romana. Em 1520, fará conhecer algumas ideias por meio dos seus escritos. No opúsculo intitulado *Sobre a liberdade do cristão*, desenvolve a sua teoria acerca da justificação somente pela fé e o que isso traz para a concepção e organização da Igreja. Este opúsculo deve ser comentado em conjunto com outros dois – *A nobreza cristã da nação alemã* e *O cativeiro de Babilônia da Igreja* –, de forma a explicar a influência que as ideias de Lutero tiveram nas origens da modernidade.

O princípio da justificação só pela fé, baseando-se na afirmação paulina de que «o justo vive da fé», consiste em atribuir a justificação a uma iniciativa de Deus, que não imputa os pecados a quem crê. Trata-se de uma fé fiducial, quer dizer, uma fé que é confiança em que Deus cumprirá as suas promessas de salvação. A justificação luterana é externa: Deus não cura o homem pecador, mas declara-o justo, pois com a misericórdia cobre os seus pecados. Por este motivo, um discípulo de Lutero como Melâncton falará de justificação forense (de foro, tribunal), na qual Deus não imputa os pecados dos fiéis que confiam nas suas promessas.

Ao princípio da justificação só pela fé há que acrescentar outro princípio fundamental do luteranismo: o princípio da *sola Scriptura*. Rejeitando muitos elementos fundamentais da Tradição e do Magistério defendidos pelo catolicismo, Lutero argumenta que cada fiel deve ler a Sagrada Escritura e, ao lê-la, encontrará a assistência do Espírito Santo para interpretá-la corretamente. Se a justificação só pela fé é o princípio formal da sua doutrina, a *sola Scriptura*, ou também chamado «livre exame», é o seu princípio material. É necessário dizer que bem cedo os reformadores notaram o potencial anárquico de um tal princípio e procuraram estabelecer limites à interpretação bíblica. Os catecismos de Lutero e alguns escritos de Calvino transformaram-se num novo «magistério», enquanto movimentos de reforma mais radicais, como é o caso dos anabatistas, aplicaram, com todas as suas consequências, o princípio do livre exame.

Tudo o que foi dito acima traria consequências enormes para a concepção luterana da Igreja. Esta transformava-se na congregação dos fiéis sem estruturas hierárquicas, com uma vida sacramental reduzida ao batismo e à Eucaristia, e cujo elemento definidor é a pregação da Palavra de Deus. Lutero nega a existência do sacramento da ordem, que é substituído pelo sacerdócio comum dos fiéis. O ministério da pregação é apenas função de alguns fiéis especialmente dotados, mas não constitui um estado eclesiástico diferente do estado dos outros. Estas teorias têm repercussões não só na Igreja, como também na sociedade civil: se, na Igreja Católica, a autoridade reside nos que receberam o sacerdócio ministerial, Lutero, em consonância com os seus postulados, transfere para o laicado este poder. Esta transferência implicava uma missão para os príncipes laicos: eram eles os encarregados de fazer cessar os abusos da cúria romana e de reformar a Igreja.

No âmbito religioso, Lutero identificava a liberdade com a autonomia a respeito da autoridade eclesiástica. A negação da autoridade hierárquica originou interpretações extremistas, como a dos anabatistas, que chegaram a negar toda autoridade nesta terra. A revolta camponesa de 1524-1525 tem um fundo teórico anárquico. O caos produzido por estas interpretações extremistas obrigou Lutero a reiterar as petições aos príncipes alemães para que tomassem para si os acontecimentos e procedessem à reforma da Igreja. Neste contexto, entende-se por que Lutero chama aos príncipes «bispos por necessidade».

O ex-frade agostiniano vê no poder político a espada de Deus que castiga uma humanidade corrompida pelo pecado. A liberdade cristã é relegada ao interior da alma, enquanto na atuação externa impõe-se a obediência passiva aos representantes de Deus que salvaguardam a ordem e que governam as igrejas nacionais submetidas ao poder político. Vê-se nesta concepção um claro voluntarismo. Lutero, que se considera discípulo de Ockham, rejeita o direito natural, uma vez que a natureza humana não pode erigir-se em norma moral depois do pecado, pois ficou irremediavelmente corrompida. Desta maneira, só permanece a vontade divina, que neste mundo atua por meio dos príncipes laicos. Estabelecia-se consequentemente uma moral dupla: o Sermão da Montanha pertencia ao âmbito do reino espiritual, em que Deus governa com a sua misericórdia, mas, no reino deste mundo, Deus governa por meio da espada do príncipe. O cristão deve submeter-se à espada, cumprindo assim a vontade de Deus.

Como notou Gonzalo Redondo, a consequência última desta posição política de Lutero foi restringir o princípio do livre exame só aos príncipes. Este foi, aliás, o passo decisivo para a consolidação do poder absoluto das monarquias modernas. Esta decisão luterana recebeu seu reconhecimento oficial na paz religiosa de Augsburgo (25 de setembro de 1555), à qual se chegou depois de comprovada a impossibilidade de conter a Reforma por meio das armas. Foi aqui que se reconheceu a cada um dos príncipes do Império alemão a liberdade de escolher a própria religião. Essa decisão deveria ser lei em todo o território submetido à sua autoridade. Os que recusassem esta autoridade tinham o direito de emigrar. Nascia assim, com o princípio *cuius regio, eius religio*, o Estado confessional moderno[34].

Detenhamo-nos agora na doutrina de outro grande protagonista da Reforma: Calvino (1509-1564). Calvino nasceu em Noyon (França) e estudou Direito nas universidades de Orleáns, Bourges e Paris. A partir de 1533, começa a manifestar opiniões contrárias à fé católica e tem de fugir da França. De Estrasburgo viaja para a Basileia, onde termina o seu livro mais importante: *Intitutio doctrinae christianae.*

---

(34) Cf. G. REDONDO, *Historia de la Iglesia en España (1931-1939)*, Rialp, Madri, 1993, I, p. 27.

Depois de uma breve estadia no norte de Itália, viajou para Genebra. Procurou nesta cidade impor as suas ideias religiosas, sendo expulso em 1538. Voltará à cidade que lhe deu fama em 1541, chamado para impor a ordem numa Genebra dividida em facções. Até 1564, ano da sua morte, Calvino foi a alma da cidade, instituindo um sistema político-religioso extremamente rígido, em que a lei política estava inspirada na Sagrada Escritura e no qual toda dissensão doutrinal era perseguida, inclusive com condenações ao fogo.

Menos místico que Lutero, Calvino tinha uma sólida formação jurídica e certa tendência sistemática. Concorda com Lutero na absoluta centralidade da Sagrada Escritura, equiparando, no entanto, o Antigo com o Novo Testamento, pois ambos são Palavra de Deus. Por isso encontraremos no calvinismo uma forte presença de elementos veterotestamentários, como a proibição das imagens no culto, a consideração da prosperidade material como sinal externo da eleição dos justos, as batalhas pela defesa da fé verdadeira etc. Uma das suas doutrinas centrais será a doutrina da predestinação, que se enquadra na problemática da salvação que tanto havia obcecado Lutero. Segundo o reformador francês, a predestinação é um decreto eterno de Deus, pelo qual estabelece o que deseja fazer de cada ser humano. Uns estão destinados à vida eterna; outros, à condenação eterna. A misericórdia de Deus manifesta-se na decisão de salvar alguns indivíduos, independentemente dos seus méritos. A salvação está fora do alcance das forças humanas e o homem não pode fazer nada para modificar o decreto divino. No entanto, segundo Calvino, há sinais nesta vida que permitem antever o próprio destino – por exemplo, a aceitação da Palavra de Deus.

A doutrina da predestinação ocupará um lugar cada vez mais importante na teologia calvinista posterior, sobretudo sob a influência de Teodoro de Beza. A partir de 1570, a predestinação foi vista como eleição de determinado povo por Deus, sem esquecer, no entanto, a doutrina da predestinação individual. Como no passado Deus escolhera Israel para seu povo, agora Deus escolhe as comunidades reformadas. A escolha de Deus manifesta-se por meio de um «pacto de graça», em que se estabelecem as obrigações de Deus para com o povo e do povo para com Deus. O calvinismo que se expandiu rapidamente na Suíça, Holanda, Escócia e

Inglaterra (o puritanismo é a versão inglesa do calvinismo) constituiu comunidades compactas, com uma consciência de serem «eleitas de Deus» e com certa tendência para o messianismo derivado de saber-se o novo povo escolhido. Estas ideias religiosas explicam muitas atitudes dos puritanos que emigram para a América no século XVII, onde fundam as colônias da Nova Inglaterra. Para os puritanos, a América é a nova terra prometida, e a comunidade ali residente deve viver de acordo com o «pacto de graça» com o seu Deus. Também isto explica a atitude exclusivista e intolerante das colônias puritanas, ao contrário de outras colônias fundadas na América do Norte por anglicanos, católicos ou quakers.

Na mesma época, na Inglaterra ocorre o cisma anglicano, quando Henrique VIII se autoproclama Cabeça da Igreja da Inglaterra. Ainda que a base teológica do anglicanismo, pelo menos nos seus primeiros anos, não se afaste da doutrina católica – exceção feita à doutrina do primado do Romano Pontífice –, com o passar dos anos verificar-se-á um processo de protestantização do anglicanismo. Tendo em conta a expansão do Império Britânico nos séculos seguintes, é evidente que a separação de Roma trouxe consequências fundamentais para o mundo contemporâneo.

As ideias teológicas da Reforma exerceram uma vasta influência em grande parte da cultura ocidental. Os princípios da justificação só pela fé e o livre exame acentuavam o caráter subjetivo da religião. Esses princípios sofrerão um processo de secularização e, no século XVIII, transformar-se-ão na liberdade de consciência, que entendia que o juízo individual da consciência era a última instância do agir moral. Já não se tratava de ser dócil a uma luz particular do Espírito Santo, e sim de que o livre exercício da razão chegaria para encontrar a norma da ação justa, sem qualquer referência a uma autoridade exterior à razão.

As críticas reformadas à espiritualidade medieval, identificada com os preceitos da vida monástica e com o consequente *contemptus mundi* (desprezo do mundo), deram vida a um apreço crescente pelas atividades temporais. Em Lutero e em Calvino encontramos referências frequentes ao caráter positivo do trabalho e da vida cotidiana, âmbitos onde Deus chama a uma vida cristã coerente. Por mais que esta consequência da Reforma seja positiva – nos países de maioria protestante desenvolveu-se uma ética do trabalho que não se encontra nos países de tradição católica –, manifesta certa incoerência com suas premissas teológicas. De fato, se o homem é incapaz de realizar obras meritórias, dado que a sua natureza está corrompida pelo pecado, também, por isso, não pode santificar de fato a vida corrente. Lutero não nega a necessidade das boas obras, que considera consequência da fé fiducial. No entanto, considera que estas não possuem nenhum mérito aos olhos de Deus. Na verdade, a antropologia pessimista luterana, levada às últimas consequências, abria o caminho para a crescente separação entre o atuar humano – sempre determinado pelo pecado – e os planos salvíficos de Deus. Os inegáveis exemplos de altura moral que encontramos em muitos cristãos reformados ao longo da história manifestam que na prática era difícil aceitar literalmente a doutrina da justificação só pela fé, excluindo as obras meritórias.

Ligado à ética do trabalho encontra-se o desenvolvimento do capitalismo, que alguns intelectuais do século XX relacionaram com as ideias calvinistas. A teoria mais conhecida – ainda que nos últimos anos tenha sido contestada – é a de Max Weber (1864-1920), que na obra *A ética protestante e o espírito do capitalismo* (1904) defendia que o capitalismo moderno encontra a sua força propulsora na ética calvinista. Obviamente que o capitalismo é um fenômeno independente da Reforma – já encontramos formas capitalistas no século XV –, mas o calvinismo influiu em determinada forma histórica do capitalismo. O calvinismo, como vimos acima, afirma a existência de um Deus absoluto, transcendente, que predestinou cada ser humano à salvação ou à condenação eternas, sem que as nossas obras possam modificar o decreto divino pré-estabelecido. Deus criou este mundo para a sua glória, e o homem tem o dever de trabalhar para a glória de Deus e para criar o reino de Deus nesta terra. Os calvinistas viram um sinal da predestinação para a salvação no êxito mundano obtido na própria profissão, e por isso o indivíduo sente-se inclinado a trabalhar para superar a angústia da incerteza da própria redenção. Por outro lado, a ética protestante ordena ao fiel que não confie nos bens deste mundo e prescreve uma conduta ascética. Por este motivo o capitalista não gasta o que ganhou com os seus negócios, mas reinveste-o. A ética protestante daria explicação e justificação à conduta caracterizada pela procura do máximo benefício com o fim não de desfrutar dele, mas de o reinvestir[35].

A Reforma também influenciará as doutrinas políticas. Como já afirmamos, o Estado confessional moderno deriva, em grande medida, das ideias políticas de Lutero. As guerras de religião foram o caldo de cultivo para o surgimento de novas doutrinas. Entre 1562 e 1598 ocorreram na França pelo menos oito guerras religiosas extremamente violentas. Neste contexto histórico desenvolvem-se as teorias dos realistas, defensoras do direito divino do rei. Os súditos devem obedecer passivamente ao rei como representante da vontade divina, e não existe nenhuma instância superior que possa depô-lo, uma vez que o direito real é irrevogável. Esta doutrina foi defendida por fiéis das diversas confissões cristãs, tanto católicas como reformadas, mesmo que a doutrina da obediência passiva estivesse mais de acordo com as posições de Lutero e de Calvino do que com a tradição católica. Abordaremos esse aspecto do direito divino dos reis no próximo capítulo.

Em reação a esta postura extrema surgem os monarcômacos, que consideram que o poder do rei deriva do povo e, consequentemente, a comunidade pode depor o rei em determinadas circunstâncias. Em muitos casos, considerou-se que a defesa da verdadeira religião – fosse a católica ou a das diferentes igrejas reformadas – era motivo válido para resistir ao poder real. Noutros casos, fincava-se o pé nas tradicionais liberdades medievais que invalidavam o poder absoluto do rei. Esta corrente produziu um sem-número de opúsculos e libelos – entre os mais famosos destacam-se o *Franco-gallia* (1573) de Hotman (1574-1590) e o *Vindiciae contra tyrannos* (1579), atribuído a Humberto Languet e a Felipe de Plessis-Mornay – que são de autoria majoritariamente calvinista. Embora Calvino afirmasse a necessidade da obediência passiva à autoridade política, algumas passagens da sua obra abriam a possibilidade de resistência ao poder. Evidentemente, esta leitura de Calvino ocorreu em países em que governava uma monarquia não reformada. Um exemplo típico

---

(35) Cf. J.M. BURGOS, *Weber e lo spirito del capitalismo*, em «Acta Philosophica» 5/2 (1996), pp. 197-220.

desta posição foi defendido por John Knox (1505-1572) na Escócia. No âmbito católico também se defenderam teorias monarcômacas. O caso mais célebre é o do jesuíta Juan de Mariana (1535-1624), que chegou a justificar, em circunstâncias extremas, o tiranicídio.

4. A Reforma católica

A tão desejada reforma *in capite et in membris* tornou-se realidade na Igreja Católica com o Concílio de Trento (1545-1563). Todas as doutrinas colocadas em dúvida pelos reformadores foram esclarecidas sistematicamente pelos padres conciliares, estabelecendo com clareza as verdades da fé católica. Simultaneamente procedeu-se a uma reforma disciplinar eficaz, que deixará o seu selo na vida da Igreja até o século XX. Centrando-nos exclusivamente na temática que nos interessa – a história das ideias –, Trento oferece uma visão do homem que recupera a liberdade moral, superando a antropologia protestante da corrupção completa da natureza humana depois do pecado. No processo de justificação, o homem não permanece meramente passivo, mas deve colaborar com a graça de Deus mediante atos virtuosos, apoiado pela ajuda divina. Jesus Cristo redimiu efetivamente a humanidade e perdoa realmente os pecados – o original e os pessoais – dos fiéis retamente dispostos. O pecado original feriu a natureza humana, mas não a corrompeu completamente. Mediante a graça de Jesus Cristo, o homem é capaz de efetuar obras meritórias com o objetivo da sua salvação eterna e pode cumprir os mandamentos da lei de Deus, graças à ajuda divina. A natureza humana é uma natureza caída depois do pecado original, mas redimida por Cristo e elevada à ordem sobrenatural: o homem é *capax gratiae*, tem a capacidade de receber a graça de Deus que o salva.

A antropologia tridentina voltava a dar ao homem a dignidade de pessoa livre. Uma liberdade de criatura, limitada, que tinha de fazer contas com a debilidade da natureza pecadora, mas que podia colaborar com Deus em seus planos salvíficos.

A recepção da doutrina tridentina nas nações majoritariamente católicas teve algumas consequências político-sociais importantes.

Enquanto fenômeno de reflexo dos Estados confessionais protestantes, na esfera católica foram-se consolidando Estados confessionais católicos que, embora tenham admitido o conteúdo teológico do Concílio relativamente à liberdade moral dos cristãos, ignoraram as consequências de tal liberdade no campo político e social. O crescente poder dos Estados nacionais mostrou a religião como um elemento de coesão social e unidade política – daí as expulsões de judeus e árabes da Espanha e a revogação do Édito de Nantes na França, que suprimia a tolerância religiosa – e incentivou políticas «oficialmente» católicas, que submeteram a Igreja a um controle institucional implacável. A consciência de portar a verdade religiosa levou à convicção de que os inumeráveis problemas sociais, políticos e econômicos exigiam uma única resposta, «católica», para organizar as relações na sociedade. A Espanha dos Habsburgos, as vastas regiões católicas do Império austríaco e a França dos Bourbon foram autênticas monarquias confessionais, baseadas na aliança entre o Trono e o Altar, com escassa participação dos governados. A presença de numerosos membros da hierarquia eclesiástica em cargos de governo e de decisão manifestam o clericalismo de fundo destas organizações sociais. A Igreja procurará defender a sua independência face ao poder político «católico», mas assim que eclodirem as revoluções do fim do século XVIII encontrar-se-á numa situação tremendamente comprometida com as instituições que erroneamente tinham sido identificadas com o catolicismo. Como teremos ocasião de estudar na quarta parte deste livro, essa confusão será a pesada herança recebida pela Igreja, que tanta dificuldade causará em seu diálogo com o mundo que surge depois das revoluções liberais.

II. Do Antigo ao Novo Regime

Se no capítulo anterior definimos os séculos XV e XVI como um período de mudança, o século XVII apresenta um panorama mais estável, com a consolidação de alguns Estados que procuraram solucionar os problemas gerados por divisões religiosas e que estão em melhores condições para reforçar seus respectivos poderes políticos e o controle social. O Antigo Regime prolongar-se-á até o fim do século XVIII, quando chegará a hora das revoluções. Neste capítulo, abordaremos o estudo das ideias que serviram de base ao referido regime para depois chegarmos a uma rápida apresentação das características principais do Novo Regime, evidenciando as diferenças. A transição do Antigo para o Novo Regime implica uma mudança ideológica profunda, que se vai desenvolvendo ao longo desses dois séculos e que abordaremos posteriormente.

1. O Antigo Regime

Costuma denominar-se Antigo Regime a realidade sociopolítica que precedeu os primeiros conflitos revolucionários do fim do século XVIII. É difícil encontrar uma data precisa para o início desta estrutura histórica. Em linhas gerais, pode-se dizer que as suas características começam a ser identificadas a partir do fim do século XVI na Europa ocidental.

No aspecto ideológico, o Antigo Regime está marcado por uma grande homogeneidade e firmeza nas convicções. O homem do século XVII e XVIII tem muitas certezas; menos certezas do que no século XIII, mas muitas mais do que no século XIX. A existência de Deus, a divindade do cristianismo – seja da Igreja Católica ou das distintas confissões protestantes –, é admitida pela grande maioria dos mortais. A existência de uma lei moral eterna e imutável goza do respeito da população. A união entre o Trono e o Altar, entre a monarquia e a fé religiosa, é aceita sem críticas especiais. Os lucros moderados na atividade econômica constituem uma pauta moral inamovível. Definitivamente, no Antigo Regime existe um elevado grau de certeza, bem como um cosmos ordenado de ideias que sustenta uma organização social estável. É verdade que teve espíritos críticos, mas, pelo menos no início, foram exceções.

No aspecto político, a monarquia absoluta goza de boa saúde. No século XVI, Jean Bodin (1530-1596), jurista francês, elabora uma doutrina do poder político capaz de salvaguardar a unidade nacional acima das seitas e dos partidos. A dita teoria, como veremos, reforçava o poder central. Em seguida, as doutrinas do direito divino dos reis e do contrato social dariam consistência teórica ao poder absoluto do monarca.

a) Rumo à monarquia absoluta: a teoria política de Bodin

Bodin publica, em 1576, a sua obra mais importante: *Les six livres de la République*. Escrita em pleno período das guerras religiosas na França, procura dar fundamento sólido ao poder real por meio de uma doutrina sobre a soberania. Para Bodin, a soberania é o elemento essencial a caracterizar o Estado: existe Estado ali onde os cidadãos estão sujeitos à lei de um soberano comum. Os cidadãos de um Estado podem estar divididos pelos costumes, pela língua ou pela religião, mas une-os a dependência de um mesmo poder supremo ou soberania. Para Bodin a soberania é um poder perpétuo, ilimitado no tempo, indelegável – ou delegado sem limites nem condições –, inalienável, não sujeito a prescrição e não limitado por leis, já que o soberano é a própria fonte da lei. Prerrogativas da soberania são o poder de ditar leis sem necessidade de nenhum consentimento alheio; declarar a guerra e a paz; instituir os principais funcionários do Estado; julgar na qualidade de tribunal irrecorrível; conceder graças; cunhar moeda e cobrar impostos.

Se a soberania do Estado é sempre una e indivisível, existem diversas formas de governo – fundamentalmente, a monarquia, a aristocracia e a democracia – que constituem a estrutura ou meio de exercê-la. Afastando-se da doutrina aristotélica, Bodin nega que haja formas mistas de governo, pois nas três formas deve haver unidade de poder ou soberania. O Estado bem ordenado exige um único poder soberano. Nesse contexto, Bodin inclina-se para a forma de governo monárquico, que é o que garante melhor unidade de ação.

Bodin, todavia, admite que no exercício da soberania há algumas restrições. Em primeiro lugar, o soberano deve sempre respeitar a lei divina e a lei natural. Depois, deve respeitar as antigas leis constitucionais e consuetudinárias do reino. Por último, o soberano encontra limite na inviolabilidade da propriedade privada da família, instituição anterior ao Estado e que é o seu fundamento e membro principal[1].

b) O direito divino dos reis

Com a doutrina da soberania preparavam-se as bases para a construção da monarquia absoluta, modelo político do Antigo Regime. O poder absoluto do rei foi teoricamente fundamentado em dois princípios de origem ideológica diferente, mas com um mesmo fim prático: a salvaguarda do seu caráter absoluto. Estes dois princípios foram o direito divino do poder real e o contrato social.

A origem divina do poder é um dos elementos constantemente presentes na história das doutrinas políticas. Pode concretizar-se na divinização do poder político, como foi o caso dos impérios mesopotâmicos, egípcio, helenístico e romano, ou simplesmente consistir na

---

(1) Cf. J. BODIN, *Les six livres de la République*, Scientia Verlag, Aalen, 1961.

afirmação de que o poder político, como todo poder criado, tem a sua causa remota no Criador. Tal parece ser a posição de São Paulo, quando afirma que «todo poder vem de Deus» (Rm XIII, 1).

Na tradição cristã, a afirmação paulina foi interpretada de diversas formas. A mais difundida entendia que a origem divina do poder não implicava uma escolha direta do governante por parte de Deus. O exemplo do povo de Israel constituía simplesmente uma exceção à regra, dado o caráter peculiar da história do povo eleito. Mais ainda, entendeu-se que a causa próxima do poder era a comunidade política ou as circunstâncias históricas – uma guerra vitoriosa, uma aliança entre os povos etc. Assim, a corrente aristotélico-tomista – São Tomás de Aquino, Francisco de Vitória, Francisco Suárez... – admitia que Deus era a origem remota do poder político, mas a causa próxima era a comunidade inteira.

No século XVI, no fulgor das disputas doutrinal-religiosas, surgem algumas teorias que acentuam a intervenção direta de Deus na escolha do governante. Tal posição, que considerava o rei o «lugar-tenente de Deus», exigia a obediência passiva por parte dos súditos, salvaguardando assim a ordem e a paz. O representante extremo desta posição foi o rei inglês Jaime I, que publicou em 1685 o livro *Verdadeira lei das monarquias livres*. A este respeito já fizemos referência às opiniões luteranas e calvinistas.

Na França do século XVII fez-se cada vez mais divulgada e popular a doutrina do direito divino dos reis. Ainda que não se trate de uma teoria demasiado elaborada, mas sobretudo um conjunto de sentimentos, intuições e princípios adquiridos acriticamente, é possível expor os seus principais elementos. Para isso, servir-nos-emos de uma obra de Jacques Benigne Bossuet (1627-1704), bispo de Meaux e preceptor do herdeiro político: *Politique tirée des propres paroles de l'Écriture Sainte*. Concluída em 1679, fora pensada para a formação do filho de Luís XIV. Não se trata, portanto, de um tratado científico, mas de uma obra pedagógica, que deveria servir para que o herdeiro do Rei Sol tomasse consciência de sua dignidade e responsabilidade.

Bossuet afirma que o homem tem Deus como fim último da sua vida. Os homens foram feitos para viver em sociedade, mas o pecado original separou-os de Deus e impediu a sua convivência pacífica. Daí a necessidade de um governo que nos dirija e que impeça a destruição mútua. Os reis que foram surgindo nos começos da história, seja por consenso ou por conquista legítima, governavam sobre povos que já estavam acostumados a obedecer, pois as ideias de comando e autoridade provêm da autoridade paterna.

Para Bossuet, a monarquia é a forma de governo mais comum, mais antiga e a mais natural, sobretudo se é hereditária por linha masculina. Ao longo da história, houve também outras formas de governo aceitas por Deus. Mas Bossuet não hesitou em agradecer à Providência que tenha querido dar à sua nação o governo mais de acordo com a natureza humana: todos os homens nascem súditos, pois estamos submetidos à autoridade paterna. Entre os sexos existe uma hierarquia, e as mulheres estão sujeitas à obediência. A monarquia hereditária, como autoridade paterna da nação, é a forma mais natural de governo político.

Nas páginas destinadas à formação do herdeiro, Bossuet apresenta as características da monarquia bem constituída. Em primeiro lugar, a monarquia é sagrada. Os príncipes operam como ministros de Deus e são seus lugares-tenentes na terra. O rei é Cristo, no sentido de ser ungido. Mas, mesmo que não receba a unção na cerimônia da coroação, o rei é sagrado em virtude do seu cargo, porque representa a majestade divina e está encarregado pela Providência de executar os seus desígnios. Daí a obrigação que têm os súditos de respeitar e obedecer a eles, incluindo quando não sejam justos, como foi o caso da relação dos primeiros cristãos com os imperadores pagãos.

Além de ser sagrada, a monarquia é absoluta: o rei não deve prestar contas das suas ordens; é juiz inapelável; não existe possibilidade de coação contra ele. Em outras palavras, o poder do rei é invencível, porque, se alguém contraria o poder público e impede o seu exercício, ninguém no reino pode estar seguro. Assim como Hobbes, que veremos adiante, Bossuet considera indispensável que o poder do monarca seja absoluto: sem essa autoridade não poderia nem fazer o bem, nem reprimir o mal.

Bossuet admite que haja pessoas que considerem que o termo «absoluto» é odioso e insuportável. Mas essas pessoas não se dão conta de que o monarca tem um contrapeso em seu poder: o temor de Deus. O limite do poder são as leis divinas e naturais. Se o monarca não as respeita, o poder é arbitrário e tirânico. Por outro lado, a monarquia é paterna. O rei cumpre a função de pai de família da nação inteira: «o nome de rei é um nome de pai». Por isso, numa posição oposta à de Maquiavel, Bossuet considera que o poder real é «doce» e que os monarcas foram feitos para ser amados.

O preceptor do herdeiro não deixa de recordar aos monarcas as suas obrigações. Como a monarquia tem de ser razoável, não deve impor cargas insuportáveis; tem, ademais, de comportar-se justamente, porque o poder absoluto não se identifica com a arbitrariedade. O rei não pode dispor da vida e dos bens dos seus súditos, como se fossem escravos. A propriedade dos bens que se possuem segundo as leis é inviolável. Governo absoluto significa governo legítimo, em que as pessoas são livres debaixo da autoridade pública.

Bossuet termina o seu manual com um capítulo dedicado à «majestade» da monarquia. Estamos em pleno apogeu do reinado de Luís XIV: «Considerai o príncipe no seu palácio. Daqui partem as ordens que fazem funcionar coordenadamente os magistrados e os capitães, os cidadãos e os soldados, as províncias e as armadas de mar e terra. É a própria imagem de Deus, que, sentado no trono mais alto dos céus, regula o funcionamento de toda a natureza... Vede um povo imenso reunido numa só pessoa, vede este poder sagrado, paterno e absoluto; considerai a razão secreta que governa todo o corpo do Estado, encerrada numa só cabeça: vereis nos reis a imagem de Deus, e tereis a imagem da majestade régia»[2].

Apesar de os reis serem imagens da divindade, ele não deixa de recordar a condição humana dos reis terrenos: «Repito-vos, vós sois deuses, quero dizer, tendes na vossa autoridade e levais na vossa fronte um caráter divino... Mas, oh, deuses de carne e de sangue, oh, deuses de lodo e poeira, vós morrereis como homens... A grandeza separa os homens por um pouco de tempo; um fim comum iguala a todos. Oh, reis! Exercitai, portanto, audazmente o vosso poder, porque é divino e saudável para o gênero humano, mas exercitai-o com humildade. Foi-vos dado de fora. No fundo, deixa-vos débeis, deixa-vos mortais, deixa-vos pecadores, sobrecarrega-vos, diante de Deus, com um dos mais pesados acertos de contas»[3].

---

(2) J.B. BOSSUET, *Politique tirée des propres paroles de l'Écriture Sainte*, Paris, 1709, V, 4.1, p. 240.

(3) *Ibidem.*

A doutrina política de Bossuet faz uma leitura exagerada da afirmação paulina da origem divina do poder. Se temos em conta o que é dito na introdução a esta parte do livro, o direito divino dos reis inscreve-se não na tradição cristã, mas na tradição clerical, visto que não se distinguem suficientemente a ordem natural e a ordem sobrenatural e os poderes político e espiritual. Esta confusão traz consequências graves à relação entre a Igreja e o Novo Regime, como teremos a oportunidade de estudar na quarta parte desta obra.

c) O contrato social de Hobbes

Em sua autobiografia, Thomas Hobbes (1588-1679) afirma que a mãe dele o deu à luz prematuramente pois estava dominada pelo terror provocado pela chegada da Armada Invencível às costas da Inglaterra. Em parte gracejando, em parte falando sério, o nosso filósofo escreve que o *medo* é o seu irmão gêmeo. Efetivamente, a finalidade última do pensamento de Hobbes é o estabelecimento da paz e da ordem entre os homens, de modo que se afaste o perigo de uma morte violenta. Para entender com mais profundidade esta finalidade, é necessário ter presentes as circunstâncias político-sociais inglesas do século XVII, em que as dissensões internas e a guerra civil condicionavam a vida diária dos britânicos.

Leviatã representa a elaboração racional mais acabada para fundamentar o poder absoluto. Partindo de uma concepção nominalista da natureza humana, Hobbes considera que o homem é um indivíduo associal. Antes de passar a fazer parte da sociedade, ele vive em estado de natureza. Hobbes não foi o primeiro a falar deste estado pré-social: trata-se de um *locus communis* da tradição jurídica romana e medieval. No filósofo inglês, este estado de natureza está descrito com cores fortes, que evidenciam a sua antropologia de feições materialistas.

Para o nosso filósofo, todo homem, no estado de natureza, tem direito a todas as coisas: *Natura dedit omnia omnibus,* a natureza deu tudo a todos. Este fato é a causa de um estado de guerra generalizado entre os homens, que, impelidos pelos seus instintos, exigem para si mesmos a totalidade dos bens da natureza. Trata-se da guerra de todos contra todos – *bellum omnium contra omnes*. Cria-se, assim, um estado de contradição do homem consigo mesmo e com os outros, no sentido de que o direito universal de um indivíduo confronta-se contra o mesmo direito alheio. Por isso, *homo homini lupus*, o homem é o lobo do homem, o indivíduo transforma-se no inimigo declarado dos outros.

Diante disso, podemos concluir que Hobbes relaciona direito e poder. O homem está caracterizado essencialmente pelo desejo de um poder sempre maior. «Portanto – escreve Hobbes no *Leviatã* –, em primeiro lugar considero como inclinação comum a todo o gênero humano o perene e insaciável desejo de um poder sempre maior, que se extingue somente com a morte. A causa disto não está sempre determinada pela esperança de alcançar uma felicidade mais completa do que já possui ou pelo fato de que não se satisfaz com um poder limitado, mas pela impossibilidade de assegurar o poder e os meios para viver bem que já se conquistaram»[4].

O estado de natureza não é, segundo Hobbes, necessariamente um estado histórico da humanidade. É uma tentativa teórica de expressar a condição natural dos homens considerados em si mesmos, prescindindo de circunstâncias históricas específicas. Deve-se ter em conta o contexto histórico em que Hobbes elabora a sua doutrina, marcado pela guerra civil, pelos enfrentamentos religiosos e pelas tensões entre a coroa e o parlamento.

O meio mais eficaz para conservar a paz é a renúncia de cada um aos seus próprios direitos e à própria liberdade – ao seu próprio poder –, na medida em que essa renúncia implique estabelecer a paz entre os homens. Pode estabelecer-se um pacto entre os indivíduos que dará fim ao estado de guerra próprio do estado de natureza. O pacto não consiste, apenas, numa renúncia, mas numa cessão mútua do direito de cada homem sobre todas as coisas.

O pacto social é necessário, mas não suficiente, para estabelecer a paz. Tem de instituir-se um poder acima das partes. O pacto original de Hobbes tem uma natureza peculiar: «É algo mais do que um acor-

---

(4) T. HOBBES, *Leviatã*, I, 11.

do. É uma união real de cada um numa só e mesma pessoa, união que se faz pelo pacto de cada particular com cada particular, como se cada um dissesse ao outro: "Eu cedo a este homem ou a esta assembleia a minha autoridade e o meu direito, com a condição de que tu também cedas a esse mesmo homem ou a essa mesma assembleia a autoridade e o direito a governar-te a ti próprio"»[5].

A transferência dos direitos individuais converte a massa em unidade e dá lugar ao Estado, chamado Leviatã, e que se configura como um deus mortal. O Estado é uma pessoa única, denominada *soberano*; os demais são súditos ou cidadãos. O poder do soberano é absoluto e conserva irrevogavelmente os direitos dos cidadãos, porque Hobbes quer que o Estado seja uma autêntica garantia para salvaguardar a paz. «O Estado – refere Mario d'Addio – é a força que constrange a natureza lupina do homem para que se converta em social, mediante o temor que tal força deve infundir para que se mantenha a paz e se garanta a segurança. Esta é a razão pela qual o Estado deve ser concebido por Hobbes como um deus mortal, ao qual o homem, depois do Deus imortal, deve a sua vida terrena»[6].

O caráter absoluto do poder soberano deriva da soma dos poderes individuais que os homens cederam mediante o pacto. Essa cessão é irrevogável – de outro modo seria impossível conservar a paz –, e por isso não subsiste nenhum direito de resistência contra a autoridade política, a não ser no caso onde a referida autoridade não garantir a segurança e a ordem. As leis civis são a vontade do soberano, único e sumo legislador. Pertence ao poder soberano também a administração da justiça, a nomeação de todos os funcionários públicos, o direito de premiar ou castigar os súditos e a possibilidade de conferir dignidades e honras.

Segundo a particular concepção antropológica de Hobbes, no estado da natureza não existia critério para fixar o justo e o injusto. Naquele estado, o homem tinha pleno direito de usar todos os meios que considerava idôneos para defender a própria vida. Depois do pacto que dá origem ao Estado, o critério de justiça está estabelecido por leis

(5) *Ibidem*, II, 17.
(6) M. D'ADDIO, *Storia delle dotrine politiche*, ECIG, Gênova, 1992, I, p. 443.

positivas. A força do poder soberano determina o justo e o injusto por meio de normas munidas de sanção. Nesse âmbito, insere-se a doutrina da propriedade: o poder soberano reconhece condicionalmente a propriedade privada, dado que conserva o poder absoluto sobre todas as coisas.

Para Hobbes, no estado civil «o direito é a liberdade que a lei nos permite»[7]. É o poder soberano que determina a amplitude da liberdade individual: o particular somente tem plena liberdade nas ações relativamente às quais as leis não dizem nada. Por outro lado, Hobbes considera que não é conveniente um número excessivo de leis. Assim, apesar do caráter absoluto do poder político, garantem-se vastos âmbitos para a liberdade individual.

O caráter absoluto do Estado estende-se também à esfera religiosa. Se, no estado de natureza, o homem pode venerar a Deus segundo o modo que pense ser mais adequado, uma vez estabelecido o pacto social o indivíduo cede este direito ao Estado. Na sociedade do Leviatã pode haver somente um culto religioso: a diversidade de religiões é causa contínua de mal-estar e controvérsias. Segundo Hobbes, a identificação entre o poder político e o poder religioso encontra o seu fundamento nas Sagradas Escrituras. Para ele, a obediência a Deus manifesta-se na obediência à lei humana. A autoridade política apresenta-se como mediadora religiosa. O soberano civil será a cabeça da Igreja e decidirá sobre as disputas doutrinais e o cânon das Escrituras. Evidentemente, neste último aspecto da sua doutrina pesam muito as circunstâncias histórico-religiosas inglesas do século XVII.

Se apontávamos a doutrina de Bossuet como clerical, em Hobbes encontramos uma teoria que nega qualquer fundamentação transcendente à sociedade. Nesse sentido, e tendo em conta o afirmado na introdução desta parte, Hobbes constitui um passo importante no processo de secularização entendido como afirmação da autonomia absoluta do humano e uma consolidação do positivismo jurídico, que considera justo somente o estabelecido pelo poder soberano, sem referências a outras instâncias superiores de ordem moral[8].

---

(7) T. HOBBES, *Elementos de direito natural e político*, II, 10, 5.

(8) Para uma visão geral das obras de Hobbes, cf. M. RHONHEIMER, *La filosofia politica di Thomas Hobbes*, Armando, Roma, 1997.

d) A estrutura social

Quer a estrutura do contrato social, quer a do direito divino dos reis que esteja na sua base, é na monarquia absoluta a forma de governo que mais se identificou com os moldes do Antigo Regime. Para terminar nosso rápido esboço desta configuração, faremos uma breve referência à sua estrutura social. Caracteriza-se por ser estamental, justificada pela distribuição de funções: a sociedade é-nos apresentada por uma trama de serviços que um estamento presta aos outros. O clero distribui os meios de salvação e exerce o seu trabalho docente e assistencial; a nobreza, por sua vez, tem a guerra como função principal e original. À medida que o tempo passa, une-se a função militar à função ministerial ou de serviço ao monarca no governo do Estado. O caráter privilegiado é a caraterística destes dois estamentos, evidenciado fundamentalmente na isenção de pagamento de impostos.

Falta-nos falar do terceiro estamento, o povo. Temos de defini-lo negativamente: integram-no aqueles que não pertencem nem à nobreza, nem ao clero. É fácil imaginar a fisionomia multicolor que oferece o estado popular: agricultores, comerciantes, artesãos etc. É certo que entre o clero e a nobreza podemos encontrar subgrupos claramente diferenciados: alto e baixo clero; nobreza da província, nobreza de corte e nobreza de toga. Mas também não se pode duvidar de que o estado popular é uma caixa de Pandora: nele agrupamos desde os miseráveis mendigos até os ricos banqueiros. A maior parte é formada por camponeses. A burguesia é, sem dúvida, o grupo protagonista.

Etimologicamente, o burguês é aquele que vive no burgo, na cidade. Desde a Baixa Idade Média os burgueses aumentam em número e em escala social: desempenham as atividades comerciais, ocupam as funções administrativas, exercem tarefas intelectuais e docentes. A burguesia avança com o tempo histórico de modo cada vez mais acelerado: trata-se da força dos homens que aspiram a ser algo mais, a ser *alguém*, e que podem sê-lo, visto que exercem o poder financeiro – que não determina, mas facilita os meios – e têm a capacidade intelectual para levar a iniciativa dos acontecimentos e arrastar os outros.

2. O Novo Regime

Se tentamos agora traçar um esboço das características principais do Novo Regime, a primeira coisa que salta à vista é a derrocada do edifício perfeitamente trabalhado de crenças, verdades absolutas e princípios estabelecidos. Domina o pluralismo: tudo se relativizou. Os dogmas não caem bem na nova ordem. Aceita-se universalmente o que é demonstrado pela razão humana. Em todo o resto prevalece o princípio da tolerância: a coexistência de opiniões diferentes e frequentemente opostas é algo que se pensa como benefício para o novo sistema.

Não obstante, certos princípios substituem as verdades absolutas do Antigo Regime: a soberania popular, os direitos do homem e o sistema constitucional são intocáveis. O bom e o mau no âmbito público identificam-se com o constitucional ou o inconstitucional, pois no terreno da moral tais conceitos começam a fazer parte do âmbito pessoal privado.

No âmbito político, a mudança operada é profunda e definitiva. O absolutismo é substituído por uma nova filosofia política que podemos denominar *liberal* – filosofia que encerra dentro de si noções como a soberania popular, a separação de poderes, o constitucionalismo e o reconhecimento jurídico dos direitos do cidadão. A democracia ainda não se anuncia, se a entendemos como o sistema político que adota o sufrágio universal. O liberalismo mantém o voto censitário: os cidadãos com capacidade de sufragar – os quais sempre constituirão uma elite – gozam de todos os direitos civis e políticos, enquanto o resto da população possui apenas os direitos civis, estabelecendo-se deste modo a igualdade de todos perante a lei.

No âmbito institucional impõe-se a racionalização e a centralização. O caos institucional antigo, produto de privilégios e costumes arcaicos, é substituído por um organograma racionalizado, em que cada função pública tem a sua razão de ser. Por sua vez, tenta-se centralizar toda a administração na figura do Estado e estreita-se a dependência das circunscrições locais com relação ao poder central.

A estrutura social experimenta profundas transformações, procurando-se chegar a uma verdadeira sociedade de livres e iguais. Para isso eliminam-se os privilégios de nascimento. Frente ao Estado, todos os homens são de uma única categoria: a de cidadãos. A igualdade do Novo Regime é sobretudo a igualdade legal, pois as leis no seu conjunto não fazem distinções nem acepção de pessoas. Isso não impede que haja desigualdade de funções: só alguns, os mais capacitados pela sua profissão ou poder econômico, gozam de todos os direitos políticos. O liberalismo foi elitista, e em linhas gerais é lícito afirmar que foi a burguesia acomodada que se entrelaçou com o poder político[9].

Em meio a este estado de coisas, na transição do Antigo ao Novo Regime podem-se apreciar notáveis contrastes: houve alteração, transformação, mudança, e sua causa atribuímos a fatos históricos tão sintomáticos que conseguiram penetrar na camada da superfície histórica e modificá-la substancialmente. Esses acontecimentos são as revoluções.

A historiografia recente gosta de falar de *Revolução Atlântica* para referir-se aos processos de mudança que ocorreram na Europa e na América entre 1770 e 1850. A Revolução Francesa, a emancipação das colônias inglesas da América do Norte e a independência da América Latina algumas décadas depois responderiam ao mesmo processo histórico[10]. A unidade estaria dada pelos mesmos princípios teóricos, herdeiros do Iluminismo europeu e que se denominam liberais. Em seguida, trataremos do sistema ideológico.

---

(9) Para uma caracterização global do Antigo e do Novo Regime, seguimos em parte J.L. COMELLAS, *De las revoluciones al liberalismo*, vol. X da *Historia universal*, EUNSA, Pamplona, 1982, pp. 15-43.

(10) Cf. J. GODECHOT, *Las revoluciones*, Labor, Barcelona, 1977, pp. 364-366; F. FURET e D. RICHET, *La Révolution Française*, Fayard, Paris, 1989.

III. O Iluminismo

Ao longo dos séculos mais caraterísticos do Antigo Regime – os séculos XVII e XVIII –, debaixo da aparente estabilidade de uma estrutura baseada na homogeneidade ideológica, foram-se desenvolvendo correntes de pensamento que minaram essa estrutura mesma. Alguns representantes destas correntes denominaram-se a si próprios «livre pensadores», como se para sublinhar as distâncias que os separavam da ideologia dominante. O Iluminismo será o nome sob o qual se agruparão os intelectuais inconformistas, responsáveis por modificar a face cultural e institucional do mundo ocidental.

Se o Iluminismo é a manifestação paradigmática da filosofia moderna, todavia não o podemos identificar *tout court* com todo o pensamento filosófico da modernidade. Assim, decidimos apresentar brevemente as principais correntes filosóficas modernas para depois analisar as ideias iluministas. Concluiremos o capítulo com a apresentação do sistema kantiano como síntese da filosofia dos séculos XVII e XVIII.

1. Características gerais da filosofia moderna

A visão do mundo dominante no século XIII, estruturada em torno da escolástica tomista, começa a declinar no século XIV, quando alguns filósofos e teólogos criticam a relação harmoniosa entre a fé e a razão, que é a chave do pensamento de São Tomás de Aquino. O averroísmo latino, que sustentava a teoria das duas verdades – uma verdade de razão que pode ser contraditória com uma verdade de fé –, e o voluntarismo divino sustentado por Guilherme d'Ockham – algo é bom ou mau porque é decretado por Deus, mas não o é pela natureza própria das coisas – expõem a crise da escolástica medieval. Ao longo dos séculos XV e XVI, as correntes escolásticas envelheceram e perderam vitalidade, ainda que se tenha em consideração que também se verificou uma revitalização do tomismo na Espanha e na Itália, com figuras da categoria de Francisco de Vitória, Cardeal Caetano, Cardeal Belarmino e Francisco Suárez.

Paralelamente, as ciências físico-matemáticas conhecem um desenvolvimento notável, como já indicamos. O século XVII é o século de Descartes e Bacon, mas também o século de Galileu. A ciência moderna começa a ter importância suficiente para dar um cunho característico ao período que estamos estudando. A descoberta do método matemático aplicável ao estudo da natureza está em sintonia com o espírito da época. A filosofia racionalista cresce e desenvolve-se fundamentalmente dentro de um espírito sistemático análogo ao método matemático; a filosofia empirista, por sua vez, acentua o valor da investigação na observação dos dados de fato. Esses dois aspectos são também momentos da ciência empírica: sistema, método, observação, experiência. Por conseguinte, o diálogo entre a filosofia e a ciência tem uma intensidade notável, e produz-se um intercâmbio constante de teses referentes, sobretudo, ao mundo da natureza e ao conhecimento humano.

Fizemos referência ao racionalismo e ao empirismo. Com efeito, essas serão as duas correntes mais características da filosofia moderna. São tradições diferentes, mas não constituem compartimentos isolados, dado que existe um diálogo fluido entre os seus principais componentes. O racionalismo desenvolve-se fundamentalmente na França e na Alemanha e está representado nas suas linhas mais clássicas por René Descartes (1596-1650), Nicolas Malebranche (1638--1715), Baruch Espinoza (1632-1677) e Wilhelm Leibniz (1646--1716). Por outro lado, o empirismo é um fenômeno essencialmente britânico. Pode-se falar de uma tradição de pensamento em que o transmitido por um autor serve de base ao aprofundamento do seguinte. A lista dos filósofos empiristas começa com Francis Bacon (1561-1626) e continua com Thomas Hobbes (1588-1679), John Locke (1632-1704), George Berkeley (1681-1753) e David Hume (1711-1776).

Antes de analisar as características próprias dessas duas tradições, indicaremos os elementos comuns. Existe um sentimento anti-escolástico partilhado. Frente à decadência da filosofia tradicional e ao progresso das ciências, surge o desejo de dar novo ponto de partida ao pensamento filosófico. Com efeito, tanto Descartes como Bacon sentem em si próprios a mesma função de iniciadores. O novo ponto de partida é o sujeito. A filosofia antiga e medieval centrara-se na metafísica, como ciência do ser. Nas distintas teorias do conhecimento trabalhadas nos séculos clássicos e durante a Idade Média, a primazia foi do objeto, que revelava o ser das coisas. Para os modernos, pelo contrário, a disciplina filosófica fundamental não é já a metafísica, mas a gnoseologia ou teoria do conhecimento. Coerentes com a importância que as ciências físico-matemáticas dão ao método, os filósofos modernos tomam como ponto de partida a análise minuciosa de como chegamos a conhecer, e a balança do interesse especulativo entre o objeto e o sujeito inclina-se para as capacidades deste último de aceder à realidade.

Estabelecidas essas bases, seria errôneo pensar que se abandonam as temáticas do pensamento clássico. Tomemos, por exemplo, o problema de Deus. Assim como é difícil encontrar entre a Idade Média e a modernidade um ponto cronológico em que se possa provar uma ruptura que indique a mudança de época, também se pode afirmar que o interesse nutrido pela teologia medieval não desaparece com a chegada da modernidade. Existe uma mudança de perspectiva, mas não um esquecimento. Os racionalistas continentais são verdadeiros pensadores ali onde o problema de Deus se apresenta com uma força notável, e encontra-se neles uma expressão especulativa importante. O pensamento empirista inglês é, em geral, menos metafísico, e por consequência o problema de Deus aparece numa ótica diferente, ainda que esteja também presente. Serão outros movimentos culturais, como o libertinismo e algumas correntes do Iluminismo, que se qualificarão como ateus. Mas o que é claro é que a filosofia moderna não se identifica *tout court* nem com o libertinismo, nem com o ateísmo de algumas correntes iluministas.

O racionalismo desenvolve uma metafísica autêntica que, em larga medida, se relaciona com a grande tradição metafísica antiga e medieval. Não se trata de uma simples continuidade, mas é de uma nova tentativa de compreensão do homem, do mundo e de Deus. O ponto de partida cartesiano, quer dizer, o *cogito,* constitui também um ponto de vista metafísico. Depois de Descartes, a filosofia racionalista tem uma plataforma comum: a temática cartesiana. A procura da certeza, as ideias claras e distintas, os problemas derivados da separação da substância extensa e pensante serão os temas mais característicos do desenvolvimento metafísico racionalista. Além do que expusemos, é preciso acrescentar que Descartes é, em certo sentido, o criador – com alguns precedentes na escolástica do século XVI – do *espírito de sistema* a que recorrerá toda a metafísica moderna. A verdade como coerência lógica, método dedutivo e matemático, clareza e distinção, unidade... Todos esses são conceitos básicos que formam parte da ideia de sistema filosófico. E, junto a isto, um certo desprezo e distanciamento da experiência vivida e da experiência sensível. O metafísico racionalista é mais dedutivo do que observador, e interessam-lhe mais as definições exatas e precisas do que a descrição do fenômeno real.

O empirismo, por outro lado, interessa-se não tanto pelos problemas metafísicos clássicos, mas pelos problemas gnoseológicos, ainda que partilhe com os racionalistas da procura da certeza. O primeiro problema que se coloca ao filósofo empirista não é o do ser, mas o problema de como, a partir da *experiência,* pode-se atingir o *conhecimento* da realidade. Essa investigação é feita com grande espírito analítico, que tem como objeto a afetividade e a experiência humana do conhecer. De todo modo, a filosofia empirista fica sempre ligada a *um tipo* de experiência, ou seja, à sensível, enquanto acredita que toda ideia deve apoiar-se sempre num dado sensível. Com esta abordagem, desaparece a consideração da dimensão metafísica da capacidade intelectual, enquanto toda abstração é julgada como mero produto da imaginação separada da experiência. As *ideias* empiristas, que não são senão imagens, representações ou reflexos do fenômeno sensível, são sempre particulares. A universalidade – os empiristas preferem falar de generalidade –, coerentemente com o nominalismo, que se encontra na base do empirismo, é a própria dos nomes, dos termos, mas nunca das ideias ou conceitos. Logicamente, o método dos empiristas não poderá ser o mesmo método dos racionalistas. Em vez da dedução matemática, o empirismo sustenta que a indução é o método científico e filosófico privilegiado. Se, portanto, o racionalismo possui um claro *espírito de sistema*, o empirismo apresenta um espírito analítico e observador da experiência e dos seus pressupostos gnosiológicos.

O empirismo empreende o objetivo de julgar a capacidade cognoscente do homem a partir de uma concepção reducionista da própria experiência cognitiva. Esta tentativa permanece uma possibilidade teórica, que será retomada por Kant. Por sua vez, o racionalismo metafísico, em oposição ao empirismo, pressupõe que a capacidade cognitiva do homem é apta para conhecer a verdade objetiva num modo dedutivo sem pôr em discussão a sua própria racionalidade. Essa atitude teórica valeu-lhe o nome de *dogmatismo metafísico*.

Passemos à breve apresentação do criador do racionalismo continental, Descartes, e do filósofo que tem as conclusões mais extremas do empirismo britânico: Hume.

a) René Descartes (1596-1650)

Nasce em Turenne, em 31 de março de 1596. Estuda no colégio jesuíta de La Flèche até 1614. Prossegue seus estudos de Direito em Poitiers. Insatisfeito com a educação recebida, abandona as aulas e decide alistar-se no exército. Muda-se para a Alemanha durante o início da Guerra dos Trinta Anos. Ali, na noite de 10 de novembro de 1619, tem três sonhos que interpreta como chamamentos do céu para conduzir uma missão pessoal no campo do saber. Neles vislumbra o caminho que conduzirá à fundamentação das ciências por meio do método matemático. A primeira redação do método é de 1628, ano em que se estabelece na Holanda, onde viverá quase todo o resto da vida. A versão definitiva do famoso *Discurso do método* é de 1637. Em 1641, publica as suas *Meditationes de prima philosophiae* e, em 1644, os seus *Principia philosophiae*. Em 1650, Descartes aceita o convite da rainha Cristina da Suécia para viver em Estocolmo, cidade onde encontrará a morte em 11 de fevereiro desse ano.

Descartes desenvolve um ambicioso projeto filosófico, que pretende iniciar um novo período na história da filosofia. Sustenta a radical unidade das ciências baseada num único método: o matemático. Frente ao panorama das escolas filosóficas opostas entre si, impõe-se a busca de uma certeza própria das ciências físico-matemáticas. O método é para Descartes uma exigência da faculdade de conhecer, que deseja sempre atingir certeza e evidência.

Retomemos as quatro regras universais do método:

«Não admitir coisa alguma por verdadeira sem que seja conhecida previamente como tal; quer dizer, evitar cuidadosamente a precipitação e o preconceito, e não incluir nos meus juízos nada mais senão aquilo que se apresentar tão clara e distintamente à minha inteligência, de modo que se possa excluir qualquer possibilidade de dúvida».

«Dividir cada problema tomado em consideração em tantas partes quanto for possível e necessário para resolvê-lo mais facilmente».

«Conduzir com ordem os meus pensamentos, começando pelos objetos mais simples e mais fáceis de conhecer, para atingir pouco a pouco, gradualmente, o conhecimento dos mais complexos».

«Fazer enumerações completas e revisões gerais para estar seguro de não ter omitido nada»[1].

Na primeira regra do método encontra-se o gérmen de todo o sistema cartesiano. Vejamos por partes. Inicialmente, fala-se da necessidade de guiar-se exclusivamente por evidências. Daí que seja necessário duvidar de tudo o que não se apresente diante da minha inteligência como claro e distinto. A dúvida cartesiana é *metódica*, quer dizer, constitui o caminho para atingir a certeza, manifestada na evidência das ideias claras e distintas. Trata-se de um instrumento para abandonar as dúvidas de um conhecimento não científico. Por isso, não consiste numa dúvida cética, que duvida de tudo mas nunca chega ao conhecimento da verdade.

Depois do duvidar universal de caráter metodológico surge, como evidência primeira e inegável, a realidade própria do sujeito pensante, objeto de uma intuição imediata. Eis o célebre *cogito, ergo sum* (penso, logo existo). Podemos duvidar de tudo, mas não podemos duvidar

---

(1) R. DESCARTES, *Discurso do método*, 2ª parte.

de que somos nós próprios que duvidamos. O *cogito* é uma intuição intelectual, uma evidência primeira pela qual se reconhece a própria existência do sujeito num ato simples da visão mental. Existe uma consequência indissolúvel entre o pensamento e o ser: o pensar manifesta o ser, ou seja, o *cogito* – eu penso – é manifestação do *sum* – eu sou. A evidência do pensar é também a evidência do existir subjetivo: o eu se faz evidente no pensar.

O *cogito* cartesiano, fruto da dúvida metódica, servirá de base a Descartes para demonstrar a existência de Deus e do mundo material. A partir da certeza subjetiva, o filósofo francês recupera tudo o que se tinha posto em dúvida. Deus apresenta-se como a garantia da evidência – existe certa circularidade viciosa no raciocínio de Descartes, porque não se estabelece a ciência certa qual primeira verdade, mas o *cogito* ou Deus – e pode ser demonstrado a partir da ideia de Deus que trazemos na mente. O conceito de Deus tem estas e aquelas características, o que determina não pode ser inexistente. Aqui, Descartes envolve-se com o argumento ontológico medieval.

Em relação ao mundo material, e seguindo as regras do método, Descartes teve de duvidar, em primeiro lugar, do testemunho dos sentidos. Mas o filósofo afirma que existe uma ideia clara e distinta em nossa mente: a extensão, que é a essência das substâncias materiais. A alma humana é a *res cogitans* – uma coisa pensante –, enquanto o corpo é a *res extensa*. Descartes considera que a alma é a substância, mas também o é o corpo. Como o conceito cartesiano de substância implica independência, surge necessariamente o problema da unidade da pessoa humana. Descartes explica de maneira pouco convincente a união da alma com o corpo e deixa à posteridade racionalista a resolução do problema. Se Malebranche recorre à teoria do ocasionalismo para explicar a interação entre a alma e o corpo, Espinoza resolve o problema por elevação, afirmando a unidade de todas as coisas numa Substância Única. Leibniz, por sua vez, fala em harmonia pré-estabelecida. Desta maneira, a identificação do homem com o seu ser *res cogitans*, separada da *res extensa*, deu lugar a uma visão antropológica que sublinhava o domínio do homem sobre a natureza, como veremos adiante.

A filosofia de Descartes constitui a primeira expressão histórica de uma posição intelectual que será a preferida na história da filosofia moderna. Diferenciando-se da filosofia precedente, Descartes coloca o sujeito no centro da reflexão e encontra nessa reflexão o princípio constitutivo da evidência. A clareza e a distinção criam, simultaneamente, um estilo de pensamento, uma forma de conduzir o uso da razão e uma definição da subjetividade por inteiro. O *cogito* define-se como autotransparência. O problema apresenta-se quando entra em contato com a realidade corpórea, material, ou com sentimentos e afetos do coração, que pouco têm de claros e distintos. A tentativa do novo começo da filosofia por parte de Descartes, desejoso de encontrar certezas e evidências, encontra elementos e fatos obscuros e confusos, que também fazem parte da existência humana.

b) David Hume (1711-1776)

Se Descartes representa o começo, Hume representa um final, no sentido de que leva até os extremos alguns princípios gnosiológicos presentes em seus predecessores empiristas. Segundo o filósofo escocês, a finalidade última da filosofia é a felicidade dos homens. Para ser feliz é necessário limitar-se aos dados da experiência, recusando toda a especulação metafísica.

Hume parte de uma noção redutiva da experiência: trata-se de um conjunto de sensações que constituem o conhecimento sensível. As ideias, para Hume, são a marca que deixam as impressões sensíveis na mente. Não é possível afirmar nada além da impressão sentida ou da ideia deixada pela impressão. Podemos associar ideias e nomear os conjuntos de sensações, mas nunca poderemos estabelecer a causa das impressões sensíveis nem identificar os nomes com a substância. O agnosticismo de Hume é radical: tudo o que esteja para além da sensação é incognoscível. Com esta posição desaparece a capacidade metafísica da razão humana: substâncias, mundo exterior e identidade pessoal são colocados entre parênteses por seu ceticismo.

Esta atitude extrema leva-o a negar o princípio da causalidade, base do conhecimento científico. O sujeito só pode afirmar que observa as impressões que tendem habitualmente a apresentar-se em conjunto. Inclinamo-nos a pensar que existe uma relação necessária entre a impressão a que chamamos *causa* e a impressão a que chamamos *efeito*. Porém, não temos qualquer impressão da relação necessária enquanto tal: associamos as duas impressões na nossa mente, mas não podemos afirmar nada sobre a realidade da dita ligação.

O ceticismo de Hume é incompatível com a vida ordinária da pessoa comum. Reconhece-o o filósofo mesmo, depois de negar a própria identidade, pois tampouco temos qualquer impressão sensível desta. Hume encontra-se «absoluta e necessariamente determinado a viver, a falar e a trabalhar, como os outros homens, nos assuntos ordinários da vida»[2]. Assim, era decretada a derrota da filosofia, que via-se incapaz de resolver os problemas mais frequentes da existência humana.

No âmbito da moral, Hume identifica bem com prazer e mal com dor. A conduta humana vem determinada pelas paixões, e a razão é um instrumento a serviço da paixão para chegar ao prazer ou evitar a dor. Depois da crítica ao princípio da causalidade e a negação do alcance metafísico do conhecimento humano, Hume deduz a impossibilidade de derivar o dever ser do ser, isto é, da natureza humana em sentido normativo.

Hume dedicou duas obras específicas à filosofia da religião: os *Diálogos sobre religião natural* e *História natural da religião*. O estudo da religião – pensa Hume – deve ser feito sob a ótica da antropologia. Quer dizer, interessa estudar não tanto a essência e os atributos divinos enquanto tais, mas o sentimento religioso que o homem possui.

Para Hume, a religião é um tipo de filosofia. Como sucede com qualquer outro tipo de saber, ela não pode superar o âmbito da experiência se tem a pretensão de ser verdadeira: «Toda a filosofia do mundo e toda a religião, que são espécies de filosofia, não serão nunca capazes de levar-nos além do curso habitual da experiência, nem de prover-nos de normas de conduta distintas daquelas que provêm da reflexão sobre a vida comum»[3].

Na sua *História natural da religião*, Hume trata de estabelecer a origem do sentimento religioso. O filósofo julga que se encontra no terror à morte, no medo da infelicidade reservada aos maus e no desejo de felicidade prometida aos bons. Estes sentimentos são, na realidade,

---

(2) D. HUME, *Tratado sobre a natureza humana*, I, 4, 7.
(3) *Idem, Investigação sobre o entendimento humano*, XI.

paixões e constituem a causa da tendência universal a crer num poder invisível e inteligente. Segundo Hume, essa tendência é a marca que o artífice divino deixou impressa em sua obra. As religiões históricas desfiguraram a imagem da divindade, misturando a verdadeira religião com a superstição, o fanatismo e a intolerância.

Qual é, para Hume, a verdadeira religião? O ceticismo reaparece com renovada força: «O único ponto da teologia na qual encontramos um consenso do gênero humano quase universal é o da existência de um poder invisível e inteligente no mundo. Porém, se esse poder é supremo ou subordinado, se é limitado a um ser ou se é distribuído por vários, quais são seus atributos, qualidades, conexões, ou quais os princípios de ação que devem relacionar-se com eles... No que respeita a todos estes pontos, existe a maior diversidade entre os sistemas vulgares da filosofia»[4]. Deus é mais um objeto de culto no templo do que objeto discussão entre escolas. A religião é um fato psicológico que não se pode eliminar da natureza humana e que reduz-se a um simples sentir de caráter instintivo, sem fundamento racional ou sobrenatural.

$$* * *$$

A característica artificiosa dos sistemas racionalistas, a falta de contato com a experiência sensível, o limitar-se às definições arbitrárias em preferência à realidade proposta pelo senso comum: todos esses elementos serão objeto da crítica dos iluministas. Condillac e Voltaire, sobretudo, acusarão o racionalismo de ser uma construção imaginária e artificial. O Iluminismo do século XVIII olhará mais, mas não unicamente, para a filosofia britânica de caráter empirista. Contudo, essa direção do pensamento terminava no ceticismo: a metafísica como conhecimento último da realidade das coisas será apenas uma quimera; a teologia, como ciência, uma contradição; e a moral objetiva converter-se-á numa ética hedonista e utilitarista.

Teremos de esperar pelo século XX para encontrar propostas filosóficas que, aceitando o ponto de partida da modernidade – quer dizer,

---

(4) *Idem, História natural da religião*, V.

a subjetividade –, recuperem o âmbito do ser. Este será o objetivo do espiritualismo e do personalismo contemporâneos. Em tais propostas, o sujeito não se identifica com a consciência, mas é um sujeito que, simultaneamente, é um ser. A síntese da filosofia do ser com a perspectiva subjetiva liberta a filosofia tradicional do objetivismo de que foi frequentemente – e não sem razão – acusada e, contemporaneamente, abre ao sujeito a riqueza da comunicação com o Absoluto e com os outros seres criados[5].

2. Introdução ao Iluminismo

Ilustración, Aufklärung, Enlightenment, Illuminismo, Les Lumières são expressões que, em línguas diferentes, servem para identificar um movimento cultural, uma forma de ver o mundo, uma *Weltanschauung* que, se contém elementos filosóficos evidentes, supera o campo estritamente filosófico.

Em termos cronológicos, o Iluminismo pertence ao século XVIII e é um fenômeno cultural eminentemente europeu, cujos desenvolvimentos mais importantes produzem-se em Inglaterra, França e Alemanha. O período histórico marcado pelo Iluminismo, carregado de estímulos intelectuais e filosóficos, mas simultaneamente carente de uma figura que seja um ponto de referência obrigatório, é nesse sentido análogo ao período renascentista. Existe um ambiente filosófico que o abarca; nisto reside a sua especificidade: em ser um ambiente, uma forma de pensar.

Immanuel Kant tratou de definir esse novo estado da cultura. Com um opúsculo intitulado *Que é o Iluminismo?* , ele responde à pergunta retórica do seguinte modo: «O Iluminismo é a saída do homem deste seu estado de menoridade que deve imputar-se a si próprio. Menoridade é a incapacidade de valer-se do próprio intelecto sem o guia de outro. Imputável a si próprio é esta menoridade se a causa dela não depende de defeito de inteligência, mas da falta de decisão e de

---

(5) Para uma visão ampla da filosofia moderna, cf. M. FAZIO-D. GAMARRA, *Historia de la filosofía moderna*, Palabra, Madri, 2002.

valentia para fazer uso da própria inteligência sem ser guiados por outros. *Sapere aude!* Tenha a valentia de servir-se da sua própria inteligência! É esta a divisa do Iluminismo»[6].

Como se depreende da definição kantiana, a chave teórica do Iluminismo é constituída pela razão. Porém, de que razão se trata? Não é a racionalista dos sistemas metafísicos do século XVII, ainda que tenha herdado seu otimismo. É melhor a razão empirista dos ingleses, que convida a permanecer dóceis aos dados dos sentidos e aos resultados das experiências. A razão iluminista não será já o *lugar* dos espíritos, o *depósito* das ideias inatas, mas uma razão entendida como faculdade, como capacidade de conhecer. Trata-se de uma capacidade ou força inesgotável, que conduzirá até o conhecimento dos mistérios insondáveis da natureza. A ligação da razão do século XVIII à experiência sensível irá colaborar com o desenvolvimento das ciências naturais: botânica, química, zoologia, história natural, medicina.

Por outro lado, a fé na capacidade da razão manifesta-se noutro conceito-chave para entender o Iluminismo: a noção de *progresso*. O intelectual deste período considera que a extensão das luzes levará a uma vida mais humana, mais prudente e mais confortável. O Iluminismo será o primeiro período da história em que surge uma disciplina nova: a *filosofia da história*. Com ela empreende-se uma análise da história humana desde um ponto de vista universal e progressivo. A história é o desenvolvimento da razão, que faz com que o homem saia das trevas medievais e entre no reino da racionalidade.

Esta visão otimista e progressiva da história está muito relacionada com outra das características da razão iluminista: a rejeição da tradição. Todo fenômeno social ou espiritual que não possa ser explicado pela razão humana é, para o Iluminismo, um mito ou uma superstição. Assim, o antitradicionalismo concretiza-se na rejeição da religião revelada – especialmente do catolicismo – e na construção teórica do deísmo, quer dizer, uma religião sem mistérios, à medida da razão, para quem é suficiente afirmar a existência de Deus, a imortalidade da alma e a vida futura com todo o conteúdo da religião. A atitude iluminista em relação à religião manifestar-se-á na Alemanha com o processo de racionalização

---

(6) I. KANT, *Resposta à pergunta: o que é o Iluminismo?*, Ak VIII, 35.

dos dogmas e, na Inglaterra e França, com a defesa da tolerância, que neste período terá por base o indiferentismo religioso.

Juntamente com a rejeição da religião revelada encontra-se o desejo de mudança social. A monarquia absolutista, a transmissão hereditária do poder, a desigualdade social apoiada nas circunstâncias do nascimento, o pacto colonial das diversas metrópoles parecem aos iluministas coisas sem explicação do ponto de vista racional. Assim, o Iluminismo, inspirando-se na teoria política de Locke – de que nos ocuparemos mais adiante –, apresentará um programa político liberal e democrático, que na França se identificará com o programa revolucionário.

Lamentavelmente, a aliança entre o Trono e o Altar, caraterística do *Ancien Régime*, não ajudou a entender a diferença entre as circunstâncias históricas concretas e o conteúdo divino da Igreja Católica. Os ataques contra a ordem social estabelecida – ataques em boa medida necessários e justos na defesa da dignidade da pessoa humana – dirigiram-se contra a própria Igreja. Do mesmo modo, por causa dos mal-entendidos de uma parte e outra, a filosofia política e social do século XVIII traz o selo do anticatolicismo, mesmo que com exceções importantes.

Dois âmbitos básicos do saber humano, a moral e o direito, sofrerão mudanças radicais neste período. A moral iluminista é uma moral laicista, quer dizer, uma moral que não mantém nenhuma relação com a transcendência e que apresenta importantes ingredientes utilitaristas. Simultaneamente, o direito natural que a segunda escolástica da Escola de Salamanca apresentava unido ao destino transcendente do homem será secularizado. O novo direito natural inclinar-se-á para afirmar a autonomia absoluta do temporal. Assim, surgem os sistemas racionalistas do direito, que se baseiam numa visão fortemente voluntarista do direito positivo.

O Iluminismo foi um movimento cultural de elite. A burguesia será o grupo social em que se desenvolverão com mais força os novos princípios. Passando certo tempo, as categorias próprias do pensamento ilustrado estender-se-ão por toda a Europa e América, configurando uma forma popular do pensamento.

A fé no progresso põe o Iluminismo em relação com o positivismo; a concepção da moral e da política relacionam o Iluminismo com o liberalismo e o utilitarismo; a visão universal da história e a afirmação da racionalidade no seu devir aproximam de Hegel as atitudes iluministas e, num certo sentido, também de Marx. Todavia, a maior tomada de consciência de alguns aspectos da dignidade da pessoa humana expõem o *humus* cristão, que serve de base à modernidade, se bem que muitas vezes o referido *humus* se encontre escondido sob uma forte secularização, entendida como autonomia total e absoluta do temporal no que diz respeito à substância transcendente.

3. O Iluminismo inglês

Na Inglaterra o Iluminismo centrou-se fundamentalmente nos âmbitos da religião e da moral. Isso não significa que não haja outros interesses, sobretudo no que se refere à ciência empírica. Além disso, a figura intelectual de maior relevo nas ilhas britânicas deste período, e que influenciará de modo decisivo o desenvolvimento da filosofia europeia e, em particular, o sistema de Kant, não é um filósofo, mas um cientista: Isaac Newton (1642-1727).

a) A física de Newton

Newton completa a visão do mundo que oferecem Galileu, Copérnico e Kepler. É o pai da física moderna. Entre as suas obras mais famosas estão a *Philosophiae naturalis principia mathematica* (1687, 1713, 1726) e a *Ótica* (1704). Newton rejeita a teoria aristotélica da distinção entre as leis dos corpos terrestres e celestes e demonstra a sua falsidade. Depois, aplica com grande êxito, nos distintos campos de investigação, o seu método científico, o qual supõe que todos os fenômenos do movimento da natureza podem ser deduzidos matematicamente dos princípios da mecânica. Contudo, Newton não concorda com Galileu na afirmação da estrutura matemática da realidade. A matemática é um instrumento metodológico, mas o método científico baseia-se na experiência: têm de descobrir-se as leis da mecânica da natureza em forma indutiva, partindo da experiência. Depois proceder-se-á ao passo dedutivo.

A ciência de Newton é uma ciência fenomênica: «Tudo o que não procede dos fenômenos deve ser definido como hipótese, e as hipóteses, tanto as metafísicas como as físicas, sejam de qualidades ocultas ou mecânicas, não encontram lugar na filosofia experimental; nelas, as proposições são inferidas dos fenômenos e generalizadas mediante a indução. Deste modo descobriu-se a impenetrabilidade, a mobilidade, o ímpeto dos corpos e, como consequência, as leis do movimento e da gravidade»[7].

Embora Newton rejeite o uso da hipótese, existem em seu sistema físico dois conceitos que funcionam como tal. Referimo-nos ao *tempo* e ao *espaço absolutos*, dos quais dá uma interpretação teológica. Essas autênticas *hipóteses especulativas* formam o âmbito onde se movem as coisas. O mundo newtoniano continua a ser um mundo mecanicista. Simultaneamente, é um mundo em que Deus intervém não só com a criação e a conservação, mas também ativamente, corrigindo as eventuais imperfeições nos movimentos.

b) O deísmo inglês

A temática religiosa é um campo privilegiado da especulação inglesa própria do Iluminismo. Com a palavra *deísmo* referimo-nos a este movimento de pensamento religioso, o qual, não obstante certa uniformidade, apresenta diversas atitudes teóricas.

O predecessor dos deístas do século XVIII é Herbert de Cherbury (1583-1648). Entre as suas obras estão o *Tractatus de Veritate* (1624), *De causis errorum* (1645) e *De religione gentilium* (1645, 1663). Cherbury afirma que o homem tem noções comuns que *a priori* são universais, certas. São impressas por Deus no homem, e este conhece-as por meio de um instinto natural. O conhecimento sensível não seria possível sem recorrer a esses conceitos. Algumas dessas noções comuns estão na base da assim chamada *religião natural*. Para Cherbury, as cinco verdades fundamentais, que são ou devem ser admitidas por todas as religiões, são: a existência de um ser supremo; a obrigação por

---

(7) I. NEWTON, *Mathematical Principles of Natural Philosophy and System of the World*, Cambridge, 1934, II.

parte dos homens de adorar o referido ser; a vida moral como parte mais importante do culto religioso; os vícios e os pecados que devem ser expiados com o arrependimento; e, por fim, a existência de outra vida, em que se premiará ou se castigará a conduta humana. Herbert de Cherbury deseja chegar a uma *pax religiosa* (deve-se ter presente as circunstâncias históricas das guerras de religião na Europa), e por isso, ainda que não rejeite a possibilidade e utilidade da revelação, considera que a razão é o último juiz do dado revelado.

Em 1695 John Locke escreveu a sua obra *A razoabilidade do cristianismo*, na qual evidenciava uma forte tendência para a racionalização dos dogmas. Muitos intelectuais ingleses seguiram as pegadas de Locke. Mas, se queremos falar de deísmo em sentido rigoroso, é necessário sublinhar uma radicalização desta tendência. Nesse sentido, escreve Copleston: «Os deístas eram racionalistas que acreditavam em Deus... O deísmo do século XVIII significava a dessobrenaturalização da religião e a negativa de aceitar qualquer proposição religiosa baseada no princípio da autoridade. Para os deístas era a razão, apenas, que deveria julgar a verdade, tanto em matéria religiosa como em qualquer outra»[8].

Os autores mais importantes deste movimento são John Toland (1670-1722), ligado às origens da maçonaria, com a sua obra *O cristianismo sem mistérios* (1696), e Matthew Tindal (c. 1656-1733), que escreveu *O cristianismo, velho como a criação* e *O Evangelho, uma republicação da religião da natureza*. Outro autor digno de ser mencionado é Henry Saint John, visconde de Bolingbroke (1678-1751), que apresenta Cristo como o instrumento divino para confirmar a religião natural.

A atitude intelectual de Samuel Clarke (1675-1729) é diferente. Trata-se de um pastor anglicano que pretende demonstrar o caráter racional da fé, em aberta polémica com Hobbes e com Espinoza. Mediante doze proposições, Clarke demonstra a existência de Deus e de alguns dos atributos divinos. Admirador de Newton, relaciona o espaço e o tempo absolutos com a existência divina, tema que provocará uma polémica com Leibniz. Contudo, afasta-se dos deístas quando

---

(8) F. COPLESTON, *Historia de la filosofía*, vol. V: *De Hobbes a Hume*, Ariel, Barcelona, 1993, p. 158.

afirma a necessidade moral da revelação, dada a atual situação da humanidade. No seio da revelação existem verdades que superam a capacidade da razão, ainda que não a contradigam.

O bispo anglicano John Butler (1692-1752) opôs-se firmemente aos deístas. Autor da obra *A analogia da religião natural e revelada com a constituição e o curso da natureza*, quer demonstrar que a crença que afirma que o cristianismo é verdadeiro não é irracional e, se fosse, seriam também pouco razoáveis as crenças em relação ao sistema da natureza. Na aceitação da revelação ou de algumas verdades naturais, tais como a imortalidade da alma, existem sempre dificuldades. Todavia, também no âmbito do conhecimento do sistema da natureza há dificuldades análogas, e esta não é uma razão válida para rejeitar o conhecimento do mundo natural.

c) A filosofia moral

O outro âmbito típico do Iluminismo inglês é o da filosofia moral. Os dois grandes expoentes do pensamento ético inglês deste período são Anthony Ashley, conde de Shaftesbury (1671-1713), e Francis Hutcheson (1694-1746).

O primeiro é conhecido pelo seu *Ensaio sobre o mérito e a virtude*. Shaftesbury considera que o homem goza de ideias morais conaturais, que se inclinam à procura do próprio bem, o qual, no caso do homem, deve harmonizar-se com o bem da sociedade. Na polêmica com Hobbes, não pensa que o homem tem de ser mau por natureza: a benevolência é uma parte essencial da moralidade e tem as suas raízes na natureza humana. Todo homem goza também de um *sentido moral*, que torna possível distinguir entre a conduta justa e injusta. A moral, baseada na virtude, é autônoma em relação à religião. A virtude deve ser procurada por si própria. Isto, contudo, não significa que Shaftesbury negue a transcendência: a virtude completa compreende a piedade perante Deus. Portanto, «a perfeição e elevação da virtude deve-se à fé num Deus».

Hutcheson, por sua vez, segue os passos de Shaftesbury. Acrescenta elementos de tipo utilitarista, que serão retomados no século XIX por Jeremy Bentham e John Stuart Mill: «Ao comparar a qualidade das nossas escolhas com o fim de oferecer um critério das nossas escolhas entre as diversas ações propostas ou para encontrar qual delas tem a maior excelência moral – escreve Hutcheson na sua *Investigação sobre as nossas ideias de beleza e de virtude* –, somos induzidos pelo nosso sentido moral da virtude a julgar deste modo: [...] a virtude está em proporção ao número de pessoas às quais será estendida a felicidade, [...] de tal modo que a melhor ação é a que procura a maior felicidade ao maior número de pessoas, e a pior ação é a que causa a infelicidade ao maior número»[9]. Em Hutcheson, encontramos uma ideia de felicidade mais hedonista e certa tendência a identificar moral com estética – juntamente com o sentido moral, os homens possuem um sentido estético. No entanto, influenciado por Butler, Hutcheson trata de unir a moral com a metafísica e a teologia, mesmo que passe à história como um antecedente do utilitarismo de Bentham e Mill.

4. O Iluminismo francês

Se ainda se pensa que o Iluminismo é um fenômeno tipicamente francês, não podemos esquecer que os primeiros iluministas foram ingleses. A esse fato cronológico acrescenta-se o profundo influxo que o Iluminismo inglês exerce sobre o francês. A imagem popular do Iluminismo francês – *les Lumières* – deve-se à radicalização de algumas atitudes teóricas iluministas, que, nas ilhas britânicas, apareciam debaixo do manto da moderação. Os excessos sempre tiveram maior ressonância na memória coletiva, e o materialismo, o ateísmo, os ataques contra a Igreja Católica e os horrores do Terror revolucionário são elementos caraterísticos da imagem popular do Iluminismo francês.

Ainda que estes elementos sejam verdadeiros, nem todas as manifestações do pensamento francês do século XVIII podem se enquadrar neste esquema. Há um ar de família comum, dentro do qual é preciso fazer distinções. Nas páginas seguintes, trataremos de oferecer um

---

(9) F. HUTCHESON, *An Inquiry into the Original of our Ideas of Beauty and Virtue*, em *Collected Works of Francis Hutcheson*, Olms, Hildesheim, 1971, vol. 5, II, 3.

quadro de conjunto destes *philosophes*, que são importantes não tanto pela profundidade das suas ideias, mas sobretudo pelo influxo que exercerão nas categorias populares do pensamento.

a) Pierre Bayle, o precursor

Pierre Bayle (1647-1706) é considerado por quase todos os historiadores como o principal predecessor dos *philosophes*. Bayle apresenta um conjunto de princípios teóricos que serão amplamente desenvolvidos durante o século XVIII. O autor do *Dicionário histórico-crítico* apregoa que as controvérsias teológicas – tanto entre o catolicismo e o protestantismo como entre as escolas católicas – são confusas e inúteis. A causa dessas disputas é a falta de clareza nos juízos e a existência de preconceitos. No fundo, todos estão de acordo sobre as questões fundamentais. Se as controvérsias teológicas são demasiado frequentes, as disputas metafísicas o são ainda mais. Diga-se o que se quiser sobre a demonstração racional da existência de Deus ou a imortalidade da alma, sempre haverá demonstrações em sentido contrário. Além disso, permanece o problema do mal no mundo, inconciliável com a existência de um Deus onipotente, infinito e onisciente.

Frente às disputas metafísicas e teológicas não resta outra coisa senão tolerar. A *tolerância* é a única resposta racional aos diversos pontos de vista sobre aquilo que supera o poder da razão. Além disto, é necessário separar religião e moral. Segundo Bayle, a vida dos homens ao longo de todos os tempos demonstra que não existe um vínculo indissolúvel entre a crença religiosa e a prática moral.

As críticas à atitude intelectual de Bayle, considerada por muitos como um anúncio do ateísmo, vieram de todos os lados. Leibniz procurará dar uma resposta ao problema da relação entre onipotência e existência do mal em debate com ele. De todo modo, a tolerância como base da convivência civil – tolerância que em Bayle tem fortes conotações de indiferentismo – e a separação entre a religião e a moral são a herança que Bayle deixou às gerações futuras.

b) A Enciclopédia

Se a unanimidade dos historiadores em considerar Bayle o grande precursor do Iluminismo é quase total, o mesmo acontece com a afirmação da importância da *Encyclopédie* como símbolo da nova corrente de pensamento. A *Encyclopédie ou dictionnaire raisonné des arts et des métiers* foi obra de muitos autores, guiados por Diderot e D'Alembert. Este último retirou-se da redação em 1758. A *Enciclopédia* é composta de trinta e cinco volumes, publicados entre 1751 e 1780. A edição da obra não foi fácil, porque o governo francês considerou alguns artigos prejudiciais tanto para o poder político como para a autoridade da religião. Como acontece com toda obra em que intervêm muitos autores, o conjunto da *Enciclopédia* é desigual do ponto de vista filosófico e científico. Autores como Turgot, Rousseau e d'Holbach aparecem junto a outros autores mais desconhecidos. Porém, o que nos interessa sobre a *Enciclopédia* não são as questões menores, mas o espírito basilar e a finalidade da obra. Essa finalidade consistia em prover o leitor do seu tempo com uma informação de conjunto sobre os elementos do passado e do presente, a fim de lançar as bases de uma sociedade do futuro mais humana e racional. Não era uma finalidade puramente científica ou instrutiva: no fundo do projeto enciclopédico estava uma ideologia de tipo racionalista que colocava em dúvida as certezas recebidas pela tradição e julgava os próprios fundamentos do poder político e da Igreja Católica, embora de forma moderada pela prudência política.

Filha do seu tempo, a *Enciclopédia* não deve ser vista apenas como um manifesto anticlerical – o que não é de todo justo, dado que existem vozes, respeitantes à fé, escritas com um critério bastante ortodoxo –, mas também como uma revaloração positiva das artes e dos ofícios populares. Com efeito, a *Enciclopédia* oferecia pela primeira vez ao leitor curioso um quadro quase completo dos ofícios manuais, das técnicas agrícolas, dos diversos e complicados processos de trabalho artesanal. O empirismo, que está na base do Iluminismo com muitos outros elementos do racionalismo, e a consideração do universo material como uma máquina *tout court* – o mecanicismo – serviam de marco teórico adequado para a reabilitação dos ofícios técnicos.

Os dois principais responsáveis pela *Enciclopédia,* como já mencionamos, foram Denis Diderot (1713-1784) e Jean Le Rond d'Alembert (1717-1783). O primeiro recebe o influxo de Shaftesbury e escreverá um *Ensaio sobre o mérito e a virtude,* que é uma tradução da obra do inglês, com elementos pessoais. Esteve na Rússia, onde manteve conversas filosóficas com a sua protetora Catarina II. No que diz respeito à sua atitude religiosa, passou por diferentes etapas, onde não faltaram o deísmo, o panteísmo e o ateísmo. Diderot não tem um sistema filosófico estável, e para conseguir obter uma ideia de conjunto do seu pensamento teria de fazer-se coincidir o materialismo do seu *Sonho d'Alembert* com o idealismo moral de alguns dos seus verbetes da *Enciclopédia.*

O pensamento de d'Alembert parece mais coerente. Além de filósofo, foi um grande matemático e físico. Do ponto de vista da sua filosofia tem particular importância o *Discurso preliminar* da *Enciclopédia.* D'Alembert considera que Locke é o pai da filosofia científica, e tem como satisfação o progresso da filosofia no *Século das Luzes.* Na base da sua concepção filosófica existe um fenomenismo decidido, que é um autêntico positivismo *avant la lettre*: tanto o filósofo como o cientista têm de descrever e pôr em relação os fenômenos observados empiricamente. Superar o limite do fenômeno é ir além das capacidades do conhecimento. No que diz respeito à moral, d'Alembert pensa que se baseia na consciência do dever com o próximo, consciência que servirá de ponto de apoio para fundar uma sociedade civil sobre a base do acordo do interesse próprio com o fim da sociedade, que coincide com o bem-estar e felicidade comuns.

c) O materialismo

Se o símbolo do Iluminismo francês é a *Enciclopédia,* os dois desenvolvimentos teóricos mais interessantes – um, por causa da sua radicalidade, outro pelas vastas consequências históricas que teve – são o materialismo e a teoria político-social.

Em relação ao materialismo, o seu representante mais clássico é Julien Offray de La Mettrie (1709-1751). Na sua célebre obra *O homem-máquina,* e também na sua *História natural da alma* e em

O homem-planta, desenvolve um materialismo de base, que depende totalmente da sensibilidade, incluídas as ideias. A chave para entender o que é o homem está nos processos fisiológicos. A diferença entre o homem, o animal e a planta é apenas de grau. Agnóstico no campo religioso, hedonista em matéria moral – La Mettrie escreveu uma obra intitulada *A arte de gozar ou a escola da voluptuosidade –*, este médico-filósofo exprime um dos possíveis desenvolvimentos radicais do empirismo ilustrado.

Na mesma linha materialista move-se também o barão Paul d'Holbach (1723-1789), nascido na Alemanha, mas de formação francesa. D'Holbach compôs o texto mais importante do materialismo do século XVIII: o *Sistema da natureza ou das leis do mundo físico e do mundo moral* (1770). O autor professa certo atomismo: todas as coisas são o resultado de um conjunto de átomos estruturados de formas distintas. Os princípios do movimento não são externos, mas internos às coisas: a atração e a repulsão entre os átomos. No caso do homem, esses princípios chamam-se amor e ódio. O homem, como todas as outras coisas, tendem a conservar a própria existência. Porém, o amor-próprio é o principal motor da vida humana. Esta tendência não é incompatível com a procura do bem-estar geral. Inimigo de toda forma de religiosidade, considera que a ignorância e o medo são a origem da noção de divindade e que a religião aumenta a ânsia e o medo. Eliminada a religião, poder-se-á modificar o sistema político do *Ancien Régime* e substitui-lo por outro mais racional. Holbach não é partidário de uma revolução violenta.

Etienne Bonnot de Condillac (1715-1780) não é materialista em sentido estrito, mas o seu sensismo radical aproxima-o desta corrente de pensamento, ainda que em seu sistema deixe espaço ao espírito e à transcendência. Em 1746, Condillac publica um *Ensaio sobre a origem dos conhecimentos humanos*, em que se mostra um fiel discípulo de Locke: todo conhecimento tem uma origem empírica, quer se trate de uma ideia simples ou de uma ideia composta. No entanto, Condillac amadurece o seu pensamento e chegará a posições gnosiológicas pessoais. No *Tratado dos sistemas* (1749), critica fortemente os sistemas metafísicos do século XVII: Descartes, Malebranche, Espinoza e Leibniz, que partiram de definições e, depois, a partir de um método geométrico, chegaram a conclusões, que são arbitrárias. Certamente é preciso sistematizar os conhecimentos, mas partindo do dado fenomênico proposto pelos sentidos.

No *Tratado das sensações* (1754), Condillac afasta-se de Locke quando afirma também que operações mentais como julgar, querer e comparar são apenas sensações transformadas. Para convencer o leitor de que a única fonte do nosso conhecimento é a sensação, Condillac propõe uma analogia: imaginemo-nos uma estátua privada de todo conhecimento. Partindo de um dos sentidos mais rudes – o olfato –, Condillac reconstrói todo o processo de conhecimento até chegar à mesma inteligência. Em obra posterior, o *Ensaio sobre o entendimento humano,* explica que a vontade está determinada por uma inquietação do espírito, que sente necessidade de um bem que se faz ausente. Essa inquietação ou mal-estar é o primeiro princípio de todos os hábitos da nossa alma. O mesmo argumento está desenvolvido no *Resumo racional,* acrescentado posteriormente ao *Tratado das sensações* e ao *Tratado dos animais.* Por esse motivo, existem interpretações voluntaristas do sistema de Condillac, visto que toda paixão e toda ideia dependem da determinação da vontade.

Apesar de parecer um materialista estrito, o filósofo francês afirma categoricamente a existência de Deus como causa suprema e a existência da alma imaterial e espiritual: a alma não é o conjunto das sensações, mas um centro simples da unidade delas. Por outro lado, no que diz respeito à existência dos corpos e das qualidades, Condillac mantém-se numa posição cuidadosa: «Tudo o que se poderia e deveria razoavelmente deduzir é que os corpos são seres que provocam em nós sensações e que têm propriedades que não conhecemos com segurança»[10]. Definitivamente, como assinalamos, o materialismo de Condillac é *sui generis*, aberto num certo sentido ao espírito e à transcendência.

Menos aberto parece o materialismo de Claude Adrien Hélvetius (1715- 1771), que em seu livro *Do espírito* reduz todas as capacidades do homem à percepção sensorial. Esse reducionismo aplica-se também à vida ética, em que o princípio fundamental da conduta consiste na

---

(10) E. DE CONDILLAC, *Traité des sensations,* em *Oeuvres philosophiques de Condillac,* P.U.F., Paris, 1947, IV, 5, nota.

procura do prazer. A educação deve ensinar aos homens a coincidência do interesse pessoal – a procura do prazer – com o interesse geral da sociedade, que, no fim, conduzirá ao prazer maior. Para que este processo educativo seja eficaz, na sociedade deve imperar a liberdade política e deve generalizar-se a religião natural.

d) A teoria político-social

A outra linha especulativa que mereceu a atenção dos historiadores é a filosofia político-social, em que se destacam os nomes de três filósofos que, com suas ideias, atingiram a mudança do modo de pensar da gente comum. Referimo-nos a Montesquieu, Voltaire e Rousseau.

Charles de Sécondat, barão de la Brède e de Montesquieu (1685--1755) passou à história como o grande defensor da liberdade política e da divisão de poderes. Historiador, funcionário público, espírito curioso, a sua primeira obra saiu em 1721, com o nome de *Cartas persas*. Nele, Montesquieu critica as instituições políticas e religiosas da França mediante uma visão satírica que o autor atribui a um viajante persa.

A obra mais importante do filósofo de Bordeaux é *O espírito das leis*, publicada em 1748, depois de dezessete anos de trabalho. Ao longo de suas numerosas páginas, Montesquieu faz uma comparação entre as distintas sociedades. Seguindo um método empírico-indutivo, não deseja apenas apresentar uma vasta coleção de dados, mas a sua pretensão consiste em compreender a causa da diversidade de instituições e formas de vida. Assim, Montesquieu estabelece as leis gerais da sociedade. Os sistemas de direito positivo são distintos, e as causas dessas diferenças são múltiplas. Entre elas, Montesquieu assinala o caráter de um povo, o clima, a geografia, o comércio, as formas de governo. O conjunto destas circunstâncias particulares forma o espírito das leis.

A partir da análise dos dados particulares que provê o estudo de cada sociedade, Montesquieu estabelece uma teoria das leis que, em certo sentido, se aproxima da doutrina clássica do direito natural. Para o filósofo francês existem leis da natureza, «assim chamadas porque derivam do nosso ser»[11]. Montesquieu admite a existência de uma lei moral natural que precede o sistema de direito positivo. Afirma também a existência de um Deus criador e conservador do mundo, que estabelece regras fixas de justiça.

A parte mais conhecida da sua obra, e que mais influenciará a filosofia política posterior, refere-se às formas de governo. Para Montesquieu, as formas de governo são três: a *republicana*, que pode ser democrática ou aristocrática, dependendo do número de pessoas que intervêm na direção do poder supremo, a *monárquica* e a *despótica*. A diferença entre as duas últimas reside no fato de que na monarquia o rei governa tendo em conta algumas regras fundamentais, enquanto no Estado despótico apenas governa a arbitrariedade do déspota.

Toda forma de governo rege-se por um princípio. Na república, o princípio orientador é a virtude civil; na monarquia é a honra; e no despotismo é o medo. «Entre a natureza do governo e o seu princípio existe esta diferença: é a natureza que o faz ser o que é, enquanto o seu princípio é o que o faz atuar. Uma é a estrutura particular, outra são as paixões humanas, que a fazem mover. As leis devem ser relativas tanto ao princípio de cada governo como à sua natureza»[12].

Além dessa classificação das formas de governo – onde se evidencia a relação entre o pensamento de Montesquieu e o pensamento político clássico, existe outro conceito destinado a gozar de perpetuidade: a divisão de poderes. A liberdade política consiste em «poder fazer o que se deve querer e não ser constrangido a fazer o que não se deve querer»[13]. Esta liberdade comporta a separação dos poderes políticos. Os poderes legislativo, executivo e judiciário devem ser independentes entre si, com o fim de evitar o despotismo e o abuso tirânico do poder. Montesquieu confessa que tomou esta ideia da constituição política inglesa, cuja finalidade principal é a salvaguarda da liberdade política.

Se essas ideias de Montesquieu tiveram uma vasta expansão na Europa e na América, a atitude crítica de François Marie Arouet, mais conhecido por Voltaire (1694-1778), gozou também de grande

---

(11) MONTESQUIEU, *L'esprit des lois*, Paris, 1945, I, 2.

(12) *Ibidem*, III, 1.

(13) *Ibidem*, XI, 3.

popularidade. Voltaire escreveu muito, com um francês elegante e com um estilo satírico de grande eficácia. Não tem um sistema, mas os seus escritos têm um espírito comum: a crítica à tradição percorre toda a obra.

Voltaire sustenta que os sistemas metafísicos do século XVII são artificiais e que o cartesianismo conduz ao espinosismo. Por sua vez, afirma que Newton conduz ao verdadeiro teísmo, onde se reconhece um Deus supremo, que criou todas as coisas. Além disso, crê que Newton redescobre as causas finais, que são a prova mais válida para demonstrar a existência de Deus.

Muito próximo do empirismo gnosiológico de Locke, Voltaire duvida da espiritualidade da alma e identifica a liberdade com um termo inventado pela humanidade para designar o efeito conhecido de uma causa desconhecida. Se, num sentido psicológico, rejeita a liberdade, Voltaire é um defensor convencido da liberdade política, não num sentido democrático – Voltaire sempre desprezou a plebe –, mas num sentido de liberdade para os filósofos. Ele pretende substituir os dogmas da Igreja pelos princípios do Iluminismo filosófico. Por isso, defendeu com veemência a tolerância religiosa e terminava os seus escritos com a frase *Écrasez l'infâme*, sendo a infame a Igreja Católica.

Voltaire não foi um filósofo profundo, mas conseguiu o que poucos filósofos conseguem: modelar as categorias de pensamento de vastos setores de intelectuais. A confiança no progresso das luzes e a consideração da fé como obstáculo para esse progresso serão um *leitmotiv* do pensamento posterior.

No que se refere ao último dos expoentes da tríade enunciada acima, Jean-Jacques Rousseau (1712-1778) apresenta-nos um problema de qualificação histórica. O cidadão de Genebra não é propriamente um iluminista. Jean-Jacques Rousseau declarou-se contrário à atitude dos *philosophes,* qualificados como «ardentes missionários do ateísmo e, além disso, tiranos dogmáticos». A sua revaloração dos sentimentos interiores, a consciência de que o homem não é só razão, mas principalmente coração, representam uma saída teórica do Iluminismo e faz a ponte com o romantismo. Simultaneamente, a construção racionalista do seu *Contrato social,* as teses políticas revolucionárias que propôs e o ambiente em que se desenvolveram as suas doutrinas permitem enquadrá-lo no âmbito do Iluminismo.

Nascido em Genebra em 1712, filho de um relojoeiro, Rousseau recebe uma educação rudimentar por causa da ausência da sua mãe, que morreu pouco depois do seu nascimento. Passou os primeiros anos da infância em Genebra. Em seguida, transferiu-se para o Piemonte e França, onde permanecerá a maior parte de sua vida. De religião calvinista, converteu-se ao catolicismo, mas depois deixou-se envolver por uma religiosidade natural.

Sentimental, apaixonado, contraditório – Rousseau, autor do *Emílio ou da educação*, teve vários filhos naturais, que abandonou num orfanato –, este autor genebrês está cheio de elementos interessantes para o estudo psicológico. Nos últimos anos da sua vida, parece ter sofrido uma doença mental, manifestada numa mania persecutória. Morreu em Erménonville, em 1778.

Entre as suas obras mais importantes do ponto de vista da história das ideias, deve-se citar o *Discurso sobre as ciências e as artes* (1750), o *Discurso sobre a origem e o fundamento da desigualdade entre os homens* (1758) e as três obras publicadas em 1762: *Júlia ou a nova Heloísa, O contrato social* e o *Emílio*. Obras de tipo autobiográfico, em que se evidencia o seu pré-romantismo, são *Rousseau, juiz de Jean-Jacques*, as *Confissões*, e *Sonhos de um caminhante solitário*.

Rousseau não tem um sistema – o genebrês define a sua obra como um *système du coeur* –, mas é possível individualizar um princípio básico da sua filosofia: a natureza fez o homem bom e feliz, ao passo que a sociedade degrada-o e fá-lo miserável. No seu *Discurso sobre as ciências e as artes*, Rousseau procura dar uma resposta à pergunta sobre a positividade do influxo da cultura nos costumes dos homens. O genebrês considera que o homem do século XVIII está desnaturalizado, alienado, visto que não responde por si próprio, mas depende da opinião alheia. A sociedade do *Ancien Régime* desnaturalizou o homem europeu: é necessário voltar à origem, «escutar a natureza».

O *Discurso sobre a desigualdade* consiste numa tentativa de redescobrir a autêntica natureza humana. Rousseau, nas suas páginas, apresenta-nos o *homme naturel*, quer dizer, a natureza humana original. No pensamento do filósofo suíço, natureza e cultura são conceitos contrários: o cultural é o artificial, o não natural, enquanto o natural se identifica com o original e espontâneo. Rousseau descreve artisticamente o homem em estado de natureza: «Despojado este ser assim constituído de todos os dons sobrenaturais que tenha podido receber e de todas as faculdades artificiais que adquiriu mediante vastos progressos, considerando-o, numa palavra, tal e qual saiu das mãos da natureza, eu vejo um animal menos forte do que os outros, menos ágil, mas, no seu conjunto, organizado mais vantajosamente; vejo-o saciar-se debaixo de uma azinheira, saciar a sua sede no primeiro arroio, encontrar o seu descanso junto da mesma árvore que lhe deu alimento; e eis aqui todas as necessidades satisfeitas».

O homem natural de Rousseau, que manifesta o influxo das leituras etnográficas que apresentavam os homens de fora da Europa como se em harmonia com a natureza, é um ser ainda pré-racional, feliz, bom, entendendo por esta bondade natural tudo o que possa contribuir para a conservação da sua vida. Sendo associal, gozando da possibilidade de saciar todas as suas necessidades materiais, os homens eram todos iguais e livres: a liberdade baseava-se num sentimento interior pré-racional. Portanto, a liberdade e a igualdade são os direitos naturais dos homens.

As circunstâncias exteriores do estado natural mudaram; o homem desenvolveu as faculdades racionais que tinha em potência, a fim de poder enfrentar as necessidades ainda insatisfeitas por mudanças no estado original, e afastou-se progressivamente do estado de natureza. A origem da sociedade do século XVIII é um contrato social baseado na desigualdade econômica que ofende os direitos fundamentais do homem. É preciso voltar a fundar a sociedade sobre bases completamente novas, uma vez que um retorno ao estado de natureza é impossível, e caminhar de acordo com os direitos originais dos homens.

O contrato social é a proposta política de Rousseau. Uma vez analisada a natureza humana original e constatadas as mudanças que sofreu por influência da cultura e das instituições sociais injustas, o nosso autor chega ao momento construtivo: é necessário «encontrar uma forma de associação que defenda e proteja com toda a força comum a pessoa e os bens de cada um dos associados; e pelo qual, unindo-se cada um a todos, não obedeça, por seu turno, senão a si próprio e permaneça tão livre como antes»[14].

---

(14) J.-J. ROUSSEAU, *Du contrat social*, Garnier, Paris, 1960, I, 6.

A finalidade teórica da formulação política de Rousseau é a salvaguarda da igualdade e liberdade originais. Para atingir essa finalidade, é imprescindível observar uma cláusula nesse contrato: «A alienação total de cada associado, com todos os seus direitos, a toda a comunidade»[15].

Na sociedade do contrato, a liberdade natural transforma-se em liberdade civil. O poder que surge do contrato – a soberania ou vontade geral do povo – está formado pelos direitos de todos os cidadãos. Nesse sentido, a vontade popular que legisla é a vontade própria do cidadão, porque todos formam parte do poder, isto é, da comunidade que garante os direitos individuais e que é erigida em soberano. Nesta coincidência consiste a liberdade, que é definida como «a obediência à lei, que nós próprios nos demos»[16].

Liberdade, para Rousseau, é a autonomia, autolegislação. Esse conceito será retomado por Kant, que o colocará na base do seu sistema moral. A igualdade transforma-se em igualdade legal: a lei é a declaração da vontade geral e é igual para todos.

Mesmo que fique claro que a intenção última de Rousseau era a defesa dos direitos que ele considerava parte integrante da natureza humana, algumas das instituições que propõe inclinam-se ao totalitarismo. Rousseau explica que, dado que os homens se reúnem em sociedade para alcançar o bem comum – a defesa da liberdade e da igualdade –, a vontade geral que surge da alienação dos direitos dos indivíduos estender-se-á necessariamente até esse bem comum. Além disso, acrescenta Rousseau, ninguém quer causar dano a si próprio. No entanto, a falta de conteúdos concretos deste bem comum para onde está orientada a vontade geral – os únicos conteúdos são a liberdade como autolegislação e a igualdade legal, isto é, os direitos formais – faz com que o sistema de Rousseau, baseado na soberania popular, termine num formalismo suscetível de receber distintas configurações institucionais. No *Contrato social*, em nome de uma vontade geral absoluta, indivisível e infalível, negam-se o direito de associação e a liberdade de ensino e reduz-se a liberdade da religião.

---

(15) *Ibidem.*
(16) *Ibidem*, I, 8.

Era o preço a se pagar pela redescoberta de alguns direitos naturais, que não estavam suficientemente fundamentados numa concepção da natureza humana capaz de dar conta, não só da origem, mas também do seu fim transcendente[17].

5. O Iluminismo alemão

Na Alemanha, o Iluminismo atravessou diversas fases. A amplitude dos interesses de seus iluministas, o prestígio que adquirem os seus principais centros universitários e a influência de algumas teses defendidas fazem da *Aufklärung* o precedente da época de ouro da filosofia e da literatura alemã, que apresenta entre os seus homens de maior destaque Kant, Goethe e Hegel.

A primeira fase do Iluminismo alemão está representada por dois filósofos do direito. Samuel Pufendorf (1632-1694) e Christian Tomasius (1655-1728) elaboraram uma doutrina do direito natural de perfil racionalista, em que os preceitos da justiça se deduzem de leis e princípios gerais e racionais. Ambos os filósofos – mais especificamente Tomasius – separam o direito natural da metafísica e da teologia. A análise metafísica do homem, levada a cabo pela segunda escolástica para fundamentar o direito natural, é substituída pela análise psicológica das tendências e paixões humanas.

Com Christian Wolff (1679-1754) iniciou-se a segunda fase do Iluminismo alemão. Professor universitário em Halle, é o filósofo mais caraterístico da filosofia que, poucos anos depois, Kant denominará de dogmática. Wolff tem a pretensão de criar um sistema filosófico completo. Discípulo de Leibniz, e tomando elementos caraterísticos da segunda escolástica, em particular do essencialismo de Suárez, o seu sistema é uma gigantesca construção lógico-formal, completa, coerente, mas afastada da realidade sensível. Neste sistema a lógica desenvolve um papel metodológico fundamental. O princípio de não contradição e o da razão suficiente constituem o substrato formal de

---

(17) Sobre Rousseau, cf. M. FAZIO, *Del buen salvaje al ciudadano. Introducción a la filosofía política de Jean-Jacques Rousseau*, Ciudad Argentina, Buenos Aires-Madri, 2003.

toda a ciência. As ciências podem ser racionais ou empíricas, e cada uma delas tem um aspecto teórico e uma aplicação prática. Sem grande originalidade – pode dizer-se que Wolff é um eclético –, deixou à posteridade filosófica uma terminologia que gozaria de grande êxito no futuro: depois de Wolff generalizaram-se os termos *ontologia* para referir-se à metafísica e *crítica* para a teoria do conhecimento; também falou-se de *teodiceia* mais do que de teologia natural.

Wolff foi um crente sincero e, simultaneamente, racionalista. Por isso, não duvidou em considerar a razão como juiz da fé. Esta posição teórica colocou-o à mercê das antipatias dos pietistas, que conduziram Wolff ao exílio, ainda que regresse à sua pátria debaixo da proteção do rei. Esta circunstância da vida de Wolff permite-nos passar a tratar do âmbito mais específico da *Aufklärung*: a filosofia da religião e, em particular, da relação entre fé e razão.

Na Alemanha do século XVIII, existia um grupo religioso chamado *pietista*. De origem luterana, o pietismo sublinhava a importância do aspecto interior da religião: a fé manifesta-se, primordialmente, no sentimento e na religiosidade pessoal mais do que nas verdades dogmáticas. Mesmo que esta atitude possa parecer contrária ou, pelo menos, não muito favorável à *Aufklärung*, a desconfiança pietista contra todo tipo de metafísica ou de teologia escolástica conseguiu unir dois movimentos aparentemente antitéticos.

O terceiro período do Iluminismo alemão desenvolve-se, por fim, no governo de Frederico, o Grande (1712-1786), rei da Prússia, amigo de filósofos ingleses e franceses e protetor de Voltaire. O mesmo rei escreveu algumas obras filosóficas, como o *Ensaio sobre o amor de si considerado como o princípio da moral* (1770).

A introdução e tradução de alguns livros dos deístas ingleses Toland e Tindal favoreceram o desenvolvimento de uma corrente do deísmo alemão. Neste ambiente intelectual, tem de citar-se Hermann Samuel Reimarus (1694-1768), de raça hebreia e decidido defensor da religião natural. Numa obra publicada postumamente por Lessing, que tinha por título *Apologia e defesa dos adoradores racionais de Deus*, Reimarus sustentava que a única revelação divina era o mundo natural. As revelações sobrenaturais eram apenas invenções humanas, e os próprios milagres eram uma ofensa a Deus, que quis criar um mundo organizado e governado mediante um sistema racional.

Outro filósofo de origem judaica e de convicções deístas é Moses Mendelssohn (1729-1781), que não partilhava da hostilidade de Reimarus contra a revelação sobrenatural. Mendelssohn interessou-se sobretudo pela relação entre religião e poder político, defendendo a tolerância e a não intervenção do Estado em assuntos religiosos.

O maior filósofo no âmbito da filosofia da religião do Iluminismo alemão é Gotthold Ephraim Lessing (1729-1786). Este autor também será importante como ponto de união entre as ideias estéticas de Baumgarten, discípulo de Leibniz, e a teoria estética de Goethe. No que diz respeito ao seu pensamento filosófico, Lessing não concorda plenamente com Reimarus, ainda que tenha trabalhado na publicação póstuma de uma das suas obras. Lessing não crê que um corpo de doutrina possa ser demonstrado racional e universalmente, mesmo tratando-se de verdades estritamente naturais. A verdade absoluta e definitiva pertence apenas a Deus. A atitude de Lessing sobre a verdade evidencia-se com a célebre frase do alemão: «Se Deus tivesse na sua mão direita todas as verdades e, na sua mão esquerda, a única e sempre instável aspiração à verdade, com a possibilidade de errar sempre e eternamente, e me dissesse: "Escolhe!", eu me colocaria humildemente de joelhos à sua esquerda e diria: "Pai! Dá-me esta! A verdade pura está reservada apenas a Ti"».

De acordo com Lessing, as religiões reveladas não devem ser desprezadas. O valor da religião revelada tem de medir-se pelas consequências sociais que alcança. A sua interpretação do cristianismo, desenvolvida a partir do ponto de vista das consequências sociais e morais que tem produzido, era mais positiva do que as interpretações sustentadas por outros deístas. Apesar desta avaliação positiva, Lessing estava muito afastado da ortodoxia. O filósofo alemão apoiava uma visão da história da humanidade em que o cristianismo é somente uma fase. A história do mundo passa por três períodos, que correspondem às fases da evolução psicológica do homem. A primeira fase, paralela à da infância humana, está simbolizada pelo Antigo Testamento; a juventude está representada pelo Novo Testamento, em que se prega a imortalidade da alma e Deus como Pai universal. Nesse período da história os cristãos acrescentam elementos teológicos especulativos que não são de todo negativos, mas necessitam de racionalização. Finalmente, a terceira fase, paralela ao amadurecimento psicológico, é a época do Evangelho eterno, na qual o homem fará o bem por amor do bem, e não por um prêmio ou castigo. Lessing apresenta esta teoria da história, que em parte repropõe alguns elementos de Joaquim de Fiore, numa obra intitulada *A educação do gênero humano*.

* * *

O Iluminismo representou a centralidade do homem, o almejado triunfo da razão sobre a fé, do progresso sobre a tradição. Os seus profetas anunciavam um futuro pleno de luz, visto que as trevas medievais haviam sido derrotadas. No entanto, as luzes e sombras sempre se mesclaram na história da humanidade e continuaram a fazê-lo nos séculos posteriores. O homem iluminista redescobriu alguns valores que se encontravam escondidos debaixo dos costumes e que se podem considerar supersticiosos, mas, simultaneamente, perdeu uma coisa de muito valor, recusando o sobrenatural e o transcendente.

A autonomia do homem, que pretende tornar-se absoluta, prosseguirá caminhos distintos para afirmar a própria centralidade. Esses caminhos terminarão em ideologias autojustificadoras, como autojustificada estava a pretendida autonomia absoluta.

6. O sistema kantiano

A figura de Immanuel Kant surge no século XVIII como a de um autêntico gigante. Pareceria que a filosofia anterior foi uma preparação para o kantismo e a posterior, um diálogo com o filósofo de Königsberg. Utilizamos a forma verbal condicional intencionalmente, dado que na realidade não é exatamente assim. Porém, é indubitável a importância histórica que reveste o projeto filosófico kantiano.

Kant encontra-se à frente de duas correntes de pensamento que caracterizam o século XVII filosófico: racionalismo e empirismo. Observa com atenção o desenvolvimento da ciência física com a teoria de Newton, convive com os principais expoentes do Iluminismo e assistirá à queda do *Ancien Régime* depois dos acontecimentos de 1789.

A filosofia transcendental de Kant será uma tentativa de resposta global aos novos problemas que se apresentam ao homem europeu no final do século XVIII. Como coordenar o ceticismo de Hume, a ciência newtoniana e a fé racionalista na capacidade da razão? Serão ainda possíveis, depois da crítica do princípio da causalidade, a ciência e a metafísica? Que pode conhecer o homem? Como conhecer? Se a crítica dos empiristas aos racionalistas é verdadeira, cairão também as demonstrações da existência de Deus dos sistemas metafísicos do século XVII e a moral que se baseia na transcendência? Essas perguntas, que alcançam o mais profundo dos recônditos do ser humano – Deus, a liberdade, a consciência –, obterão na obra kantiana uma resposta que, ainda que se relacione com elementos tanto do empirismo como do racionalismo, será original, sistemática e revolucionária.

«O céu estrelado sobre mim e a lei moral dentro de mim»[18]. Eis os dois objetos de admiração kantiana: um conhecimento da natureza, ainda que dela apenas possamos conhecer os fenômenos, mediante a razão teórica; e o imperativo categórico como lei da moral, mediante a razão prática. Deus, a liberdade e a imortalidade recuperadas depois da crise cética de Hume, mas somente como postulados.

O pensamento posterior a Kant deveria confrontar-se com o «escândalo da coisa em si», uma realidade que, embora não seja cognoscível pela razão, afirmava-se necessária. Fichte, Schelling e Hegel darão uma resposta diferente de Kant, mas que pressupõe a filosofia do mestre de Königsberg.

a) Vida e obras

Nasceu em Königsberg, então Prússia Oriental, em 1724. Recebe uma educação muito cuidada do ponto de vista moral. Forma-se no espírito protestante pietista por ação da sua mãe. Estuda, desde 1732, no *Collegium Fridericianum*, cujo reitor era o teólogo Schultz. Mas uma disciplina demasiado rigorosa e um excessivo número de exercícios de piedade acabaram por afastá-lo da prática religiosa.

---

(18) *Crítica da razão pura*, Ak V, 161-162. Citamos conforme o método tradicional, seguindo a edição da Academia Prussiana das Ciências (Berlim, 1902-1942, 22 vols.). O número romano indica o volume, seguido do número da página. No caso da *Crítica da razão*, A e B significam primeira e segunda edição. Os números referem-se à paginação das edições alemãs originais.

Desde 1740, Kant estuda na Universidade de Königsberg. Entra em contato com as teorias de Newton e estuda física, matemática e filosofia. Em 1746, termina os estudos com o trabalho escrito *Pensamentos sobre a verdadeira avaliação das forças vitais*. Entre 1746 e 1755, por causa da morte de seu pai, trabalha como preceptor em várias famílias para ganhar a vida.

Em 1755, publica *História da natureza e teoria do céu,* obtém um doutoramento com uma tese *Sobre o fogo* e apresenta a habilitação docente com o seguinte argumento: *Nova explicação dos primeiros princípios do conhecimento metafísico*. A cátedra universitária de Kant não se ocupará somente de temas filosóficos: o nosso autor ensina também biologia, geografia e pedagogia. Entre 1762 e 1763, publica quatro escritos, que prefiguram já o seu sistema filosófico maduro.

Em 1770 ocupa a cátedra de Lógica e Metafísica da Universidade de Königsberg. Nesse ano publica a dissertação *Sobre a forma e os princípios do mundo sensível e inteligível,* que marca o começo da sua evolução intelectual. À *dissertatio* de 1770 sucedem-se onze anos de profunda meditação. Fruto deste período será a *Crítica da razão pura*, publicada em 1781, e que teve uma segunda edição, igualmente famosa, de 1787.

Entre a primeira e a segunda edição da *Crítica da razão pura,* Kant publicou *Prolegômenos para toda a metafísica futura* (1783) e *Fundamentação da metafísica dos costumes* (1785). Em 1788, lançou a *Crítica da razão prática,* e em 1790, completou a trilogia crítica com a *Crítica do juízo.*

O único problema acadêmico que Kant encontrou na vida universitária foi uma polêmica dada depois da publicação, em 1793, de *A religião dentro dos limites da mera razão*. Kant é acusado de ter opiniões contrárias às Sagradas Escrituras. Decide, então, não falar mais de religião, ainda que mude de ideia depois da morte do rei Frederico Guilherme II, quando se estabelece a liberdade de imprensa.

Kant dedicará os últimos anos da sua vida à filosofia política e à filosofia da história. Verifica a queda do *Ancien Régime*, entusiasma-se com a Revolução Francesa, cujos excessos violentos condenará. Neste âmbito, publica em 1795 o *Projeto da paz perpétua* e, em 1797, a *Metafísica dos costumes*. Neste mesmo ano, abandona o ensino universitário e começa uma revisão do seu sistema filosófico. As notas que toma neste período foram recolhidas sob o título *Opus postumum* e publicadas em 1920.

Depois de oitenta anos de vida metódica dedicada ao estudo e à investigação filosófica, Kant morre em Königsberg, sua cidade natal, em 1804.

b) *A* Crítica da razão pura

A crise cética provocada pelo empirismo – em especial o de Hume –, enquanto punha em dúvida a própria possibilidade da ciência, parecia ter demonstrado a impossibilidade da metafísica. A *Crítica da razão pura* tem como finalidade examinar a faculdade de raciocinar em relação aos conhecimentos, que pode possuir à margem da experiência sensível. Em outras palavras, trata-se de verificar, segundo Kant, a possibilidade da metafísica como conhecimento científico. A razão *pura*, neste contexto, significa que não está contaminada pela experiência sensível.

Numa posição análoga à de Descartes, Kant constata o progresso das ciências físico-matemáticas e pergunta a si próprio se os problemas da metafísica não são causados por uma incorreção no método utilizado. Neste sentido, a *Crítica* é um tratado sobre o método que deveria seguir a metafísica. Kant encontra-se num ambiente intelectual onde muitos negaram a possibilidade da metafísica. Segundo o nosso autor, é preciso averiguar se existe alguma função no nosso conhecimento que alcance o incondicionado, o que transcende a experiência. Trata-se de uma investigação não apenas teórica: busca-se o incondicionado para basear sobre ele a moral. Deste modo, a *Crítica da razão pura* é um trabalho prévio – não só no sentido cronológico – à *Crítica da razão prática*, em que o autor trata da moral. A totalidade da filosofia, segundo Kant, deve responder a estas três perguntas: que posso saber? Que devo fazer? Que me é permitido esperar?

Afirmou-se que Kant empreende uma revolução copernicana na teoria do conhecimento: que significa esta expressão? Tradicionalmente, o objeto tinha a prioridade no processo do conhecimento. O sujeito, mediante a inteligência e a sensibilidade, adequava-se ao objeto. Agora, pelo contrário, é o sujeito que tem prioridade. Segundo Kant, o sujeito encontra-se frente a um conjunto de sensações desordenadas. Trata-se do conteúdo do que chamará fenômeno sensível. Essas sensações são tudo o que o objeto dá. Tudo o mais será uma construção do sujeito cognoscente. Efetivamente, a primeira atuação do sujeito sobre o fenômeno sensível é a ordenação das sensações mediante o espaço e o tempo. É preciso destacar que espaço e tempo não se encontram na realidade: são formas *a priori* do sujeito. Quando Kant fala em *a priori* refere-se a algo anterior ao conhecimento sensível. O sujeito ordena as sensações espaço-temporalmente aplicando as formas subjetivas. Posteriormente, o fazer do sujeito sobre o objeto concretiza-se na aplicação das categorias ou conceitos do intelecto, que têm a função de julgar. Existem tantas categorias como tipos de juízo. As sensações ordenadas espaço-temporalmente são ulteriormente ordenadas e tipificadas por categorias. Kant coloca no auge do processo cognoscivo o *Ich denke*, ou percepção transcendental, que é a função unificadora fundamental do intelecto. Trata-se da estrutura do pensar comum a todo sujeito empírico, aquilo pelo qual cada sujeito empírico é um sujeito pensante e consciente.

Chegados ao fim do processo de conhecimento, vemos como praticamente tudo é trazido pelo sujeito, construindo o objeto a partir do fenômeno sensível. Não se trata, ainda, de um idealismo puro, posto que o sujeito atua sobre o fenômeno sensível. De todo modo, o fenômeno (o que aparece diante do sujeito) encobre ou oculta a coisa em si (*noúmeno*). A tradição empirista que pesa em Kant o impede de alcançar um conhecimento que rebaixe o fenômeno sensível. Os *númenos* ou coisas em si permanecem inalcançáveis ao sujeito cognoscente. Se a metafísica é a ciência das coisas em si, de um ponto de vista gnosiológico ela se torna algo impossível. Porém, quando concebe a intuição sensível limitada aos fenômenos, Kant está admitindo tacitamente um substrato numênico. Além disso, o conceito de *númeno* é necessário para que a intuição sensível não se alargue até a coisa em si, que se afirma como limite que não se pode ultrapassar.

Negada a possibilidade de um conhecimento numênico, resta algum espaço para a metafísica? Kant, como dissemos, afirma a impossibilidade de ir além da experiência sensível se queremos ter um conhecimento rigoroso. Porém, a razão trata sempre de superar este limite, e por isso cai necessariamente em erros e ilusões. Esta é a forma como a razão funciona. Kant chama precisamente dialética transcendental à «crítica do intelecto e da razão sobre o seu uso hiperfísico, com o objetivo de desvendar a aparência falaciosa das suas presunções infundadas e reduzir as suas pretensões de descoberta e ampliação dos conhecimentos, que ela se ilude de obter graças a princípios transcendentais, ao simples juízo do intelecto puro e à sua preservação das ilusões sofísticas»[19]. Pode-se acrescentar que, para Kant, essas ilusões são naturais: podemos nos defender delas, mas não podemos eliminá-las.

Kant denomina *razão* o entendimento que vai além do horizonte da experiência possível. Como essa tendência é natural, Kant também chamará à razão «faculdade do incondicionado», no sentido de que manifesta a exigência de absoluto que existe no homem. A razão é a faculdade da metafísica e a sua função não é a do intelecto – quer dizer, julgar –, mas raciocinar mediante silogismos.

Existem três tipos de silogismos: categórico, hipotético e disjuntivo. A esses correspondem três *ideias*: a ideia psicológica (*alma*); a ideia cosmológica (*mundo*) e a ideia teológica (*Deus*). A partir desses pressupostos, Kant desenvolve a crítica da psicologia racional, da cosmologia racional e da teologia racional, concluindo que estas três ideias são ilusões não demonstradas cientificamente. Depois de ter analisado as distintas partes da *Crítica da razão pura,* temos de seguir Kant nas suas conclusões: uma metafísica, como ciência, é impossível, porque as sínteses *a priori*, que estariam na base da dita ciência – as ideias de alma, mundo e Deus –, suporiam um intelecto intuitivo, e a dialética transcendental mostrou os erros e as ilusões da razão como faculdade da metafísica.

Todavia, as ideias de alma, mundo e Deus têm uma utilidade reguladora: servem como esquemas para ordenar a experiência, como se todos os fenômenos referentes ao homem dependessem de um princípio único; como se todos os fenômenos da natureza dependessem unitariamente de princípios ininteligíveis; como se a totalidade das coisas dependesse de uma inteligência suprema.

Do ponto de vista científico, não podemos ir mais além da experiência sensível. Por isso, a metafísica não é possível como ciência.

---

(19) *Ibidem*, A 298, B 354.

Contudo, por meio do uso prático da razão, como veremos a seguir, Kant aproximar-se-á do mundo dos *númenos*.

Pode-se acrescentar que, quando Kant fala de metafísica, tem em mente a metafísica racionalista do século XVII. As suas críticas não se misturam com a metafísica clássica, que a diferencia da metafísica dogmática, parte da experiência e serve-se da abstração para chegar aos conhecimentos universais e necessários.

c) A moral kantiana

A *Crítica da razão pura* respondia à pergunta sobre o conhecimento: que podemos conhecer? Por outro lado, a *Crítica da razão prática* deve responder à pergunta sobre a moral: que devemos fazer? A resposta da moral kantiana será tão revolucionária como a da teoria do conhecimento.

A moral kantiana é uma moral do dever. Até Kant, o conceito básico da moral era o *bem*, que se punha em relação com o fim último do homem. Kant considera que essa concepção da moral é em si mesma imoral.

O que ele tem diante dos olhos é a concepção empirista de bem, entendida como prazer ou interesse. No que diz respeito a esta doutrina, parece clara a crítica kantiana: a tendência para um bem é uma tendência egoísta, hedonista e utilitária. A crítica de Kant, pelo contrário, perde força quando confrontada com a moral racionalista, que entende o bem como algo absoluto, que transcende o sensível, ou frente à posição clássica, que considera o bem moral como a realização plena da natureza humana, entendida em sentido teleológico. De todo modo, segundo Kant, a procura da felicidade não pode nunca fundamentar uma obrigação. Se o homem busca o próprio bem, significa que tem uma tendência egoísta. E, dado que essa tendência é um fato habitual, uma necessidade natural, nunca uma tendência natural – e, portanto, necessária, não livre – pode servir de base a uma obrigação moral.

A oposição kantiana entre liberdade (âmbito moral) e natureza (âmbito necessário) é vista claramente neste ponto: nenhuma tendência pode ser fonte de moralidade, uma vez que as ditas tendências pertencem ao âmbito da natureza, da necessidade, e não à dimensão da moral e da liberdade.

A primeira conclusão revolucionária, já de início, é a de que a moralidade da ação humana não se pode basear na sua *matéria* – quer dizer, os bens ou fins aos quais tende uma ação –, mas na sua *forma*, quer dizer, na intenção do agente, tendo em consideração se essa intenção se conforma com o dever ditado pela razão.

Entre a *Crítica da razão pura* e a *Crítica da razão prática*, Kant publica a *Fundamentação da metafísica dos costumes*. Nesta obra o autor afirma que podemos chamar bom apenas à nossa boa vontade. Aquilo que faz uma vontade boa não são nem as suas obras, nem o êxito que pode alcançar, mas a sua retidão, que consiste na intenção de fazer por dever. Não se trata somente de fazer de acordo com o dever, mas *pelo* dever. Uma ação feita somente por inclinação não é moral, ainda que materialmente esteja de acordo com o dever. Que é o dever? É uma lei que provém *a priori* da razão e que se impõe por si mesma a todo ser racional. É um *factum rationis* e traduz-se na consciência por meio do *imperativo categórico*.

Kant distingue imperativo *categórico* e imperativo *hipotético*. O segundo determina a vontade sob a condição de que quer alcançar determinados objetivos: «Se queres obter boas classificações, deves estudar». O imperativo hipotético pode ser uma regra de conveniência ou um conselho de prudência. O imperativo categórico, por outro lado, declara a ação objetivamente necessária em si mesma, sem relação com nenhuma finalidade: o imperativo categórico não diz «se queres…, deves», mas «deves porque deves».

O imperativo categórico é uma lei prática que vale incondicionalmente para todo ser racional, pois trata-se de uma regra objetiva e universalmente válida, independentemente de todas as condições subjetivas acidentais que se podem encontrar entre os homens.

Na *Fundamentação*, Kant apresenta três fórmulas do imperativo categórico:

«Age de tal modo que a máxima da tua vontade possa valer sempre, simultaneamente, como princípio de uma legislação universal»[20].

---

(20) *Fundamentação da metafísica dos costumes*, AK IV, 421.

«Considera a humanidade, quer na tua pessoa, quer na pessoa do outro, sempre como um fim, nunca como um meio»[21].

«Age de modo que a tua vontade, com a sua máxima, possa considerar-se como universalmente legisladora no que diz respeito a si própria»[22].

Mediante a terceira formulação introduz-se o conceito-chave de *autonomia*. O dever não se impõe a partir da vontade exógena, visto que provém da razão que constitui o homem. Submeter-se a uma razão estranha seria uma *heteronomia* incompatível com a dignidade da pessoa humana. Para Kant, a autonomia da vontade é o único princípio de toda lei moral e seus respectivos deveres. A heteronomia não fundamenta qualquer obrigação e é contrária à moralidade do querer.

Na teoria moral kantiana, a autonomia está estreitamente ligada à liberdade. A liberdade é a independência que a vontade tem referente às leis naturais dos fenômenos. No sentido negativo é independência; no positivo, autodeterminação. A lei moral é uma lei de liberdade. Primeiro conhecemos a lei, o dever, como *factum rationis*; depois, inferimos como seu fundamento a liberdade: «Deves; portanto, podes».

A moral kantiana configura-se como uma moral *formalista, do dever, autônoma* e *universal*. Como se pode observar, Kant passa por uma mudança notável entre a *Crítica da razão pura* e a *Crítica da razão prática*. Na primeira, criticava-se a tendência da razão a desligar-se da experiência e trabalhar no vazio: por isso, critica-se a razão *pura*. Por outro lado, na segunda *Crítica*, Kant quer alertar para a tendência a ligar-se, no âmbito moral, com a experiência. Assim, critica-se não a razão *pura* prática, mas a razão *prática* sem mais, que quer basear a moral sobre o sensível.

Na *Crítica da razão prática*, Kant retoma a mesma temática da *Fundamentação* e acrescenta a teoria dos *postulados*. As ideias da razão pura, as exigências ideais que não se submetiam à razão, visto que representavam um mundo numênico desconhecido, chegam a ser, no âmbito da razão prática, *postulados*.

---

(21) *Ibidem*, AK IV, 429.

(22) *Ibidem*, AK IV, 434.

Que significa um postulado? Responde Kant: «Não são dogmas teóricos, mas pressupostos desde um ponto de vista necessariamente prático; não ampliam o conhecimento especulativo, mas refletem nas ideias da razão especulativa, na generalidade, uma realidade objetiva e autorizam conceitos dos quais, de outro modo, não se poderia sequer afirmar a possibilidade»[23]. A tese dos postulados é uma exigência da razão prática, pois os postulados são condições para a vida moral.

A afirmação dos postulados requer um ato de fé prática. A fé, enquanto tal, não acrescenta nada ao conhecimento. Trata-se de uma afirmação livre, voluntária. Os três postulados da razão prática são a imortalidade da alma, a liberdade e a existência de Deus.

A liberdade é condição para a existência da vida moral e, como referido acima, baseia-se na lei. Kant acrescenta que a liberdade pode ser entendida como causa no campo numênico. Assim, o homem pertence ao mundo fenomênico da necessidade e ao mundo numênico da causalidade livre.

A existência de Deus é justificada da seguinte maneira: a lei moral manda-me ser virtuoso, entendendo por virtude a adequação da minha ação ao dever. Ser virtuoso faz-me digno da felicidade. Ser digno da felicidade e não ser feliz é absurdo. Daqui surge a necessidade de postular Deus como o cumprimento da felicidade, que nunca se encontra neste mundo.

O postulado da imortalidade da alma provém do fato de que o sumo bem – quer dizer, a perfeita adequação da vontade à lei moral – é a santidade. Dado que esta meta requer um processo infinito até a *adequação completa*, ela só é possível pressupondo uma existência e uma personalidade do ser razoável, que perdura infinitamente e que não é outra coisa senão a imortalidade da alma.

No final da *Crítica da razão prática*, confrontamo-nos com três realidades morais que eram exigências ideais da razão pura. Num certo sentido, o mundo numênico recupera-se com a teoria dos postulados. Por isso, existe uma supremacia da razão prática sobre a teórica, que manifesta a finalidade moral do projeto kantiano. Cumpre esclarecer que essa recuperação não é de ordem gnosiológica: a teoria do conhecimento de Kant nunca supera a barreira da experiência possível.

---

(23) *Crítica da razão prática*, AK V, 240.

d) A filosofia da religião

Para Kant, como assinalamos, Deus é um *ideal* da razão teórica e um *postulado* da razão prática. Em sua obra mais importante de filosofia da religião – *A religião dentro dos limites da mera razão* – e noutros escritos menores, existe identificação entre moral e religião. A moral basta-se a si própria e, com ela, atinge-se o conceito de Deus como Legislador.

A moralização da religião convive com a sua racionalização, como bem expressa o título da obra referida. Kant distingue entre uma religião *pura*, que tem apenas conteúdos racionais e que nos manda seguir uma conduta reta guiados pelo imperativo categórico, e uma religião *histórica*, que aos elementos racionais mistura outros não racionais, aos quais podem converter-se em supersticiosos. Para Kant, a religião histórica – quer dizer, a que se baseia numa presumível revelação divina – serve como propedêutica à religião *pura*. Existe um único Deus e, portanto uma só religião, que é a religião racional. Nesse contexto racionalista Kant concebe Cristo, sobretudo, como personificação da lei moral.

Apesar da moralização e racionalização da filosofia da religião kantiana, há um aspecto da sua doutrina religiosa que suporia a necessidade de um Redentor: a doutrina do mal radical. No homem há uma inclinação para o mal, fruto do uso da liberdade. Essa inclinação é acompanhada da predisposição da natureza humana para o bem. Kant considera que a narração bíblica do pecado original é um símbolo a representar o mal do homem. Para passar do mal ao bem, ele tem de converter-se radicalmente e alcançar a pureza moral nas intenções. A dita pureza está personificada em Jesus. Essa doutrina do mal radical e da necessária conversão talvez seja o resíduo religioso da sua filosofia humanista autônoma.

e) Filosofia do direito e da história

O tema do direito aparece constantemente na produção kantiana. Neste âmbito, a sua obra mais importante é a *Metafísica dos costumes*.

Kant distingue nitidamente direito e moral. O direito diz respeito ao operar externo do homem, enquanto a moral se ocupa do operar interno. O direito, escreve o filósofo prussiano, «é o conjunto das condições sob as quais o arbítrio de alguém pode ser conciliado com o arbítrio dos outros, de acordo com uma lei geral de liberdade»[24]. O estado de direito encontra-se apenas no seio da sociedade civil, período posterior ao estado de natureza, que Kant concebe não como histórico, mas como hipótese metodológica. No estado de natureza há certa forma de sociedade, mas a passagem para a sociedade civil comporta maior segurança jurídica.

O impulso de Rousseau é evidente e profundo tanto na doutrina moral kantiana como em sua doutrina política. Para Kant, tal como para Rousseau, no estado civil o homem conserva a sua liberdade, já que somente obedece às leis a que ele mesmo deu consentimento, garantindo assim a autonomia da vontade. Kant organizará uma teoria da ordem jurídica universal no escrito intitulado *Projeto de paz perpétua*, ao longo do qual propõe uma república mundial regida por leis universais.

A concepção kantiana da história apresenta muitos elementos luministas. Para o autor, a história é um processo contínuo rumo ao progresso. Os períodos históricos são vistos como preparação para melhorar a espécie humana. Existe um plano racional da natureza – por vezes, fala em providência – no qual parece que o fator decisivo é a própria intencionalidade da natureza, mais do que a liberdade humana. O fim último da história é o próprio homem, mas não tomado individualmente, e sim enquanto espécie racional.

* * *

A avaliação geral do sistema kantiano completo é difícil, sobretudo tendo em conta que, nos últimos anos de sua vida, Kant decidiu escrever uma obra sistemática que não chegou a terminar. As notas deste trabalho, fragmentárias e desconexas, foram publicadas em 1920 com o nome *Opus postumum*. Ainda que se possa dizer que estas notas não apresentam um Kant diferente, existem contradições e perplexidades. Por exemplo, segundo alguns fragmentos, Kant fala de Deus como

---

(24) *Metafísica dos costumes*, AK VI, 230.

transcendente ao homem, enquanto há outros escritos em que apresenta Deus imanente e identificado com a lei moral.

Deixando de lado as dúvidas que surgem com a leitura do *Opus postumum*, vê-se em Kant uma tentativa de sistematização universal, só comparável na filosofia moderna à de Hegel. Kant investiga as questões mais importantes da existência humana. As respostas dadas por ele não são definitivas, e temos o direito de não partilhar nem do seu ponto de partida nem das conclusões do seu sistema. Contudo, o projeto filosófico-moral do pensador de Königsberg constitui uma referência necessária para todo o pensamento posterior e também um desafio para os filósofos que pretendam caminhar por outros caminhos distintos dos kantianos. O pensamento pós-kantiano deveria enfrentar o «escândalo» da coisa em si, uma realidade afirmada como necessária, mesmo permanecendo impossível de ser conhecida pela razão. Fichte, Schelling e Hegel darão uma resposta distinta da kantiana, mas que pressupunha a filosofia do mestre de Königsberg.

O papel desempenhado pelo sistema kantiano no processo de secularização é importante. No âmbito gnosiológico, a revolução coperniciana de Kant coloca o sujeito como construtor de objetos, ainda que sempre fique a ligação com o mundo fenomênico, que provê a matéria da intuição sensível; no âmbito moral, Kant elabora uma moral autônoma, recusando a heteronomia como algo não digno da pessoa. A especulação kantiana tem uma ressonância ética forte, mas corta as pontes com a transcendência, que segundo o filósofo alemão é objeto de uma fé prática não fundamentada cientificamente.

IV. O romantismo e o idealismo alemão

Enquanto a cosmovisão iluminista encontrava o seu momento de apogeu, algumas vozes críticas começaram a surgir na Europa. O Iluminismo começou a ser considerado unilateral e alheado da vida. Pouco a pouco foi-se configurando uma nova cosmovisão, em parte antitética, no que diz respeito às luzes do século XVIII, mas igualmente unilateral: o romantismo. Iluminismo e Romantismo encontram-se nas raízes da cultura contemporânea – o homem do terceiro milênio conserva muitos elementos, por vezes contraditórios, das duas cosmovisões. Por esse motivo, decidimos incluir este capítulo na primeira parte do livro, ainda que, do ponto de vista estritamente cronológico, pertença ao que temos denominado modernidade ideológica.

O romantismo foi um movimento cultural, artístico, filosófico e musical que se difundiu por toda a Europa entre os últimos anos do século XVIII e a primeira metade do século XIX. Teve a sua primeira teorização explícita e a sua expressão mais importante na Alemanha. Nessa nação, desenvolve-se paralelamente o idealismo, com o qual a especulação filosófica alcança um dos mais altos ápices da história. Com efeito, nos ambientes filosóficos alemães o idealismo de Fichte, que tinha transformado radicalmente o kantismo suprimindo a coisa em si, aparecia aos olhos de alguns intelectuais – escritores, em sua maioria – como a reivindicação da infinidade do eu e da intuição frente à austera crítica kantiana dos limites da razão. A dita infinidade será uma das temáticas românticas centrais. Todavia, romantismo e idealismo não podem ser identificados, apesar das semelhanças e dos elementos comuns. Fichte, Schelling e Hegel influenciaram o romantismo e receberam marcas dos autores românticos, mas não se pode dizer que sejam, em sentido estrito, filósofos românticos.

As temáticas que se encontram no romantismo alemão estarão também nos escritores latinos e anglo-saxões. Alguns estudiosos, como Farinelli, afirmam que o romantismo tem origem latina e, em particular, franco-italiana. O precedente de Rousseau e o desenvolvimento da literatura francesa deste período seriam o fundamento desta teoria: Chateaubriand, de Vigny, Lamartine, Victor Hugo alcançam níveis estilísticos que não se encontram do outro lado do Reno. Porém, é precisamente na França que se elevam as vozes a favor da origem alemã do movimento, como a célebre escritora e ensaísta Madame de Stäel (1766-1816), autora *De l'Allemagne*. Neste debate histórico tem também lugar quem considera o romantismo a manifestação do espírito eslavo. Efetivamente, as regiões orientais da Alemanha, onde viviam muitos eslavos, mas germanizados, são o âmbito geográfico em que surgem as primeiras expressões românticas. A alma eslava se manifesta na nostalgia e no messianismo[1].

O termo *romântico* foi utilizado pela primeira vez no século XVII, na Inglaterra, para referir-se ao caráter fantástico dos romances dessa época. Na França, transformou-se em sinônimo de «pitoresco» ou de algo que pode suscitar sentimentos melancólicos. Todavia, é na Alemanha que adquire um significado claramente positivo. Novalis, pseudônimo de Georg Philipp Friedrich von Hardenberg (1772-1801), oferece-nos uma célebre definição: «O mundo deve ser "romantizado". Assim, se descobre o seu significado original. Romantizar é um potencialmente qualitativo. [...] Quando dou ao comum um sentido mais elevado, ao corrente um aspecto misterioso, ao conhecido a dignidade do desconhecido, ao finito uma aparência infinita, então eu romantizo-o».

---

(1) Sobre a origem histórica do romantismo: Cf. L. BRAJNOVIC, *Grandes figuras de la literatura universal*, EUNSA, Pamplona, 1973, pp. 173-180.

Porém, o romantismo consolidou-se como movimento cultural nos primeiros anos do século XIX. Na realidade, estivera já preparado por uma série de motivos e de temas que encontramos entre os pensadores do último período do Iluminismo. Um exemplo precoce desta antecipação é a revaloração contra a razão iluminista do sentimento e do natural por parte de Rousseau. Na Alemanha, encontramos importantes traços do romantismo no movimento *Sturm und Drang* e no classicismo. Em seguida, apresentaremos esses precedentes culturais.

1. Precedentes culturais do romantismo

a) O movimento Sturm und Drang

Precisamente nos anos em que, na França, o florescer do espírito iluminista preparou o clima que deveria conduzir à Revolução francesa, na Alemanha desenvolvia-se – contemporaneamente à maturidade do pensamento kantiano – um movimento principalmente cultural e literário, mas com contornos filosóficos importantes. Teve uma função fundamental na transição do iluminismo para o romantismo e costuma denominar-se *Sturm und Drang* («tempestade e ímpeto»)[2]. Johann Wolfgang von Goethe (1749-1832) foi a sua personalidade mais destacada e o seu principal ponto de referência, a quem se uniu, mais tarde, Friedrich Schiller (1759-1805).

Digamos algumas palavras sobre Goethe. Mesmo que não tenha escrito obras especificamente filosóficas, decorrem numerosas ideias que revestem este caráter. Algumas das suas obras chegaram a ser autênticos símbolos para os românticos, como *Wilhelm Meister* e, sobretudo, *Fausto*. A sua concepção da natureza também teve grande

---

(2) Tal denominação foi sugerida originalmente pelo suíço Christian Kaufmann, um entusiasta de Rousseau, a Friedrich Klinger, expoente do movimento, para conferir um título mais eficaz ao drama de Klinger, que deveria chamar-se *Wirrwarr* (*Caos*, 1777). Foi A. W. Schlegel quem pela primeira vez empregou o termo para designar o movimento, provavelmente cerca de trinta anos depois, nas lições ditadas entre 1801 e 1804. Com essa denominação quer indicar-se a irrupção dos protestos e da rebelião proclamados pelo grupo de jovens escritores alemães que a eles aderiram e se manifestaram sobretudo no campo estético e literário.

influência tanto para o romantismo como em alguns aspectos do idealismo. Goethe vê a natureza como um todo vivente, até mesmo no que diz respeito aos seus elementos mais ínfimos. O escritor avança com a hipótese de uma «vida insondável» que se encontraria no fundo da natureza, com funções análogas às da coisa em si kantiana, em que existem elementos ativos em tensão mútua, numa polaridade dinâmica, tais como espírito e matéria, atração e repulsão, contração e expansão. Essa dialética natural está ao serviço do potenciamento da própria vida. Simultaneamente, a sua concepção de arte está intimamente unida à natureza. Com efeito, o «gênio» é para Goethe «natureza, que cria»; e a arte é como a natureza, atividade criadora. Em sua concepção de Deus prevalece o panteísmo, mas sem rigidez dogmática. Ele próprio designou-se «politeísta» como poeta e «panteísta» como cientista, mas acrescentando que também há lugar, por suas exigências morais, para um Deus pessoal. Mantém uma relação ambígua com o cristianismo, com tendência para humanizar o seu conteúdo sobrenatural.

No que diz respeito a Schiller, pode-se afirmar que o núcleo da sua visão de mundo gira em torno do amor pela liberdade em todas as suas formas essenciais, quer dizer, nos âmbitos político, social e moral. Todavia, as consequências violentas da Revolução Francesa convenceram Schiller de que o homem ainda não estava preparado para a liberdade e que a liberdade verdadeira tem a sua sede na consciência. Segundo ele, a mais alta escola de liberdade é a beleza, tendo em conta a função harmonizadora que desenvolve na vida humana. Schiller assinala a figura da «alma bela», que estava destinada a gozar um grande êxito na época romântica. A alma bela é aquela que, superando a antítese kantiana entre a inclinação sensível e o dever moral, consegue cumprir o dever com uma naturalidade espontânea, atraída pela beleza. Contudo, a alma bela é a alma dotada de uma «graça» capaz de harmonizar instinto e lei moral. Hegel recorrerá a essa imagem em um dos capítulos da *Fenomenologia do espírito,* obra em que algumas figuras de Schiller aparecem em momentos importantes dos seus desenvolvimentos especulativos. De acordo com Hegel, Schiller tinha «grandes méritos» filosóficos. Também se deve destacar a sua visão da arte como prolongamento da criação. Para Schiller, Deus manifesta-se na natureza: «a natureza é Deus dividido até o infinito». O homem deve contemplar a beleza da criação, e desta contemplação surge a produção da beleza, mediante atividade do artista.

Um dos elementos predominantes do *Sturm und Drang* foi a oposição ao racionalismo iluminista. Com o impulso de Hamann, Herder e Rousseau, esses autores não identificavam – ao contrário do que faziam os *philosophes* do século das luzes – a natureza universal do homem com a razão. Contra a razão, exaltaram-se o sentimento e a paixão; contra a cultura, o natural e o instintivo; contra a lei e o constrangimento, a autonomia e a liberdade; contra a regra, a fantasia e a genialidade criadoras. Não obstante a sua posição anti-iluminista, o espírito rebelde do movimento continuou, em certo sentido, a luta do iluminismo contra os preconceitos e a autoridade, mas buscando uma dimensão antropológica, mais autêntica e originária.

Os novos ideais de vida encarnaram-se em algumas figuras de arquétipos, tais como *o rebelde*, pela recusa valente de toda a opressão e autoridade; *o menino*, modelo de naturalidade e espontaneidade de sentimentos; *o gênio*, pela sua capacidade demiúrgica de criar quebrando cânones ou regras estabelecidas. Se esses motivos ou temas levaram à exaltação da espontaneidade de sentimentos e da fecundidade natural de viver e de atuar, por outro lado produziram uma dilatação cósmica da finitude humana, no seu prometeuco esforço de alcançar a natureza, o alto e o infinito, que gerou um tema típico da alma alemã, quer dizer, *o espírito fáustico,* a procura contínua do impossível, a incessante aspiração ao inalcançável, a ânsia e a inquietação da alma humana, que não se satisfaz com nada finito.

As reflexões filosóficas mais interessantes deste movimento desenvolveram-se especialmente nos âmbitos da arte e da religião. Na arte, ampliando a polêmica de Lessing contra as três unidades tradicionais de tempo, lugar e ação da tragédia, teorizaram-se a emancipação dos cânones e das sequências, que impediam a expressão espontânea da fantasia; a liberdade da linguagem; e o instinto criador do gênio e do artista. A obra de arte foi entendida como expressão absolutamente individual e inconfundível de uma subjetividade criadora, que imita no finito a obra infinita de Deus no universo. Era tratada como via privilegiada para dilatar a existência humana finita até o infinito. À arte uniu-se a religião, que também é revalorizada contra o Iluminismo – não tanto nos seus conteúdos positivos, nos dogmas e nas fórmulas de culto das religiões históricas, mas sobretudo como paixão do infinito e como sentimento e experiência panteísta do divino.[3]

b) O classicismo

Apesar do importante papel que teve nesta época de transição, o movimento *Sturm und Drang* apresentava aspectos caóticos, tais como a atitude juvenil de rebelião titânica e uma fantasia transbordante que, em vez de traduzir-se em realizações artísticas e literárias concretas, corria o risco de produzir um alheamento profundo da realidade e um intimismo vazio, que conduz à anarquia e à falta de fecundidade. Quem se deu conta destes limites do movimento foram os seus expoentes mais autorizados, como Herder, Goethe e Schiller, que amadureceram e se motivaram para experiências mais completas e equilibradas.

Para esse amadurecimento foi decisiva a descoberta de alguns modelos que alcançarão grande importância na formação do espírito romântico, até chegarem a ser um dos componentes essenciais. Um desses modelos é o da Antiguidade, concebida não como passado, mas como o *clássico*, quer dizer, considerado na sua validade e exemplaridade extratemporal. Goethe e Schiller sustiveram a necessidade de uma autêntica revivificação dos valores exemplares do clássico contra uma atitude puramente imitativa e contemplativa. A imitação dos antigos consistia, segundo eles, em tornar a ter «o olho dos antigos», isto é, em renovar e recriar a sua arte deixando-se guiar pelos valores clássicos, e não por uma mera imitação sem vida. Esse renascimento do espírito clássico será também de capital importância para o processo de revitalização da filosofia alemã por meio da recuperação, entre outros, do pensamento dos pré-socráticos, de Platão e de Aristóteles. Nesse sentido, o trabalho de tradução

---

(3) Outros expoentes importantes do movimento *Sturm und Drang* foram F. M. Klinger (1752-1831); Jacob Michael Reinhold Lenz (1751-1792), dramaturgo original, que morreu louco na Rússia; Heinrich Leopold Wagner (1747-1779), também dramaturgo; Johann Heinrich Jung (1740-1817); Friederich Müller (1749-1825), pintor; Johann Anton Leisewitz (1752-1806) e, finalmente, Johann Heinrich Voss (1751-1826), que traduz a *Ilíada* e a *Odisseia* para o alemão.

das obras de Platão levada a cabo pelo teólogo protestante Schleiermacher teve um papel decisivo.

2. Elementos característicos do romantismo

Considerados os elementos antecedentes do movimento romântico, devemos entranhar-nos na análise dos seus elementos caraterísticos. É muito difícil alcançar a definição do romantismo. Descrito por um historiador da literatura como uma «revolução coperniciana da subjetividade»[4], o romantismo apresenta-se como movimento multiforme – artístico, político, cultural – antitético em relação com o Iluminismo. Porém, analogamente ao que ocorrera com este último, o romantismo não é uma escola nem tem um espírito de sistema: é mais um modo de interpretar a vida e o universo.

Se é difícil defini-lo, mais fácil parece estabelecer as diferenças com o Iluminismo. Se este último está centrado na cosmovisão da razão, o romantismo afirmará que o homem não é apenas razão, mas sobretudo sentimento. Frente à fé na capacidade racional do Iluminismo, os românticos inclinar-se-ão diante do mistério, o desconhecido e o irracional[5]. Se os iluministas dirigem o seu olhar para o futuro racional, os românticos descobrem o impulso da história sobre o presente e olharão para a Antiguidade clássica e a Idade Média cristã. Se a cosmovisão iluminista está permeada de limites racionais, os românticos abrem-se ao infinito, numa tentativa de deixar para trás os limites da razão. Vejamos agora com mais detalhes algumas das características do romantismo.

---

(4) J. M. VALVERDE, *Historia de la literatura*, Noguer, Barcelona, 1959, III, p. 9.

(5) Daniel Gamarra refere-se à nostalgia de Deus como um dos elementos centrais do romantismo que, em parte, é uma ideia antitética em relação ao Iluminismo. Não se pode afirmar que o Iluminismo seja um movimento ateu em todos os seus aspectos, mas apresenta-se uma visão da existência humana *etsi Deus non daretur* (como se Deus não existisse), qualificada como a «tese mais gélida e obscura da história do pensamento». Cf. D. GAMARRA, *L'immagine illuministica e romantica: ragione critica e sentimento dell'infinito*, em I. Yarza (org.), *Immagini dell'uomo. Percorsi antropologici nella filosofia moderna*, Armando, Roma, 1996, pp. 39-62.

a) A revalorização do sentimento

Um elemento distintivo do espírito romântico é a consideração do homem como personalidade que deve expandir-se por meio de uma liberdade sem limites[6]. Limites são as convenções sociais, as regras estilísticas, incluindo a moral universal. Por isso, o arquétipo do homem romântico não é o *philosophe* do século das luzes, mas o gênio artístico criador e o herói revolucionário que rompe com os convencionalismos.

Embora o homem seja concebido como subjetividade e como eu tanto no romantismo como no Iluminismo, os românticos renegam a preeminência da razão iluminista – fria e abstrata –, afirmando, pelo contrário, a centralidade do sentimento. Mais do que a racionalidade, as paixões são a força que configura a vida humana. Os estados de ânimo, pela sua instabilidade e inquietude, e em especial a experiência do amor, expõem e abrem a finitude ao infinito. O homem não é um animal racional, mas um ser melancólico e nostálgico, obcecado pelo desejo do infinito. Daí o estado de ânimo tipicamente romântico da *Sehnsucht*, palavra que significa literalmente «a doença de desejar» e que indica a languidez e a nostalgia da pessoa que, tomando consciência do inalcançável objeto desejado, não deixa, por isso, de ir buscá-lo[7]. Daí também o sentido da compaixão, melancolia e infelicidade personificado em figuras-símbolo da literatura romântica, como Werther (*Os sofrimentos do jovem Werther*, Goethe), Réné (*Atala*, Chateaubriand), Jacopo Ortis (*Le ultime lettere di Jacopo Ortis*, Ugo Foscolo).

---

(6) Não em vão, Victor Hugo escreverá, no prefácio de *Cromwell*, que «o romantismo é o liberalismo na literatura».

(7) Como paradigma desta atitude romântica, citamos a seguinte rima de Gustavo Adolfo Bécquer: «*Yo soy ardiente, yo soy morena,/ yo soy el símbolo de la pasión;/ de ansias de goces mi alma está llena./ A mi me buscas?*» – «*No, no es a ti.*»/ «*Mi frente es pálida; mis tenzas, de oro;/ puedo brindarte dichas sin fin;/ yo de ternura guardo un tesoro./ A mí llamas? –* «*No, no es a ti.*»/ «*Yo soy un sueño, un imposible,/ vano fantasma de niebla y luz;/ soy incorpórea, soy intangible;/ no puedo amarte.*» – «*Oh ven, ven tú!*» (G. A. BÉCQUER, *Rimas*, em J. BERGUA, *Las mil mejores poesías de la lengua castellana*, Clásicos Bergua, Madri, 1995, p. 405).

b) A redescoberta do infinito

O romantismo propõe-se superar desta maneira os limites impostos pela visão racionalista do mundo, própria da exacerbação da razão científica. O universo é infinito e o sentimento – e não a razão – consegue apreender essa infinitude. Como apontávamos brevemente um pouco acima, o sentimento, a fantasia e a intuição são forças quase infinitas, que entram ou podem entrar em contato com a totalidade. O infinito é, por essa razão, outro elemento-chave da cosmovisão romântica.

Pois bem, esta totalidade que os românticos postulam é ao mesmo tempo natureza e espírito. Porém, não se trata de duas realidades distintas e independentes, mas de duas formas de manifestar-se da totalidade. Deste modo, a tendência até o infinito polariza o interesse do espírito romântico em duas direções: até o divino e até a natureza. Por outro lado, assiste-se a uma revalorização geral da religião como fonte legítima da experiência da totalidade, que vai além da razão – contra o deísmo e o ateísmo do Iluminismo –, e à redescoberta das mitologias. Simultaneamente, o romantismo abandona a imagem mecanicista da natureza, substituindo-a por uma visão organicista com contornos biológicos. A natureza converte-se numa totalidade vivente e divina, alcançando por vezes extremos que manifestam uma concepção fundamentalmente panteísta. Como consequência dessa mudança de paradigma, a perfeição do mundo já não é comparada com o mecanismo do relógio, mas sobretudo com a de um organismo animado.

c) O interesse pela história e pela tradição

Essa visão do universo como infinito não se opõe à apreciação do particular, do finito, como algo que tem de ser levado em consideração. Finito e infinito convivem. Além disso, o finito é a manifestação particular do infinito universal. Se a dialética finito-infinito é a pedra angular do sistema idealista de Fichte e, sobretudo, de Hegel, a mesma dialética foi o caminho que se utilizou para dar saída ao interesse romântico pela história e as peculiaridades nacionais.

Se a natureza atinge o ponto mais alto com o espírito humano, é lógico pensar que, desde a perspectiva romântica, deve-se observar com grande atenção o desenvolvimento histórico-cultural da humanidade. Longe de uma cosmovisão iluminista, racionalista e progressista, a cosmovisão romântica considera os períodos históricos como momentos necessários para o desenvolvimento global do espírito humano.

Esta nova compreensão do devir histórico faz renascer o interesse pelas grandes civilizações do passado, assim como a redescoberta das culturas do Oriente e do Novo Mundo. Friedrich Schlegel (1772-1829) – fundador da revista «Athenäum», que em conjunto com o seu irmão August Wilhelm (1767-1845) fez nascer o círculo romântico na cidade de Jena e deu-lhe a primeira teorização sistemática – dará renovado impulso aos estudos clássicos com os seus ensaios publicados de 1794 a 1797, entre os quais se destaca *Os gregos e os romanos: ensaios históricos e críticos sobre a Antiguidade clássica.* A obra de Friedrich Hölderlin (1770-1843) representa a interpretação poética mais cuidada e integral do retorno aos valores ideais da Grécia clássica, a qual terá consequências na evolução do sistema de Hegel, seu amigo e companheiro de estudos.

Houve também uma volta à Idade Média cristã e germânica, como reflete a obra *A cristandade ou Europa*, de Novalis. A rejeição dos estreitos limites da razão do século XVIII provocou o retorno aos mistérios da fé cristã e, também, aos mitos e lendas medievais. Com efeito, alguns românticos descobrem na cultura medieval as raízes do espírito nacional alemão, como uma forma da vida intacta e unitária, dotada de um sentimento religioso rico e vivo, que deveria ser recuperado. A fé católica, mas também: ocultismo e espiritismo, voltava a estar presentes no panorama cultural europeu.

As civilizações do Oriente representaram uma rica fonte de inspiração para o espírito romântico. Friedrich Schlegel estudou sânscrito, interessado pela cultura e pelas tradições da Índia, difundindo pela Europa uma nova visão da cultura com a sua obra *Sobre a língua e a sabedoria dos indianos.* August Wilhelm, irmão dele, publicará o *Bhagavadgita* com a sua tradução latina e notas. Por seu lado, os românticos franceses porão em circulação a metafísica taoísta nos salões culturais europeus. Foram também muito importantes os estudos de linguística clássica e de línguas orientais e americanas de Wilhelm von Humboldt (1767-1835), bem como as explorações geográficas e etnográficas na América do seu irmão mais novo: Alexander (1769-1859).

A dialética finito-infinito colocava também as bases para uma consideração do passado nacional como momento único e particular do desenvolvimento do espírito humano. Como acertadamente escreveu Chabod: «Contra as tendências cosmopolitas, universalizantes, tendentes a ditar leis abstratas, válidas para todos os povos, a nação confere sentido de singularidade a cada povo, respeito pelas suas próprias tradições, guarda zelosa das particularidades do seu caráter nacional»[8]. Neste período iniciam-se as investigações sobre as origens das literaturas nacionais, cultivam-se novas formas literárias, como o romance histórico – recorde-se a obra mais famosa de Walter Scott (1771-1832), *Ivanhoe* –, ou publicam-se coleções de contos e narrativas tradicionais, como as do dinamarquês Hans Christian Andersen (1805-1875) e dos irmãos Jacob (1785-1863) e Wilhelm (1786-1859) Grimm. Porém, com tudo isso vai-se formando neste ambiente cultural a consciência nacional, animada no início por um espírito humanitário e liberal. Se o homem é um indivíduo que deve crescer à medida que se expande a sua liberdade, a nação, como sujeito histórico, deve tomar consciência da própria identidade e iniciar um caminho para a liberdade e para o pleno desenvolvimento das próprias potencialidades. A consciência sempre mais viva da própria peculiaridade nacional, enquanto a nação era considerada uma individualidade histórica no conjunto da humanidade, não deveria necessariamente degenerar numa ideologia política fechada, que eleva a individualidade negando a universalidade. Porém, de fato, o romantismo criou o ambiente propício para o nascimento de um nacionalismo exagerado, que, tratando de afirmar a liberdade da nação particular, negava contraditoriamente as liberdades das outras nações.

---

(8) F. CHABOD, *L'idea di nazione*, Laterza, Bari, 1967, pp. 17-18.

d) A nova função da arte como saber de salvação

A dialética romântico-idealista entre finito e infinito supõe também a consideração do homem como parte integrante da natureza. Por conseguinte, do ponto de vista da perspectiva romântica é necessário assumir a contradição da vida numa unidade superior. Se a natureza divinizada é a totalidade, a natureza é boa, como boa é a natureza humana. As paixões têm de ser educadas para encontrar a harmonia com a natureza. A sensibilidade e a racionalidade alcançarão a harmonia natural mediante uma educação estética que apreende o contraditório, o dialético da existência. Em alguns autores românticos, a vida humana é concebida como obra de arte. Simultaneamente, a arte romântica terá de refletir a vida em seu movimento, na sua contradição. Por isso a música, a poesia e a pintura serão as artes românticas por excelência, dado que são as mais aptas para expressar a contradição da vida.

Segundo este ponto de vista, a arte converte-se numa via de acesso privilegiada para o infinito, na qual, todavia, se exprime superiormente a individualidade do artista. A experiência estética, tanto a do gênio criador como a da pessoa que aprecia uma obra de arte, cria um ponto de contato com o finito e infinito. Por esta razão, a arte não se reduz ao simbolismo meramente estético, mas o seu significado último reside na abertura à verdade: quer dizer, a experiência estética tem em si valor cognitivo. Na cosmovisão romântica, a arte desempenha um papel que vai além do âmbito estético, pois o artista é um mediador entre o finito e o infinito e a criação artística é revelação da verdade. Em definitivo, a arte – em particular a poesia – converteu-se num autêntico meio de redenção.

Assim, Goethe fala da poesia como de um Evangelho e define a obra de Homero como um tesouro sagrado. O artista, como afirma o autor alemão em seu escrito juvenil *Sobre a arquitetura alemã*, é um gênio semelhante a Deus, e como Deus pode abordar a obra de arte a que deu o ser: «*Bonum est*». A obra de arte, escreve em *Winckelmann e o seu século*, «assume em si tudo o que é nobre, digno de veneração e de amor, espiritualizando a figura humana; eleva o homem acima de si próprio; abarca todo o arco da sua vida e de suas obras; e diviniza-o num presente em que estão compreendidos o passado e o futuro». É fácil apreciar que, segundo essa perspectiva, a função da religião é, agora, desenvolvida pela arte. Essa temática foi amplamente aprofundada por Hölderlin e por Friederich Schlegel.

3. Autores românticos e desenvolvimentos nacionais

O nascimento do romantismo alemão gira em torno do chamado «grupo de Jena». Sob esta denominação estavam os escritores, os poetase e os pensadores que se reuniram e desenvolveram as suas atividades, em torno da revista «Athenäum», fundada em 1798 pelos irmãos August Wilhelm (1767-1845) e Friederich Schlegel (1772-1829), e que fizeram a primeira contribuição sistemática para uma teorização do pensamento romântico. Além disso, os irmãos Schlegel também pertenciam ao grupo dos escritores *Johann Ludwig Tieck* (1773-1853) e Wilhelm Heinrich Wackenroder (1773-1798), do poeta e pensador Novalis, dos filósofos Fichte e Schelling e do teólogo F. D. E. Schleirmacher (1768-1834).

Posteriormente formam-se os grupos românticos diferentes entre si, como os românticos de Heidelberg – os poetas e escritores Clemens Brentano (1778-1842) e Achim von Arnim (1781-1831); os estudiosos da linguística histórica e da mitologia e tradições alemãs Jacob (1785-1863) e Wilhelm Grimm (1786-1859); e o filósofo Johann Joseph Görres – e os românticos de Berlim, bem como o denominado «romantismo político» ou romantismo da Restauração, cujos expoentes mais típicos são Adam Heinrich Müller (1779-1829) e Karl Ludwig von Haller (1768-1854).

Se o romantismo alemão se caracteriza pela forte carga ideológica e filosófica, o francês apresenta uma inovação das tradições artísticas e a sua luta contra as convenções estilísticas e temáticas. Do ponto de vista ideológico, o autor mais interessante é Victor Hugo (1802-1885), cujo *Prefácio a Cromwell* se converteu num manifesto do romantismo. A sua religiosidade afastada das concretizações institucionais da fé, a sua identificação entre romantismo e liberalismo e o estudo das paixões humanas em seu romance fazem de Victor Hugo a figura mais proeminente do romantismo francês. Em poesia, Alphonse de Lamartine (1790-1869), Alfred de Vigny (1797-1863) e Alfred Musset (1810-1857) são os seus representantes mais importantes. Para este último, o romantismo era uma autêntica forma de vida, crença que demonstrou com uma existência agitada, em que ocupam lugar importante os seus amores com a escritora Georges Sand. Chateaubriand (1768-1848) é outro autor digno de ser mencionado. O seu romantismo está imbuído de espírito cristão e ideias políticas conservadoras. Nesse sentido, a sua obra mais importante é o *Génie du christianisme (1802)*.

Em relação ao romantismo inglês, as suas ideias manifestaram-se na poesia, nos romances e, também, nas atitudes existenciais de muitos dos seus representantes. Na poesia cabe citar W. Worthsworth (1770--1850), S. Coleridge (1772-1834), P. Shelley (1792-1822) e J. Keats (1795-1821); na prosa, Walter Scott (1771-1832). Mas talvez o símbolo do romantismo aventureiro seja Lord Byron (1788-1824): espírito ousado, desejos de singularizar-se, poesia inspirada, morte na guerra da independência grega defendendo a liberdade... Byron encarna o ideal romântico do rebelde e do artista.

O romantismo italiano caracteriza-se pelo seu forte sentido político de anseio pela unidade nacional, como deixam claro as obras de Ugo Foscolo (1778-1827), Sílvio Pellico (1788-1854) e Massimo D'Azeglio (1798-1866). O romântico italiano mais influente, também imbuído de espírito patriótico, é Alessandro Manzoni (1785-1873). As suas ideias evoluem de um materialismo ilustrado a uma visão cristã da vida, o que será retratado nas suas obras principais e, em particular, em sua obra-prima: *Os noivos*. Além de escritor, foi um filósofo moral plenamente de acordo com a fé católica.

Em certo sentido, o romantismo polonês é muito semelhante ao italiano por sua carga patriótica e sua consciência nacional. Os seus principais representantes são os poetas Adam Mickiewicz (1798-1855) – autor do poema nacional polonês: Pan Tadeucz –, Juliusz Slowacki (1809-1849) e Zygmunt Krasinski (1812-1859).

Para encerrar essa breve apresentação dos autores românticos, é preciso citar o romantismo espanhol. Em sua essência, revalorizaram-se os sentimentos e a identidade nacional mediante a recuperação da literatura medieval espanhola e do Século de Ouro, como em obras do Duque de Rivas (1791-1865) e de José Zorrilla (1817-1893). De todo modo, o romantismo espanhol carece da carga política do romantismo italiano, com exceção, talvez, de Mariano José de Larra (1809--1837), que, depois da morte de Fernando VII, escreve: «Liberdade na literatura, como nas artes, como na indústria, como no comércio, como na consciência. Eis, aqui, a divisa da época. Eis, aqui, a medida com que nos mediremos».

4. Romantismo e secularização

Se definimos o romantismo em oposição ao Iluminismo, devemos esclarecer que Iluminismo e romantismo não são movimentos filosófico-culturais completamente opostos, uma vez que têm, como fundo, uma matriz ideológica comum: a autonomia do homem. O romantismo substitui a razão pelo sentimento, mas um sentimento não regulado, que se estende ao infinito, que deve incluir tudo, saborear tudo, sem colocar limites aos próprios desejos. Sob esta perspectiva, ainda hoje se vive no romantismo. O artista romântico, modelo de homem desregrado e diferente, pode dar-nos a chave para entender como a autonomia absoluta do homem continua presente na base deste movimento.

Na realidade, o romantismo prossegue a tendência secularizadora do Iluminismo. A diferença jaz nos valores que agora póem-se no centro da atenção do homem. Não será então a razão científica, mas o amor, a arte, a vida, o sofrimento, que ocuparão o lugar do Absoluto. Neste sentido, o romantismo apresenta-se na sua radical ambiguidade: afastando-se do frio racionalismo do Século das Luzes, aparentemente abrem-se as portas do sobrenatural. Se assim é em alguns românticos, para os representantes de maior envergadura deste movimento cultural os valores novamente suscitados sofrem um processo de divinização que termina com a substituição do Deus cristão transcendente por um valor humano elevado até a ordem do divino.

Contudo, a secularização do romantismo não significa o desaparecimento da religião, mas a transferência do seu objeto, de um Deus transcendente, para uma divindade em certa medida criada pelo homem. Como bem afirma Kahn: «O que encontramos não é um desaparecimento do religioso, mas que a fé está separada da Igreja, do dogma, da relação institucional, numa desagregação da forma religiosa central, e de tal modo que o religioso flui, agora, do centro até as zonas periféricas e se entranha nas novas esferas: algo terreno é, agora, elevado ao ultraterreno e sagrado, e o que se converte em ultraterreno oferece-se como substituto do velho ultraterreno perdido ou posto em discussão»[9]. Um exemplo claro desta afirmação está na poesia de Hölderlin. Toda a sua obra é permeada de espírito religioso e escatológico. Porém, o grande evento que espera o poeta alemão na história não é a vinda de Cristo, mas o retorno à Grécia. A força operativa da história não é o Espírito Santo, mas a plenitude dionisíaca do espírito[10].

Nas obras de Schiller e de Goethe, alguns valores humanos, que numa perspectiva transcendente servem como caminhos para chegar a Deus, são absolutizados, e de meios passam a fins. Goethe não hesitará em divinizar o amor humano: o amor-sentimento de Fausto não é já o amor de Dante por Beatriz, que leva para o alto, mas um amor identificado com Deus, que conduz ao eterno feminino, o qual não é uma Realidade transcendente, mas «antes o feminino convertido de finito e criatural em algo absoluto, sacro e divino»[11]. Trata-se da mesma atitude de Bécquer, quando numa das suas mais célebres rimas fala do amor humano, em frente do qual está «*mudo y absorto y de rodillas,/como se adora a Dios ante su altar*»[12].

De igual modo, diviniza-se também a vida terrena. Se a natureza opera e atua continuamente, o homem enquanto parte da natureza deve viver numa ação contínua. Segundo Goethe, «a convicção acerca da nossa sobrevivência brota para mim do conceito de atividade: se eu trabalho sem descanso até o meu fim, a natureza é obrigada a dar-me outra forma de existência». Como assinala Kahn de modo incisivo, deste texto deduz-se que a vida eterna não se apresenta como um dom de Deus, mas como fruto da atividade terrena: o atuar humano adquire um sentido religioso autossalvífico. Porém, dado que o horizonte transcendente de certezas desapareceu, esta vida traz consigo,

---

(9) L. KAHN, *Letteratura e crisi della fede*, cit., p. 50.

(10) Cf. R. GUARDINI, *Hölderlin*, Morcelliana, Brescia, 1995, p. 220.

(11) L. KHAN, *Letteratura...*, cit., p. 138.

(12) G. A. BÉCQUER, *Rimas*, cit., p. 409.

na sua ambiguidade, dor e sofrimento. As tragédias românticas apresentam o sofrimento como destino inelutável que purifica e eleva o homem. Com a passagem dos anos, esta função purificadora do sofrimento desaparece e a visão romântica da vida terminará na ausência de sentido e no absurdo do niilismo contemporâneo.

Com o romantismo recuperaram-se muitos âmbitos da vida que tinham sido ignorados ou desprezados pela razão iluminista. Os sentimentos, o mistério, as particularidades culturais e a tradição voltam a tomar a carta de cidadania na especulação filosófica. No entanto, a reação anti-iluminista abriria as portas ao irracionalismo, que geraria correntes intelectuais que terminariam por opor-se, nos séculos ulteriores, a uma concepção transcendente da pessoa humana.

5. Introdução ao idealismo

a) Características gerais do idealismo

Temos, agora, de mencionar um sistema filosófico complexo que se desenvolveu durante o auge do romantismo e que marcará a história das ideias contemporâneas: o idealismo alemão.

O sistema kantiano procurou tornar-se uma resposta ao ceticismo final do empirismo. Segundo os seus princípios internos, tinham-se demonstrado a possibilidade das ciências físico-matemáticas e a impossibilidade da metafísica. Simultaneamente, fundamentava uma moral sobre os imperativos da razão prática, construindo uma ética formal do dever. O sistema de Kant, longe de ser uma resposta definitiva às últimas perguntas da alma humana, deixava uma herança metafísica: a afirmação da *coisa em si*, que se apresentava diante dos olhos dos seus sucessores como algo incoerente, como um autêntico *escândalo* filosófico.

Leonard Reinhold, Salomon Maimon, Sigismund Beck e Gottlob Schultze, primeiros críticos de Kant, deram diferentes respostas ao problema da coisa em si. O primeiro fala da coisa em si como algo de incógnito e não representável: trata-se, apenas, do fundamento lógico de uma sensação que o sujeito não produziu. Maimon, por seu lado, elimina a coisa em si, visto que, segundo ele, é incompreensível. Beck considera que o início da filosofia transcendental é a ação de produzir uma representação: não tem representatividade *ab extra* e, por isso, o problema da coisa em si sequer se coloca. Schultze, por sua vez, põe em evidência a incoerência kantiana: ou se volta ao ceticismo de Hume ou se admite a cognoscibilidade das coisas diversas do sujeito, voltando-se, assim, ao dogmatismo.

Fichte, o primeiro grande idealista, tinha ideias muito claras com respeito à coisa em si: «A ideia de uma coisa que possua em si mesma a existência, independentemente de toda a faculdade de representação... é uma fantasia, um sonho, e não um pensamento». O início da filosofia deve ser radical: a ação do eu de pôr-se a si mesmo, um eu que deve ser puro e absoluto. Com esta afirmação nascia o idealismo.

O mundo extramental, segundo o idealismo, é produto do pensamento. Assim, completava-se a revolução copernicana iniciada por Kant. Mas que significa o mundo produzido pelo pensamento? O pensamento ao qual nos referimos não é, evidentemente, a mente do indivíduo singular, ente demasiado débil para apoiar o universo inteiro. Os idealistas defendem uma inteligência supraindividual ou, em outras palavras, um sujeito absoluto.

Em Fichte, o eu transcendental kantiano transforma-se num princípio metafísico: o eu absoluto. No idealismo, a realidade total é o processo de autoexpressão ou de automanifestação da razão infinita. O pensamento filosófico voltava à metafísica por meio de Fichte, Schelling e Hegel. Uma metafísica de caráter espinoziano, isto é, do ponto de vista da totalidade.

Na base do idealismo alemão podemos encontrar uma grande confiança no poder da razão até chegar a Hegel, que considera não só desejável, mas também possível, um conhecimento absoluto do Absoluto mediante a filosofia. Com esta confiança é importante sublinhar o elemento teológico do idealismo. Fichte, Schelling e Hegel foram estudantes de teologia e trataram de esclarecer a relação entre finito e Infinito. As respostas dadas são diferentes, mas os três casos manifestam o impulso da teologia luterana.

Como indicamos, o romantismo desenvolveu-se contemporaneamente ao idealismo. No âmbito filosófico, os predecessores do movimento romântico são três pensadores alemães: Hamman (1730-1788),

Jacobi (1743-1819) e Herder. Este último é considerado a ponte cultural entre a *Aufklärung* e o romantismo, e o veremos quando estudarmos o nacionalismo. Mas os românticos *par excellence* são mais escritores do que filósofos: Novalis, Hölderlin e Friedrich Schlegel. Os filósofos idealistas coincidiam com os românticos em muitos pontos de vista. Porém, reiteramos que não se pode afirmar *tout court* que Fichte, Schelling e Hegel foram românticos. A importância do Infinito, do Absoluto, a visão da totalidade, a unidade do desenvolvimento histórico são certamente características comuns entre os românticos e os idealistas. Contudo, as concepções da natureza de Fichte e de Hegel estavam muito afastadas das concepções românticas e do privilégio do sentimento frente ao conhecimento racional, e a assimilação entre a poesia e a filosofia, como, por exemplo, propõe Schlegel, não tinha qualquer relação com a intuição intelectual de Fichte ou com o conhecimento filosófico absoluto de Hegel. Em suma, deve-se afirmar uma afinidade espiritual entre o movimento romântico e o idealismo alemão, mas é necessário também assinalar as diferenças.

Os sistemas idealistas do século XIX não têm comparação em toda a história da filosofia, exceção feita ao pensamento escolástico do século XIII. As aspirações a uma visão universal, total, última do universo é verdadeiramente impressionante. A filosofia europeia posterior terá de tomar partido frente ao idealismo – idealismo que decaiu depois da morte de Hegel, em 1831, mas que se transformou em ponto de referência necessário para todos os filósofos europeus do século XIX. Apresentaremos a seguir os núcleos conceituais do sistema de Hegel, o mais influente dos filósofos idealistas de dois séculos atrás.

b) O idealismo absoluto de Hegel (1770-1831)

1. Vida e obras

Hegel nasceu em Stuttgart no dia 27 de agosto de 1770, no mesmo ano de Hölderlin. O pai de Hegel foi funcionário público. Na escola entrou em contato com a tradição grega e ficou impressionado com a leitura da *Antígona* de Sófocles. Em 1788, transferiu-se para Tübingen, onde começou os seus estudos teológicos. Lá, fez amizade com

Schelling e com Hölderlin. Lê Rousseau e entusiasma-se com a Revolução Francesa. No certificado de estudos lê-se a seguinte valoração acadêmica: *pouco apto para a filosofia*.

De 1793 até 1796, trabalhou como preceptor familiar em Berna. Depois transferiu-se para Frankfurt, onde se dedicou à mesma atividade até 1800. Neste período, trabalhou em seus *Escritos teológicos juvenis* (publicados com este título, em 1907). Anuncia-se, agora, o tema da sua filosofia: o Absoluto e as suas relações com os seres finitos.

Em 1801, encontramo-lo como *Privatdozent* em Jena, onde escreve *Diferenças entre os sistemas de Fichte e Schelling*. Em 1807, também em Jena, publicará uma das suas obras principais: *A fenomenologia do espírito*. Depois da batalha de Jena, criou e dirigiu um jornal filosófico em Bamberg. Mais tarde, foi nomeado reitor do *Gymnasium* de Nüremberg. Lá, entre 1812 e 1816, dará à luz a sua *Ciência da Lógica*.

Hegel, já muito conhecido nos ambientes intelectuais alemães, recebe ofertas das universidades de Erlangen, de Heidelberg e de Berlim. Aceita a oferta de Heidelberg. Em 1817, publicou a *Enciclopédia das ciências filosóficas*. No ano seguinte, transferiu-se para Berlim, de cuja universidade será reitor no ano de 1829-1830. Ocupa uma cátedra de filosofia até 14 de novembro de 1831, quando morre de cólera.

2. Influências. Primeiro período teológico

Nos escritos juvenis manifesta-se a influência da cultura e da religião gregas. É aqui que se evidencia uma concepção do cristianismo que concorda com a formação recebida em Tübingen: um cristianismo iluminista, uma religião do intelecto, que se opõe à religião grega – concebida como *Volksreligion* (religião popular). Neste primeiro período, escreve uma *Vida de Jesus*: Cristo aparece como um pregador humano da moral kantiana. Apresenta-se como divino apenas para convencer os judeus. Depois, os apóstolos positivam o cristianismo e perde-se a liberdade espiritual por imposição dos dogmas.

Esta primeira visão de Cristo se modificará uma vez amadurecido o seu pensamento. No fim da juventude, considera Cristo o pregador do amor, como participação privilegiada da vida divina, superando, assim, a moral kantiana. No entanto, já se vislumbra o problema central da especulação hegeliana: a relação entre finito e Infinito. O Deus hebreu é um mal infinito: exterior e acima dos seres finitos. O modo de passar do finito ao Infinito é o amor. Por conseguinte, a religião é a força que consegue realizar a síntese entre finito e Infinito.

A filosofia deve refletir sobre este fato da religião. Assim, na medida em que desenvolve o seu sistema, a filosofia desempenhará o papel que Hegel tinha confiado primeiro à religião.

3. A função da filosofia

Em *Diferenças entre os sistemas de Fichte e Schelling*, Hegel escreve: «A separação é a fonte da necessidade da filosofia»[13]. Ou seja, é preciso encontrar a síntese entre finito e Infinito, superando as diferenças. A reflexão filosófica terá como instrumento não o intelecto (*Verstand*), que perpetua as oposições, mas a razão (*Vernunft*), o conhecimento especulativo.

O finito é um conceito relativo. Entendemos o finito frente ao Infinito. Além disso, o finito é um momento da vida do Infinito. A filosofia deve construir a vida do Absoluto a partir do finito: trata-se de um Absoluto cheio, não indiferenciado como o de Schelling, cujo Absoluto-identidade parece – segundo a conhecida expressão de Hegel – a noite em que todos os gatos são pardos. O Absoluto não é uma realidade impenetrável, que existe por trás das suas manifestações: coincide dialeticamente com a sua manifestação, é a sua manifestação.

4. O Absoluto e a dialética

«A filosofia ocupa-se da verdade e a verdade é a totalidade». O absoluto é a totalidade, a realidade inteira, o processo do seu próprio devir. Deve ser entendido não só como a substância – esta seria uma interpretação à maneira de Espinoza –, mas como sujeito, um sujeito que, simultaneamente, é objeto de si próprio. O Absoluto é o pensamento que se pensa a si mesmo, retoman-

---

(13) G. HEGEL, *Primi scritti critici*, Milão, 1971, p. 13.

do a definição aristotélica. Porém, Aristóteles parece referir-se a uma deidade transcendente, enquanto Hegel identifica o Absoluto com o devir intramundano.

A definição suprema de Absoluto diz que trata-se do espírito. Afirmar que o Absoluto é pensamento autopensante é afirmar a identidade do ideal com o real, da subjetividade com a objetividade. Neste sentido, todo o racional é real e todo o real é racional. A vida do Absoluto é um processo necessário de autorrealização. Esta vida apenas pode ser mostrada de forma racional. Segundo a tradição filosófica clássica tradicional, o pensamento conceitual define, distingue, opõe os conteúdos dos conceitos. Finito e infinito, uno e múltiplo, opõem-se. Contudo, segundo Hegel, isto acontece somente ao nível da *Verstand* (intelecto), mas não da *Vernunft* (razão).

A *Verstand*, o intelecto, não é inútil. Serve para o conhecimento ordinário. Mas, quando se trata de conhecer a própria vida do Absoluto, tem de se atingir o fundo, em profundidade. A filosofia especulativa para apreender a vida do Absoluto deve entender que esta passa por diferentes momentos. Se, falemos conceitualmente, A e B são opostos, para a *Vernunft* A passa a ser B e B, A. Hegel utiliza na *Fenomenologia* a imagem de uma planta para exemplificar o movimento dialético: «O botão desaparece com o desabrochar, e se poderia dizer que o desabrochar rejeita o botão; de modo semelhante, com a aparição do fruto, a flor declara-se como uma falsa existência da planta, e o fruto põe-se em lugar da flor como sua verdade. Tais formas não somente se distinguem, mas também cada uma delas desaparece diante da presença da outra, pois são reciprocamente incompatíveis. Porém, simultaneamente, a sua natureza fluida fá-las constituintes da unidade orgânica, na qual não só não se rejeitam, mas também, pelo contrário, são necessárias igualmente, e esta igual necessidade constitui, agora, a vida por inteiro». Por isso, deve dar-se um momento de síntese superadora, um momento de identidade na diferença. Por meio da *Aufheben*, a superação da síntese, podemos seguir a vida do Absoluto e introduzir-nos na sua profundidade: ser, para Hegel, é devir; e, como dizia Heráclito, *a guerra é o pai de tudo,* quer dizer, das oposições chega-se ao momento sintético, que produzirá outra oposição, a qual será superada ulteriormente num necessário processo dialético.

5. A lógica hegeliana

O sistema hegeliano possui três aspectos fundamentais: *o ser em si* – lógica; *o ser outro* – natureza (espírito autoalienado); *o ser em si e para si* – a filosofia do espírito. A lógica é a parte da filosofia que se encarrega de expor a essência do Absoluto em si mesma. Na tradição filosófica clássica, este objetivo era próprio da metafísica, mas, na medida em que todo o racional é real e todo o real é racional, entende-se que para Hegel metafísica e lógica sejam a mesma coisa.

«O Absoluto é espírito: esta é a mais elevada definição do Absoluto. Encontrar esta definição e entender o seu conteúdo tem sido a finalidade de todas as culturas e filosofias. Todas as religiões e as ciências esforçaram-se por alcançar este objetivo». O Absoluto é o pensamento que se pensa a si mesmo, isto é, Deus. Não o Deus cristão transcendente, já que o Absoluto hegeliano é o processo do seu próprio devir. O movimento dialético deste processo pode ser compreendido a partir das três primeiras categorias da lógica hegeliana: *ser, não ser, devir*. O conceito de ser puro (*reines Sein)* é indeterminado: conduz ao não ser, ao nada. A mente passa do ser ao não-ser: a sua verdade é esse movimento, quer dizer, o devir. O conceito de Absoluto como ser é o conceito do Absoluto como devir, como processo de autodesenvolvimento.

6. A filosofia do espírito

Deixando de parte a filosofia da natureza[14], dedicaremos algumas páginas à apresentação da filosofia do espírito. Ela está dividida em

---

(14) Na *Enciclopédia das ciências filosóficas*, Hegel escreve que a ideia (objeto da lógica dos conceitos) *decide*, como manifestação da sua liberdade absoluta, abandonar a sua particularidade e sair fora de si, como natureza. No entanto, parece mais lógico pensar que, neste parágrafo, como em muitos outros, Hegel utiliza uma linguagem pictórica, representativa, própria do pensamento religioso ordinário. Uma possível interpretação é afirmar o Absoluto como totalidade, que pode ser considerada no abstrato – como ideia lógica – ou numa natureza material. Não se daria, assim, uma *dedução ontológica* da natureza, a partir da ideia. A natureza seria uma condição prévia para fazer o possível no fim do processo teleológico universal: o conhecimento que o universo tem de si mesmo no e por meio do espírito humano.

três partes: as duas primeiras referem-se ao espírito finito; a última refere-se ao Espírito Absoluto, como pensamento que se pensa a si mesmo.

O espírito subjetivo finito – quer dizer, a antropologia hegeliana – está tratada na primeira seção da terceira parte da *Enciclopédia das ciências filosóficas*. Hegel retoma os temas tratados na sua *Fenomenologia do espírito*: a alma humana (ponto de transição entre a natureza e o espírito), a consciência e a mente ou espírito (*Geist*), que não é outra coisa senão a atividade do espírito em si.

A segunda parte da filosofia do espírito ocupa-se do «espírito objetivo», quer dizer, do mundo da cultura e das instituições, das «objetivações» do espírito humano. Do mesmo modo que o Absoluto objetiva-se na natureza, o espírito subjetivo objetiviza-se ou expressa-se, saindo do seu estado de imediato.

Hegel considera que a primeira objetivização do espírito subjetivo é o direito. O sujeito individual consciente da sua liberdade (a pessoa) deve expressar exteriormente a sua qualidade de agente livre, dando-se uma esfera de liberdade. Ele faz isso ao apropriar-se das coisas materiais. A personalidade confere a capacidade de possuir direitos, como o direito de propriedade. Uma pessoa torna-se proprietária de uma coisa mediante um ato de liberdade e por meio de uma apropriação efetiva da coisa. Porém, o direito também deve estabelecer normas intersubjetivas e prevenir as possíveis infrações às ditas normas. Por isso, Hegel completa a sua doutrina do direito com uma análise do direito contratual e penal.

Hegel passa do estudo do direito ao estudo da moral, que é apenas um passo para a Eticidade (*Sittlichkeit*), que se cumpre plenamente na *substância ética*, quer dizer, o Estado. A substância ética é a síntese da subjetividade e da objetividade: os espíritos finitos superam-se a si próprios por meio dos diversos momentos da vida social. Para Hegel, a família constitui o primeiro momento da substância ética, ao mesmo tempo que expressa um primeiro sentimento da totalidade, que tem como manifestação concreta a propriedade familiar. Todavia, a família tem já no seu seio as sementes da sua dissolução, visto que os filhos, quando crescem, tornam-se indivíduos. Os particulares surgem da vida familiar e afirmam-se, como tais particulares, negando a totalidade.

Essa negação da totalidade nega-se a si própria pela sociedade civil, segundo período do desenvolvimento da substância ética.

A sociedade civil, enquanto união dos particulares organizados economicamente com a consequente divisão do trabalho e das classes sociais, é o estado externo, sendo útil dizer que o estado prescinde do seu caráter mais essencial, isto é, a união subjetiva-objetiva do espírito. Por isso, a família e a sociedade civil são conceitos unilaterais que se superam no Estado.

O Estado é o terceiro e mais importante período da substância ética: é a *substância ética autoconsciente*. Trata-se da realização da vontade racional quando essa vontade foi elevada ao nível da autoconsciência universal. O Estado é a expressão mais elevada do espírito objetivo.

O Estado é o *passo de Deus pelo mundo*, que identifica os interesses individuais com os gerais, universais. O Estado assegura a liberdade dos indivíduos, visto que a liberdade é potencialmente universal e deseja, enquanto tal, o bem geral. Isto não significa necessariamente uma concepção totalitária do Estado: o Estado amadurecido deve assegurar o máximo desenvolvimento da liberdade pessoal, o que não impede que se afirme também que os indivíduos devem converter o objetivo universal do Estado em seu próprio objetivo.

7. A filosofia da história

Hegel afirma que existem três tipos de historiografia: a história original, feita à maneira de Tucídides, a história reflexiva ou didática e a história filosófica ou filosofia da história. Esta última caracteriza-se pelo fato de considerar que a razão domina o mundo e, por conseguinte, a história universal é um processo racional. Mais concretamente, a história mundial é um processo pelo qual o espírito alcança uma consciência real de si mesmo como liberdade: «A história mundial é o progresso da consciência da liberdade».

A unidade concreta de desenvolvimento do espírito do mundo (*Weltgeist*) é o espírito nacional ou espírito do povo (*Volksgeist*). O espírito do povo é a expressão da sua cultura: a arte, a religião, a filosofia, a organização jurídica etc. O *Volksgeist consiste nos* momentos históricos da *Weltgeist*, e a sua sucessão temporal mostra o inexorável desenvolvimento do Espírito. Além disso, em cada período histórico existe um povo que domina necessariamente os outros, guiando o desenvolvimento cultural de toda uma época, de modo que lhe confere as suas características específicas. Nesse sentido, é preciso entender a noção hegeliana de história como o tribunal dos povos, pois os acontecimentos históricos que marcam o destino das nações não são senão momentos necessários – e portanto justos – do desenvolvimento dialético do Absoluto.

O conteúdo do espírito do povo é anterior e superior ao indivíduo. O particular acede à vida do Espírito por meio da identidade com o coletivo social do povo a que pertence. Por outro lado, entre as formas de agregação social, a superior é o Estado. O desenvolvimento dialético pleno da nação, portanto, conduz ao Estado enquanto manifestação superior do espírito objetivo. Neste ponto de vista peculiar, o Estado-nação prussiano representa para Hegel o apogeu do estágio dialético último.

Por que razão o Estado prussiano ocupa um posto tão importante no ponto alto da história? Hegel considera que a história universal conduz um movimento que vem de Leste para Oeste: dos impérios orientais despóticos à civilização cristã europeia, passando pela Grécia antiga e a aparição do princípio democrático. Por isso mesmo, na Europa cristã o povo alemão é o que tem mais interioridade, e constituiu um bom terreno para a germinação da filosofia do espírito. Superando a distinção entre pensamento e realidade, o espírito nacional alemão representa o pleno amadurecimento do homem, que alcança a liberdade suprema de saber-se um momento do Absoluto.

Cada Estado afirma-se como indivíduo soberano frente a outro Estado. Não existe nenhum poder soberano acima dos Estados: a solução é a guerra para dirimir um conflito entre eles. A guerra é necessária: é necessário que o finito, a propriedade e a vida se coloquem como contingentes. A guerra é um meio, doloroso mas necessário, para a história ir em frente. Segundo Ballesteros, «em Hegel, a defesa do imperialismo como chave do progresso está unida ao fato de que "somente um povo é portador do espírito universal em cada época da história, e, portanto, o espírito dos outros povos carece de direitos frente a ele"». Esse domínio de uma nação frente a outras está em estreita relação com o valor militar, porque o "fundamento do mundo moderno deu ao valor militar o seu aspecto mais elevado, enquanto a sua expressão aparece já enquanto membro de uma totalidade contra outra totalidade"; e o valor militar é, por isso, o fundamento próprio do reconhecimento jurídico da hegemonia: "As guerras constituem o instante em que o reconhecimento dá um sentido à história"»[15].

A tendência nacionalista de Hegel será uma fonte de inspiração para muitos políticos da Europa Central e Oriental. Contudo, influirá sobretudo a sua visão do Estado como máxima manifestação do Espírito objetivo, abrindo caminho a políticos visionários e totalitários do século XX. Hegel afirma também a importância dos grandes indivíduos como «instrumentos» do *Weltgeist*. Um caso exemplar é Napoleão, a quem Hegel viu triunfante depois da batalha de Jena, na apoteose do seu esplendor.

No momento de interpretar a filosofia da história hegeliana, alguns acusaram-no de cinismo: a história como juiz conduz à força como direito legítimo. Porém, debaixo desta visão pode-se vislumbrar por parte de Hegel um excesso de confiança no elemento racional da história: no fim, os elementos irracionais do ponto de vista do Absoluto tornam-se racionais mediante a *astúcia da Razão*.

8. A esfera do Espírito Absoluto

Vimos sumariamente as esferas do espírito subjetivo e do espírito objetivo. Agora temos de ascender até a apoteose do sistema hegeliano: o saber absoluto do Absoluto.

O Espírito Absoluto existe unicamente por meio do espírito humano, quando este espírito finito alcança um nível de conhecimento que, na *Fenomenologia*, Hegel chamou de conhecimento absoluto. Trata-se da consciência do espírito finito de ser um momento da vida do Absoluto. Este conhecimento absoluto pode ser desenvolvido por meio de três saberes: a arte (apreender *o belo*, que se manifesta na natureza,

---

(15) J. BALLESTEROS, *Postmodernidad: decadencia o resistencia*, Tecnos, Madri, 1989, pp. 38-39.

mas sobretudo na obra de arte), a religião e a filosofia. Arte, religião e filosofia conduzem ao conhecimento absoluto do Absoluto.

A beleza é a aparência sensível da ideia e colhe-se mediante a intuição estética. Na obra de arte, existem dois elementos: a forma sensível e a ideia (unidade de subjetividade e objetividade). Segundo a harmonização desses dois elementos, pode-se falar em uma *arte simbólica*: predomina o elemento sensível sobre o espiritual (Egito); uma *arte clássica*: tem perfeita harmonia entre os dois elementos (escultura grega); e, finalmente, uma *arte romântica:* predomina o elemento espiritual, tido como movimento, ação, conflito (poesia, música, pintura). É a arte cristã.

Uma maneira diferente de alcançar o Absoluto vem do conhecimento religioso, que é um pensamento não conceitual. Hegel denomina-o pictórico ou representativo, um pensamento revestido de fantasia. Existem diferentes tipos de religião: a) *Natürreligion*, que é a religião da substância. Deus é concebido como universal indiferenciado; b) a religião da *individualidade espiritual*: Deus é espírito, mas na forma de uma pessoa ou personalidade individual (religião hebraica, grega ou romana); e, finalmente, c) a *religião absoluta*, quer dizer, o cristianismo. Deus é o espírito infinito, não só transcendente, mas também imanente. Deus não é indiferenciado, é a Trindade das Pessoas, a vida espiritual infinita. Além disto, a *kenosis* – que se verifica historicamente na Encarnação, Paixão, Morte e Ressurreição de Jesus Cristo –, que é «escândalo para os judeus, loucura para os pagãos» (1 Cor 1, 23), encontra a sua colocação lógica dentro do sistema hegeliano; trata-se do momento dialético central da evolução do Espírito. Com efeito, em Jesus Cristo realiza-se a tomada de consciência por parte do homem da sua essencial identidade com o Espírito Absoluto. O cristianismo é a verdade absoluta, mas expressa na forma de *Vorstellung,* de representação.

A diferença entre religião e filosofia reside no modo de conceber a Deus: a filosofia supõe o passo da *Vorstellung* ao pensamento puro. Para Hegel ambas as formas são verdadeiras, mas a mais profunda, a mais real, é a filosófica.

Hegel parece sincero em sua defesa do cristianismo e quando pensa que apoia a ortodoxia. Na realidade, subordina a religião à filosofia, já que a interpretação última dos mistérios está confiada à filosofia e não à religião. O cristianismo seria, na realidade, um hegelianismo exotérico, ao passo que o hegelianismo seria um cristianismo esotérico. Hegel representa um passo ulterior no processo de secularização: as verdades sobrenaturais – os mistérios do cristianismo – são substituídas por verdades filosóficas racionais. A história da filosofia é um processo racional que se conclui no sistema hegeliano, em que no fim se atinge a autoconsciência absoluta. Hegel vê os sistemas filosóficos anteriores como precedentes, como premissas do idealismo absoluto.

* * *

Romantismo e idealismo marcam um período ainda mais complexo no processo de secularização caraterístico da modernidade. A identificação – poética ou metafísica – do homem com a totalidade, e que pode tomar a forma de Natureza divinizada ou do Espírito Absoluto em devir, até que a distinção entre Absoluto transcendente e mundo criado desapareça, bem como a afirmação da relatividade de todo o valor (niilismo) e a absolutização dos valores relativos (nacionalismo, marxismo, cientismo), derivará posteriormente na intramundanização dos valores absolutos.

O espírito romântico, entendido como a expansão de uma liberdade individual sem ter em conta uma ordem moral objetiva, continua a ser um elemento-chave da cosmovisão contemporânea de vastos setores da sociedade ocidental. O sistema idealista, por sua vez, parece hoje definitivamente debilitado. Mas não se pode esquecer que por trás de Marx, Nietzsche, Comte, Kierkegaard e tantos outros se encontra Hegel em distintas formas, como mestre ou como inimigo a destruir.

6. A reação anti-hegeliana: Sören Kierkegaard

O sistema hegeliano tendia à identificação da transcendência com a história universal e subordinava a fé à razão. Além disso, a pessoa humana era somente um momento do desenvolvimento dialético do Espírito Absoluto. As reações críticas surgiram imediatamente depois da morte de Hegel. Se o idealismo se insere no processo de secularização entendido em sentido forte, algumas das críticas anti-

-hegelianas partilhavam com Hegel de sua atitude antitranscendente: Feuerbach e Marx, sobre os quais nos ocuparemos adiante, transformam o idealismo num materialismo fechado a toda abertura além do mundo; Schopenhauer e Nietzsche, também anti-hegelianos, criticavam a visão transcendente da vida, considerada uma grande mentira que nos impede de olhar a realidade. A reação anti-hegeliana que trata de recuperar o transcendente, a superioridade da fé sobre a razão e o caráter único e irrepetível da pessoa humana será a de Sören Kierkegaard, que exercerá grande influência em correntes distintas do pensamento contemporâneo.

Kierkegaard nasce em Copenhagen em 1813 e morre na mesma cidade em 1855. É um pensador não sistemático. Entre as suas obras mais importantes citamos: *Ou-ou*, 1843; *Temor e tremor*, 1843; *A repetição*, 1843; *Migalhas filosóficas, 1844; O conceito da angústia*, 1844; *Estágios do caminho da vida*, 1845; *Anotação conclusiva não científica a «Migalhas filosóficas»*, 1846; *A doença mortal*, 1849; *Exercício do cristianismo*, 1849.

Os documentos mais relevantes para conhecer o pensamento íntimo de Kierkegaard são o volumoso *Diário* e, em segundo lugar, uma obra breve, escrita em 1848 mas publicada postumamente, em 1859: *O meu ponto de vista da minha atividade de escritor*. Nesta obra – uma espécie de declaração pública –, o pensador de Copenhagen abre ao leitor parte do seu mundo interior. Nela aparecem as complicadas relações que teve com os seus pseudônimos, a conexão entre a sua obra edificante e a sua obra estética e, com pudor, a sua relação pessoal com Deus.

Desde o começo Kierkegaard se define como um «escritor religioso»: «O conteúdo deste pequeno livro afirma, pois, o que realmente signifíco como escritor: que sou e fui um escritor religioso, que a totalidade do meu trabalho como escritor se relaciona com o cristianismo, com o problema de "chegar a ser cristão", com uma polêmica direta ou indireta contra a monstruosa ilusão a que chamamos cristandade, ou contra a ilusão de que num país como o nosso todos somos cristãos».[16] Neste rico e claro fragmento, encontramos a definição do que

---

(16) S. KIERKEGAARD, *Mi punto de vista*, Aguilar, Madri, 1988, p. 8.

será denominado pelo nosso autor «o problema»: «como chegar a ser cristão». Esse problema não se entende nem se enquadra na dialética de Kierkegaard entre cristianismo e cristandade.

A cristandade consiste fundamentalmente em pertencer a uma comunidade eclesial – a Igreja Luterana da Dinamarca – representante da «ordem estabelecida». Trata-se de um vínculo que não implica um modo determinado de vida: alguém é cristão porque foi batizado quando era criança, porque vai à igreja aos domingos, escuta o sermão do pastor e entoa hinos. Porém, aquilo que escuta ao domingo não influencia a sua vida de segunda-feira. A cristandade, dirá Kierkegaard, é uma ilusão. O objetivo que se propõe o filósofo dinamarquês – objetivo que interpreta como um encargo divino – será de desvendar essa ilusão e esse engano da cristandade e apresentar o verdadeiro cristianismo, que não é doutrina para ser exposta, mas para ser vivida.

No prefácio dos primeiros *Discursos edificantes* – quer dizer, numa obra religiosa – introduzirá a categoria «o indivíduo»: «Tinha plena consciência de que eu era um escritor religioso e como tal me importava "o indivíduo" ("o indivíduo", por oposição ao "público"), «pensamento em que está contida toda uma filosofia da vida e do mundo»[17].

«O problema» – como fazer-se cristão – e «a categoria» – o indivíduo – integram-se mutuamente. O verdadeiro cristão será o indivíduo, a pessoa singular diante de Deus.

A categoria do indivíduo, apresentada segundo distintas óticas em obras publicadas sob pseudônimo e sob o próprio nome, tem uma grande significação dialética. Kierkegaard encontra-se num ambiente intelectual carregado de idealismo: o sistema – assim se referirá sempre à construção filosófica de Hegel – anula o indivíduo, porque este é concebido como um momento do infinito, como simples *modo* do Absoluto, utilizando a terminologia de Espinoza. O sistema onicompreensivo não deixa espaço algum à liberdade, que fica reduzida à autoconsciência da necessidade. A «mediação» entre opostos operada pela dialética hegeliana será a vida do Absoluto, o processo necessário do seu devir. Uma mediação, portanto, necessária e não livre, em que as escolhas «livres» dos indivíduos são só momentos de autoafirmação

---

(17) *Ibidem*, p. 26.

da vida absoluta do Absoluto. O absoluto identifica-se com o mundo e com a história universal. Neste contexto, compreende-se a afirmação clara e incisiva de Kierkegaard: «Toda a confusãodos tempos modernos consiste em ter esquecido a diferença absoluta, a diferença qualitativa, entre Deus e o mundo».

O que é o indivíduo para Kierkegaard? O filósofo dinamarquês concebe o homem como um ser dialético. O homem não é «uno» desde o início: é um composto que tem como objetivo próprio chegar a ser «indivíduo», fazendo a «síntese» que confere unidade aos distintos elementos que o integram. Todavia, não se trata de um processo necessário, porque a síntese do indivíduo é o produto de uma escolha: alcança-se quando o homem se escolheu livremente a si próprio, mas só se o fez apoiando-se no Absoluto, como ser livre e, simultaneamente, dependente da Potência Divina: «Entrando em relação consigo próprio, querendo ser ele mesmo, o homem fundamenta-se na transparência da potência que o conhece»[18].

As observações existenciais de Kierkegaard apresentam diversos níveis de composição no homem. Em primeiro lugar, o homem é uma síntese de corpo e alma. Os homens podem descobrir as possibilidades e as limitações da sua própria existência por meio do corpo e da alma. A síntese entre alma e corpo é denominada «espírito». O espírito estabelece a relação entre a alma e o corpo, em que desperta a autoconsciência. Quando o homem começa a refletir, depois do período inocente da infância, o espírito põe a alma diante do corpo: o eu conhece o que significa cada coisa, as suas determinações e as suas possibilidades, a sua complementaridade e a sua oposição. Assim se inicia o processo de autoconstituição do indivíduo, da autoafirmação.

O «eu» constitui-se numa dupla relação: corpo e alma devem entrar em relação pelo espírito, mas o espírito é simultaneamente uma relação consigo próprio, quer dizer, deve autofundamentar-se. Contudo, é preciso determinar se essa autofundamentação é absoluta ou derivada. Kierkegaard entende essa estrutura relacional do homem não só no sentido ontológico, mas também no sentido ético-religioso.

---

(18) *Idem, La malattia mortale*, I, A, em *Kierkegaard. Opere*, org. de C. Fabro, Sansoni, Florença, 1972, p. 626

Pensa que uma relação que se relaciona consigo própria – quer dizer, um eu – tem de conhecer-se a si mesma ou ser conhecida por outrem. O próprio da existência humana é que não pode conhecer-se a si própria, daí se infere que foi conhecida por outrem. Nessa dupla relação, o «eu» deve escolher se se fundamenta sobre um terceiro, quer dizer, sobre a potência que conheceu o próprio espírito humano, Deus, ou se se autofundamenta. O eu que se fundamenta no Absoluto é liberdade precisamente porque escolheu o Absoluto, que é a sua origem e fim, isto é, a sua verdade intrínseca; o eu que se escolheu a si próprio como autofundamento, por sua vez, é desespero. «O eu é livre não porque se transfira a si próprio e se anule no infinito, nem sequer porque abandone o seu ser [...] no finito, mas porque se eleva como afirmação da capacidade de eleger o Absoluto»[19].

O eu que se fundamenta sobre si próprio, dando as costas ao Absoluto, desespera-se, pois atraiçoou o seu próprio ser dialético e porque violenta a sua estrutura ôntica mais íntima: ser um espírito – síntese da alma e corpo – fundamentado em Deus. O eu desesperado pode desesperar-se na vida estética, ou porque escolhe o finito, que não o pode satisfazer, ou porque escolhe o infinito de modo fantástico: como infinitas possibilidades, sem determinar-se como espírito. Em definitivo, quem não escolhe fundamentar-se no Absoluto não escolheu na realidade, pois o homem que se perde no imediato ou na possibilidade infinita do pensamento não se determina como espírito e carece de um eu verdadeiro e próprio.

As observações existenciais de Kierkegaard conduzem-nos a outros níveis de constituição dialética: finitude e infinitude; necessidade e possibilidade; tempo e eternidade. Depois destas observações, o indivíduo de Kierkegaard aparece como:

a) Um ser individual: as únicas coisas que existem são indivíduos, o abstrato não existe.

b) Dialético: no homem existem diversos componentes que se devem sintetizar.

---

(19) C. FABRO, *La fondazione metafisica della libertà di scelta in Sören Kierkegaard*, em *Riflessioni sulla Libertà*, Maggioli, Perugia, 1983, p. 206.

c) Em processo: a síntese do espírito não vem dada; é um esforço livre para encontrar a unidade no fundamentar-se do eu no Absoluto.

d) Como consequência, a síntese do espírito converte-se no objetivo ético-religioso, porque se trata da constituição do indivíduo diante de Deus.

e) Finalizado teologicamente: o indivíduo autoafirma-se a si próprio apenas diante de Deus; a falta de fundamento no Absoluto conduz o eu ao desespero e à perda de si.

Segundo a consciência que cada um tenha de si próprio, isto é, dependendo da força que tenha a autoafirmação do eu, o homem encontra-se em situações existenciais diversas e atravessa distintos *estágios* existenciais. Porém, não se trata de uma evolução psicológica necessária: a passagem de um estágio a outro é uma decisão da liberdade. O estado *estético* está dominado pela impressão sensível: vive-se superficialmente no imediato. No estágio *ético* a vida ordena-se no cumprimento do dever. É o reino de *um ou outro*, quer dizer, da distinção entre o bem e o mal; é o estágio do geral, da ordem moral. O *estágio religioso* é encontrar-se diante de Deus. Segundo Kierkegaard, existem dois tipos de religiosidade fundamentais: a *religiosidade A*, na qual a relação com Deus é um fundamento absoluto da existência; e a *religiosidade B*, constituída pela relação com Deus no tempo, quer dizer, com Cristo. Passar de A a B implica um salto de qualidade: é necessário atravessar o paradoxo de Cristo, um Deus que se faz homem. Aceitando Cristo por meio da fé, consegue-se ser um autêntico indivíduo.

A passagem do estágio ético ao religioso realiza-se por meio da angústia e do desespero. Esse é um passo vital, e não teórico. O próprio homem é a fonte de angústia, que consiste na constatação da impossibilidade de realizar a perfeição ética por causa da finitude humana. A negação da fundamentação transcendente da relação consigo próprio, que constitui a sua existência, conduz ao desespero, uma doença mortal. Num sentido mais forte, trata-se do pecado como rompimento com Deus e o consequente fechar-se em si próprio. Ninguém pode viver fora do cristianismo sem ser um desesperado. A angústia e o desespero dão início ao caminho para a fé. A fé substitui o desespero pela esperança e a angústia pela confiança em Deus. Porém, trata-se de uma fé que começa onde termina o pensamento e, por isso, deve-se dar um salto deixando para trás a razão. A fé é um paradoxo e um escândalo para a razão: Jesus Cristo é um sinal de contradição. Somos capazes de converter-nos em contemporâneos de Cristo por meio da fé.

* * *

Kierkegaard apresenta uma das críticas mais radicais ao sistema de Hegel, com a revalorização do singular enquanto indivíduo dotado de dignidade e com a função central da fé para alcançar o Absoluto. De Kierkegaard partem diversas correntes filosóficas contemporâneas, como algumas manifestações do personalismo e do existencialismo. A sua obra passou despercebida no século de Kierkegaard. Porém, a partir do século XX assistimos a uma autêntica *Kierkegaard renaissance.*

As leituras de Kierkegaard por parte de alguns representantes do existencialismo, como Heidegger e Sartre, são parciais. As suas análises da angústia e do desespero encontram certa inspiração no pensador dinamarquês, mas nem a angústia nem o desespero são a palavra final de Kierkegaard. Se confiamos na sinceridade substancial das confissões do autor, teremos de admitir o caráter religioso que Kierkegaard quis imprimir à sua obra. Não se pode entender Kierkegaard fora do radicalismo cristão, que se encontra em posição dialética no que diz respeito à racionalização hegeliana dos mistérios da fé e à redução do cristianismo à cultura operada por algumas cristandades luteranas do século XIX. A leitura existencialista torna-se, fundamentalmente, uma versão parcial do pensamento de Kierkegaard.

Se a leitura existencialista é parcial, também é exagerada a pretensão de converter Kierkegaard num pensador católico *in abscondito*. Apesar das críticas ao luteranismo de sua época e da afirmação do mérito das obras e de outros elementos da dogmática católica, Kierkegaard fica longe da ortodoxia, sobretudo no que envolve a relação fé-razão e o caráter razoável – não racionalista – da fé.

Kierkegaard tem muito a dizer ao homem contemporâneo. A sua missão foi abrir caminhos que poderão ser percorridos com proveito pelos que querem encontrar no homem uma fundamentação teológica e um destino transcendente.

Kierkegaard, confrontando-se com Hegel, voltava a colocar no centro da atenção antropológica o indivíduo singular – não o indivíduo autônomo do liberalismo, mas o indivíduo que encontra o sentido da sua existência na sua fundamentação teológica, no saber-se diante de Deus. Neste sentido, Kierkegaard não é só o anti-Hegel, mas, como veremos, o anti-Nietzsche[20].

---

(20) Cf. M. FAZIO, *Un sentiero nel bosco. Guida al pensiero di Kierkegaard*, Armando, Roma 2000; *Kierkegaard: un' ermeneutica possibile*, em «Ermeneutica e metafisica», Città Nuova, Roma, 1995, pp. 97-106; *Il singolo kierkegaardiano: una sintesi in divenire*, «Acta Philosophica» 2 (1996), pp. 221-249; *Diventare soggettivo*, «Il singolo» (2000), pp. 61-84.

SEGUNDA PARTE

A modernidade ideológica

A revolução cultural produzida pelo Iluminismo e o romantismo fez com que o antropocentrismo radical procurasse encontrar uma justificação absoluta. Em outras palavras, se o Absoluto, Deus, não exercia já o seu papel tradicional de centro e fundamento do mundo e da existência humana, o homem deveria encontrar outro centro e outro fundamento. Os séculos XIX e XX são em grande parte séculos absolutizadores, isto é, séculos durante os quais existe uma presumível transferência de valores absolutos para regiões da realidade que são por si relativas e contingentes. Quando falta Deus, o homem procura ocupar o lugar deixado pela transcendência, exceto se deixa-se levar pelo niilismo e pela falta de sentido. A história das ideologias políticas contemporâneas é a história da absolutização do relativo. A liberdade, não entendida como liberdade da criatura, mas quase como uma *causa sui*, no liberalismo; a classe proletária, no marxismo; a nação, no nacionalismo; a raça, no nacional-socialismo; e o Estado, no fascismo, serão falsos absolutos que em vão quererão ocupar o lugar do Absoluto. Quando as lutas ideológicas conduzem a Europa à destruição material das guerras mundiais, o niilismo e a falta de sentido conquistaram um lugar no horizonte cultural europeu.

Contemporaneamente, a história da salvação continua, e o cristianismo será, nesses dois séculos, pelo menos de um ponto de vista humano, fonte de sentido para muitos homens.

O processo de absolutização do relativo foi um fato trazido pelas ideologias políticas. Em que consiste um modo de pensar ideológico? Segundo Ibáñez Langlois, uma ideologia caracteriza-se por um elemento *a priori* de interesses pré-constituídos; por uma tendência ao vagamente esquemático, que configura a ideologia como algo abstrato; por uma intensa carga afetiva e emotiva ligada a esses conceitos abstratos; por uma visão reducionista da natureza humana; e, finalmente, por um elemento de caráter utópico, que desempenha o papel de uma escatologia secularizada. Depois desta descrição do modo de pensar ideológico, o pensador chileno dá uma definição essencial: «Ideologia é um sistema das ideias simplificado para o uso das massas e com fins de conquista e exercício do poder»[1].

Mesmo se pensarmos do mesmo modo como Ibáñez Langlois, consideramos interessante oferecer outras análises do conceito de ideologia, visto que o termo se mostrou polissêmico. A origem histórica do conceito de ideologia encontra-se na escola dos sentidos de Destutt de Tracy (1754-1836), que tinha a pretensão de estabelecer uma disciplina filosófica básica que servisse de fundamento a todas as ciências, com a função de estudar a origem, os limites e o desenvolvimento das ideias. Esta *prima philosophia* seria a ideologia. Napoleão utilizará pejorativamente esse termo, representando-o como uma construção intelectual abstrata e afastada do senso comum da gente normal. Porém, será com Marx que esse conceito encontrará a sua máxima difusão. Segundo o filósofo alemão, a ideologia tem dois sentidos diferentes. Em primeiro lugar, é uma representação falsa da realidade, identificável com a alienação religiosa e filosófica, com proveito para a classe dominante, e que tem por objetivo a perpetuação do domínio dos ricos sobre a classe sem patrimônio. Contudo, existe outro sentido da ideologia muito mais vasto. Uma vez instaurada a sociedade comunista sem classes, a ideologia permanece como estrutura do espírito

---

(1) J. M. IBÁÑEZ LANGLOIS, *Doctrina Social de la Iglesia*, EUNSA, Pamplona, 1987, p. 247.

humano: é a consciência imediata da realidade social vivida por grupos de homens situados historicamente.

Karl Mannheim, num escrito muito lido no século passado (*Ideologie und utopie*), desenvolve uma transformação do conceito de ideologia. Com efeito, esta é o produto da relação de domínio social, mas, simultaneamente, o elemento estrutural e permanente da história das sociedades humanas. Deste modo, Mannheim aceitava alguns elementos da sociologia funcionalista americana. Para Parsons, a ideologia é um sistema de crenças recebido por todos os membros de uma coletividade, orientado à integração da própria coletividade. Bell, por seu lado, considera que é um sistema aglutinador de toda a realidade, um corpo de crenças animado pela paixão e que tende para a transformação total dos modos de vida.

Enquanto conjunto totalizante de crenças, a ideologia relaciona-se com a religião. A grande diferença em relação à fé religiosa radica na sua origem humana: a ideologia pretende substituir-se no papel do saber total. Em outras palavras, a substituição da religião pela ideologia é uma das manifestações da passagem da heteronomia – o mundo recebe a sua origem e o seu sentido último de Deus – à autonomia entendida como absoluto: o mundo humano autofundamenta-se sem qualquer referência à transcendência. Daqui podemos inferir as ideologias como «religiões do temporal» (Julien Benda, *La trahison des clercs,* 1927) ou «religiões secularizadas» (Raymond Aron, *L'âge des empires et l'avenir de la France,* 1945). Como bem escreve Dawson: «Para o cristão, o significado da História era um mistério que só a luz da fé podia revelar. Todavia, os apóstolos da religião do progresso negavam a necessidade da revelação divina e acreditavam que o homem não deveria senão seguir a luz da razão para descobrir o significado da história nas leis do progresso, que governam a vida da civilização. Porém, mesmo no século XVIII, era complicado que esse otimismo fácil se ajustasse aos fatos da história. Era necessário explicar que até aquele momento a luz da razão estava oculta pelas forças tenebrosas da superstição e da ignorância, personificadas por uma religião organizada. Assim, a *Enciclopédia* tornava-se nada menos que uma nova revelação e, se triunfasse, seria necessário que os novos crentes se organizassem numa nova igreja, que poderia denominar-se, sem distinção, escola de filósofos, sociedade secreta de *illuminati*, associação de franco-maçons ou partido político.

Na realidade, foi isso o que aconteceu, e certamente as novas igrejas racionalistas demonstraram ser não menos intolerantes e dogmáticas que as seitas religiosas do passado. A revelação de Rousseau foi seguida de sucessivas revelações – idealista, positivista e socialista –, com os seus profetas e as suas igrejas»[2].

Segundo Chabot, a função das ideologias na vida das sociedades poderia resumir-se nas seguintes notas dominantes: substituição (da fé religiosa por doutrinas políticas); imanência (a afirmação do aquém e esquecimento do além); salvação (a ideologia política é a única verdade capaz de abrir caminhos de felicidade à humanidade, mas uma felicidade que se encontrará nesta terra num futuro indeterminado)[3].

A dialética entre uma visão transcendente da vida humana e da história, por um lado, e a afirmação absoluta de valores intramundanos, por outro, foi posta em relevo com particular intuição por Dostoiévski. No romance Os irmãos Karamázov, Ivan Fiodorovitch afirma que «se destruis no homem a fé na própria imortalidade, imediatamente se apagará nele não só o amor, mas também qualquer força vital capaz de perpetuar a vida no mundo. E não só isso: então, não haverá nada de imoral, tudo será permitido, incluindo a antropofagia. Contudo, não acabamos: [...] para cada indivíduo, como nós, agora, por exemplo, que não acredite em Deus nem na própria imortalidade, a lei moral natural deve transformar-se imediatamente no oposto da antiga lei religiosa, e o egoísmo levado até o delito deve ser não só consentido ao homem, mas também reconhecido como a solução necessária, a mais razoável, e inclusivamente – diria – a mais nobre nas suas condições»[4].

A perda do horizonte transcendente provocaria um desmoronamento dos valores morais. Segundo o personagem de Dostoiévski, a falta de fé no além desemboca no niilismo. No mesmo romance, outro personagem, Rakitin, qualifica esta teoria de infâmia. E conclui, reafirmando a fé no homem: «A humanidade encontrará em si

---

(2) C. DAWSON, Dinámica de la Historia Universal, Rialp, Madri, 1961, pp. 187-188.

(3) Cf. J.-L. CHABOT, Histoire de la pensée politique (XIX et XX siècle), Masson, Paris, 1988, pp. 8-9.

(4) F. DOSTOIÉVSKI, Os irmãos Karamázov, parte I, II, 5.

mesma a força de viver por virtude mesmo sem acreditar na imortalidade da alma! Encontrá-la-á no amor da liberdade, da igualdade, da fraternidade...»[5].

Depois de Auschwitz, Hiroshima, os arquipélagos Gulag e a difusão de uma cultura da morte, o leitor poderá julgar qual dos dois personagens tinha razão.

Nesta segunda parte do nosso livro dedicaremos três capítulos ao estudo das principais ideologias políticas: liberalismo, nacionalismo e marxismo. Paralelamente, é necessário analisar um movimento cultural que influencia a formação das ideias e se entrelaça com as ideologias: o cientificismo.

Se na primeira parte descrevemos sumariamente o processo de secularização entendido como desclericalização do mundo medieval – a secularização como afirmação da secularidade e da autonomia relativa do temporal –, a modernidade ideológica, herdeira do Iluminismo, do romantismo e do idealismo, é a manifestação da secularização entendida no sentido mais amplo, isto é, como afirmação da autonomia absoluta do humano. Voltaremos a tratar do primeiro sentido da secularização na terceira e quarta partes desta obra.

---

(5) *Ibidem*, parte I, II, 7.

V. O liberalismo

1. O que é o liberalismo?

Tentar oferecer uma definição do liberalismo não é tarefa fácil. Temos alguns autores que o consideram uma empreitada impossível. O problema apresenta-se no momento de indicar os seus elementos mais caraterísticos. Parece preferível falar de *liberalismos*, em vez de um pensamento liberal unívoco. Apesar disso, consideramos teoricamente factível uma descrição sumária da ideologia que se encontra na base dos distintos liberalismos.

Para evitar confusões, é preciso esclarecer desde o princípio a terminologia que empregaremos neste estudo. Entendemos por *liberalismo* um modo de pensar ideológico, por *democracia liberal* a manifestação político-institucional desta ideologia e por *capitalismo* um sistema econômico ligado a essa ideologia.

Segundo G. Cotroneo, as raízes do pensamento liberal podem encontrar-se na reflexão filosófica sobre a tolerância que surge depois do período das guerras de religião na Europa do século XVI. A liberdade política dos modernos teria como base o princípio da tolerância, que propunha o método do diálogo em vez do enfrentamento entre as diversas formas de interpretar o divino e a sua relação com o mundo. O diálogo será precisamente o procedimento caraterístico de uma comunidade que se defina como «liberal». A partir dos socinianos antitrinitários italianos, passando por Montaigne, Espinoza e Locke, o princípio da tolerância irá adquirindo perfis sempre mais precisos e definidos.

Da tolerância religiosa passou-se à problemática mais estritamente política. Foi necessário afirmar a *neutralidade* do Estado para garantir a tolerância do Estado frente não só às crenças, mas também às atividades *privadas* dos cidadãos. Este segundo princípio – a neutralidade do Estado em questões últimas e nas estritamente privadas – conduziu a uma consequência teórica fundamental: a distinção entre o Estado e a sociedade. Daí a definição de Walzer do liberalismo como «a arte da separação» entre o público e o privado.

O liberalismo político clássico caracteriza-se também por ser uma *teoria dos limites do Estado*, ou seja, uma tentativa de encontrar os meios por intermédio dos quais o Estado não pode violar os direitos individuais dos cidadãos, em uma crítica contra a monarquia absoluta. Os meios empregados pelo liberalismo para conseguir salvaguardar esses direitos são bem conhecidos: a representação política dos cidadãos, a separação e limitação recíproca dos poderes políticos e o estabelecimento de um estado de direito, em que, utilizando a expressão kantiana, a organização política deve criar as garantias nas quais a liberdade de cada um possa coexistir com a liberdade de todos.

O fundamento desta nova teoria política baseava-se numa antropologia que girava em torno de uma concepção da natureza humana de caráter individualista. As leis e as instituições jurídicas inventadas pelo homem para enfrentar as necessidades humanas não gozavam do prestígio da sanção divina: «Não existindo um parâmetro de referência absoluto para relacionar as opiniões – como acontecia quando a lei humana devia ser conforme à divina –, aceitou-se a "regra" de que, face à impossibilidade de alcançar a unanimidade das opiniões, as decisões deveriam ser tomadas por maioria»[1]. Devo esclarecer que, pelo menos num primeiro momento, a «maioria» foi composta apenas dos cidadãos que tinham direitos políticos: uma elite econômica e cultural. A aliança entre liberalismo e democracia como forma de governo popular chegará com a segunda revolução industrial, na década de 1870.

À liberdade religiosa e à liberdade política uniu-se a liberdade econômica. A distinção entre sociedade civil e Estado desencadeou que se visse a primeira como «o lugar da liberdade, da criatividade, da espontanei-

---

(1) G. COTRONEO, *Liberalismo*, em *Dizionario di politica*, Ave, Roma, 1993, p. 451.

dade, inclusive da desordem, e o segundo como lugar da autoridade [...] e também do conformismo, da burocracia, da rigidez institucional»[2]. O mundo da economia deveria permanecer fora da esfera do poder estatal: as leis do mercado – *a mão invisível* de Adam Smith – bastavam para criar riquezas, para satisfazer as necessidades materiais dos homens e para progredir economicamente em forma contínua.

Se é preciso acrescentar que o capitalismo é um sistema econômico ligado à ideologia liberal, tem de acrescentar-se que na sua formação histórica intervêm outros fatores: a mecanização industrial numa perspectiva tecnológica e uma atitude de materialismo prático sob o aspecto moral.

Deixando de lado as questões de técnica econômica, é importante pôr em evidência o espírito que se encontrava por trás das instituições econômicas liberais. Uma passagem do romance *Crime e castigo*, de Fiódor Dostoiévski, pode servir-nos de ajuda. Nesta célebre obra, um dos personagens, Piotr Petrovitch, favorável às «novas ideias», faz a sua defesa inflamada da liberdade econômica, que em parte recorda o elogio dos vícios privados de Mandeville: «Até agora foi-nos dito: "Ama o teu próximo." Pois bem! Se coloco este preceito em prática, qual será a consequência? Dividirei a minha capa em duas metades, darei uma metade ao meu próximo e os dois ficaremos seminus. Um provérbio russo diz que aquele que persegue várias lebres simultaneamente não caça nenhuma. A ciência manda-me amar a minha própria pessoa mais do que nada no mundo, porque aqui na terra tudo descansa no interesse pessoal. Se te amas a ti próprio, farás bons negócios e conservarás a tua capa inteira. A economia política acrescenta que quanto mais se elevam as fortunas privadas numa sociedade, ou, dito de outro modo, mais capas inteiras se veem, mais sólida é a sua base e melhor a sua organização. Contudo, trabalhando para mim só, trabalho na realidade para todo o mundo, porque contribuo para que o meu próximo receba algo mais que a metade da minha capa, e não por um ato de generosidade individual e privada, mas como consequência do progresso geral. A ideia não pode ser mais simples de se compreender. Contudo,

---

(2) *Ibidem*, p. 454.

necessitou de muito tempo para ser aberto caminho entre os sonhos e as quimeras que a afogavam»[3].

A aplicação do modelo político do liberalismo clássico – chamado também de paleoliberalismo –, longe de resolver os problemas econômico-sociais, agravou a situação de desigualdade. O rápido processo de industrialização e o respeito «dogmático» à liberdade econômica, quer dizer, a não intervenção do Estado no desenvolvimento da vida econômica de uma sociedade, provocou a criação de uma aristocracia capitalista e de uma massa de proletários indigentes. É preciso, ainda, acrescentar dois fatores ideológicos a este fato histórico. Antes de mais nada, uma concepção naturalista da vida econômica característica do liberalismo: o mercado tem leis econômicas espontâneas que são consideradas autossuficientes; segundo, uma atitude moral de traços economicistas, que se concretiza na consideração de que o fim último da atividade econômica é o maior benefício possível, com a consequente subordinação do especificamente humano ao dado quantitativo. Tendo presentes esses elementos, é fácil considerar que, no fim do século XIX, o liberalismo como ideologia se encontrou numa encruzilhada teórico-prática: ou se renunciava à dogmática liberal, modificando alguns conceitos-base da ideologia, ou se corria o risco de chegar ao conflito social permanente[4].

---

(3) F. DOSTOIÉVSKI, *Crime e castigo*, parte II, cap. V.

(4) A conflitualidade social do liberalismo econômico do século XIX foi ilustrada de forma muito eficaz pela obra literária de Charles Dickens. O maior autor inglês de dois séculos atrás apresenta uma galeria de personagens situados socioeconomicamente e é provido de muitos elementos para entender as *formae mentis* dos diversos grupos. Considero que um dos *leitmotiv* dos romances de Dickens é a dignidade pessoal da gente pobre e a recusa decidida da mentalidade economicista. As críticas ao sistema econômico, político e social da Inglaterra vitoriana encontram-se num contexto de profundo humanismo cristão, manifestado entre outros elementos na simpatia pelo próximo que sofre necessidade. Segundo esta perspectiva, pode-se aproveitar a leitura dos romances mais célebres de Dickens: *Oliver Twist, A Christmas Carol, The Chimes, Bleak House, Hard Times* etc. Dickens foi também um fenômeno de comunicação de massas: a maioria de seus romances foi publicada em periódicos, que vendiam dezenas de milhares de exemplares. As leituras públicas feitas por Dickens das suas próprias obras tiveram grande êxito tanto na Inglaterra como nos Estados Unidos. Isso quer dizer que, se existem exageros em pintar a situação desesperada de vários setores da população, Dickens conseguiu despertar a consciência da necessidade de uma mudança social. Cf. P. ACKROYD, *Dickens*, Mandarin, Londres, 1990.

As diversas atitudes teóricas adotadas perante a questão social manifestam uma tensão profunda entre liberdade e igualdade que se insere na mesma estrutura da ideologia liberal. Os distintos liberalismos nascidos na segunda revolução industrial – por exemplo, as propostas de transformação do papel do Estado apresentadas por Green e Ritchie, na Inglaterra, e por Dewey, nos Estados Unidos – afastavam-se da ideologia do paleoliberalismo: «As crenças e os métodos do primeiro liberalismo – escrevia Dewey – revelaram-se ineficazes para enfrentar os problemas da organização e da integração social»[5].

As novas respostas dadas ao problema suscitado pela relação liberdade-igualdade modificaram substancialmente as teses do paleo-liberalismo. Assim, surgem os neoliberalismos de tendências heterogêneas e que não são suscetíveis de uma definição unívoca. Características comuns dos neoliberalismos serão a atenuação dos pressupostos ideológicos, um pragmatismo expresso e um olhar mais atento aos problemas sociais. Se o neoliberalismo da primeira metade do século XX considerava necessário redimensionar o papel do Estado permitindo-lhe uma atividade reguladora do mercado, na segunda metade do século XX estamos diante da revalorização das teses do liberalismo clássico, causada em parte pelo fracasso do estado intervencionista de tipo keynesiano ou do estado socialista de tipo soviético.

Quando nos aproximamos tanto dos elementos religiosos como dos elementos políticos, econômicos e sociais do liberalismo, temos a convicção de que na sua base se encontra uma visão de homem, ainda que um pouco vaga. Bedeschi, no momento de tentar uma descrição do pensamento liberal, partilha a posição teórica de Bobbio, que sustenta que «a doutrina liberal é expressão, em sede política, do jusnaturalismo mais amadurecido: de fato, este apoia-se na afirmação de que existe uma lei natural precedente e superior ao Estado e de que essa lei atribui direitos subjetivos, inalienáveis e imprescritíveis aos indivíduos singulares antes do aparecimento de cada sociedade e, assim, do Estado. Como consequência, o Estado, que surge por vontade dos mesmos indivíduos, não pode violar estes direitos fundamentais (e se os viola é despótico). Nisto encontra-se a sua função chamada "negativa" ou de

---

(5) J. DEWEY, *Liberalismo e azione sociale*, La Nuova Italia, Florença, 1946, pp. 33-34.

simples "guardião"»[6]. A visão do homem do liberalismo relacionar-se-ia com a tradição do individualismo racionalista, característico da filosofia iluminista: «Como pessoa, o indivíduo é superior a qualquer sociedade de que forma parte, e o Estado, por sua vez, é somente um produto do homem (enquanto surge de um acordo ou de um contrato entre os próprios homens). O Estado nunca é uma pessoa real, mas uma soma dos indivíduos que têm cada um uma esfera própria de liberdade»[7].

Segundo Burdeau, essa antropologia tem como núcleo central o conceito de liberdade, compreendida e sentida como a quintessência da natureza humana[8]. Porém, questionamos: de que liberdade se trata? Pergunta difícil, que obriga a uma resposta meditada. As antropologias que nascem no século XVII, seguindo uma ampla tradição do pensamento jusnaturalista romano e medieval, e com a emotiva imagem do bom selvagem, conceberam a natureza humana como original, como um manancial espontâneo do qual brotam as especificidades humanas: a teorização do *status naturae* apresentava uma visão de homem entendido como indivíduo livre, como independente, quer dizer, como ser carente de vínculos de subordinação. Essa liberdade concebida como independência será a raiz de outra noção, que se encontra no centro do pensamento iluminista e da própria modernidade: refiro-me ao conceito de *autonomia*.

Jean-Jacques Rousseau, que não pode ser considerado um pensador liberal, oferece uma definição da liberdade que será completamente assumida pelo pensamento liberal posterior. Como já vimos, a liberdade, segundo o pensador de Genebra, é a obediência à lei que nós próprios nos demos[9]. Com efeito, a liberdade é para Rousseau autonomia, autolegislação. Kant levará este conceito da sede política ao âmbito moral e religioso.

A estes elementos presentes na concepção ideológica liberal da liberdade – independência individual, autonomia – deve-se acrescentar uma terceira nota: a indeterminação última. A liberdade é a capaci-

---

(6) N. BOBBIO, *Liberalismo*, em *Dizionario di filosofia*, dirigido por A. Biraghi, Edizioni di Comunità, Milão, 1957, pp. 617-618.

(7) G. BEDESCHI, *Storia del pensiero liberale*, Laterza, Bari, 1990, p. 4.

(8) Cf. G. BURDEAU, *Le libéralisme*, Éditions du Seuil, Paris, 1979, pp. 7-8.

(9) Cf. J.-J. ROUSSEAU, *Du contrat social,* livro I, cap. VIII.

dade de escolha, mas a própria liberdade não conta com nenhum valor último com que relacionar-se e medir as escolhas que devem ser feitas. Os valores últimos podem servir apenas como pontos de referência fixos. Ao longo da história do pensamento liberal, alguns intelectuais propuseram noções-medida para orientar as escolhas: por exemplo, o *self-interest* de Adam Smith, ou a *utilidade* de Jeremy Bentham e de John Stuart Mill. Contudo, enquanto ideologia, o liberalismo nunca quis oferecer valores últimos para responder às perguntas mais profundas da existência humana. Além disso, na ótica liberal, considera-se perigosa para a liberdade dos indivíduos a afirmação da possibilidade de um saber último e definitivo. Todavia, essa atitude, que se pode definir como uma espécie de *ceticismo anti-metafísico*, traz consigo, como consequência inevitável, uma escolha de tipo ético. Segundo Bedeschi, o pensamento ético-político liberal «não pode existir sem uma escolha precisa de valor em favor da prioridade do indivíduo na relação com a sociedade, uma escolha de valor que é um ato de fé, mas trata-se de uma fé muito particular, que inclui o politeísmo de valores. Sem politeísmo dos valores, sem confronto e discussão e luta entre pontos de vista distintos, entre concepções do mundo, ideologias e posições políticas diversas, não existe liberalismo»[10].

Depois desta tentativa de descrição do liberalismo, podemos chegar a uma conclusão: o núcleo teórico mais profundo do liberalismo, como ideologia de caráter abstrato mas com uma intensa carga emotiva, está formado por uma complementaridade conceitual *indivíduo-liberdade*. Burdeau sublinha o papel central desenvolvido pela noção de liberdade. Outro autor francês, Chabot, considera da maior importância a noção de indivíduo. «O liberalismo – escreve na *Histoire de la pensée politique* – é historicamente a primeira ideologia política reveladora da modernidade, quer dizer, ideologia reveladora do projeto de autonomia que pretende fundamentar a sociedade humana constituindo-se em causa última de si mesma. Como a reflexão liberal posterior (Bentham, Constant, Stirner) torna

---

(10) G. BEDESCHI, cit., p. 47. Sobre este tema do politeísmo dos valores, cf. Aa. Vv., *Democrazia, ragione e verità*, Massimo, Milão, 1994.

evidente, é o conceito de indivíduo, e não o conceito de liberdade, que constitui o coração do liberalismo em estado puro. O liberalismo é essencialmente um individualismo, isto é, a consolidação do indivíduo como valor supremo e central tanto da vida humana como da história da sociedade»[11].

Indivíduo ou liberdade? Ambas as noções encontraram-se no fundamento da ideologia, pois no íntimo do pensamento liberal entende-se o indivíduo sempre como autônomo.

2. Os pensadores liberais

Os elementos que caracterizam o liberalismo, estes que acabamos de descrever, apresentam-se com diversa força e em sistemas de ideias diferentes segundo os autores, as nações e os períodos históricos. De todo modo, consideramos que existe um «ar familiar» entre os pensadores liberais.

Quando analisamos as doutrinas liberais, é fácil se dar conta de que muitas se encontram em estreita relação com os processos revolucionários ocidentais. Além disso, concretamente, a *Glorious Revolution* de 1689 na Inglaterra, a independência dos Estados Unidos – a Revolução Americana – e a Revolução Francesa serão motivo de inspiração, reflexão e de contraste entre os diversos pensadores e teóricos políticos liberais.

a) John Locke e a Glorious Revolution

Nasce em Wrington, próximo de Bristol, em 1632. Realizou os primeiros estudos em Westminster. Em 1652, ingressou no *Christ Church College* da Universidade de Oxford, com a intenção de seguir a carreira eclesiástica. Obtém o título de bacharel e de *Magister Artium* e, em 1659, começou a fazer parte do corpo docente, ensinando grego, retórica e filosofia moral. Alguns anos depois, decidiu abandonar a carreira eclesiástica e interessa-se pela medicina, pelas ciências naturais e pela química.

---

(11) J.-L. CHABOT, *Histoire de la pensée politique*, cit., p. 43.

Em 1664, escreve a sua primeira obra – *Ensaios sobre a lei natural* –, publicada recentemente, em 1954. No ano de 1665, mudou-se para Londres a fim de se pôr ao serviço de lorde Ashley Cooper, futuro primeiro Conde de Shaftesbury. Na capital britânica estabeleceu contatos com diversos cientistas, entre eles o químico Boyle, e ingressou na *Royal Society*. Depois da queda política do seu protetor, Locke voltou a Oxford em 1674, onde graduou-se em medicina. Em 1675 foi para a França, onde permaneceu até 1678.

Outra vez em Londres, colaborou novamente com o Conde de Shaftesbury. Porém, em 1682, o conde é acusado de traição e vê-se obrigado a fugir para a Holanda. Locke também parte para os Países Baixos, e ali participará ativamente em intrigas políticas, preparando a subida de Guilherme de Orange ao trono de Inglaterra.

Em 1689, regressa à Inglaterra depois da mudança da situação política pós-Revolução Gloriosa. Neste período, publicará as suas obras mais importantes: *Ensaio sobre o entendimento humano, Carta sobre a tolerância, Dois tratados sobre o governo civil*. Em 1693, publicou *Pensamentos sobre a educação* e, em 1695, *A razoabilidade do cristianismo*. A partir de 1700, retirou-se para Oates (Essex), onde morreu, em 1704.

A obra de Locke ocupa-se fundamentalmente de dois grandes âmbitos do saber filosófico: a teoria do conhecimento e a filosofia política. São âmbitos que parecem separados, mas que na realidade se implicam de tal modo que dão ao seu pensamento certa coerência e espírito sistemático. No *Ensaio sobre o entendimento humano*, que é uma das primeiras tentativas modernas de apresentar o problema crítico em toda a sua radicalidade, Locke perguntou-se sobre o alcance do nosso conhecimento: quer dizer, o que podemos conhecer e com que grau de certeza. Esta investigação não é fruto da curiosidade, mas responde a uma finalidade eminentemente prática: se os limites do conhecimento são conhecidos, poderá empregar-se a mente nas coisas úteis. O bom uso do intelecto pode constituir um remédio para a negligência e o ceticismo. Segundo Locke, o que se procura conhecer são as coisas necessárias para uma vida conveniente à natureza humana. A crítica do conhecimento tem no pensamento de Locke um caráter essencialmente metodológico, mas não é apenas um método, visto que está a serviço do próprio fim da filosofia: levar uma vida digna, com paz e felicidade.

Locke é o primeiro expoente, em sentido rigoroso, do empirismo inglês. Recebeu influências de Descartes – não obstante as óbvias diferenças de perspectiva –, de Bacon e de Hobbes. Em seu pensamento podem-se encontrar também elementos da tradição nominalista medieval. A moderação é uma das características mais destacadas do empirismo de Locke – moderação que também se mostrará em sua teoria política.

As obras mais destacadas de filosofia política escritas por Locke são os dois *Tratados sobre o governo civil*. O primeiro é uma obra escrita em conflito com Filmer, autor de *O patriarca*, em que se afirma que o poder político tem a sua origem na autoridade paterna. Filmer baseava-se na Sagrada Escritura e tenta justificar, assim, a doutrina do direito divino dos reis: Adão teria recebido diretamente de Deus o poder, que se foi transmitindo hereditariamente aos patriarcas. Locke tratará de demonstrar que a formação e a conservação do poder político e da organização política da sociedade não se baseiam nem no direito divino, nem no poder tradicional do *paterfamilias*, mas na natureza humana e no consenso entre os homens. Locke, apesar dos seus preconceitos anticatólicos, encontrava-se, assim, numa posição teórica muito similar à do Cardeal Belarmino, que, a partir da tradição jusnaturalista escolástica, tinha criticado a obra de Filmer.

No *Segundo tratado sobre o governo civil*, Locke apresentava a sua proposta de organização política da sociedade. Como Hobbes, o autor refere-se ao estado de natureza e ao estado da sociedade política ou civil. Mas, como veremos, as ideias de Locke colocam-se numa ótica distinta de Hobbes. Se Hobbes desejava assegurar a ordem e a paz, e para isso reforçava o caráter absoluto da autoridade, Locke pretende assegurar os direitos individuais dos cidadãos, e com este fim limitará o poder político.

Um primeiro conceito importante da sua filosofia política é o de lei natural. Esta lei não é inata: nós a conhecemos, como tudo, a partir da experiência sensível. É obrigatória, constitui a regra da conduta moral e tem Deus por seu autor. No *Segundo tratado*, o autor identifica a lei natural com a razão sem excluir sua referência a Deus. O caráter racional da lei natural desencadeia que esta se apresente como lei de conveniência por meio da qual os homens podem formar comunidade.

Em Locke, o estado de natureza consiste num estado de liberdade, regulado pela lei natural, em que reina a igualdade: «Sendo todos iguais, nenhum pode causar dano aos outros na vida, na saúde, na liberdade e nas propriedades»[12]. Neste estado a única lei que tem validade é a lei natural. Por isso, a liberdade natural jaz em «não estar submetido a nenhum outro poder superior na terra e não encontrar-se sob a vontade e a autoridade legislativa de nenhum homem, e não reconhecer nenhuma lei que não seja a natural»[13].

Porém, como nos homens existem paixões desordenadas, a ausência de uma autoridade permite que no estado da natureza haja alguns que não obedeçam à lei natural. Isto obriga a que cada indivíduo faça justiça por conta própria. Cria-se, assim, um estado de conflito, que porém não é comparável ao de Hobbes, porque se trata de um estado de guerra limitado e não permanente e geral. Este estado bélico está na origem do pacto social, que consiste num «pôr-se todos de acordo para formar parte de uma só comunidade e de um só corpo político»[14] e, assim, dar por terminados os conflitos. Para Locke, o homem não é associal. O homem é social por natureza, mas a sociedade do estado de natureza é prévia à sociedade política e carece de alguns elementos essenciais que configuram uma sociedade como corpo político.

A noção fundamental para entender o pacto de Locke é a do consenso: os homens dão origem à sociedade civil mediante o consenso, numa convenção com os outros indivíduos para que a sociedade assim criada permita uma vida cômoda, segura e pacífica, bem como um tranquilo gozo dos próprios bens. A sociedade civil tem como fim a salvaguarda dos direitos naturais: direito à vida, à saúde, à liberdade, à propriedade. Este último direito é fundamental na teoria social de Locke e abrirá caminho à teoria econômica de Adam Smith. Para Locke, a terra, antes de ser trabalhada, pertence a toda a humanidade. Quando se trabalha uma parcela da terra para obter os bens necessários para a vida, a referida parcela e os bens produzidos transformam-se na propriedade daquele que a trabalha. O trabalho produtivo manifesta a

---

(12) J. LOCKE, *Segundo tratado sobre o governo civil, II, 6..*
(13) *Ibidem*, IV, 22.
(14) *Ibidem*, II, 14.

racionalidade humana e é o fundamento da propriedade privada, concebida por Locke como conatural ao homem. A energia vital expande-se na laboriosidade e produtividade dos indivíduos, que por meio do aumento de bens próprios vão ampliando os seus respectivos âmbitos de autonomia e liberdade.

A comunidade política, uma vez constituída pelo pacto social, organiza a defesa dos direitos dos cidadãos estabelecendo, mediante consenso geral, uma lei política, um juiz reconhecido e imparcial que resolva os litígios e um poder suficiente para garantir o cumprimento das leis e tornar operativas as sentenças do juiz. A comunidade política move-se segundo a força da maioria. A alma que dá forma, vida e unidade à comunidade política é o poder legislativo. O poder executivo deve residir em pessoas distintas dos legisladores. Existe também um poder federativo que se ocupa das relações internacionais, habitualmente nas mãos do poder executivo.

A liberdade natural transforma-se, na comunidade política, em liberdade civil. Essa liberdade consiste em não estar subordinado a qualquer poder que não seja o poder das leis. Locke sublinha que *liberdade* não é um conceito contrário ao conceito de *lei*. As leis votadas no parlamento são uma defesa contra a opressão de um poder absoluto e arbitrário. Por isso, os poderes do Estado devem limitar-se e controlar-se mutuamente. Locke, em conflito com Hobbes, apresenta a primeira reflexão sistemática do princípio liberal da separação dos poderes. A fim de evitar a arbitrariedade do poder, Locke também fala da obrigação, por parte do poder legislativo, de obedecer à lei natural.

Em 1689, Locke escreveu uma *Carta sobre a tolerância*. A Igreja e o Estado, afirma, são duas sociedades distintas. A primeira é uma sociedade livre de homens que se reúnem mediante um mútuo acordo para servir publicamente a Deus, segundo o modo que o considerem mais adequado para a salvação das suas almas. O Estado, por sua vez, ocupa-se dos bens civis, e o poder dos governantes não deve estender-se às coisas que tocam o poder das almas. A Igreja deve exortar e aconselhar, mas não coagir. A teoria de Locke, mais do que uma distinção, propõe a separação entre Igreja e Estado. O Estado pode ser intolerante frente às doutrinas que coloquem em perigo as coisas necessárias para a conservação do poder civil. Entre estas doutrinas, Locke cita o ateísmo e o catolicismo, considerado pelo autor inglês como um credo intolerante, que diminui a independência do poder político.

No ensaio *A razoabilidade do cristianismo*, o autor apresenta a sua visão da religião cristã. O credo mínimo consiste em crer que Jesus é o Messias. A Revelação é necessária e reforça a lei da razão ou lei natural. Jesus, mediante a revelação evangélica, transmitiu-nos uma lei moral universal.

O cristianismo é a única religião verdadeira porque contém as crenças essenciais, que o homem pode anuir com a razão. Apesar desta afirmação racionalista, no pensamento de Locke existe espaço para as verdades sobrenaturais. No *Pós-escrito à carta a Edward Stillingfleet*, de 1697, escreve: «A Sagrada Escritura é e será sempre a guia constante do meu assentimento; e eu a escutarei sempre, porque contém a inefável verdade que diz respeito às coisas de maior importância. Quereria que se pudesse dizer que não há mistérios nela; mas devo reconhecer que para mim há, e temo que os haverá sempre. Quando me falta a evidência das coisas, encontrarei um fundamento suficiente para que eu possa acreditar: Deus disse isto. Condenarei, portanto, imediatamente, e recusarei qualquer doutrina minha no momento em que se mostre que é contrária a qualquer doutrina revelada na Sagrada Escritura».

Locke lança as bases da sociedade liberal: o fim da sociedade política é a salvaguarda dos direitos individuais dos homens – fim que se apresenta como um limite ao poder. Segundo Ballesteros, Locke inicia a modernidade dos direitos subjetivos quando concebe os direitos humanos como *propriedade*[15]. O homem tem propriedade da sua pessoa e dos seus atos. A elevação da propriedade a modelo dos direitos subjetivos abriria caminho ao pensador econômico mais importante do liberalismo clássico: o escocês Adam Smith.

b) O liberalismo econômico de Adam Smith

Professor de ciência moral na Universidade de Glasgow, funcionário público, membro da *Royal Society*, Adam Smith (1723-1790)

---

(15) Cf. J. BALLESTEROS, *Postmodernidad: decadencia o resistencia*, cit., p. 56.

será recordado como o teórico do liberalismo econômico clássico e como autor da obra *Investigação sobre a origem e as causas da riqueza das nações*.

Smith acredita que a fonte da riqueza nacional é o trabalho humano, dado primário da economia. O trabalho manifesta a natureza humana: os homens trabalham para satisfazer as suas necessidades e a razão desenvolve-se para alcançar o trabalho mais produtivo. Segundo Smith, «mediante o trabalho manifesta-se toda a personalidade do homem; isso significa que a atividade laboral é a expressão dos impulsos fundamentais, que caracterizam a natureza humana e que estão harmonicamente coordenados entre si: o egoísmo, a simpatia (sentimento eminentemente social que modera o primeiro), o sentimento da liberdade, o desejo da propriedade, a propensão ao comércio»[16].

Se a atividade econômica mais importante – o trabalho – expressa a natureza humana, a economia é a causa das relações que se instituem na sociedade. Smith considera que o princípio que deve reger a organização e o aperfeiçoamento das atividades laborais é a divisão do trabalho. Todo homem deve trabalhar no âmbito que resulte mais adequado para seus próprios gostos, aptidões e capacidades, segundo o seu próprio interesse (*self-interest*). Assim, aumenta-se a quantidade e a qualidade dos bens produzidos.

Os homens têm uma tendência natural para o intercâmbio. Os bens produzidos de modo cada vez mais eficaz, graças ao princípio da divisão de trabalho, podem trocar-se apenas mediante a instituição e organização do mercado. Para entender o que é o *mercado*, é necessário primeiro concretizar os fatores do processo produtivo: o trabalho, o capital e a terra, que originam as três classes sociais – trabalhadores, capitalistas e proprietários. A sociedade civil não é o resultado de um pacto ou contrato social, mas a consequência natural da organização do trabalho produtivo. O modo como se realiza o princípio da divisão de trabalho será determinante para a organização de uma sociedade histórica concreta. A forma mais evoluída de sociedade é a que consente a acumulação de capitais. Em outras palavras, deve produzir-se um número não só suficiente de bens para saciar as necessidades primárias,

---

(16) M. D'ADDIO, *Storia delle dottrine politiche*, cit., II, p. 48.

mas também a produção deve permitir diminuir o consumo de alguns bens destinados à formação e conservação do capital produtivo.

As formas de subordinação que se dão no interior da sociedade são completamente naturais, já que não são outra coisa senão as exigências da organização do trabalho produtivo. A subordinação natural mais fundamental é a que surge da propriedade. Segundo Smith, o capital é a propriedade entendida não só como meio para satisfazer as necessidades presentes, mas também como conservação dos bens para destiná-los a exigências futuras. Isto implica que na pessoa do capitalista deve existir *self-control*, disciplina das paixões, austeridade e aforro. Os capitalistas, baseados na propriedade entendida como capital, desenvolverão uma função primordial na sociedade não por imposição arbitrária, mas pela própria natureza das leis econômicas naturais.

Do que acabamos de dizer descobre-se que a sociedade civil é identificada com o mercado, sociedade natural que deve ser deixada livre das intervenções da sociedade artificial, isto é, do Estado. Smith identifica o Estado com o conjunto de serviços e funções que servem para garantir a paz, a tranquilidade e a ordem da sociedade natural, ou seja, do mercado. A função mais importante do Estado é a administração da justiça. A magistratura deve respeitar as leis naturais do mercado e, em particular, deve comprometer-se em defender a propriedade privada.

O intervencionismo estatal na economia desnaturaliza o mercado. Se os homens são deixados livres para procurar os seus interesses privados, as leis naturais – identificadas por Smith como a mão invisível – farão que se realize na sociedade a justiça e a prosperidade. Devem abolir-se os privilégios, monopólios, qualquer legislação que impeça ou limite a atividade do trabalho produtivo. Se cada um seguisse o próprio interesse, o egoísmo individual desencadearia o princípio da heterogeneidade dos fins: propondo-se apenas o proveito individual, a sociedade no seu conjunto progredirá coletivamente.

Smith será o profeta do liberalismo econômico, mas a sua concepção da sociedade civil ou natural, estruturada a partir das relações que surgem do processo produtivo, será retomada alguns anos mais tarde por Karl Marx. Não em vão, liberalismo econômico e marxismo terão em comum uma visão do homem baseada no reducionismo economicista.

c) *Humboldt e Constant: a liberdade individual*

Poucas páginas atrás, sustentamos que o binômio conceitual indivíduo-liberdade era a própria essência da ideologia liberal. Esta essencialidade fica clara nas doutrinas políticas dos autores que agora apresentaremos: Wilhelm von Humboldt (1767-1835) e Benjamin Constant (1767-1830).

Humboldt desenvolve a doutrina do «Estado mínimo», visto que considera que o fim do Estado moderno é garantir a liberdade individual dos homens. Distinguindo nitidamente entre nação – equiparada a sociedade civil – e Estado, a primeira é o reino da iniciativa, da espontaneidade e da originalidade, enquanto o segundo é o reino da subordinação e da obediência. Criticando duramente a atitude militarista e tendencialmente totalitária do nascente estado da Prússia, Humboldt reduz a manutenção da segurança interna e externa aos fins institucionais do Estado. As instituições políticas são *para* os homens, e não contra eles. O Estado deve abster-se de impor a vida virtuosa de cima. Se não o fizesse, o resultado seria «uniformidade e comportamentos forçados em toda a nação»[17]. O verdadeiro fim do homem é «o desenvolvimento mais alto e proporcionado das suas faculdades até construir um todo acabado»[18]. Isto é obra da liberdade, e não das imposições políticas. Estabelecido, assim, o fim do Estado, nas sociedades modernas deve reinar a liberdade religiosa, a liberdade de ensino e o princípio da subsidiariedade.

Para Humboldt, o Estado é necessário, mas deve estar subordinado à sociedade civil. A organização política não deve colocar obstáculos à autonomia e à liberdade da nação, pois o Estado, garantindo a segurança, tem como fim «promover com todos os meios uma condição de amadurecimento para a liberdade»[19] .

Benjamin Constant propõe uma doutrina análoga. Uma frase madura deste político e teórico helvético-francês pode mostrar a sua atitude liberal: «Defendi durante quase quarenta anos o mesmo prin-

---

(17) W. v. HUMBOLDT, *Idee per un «Saggio sui limiti dell'attività dello Stato»*, em *Antologia degli scritti politici di W. v. Humboldt*, Bolonha, 1961, p. 60.

(18) *Ibidem.*

(19) *Ibidem*, p. 156.

cípio: liberdade em tudo, em religião, em filosofia, em literatura, na indústria, na política. Por liberdade, entendo o triunfo da individualidade, tanto sobre a autoridade que quereria governar mediante o despotismo, como sobre as massas que reclamam o direito de submeter a minoria à maioria»[20].

Constant distingue claramente a liberdade dos antigos e a liberdade dos modernos. A primeira, a liberdade da *pólis* grega, consistia em partilhar o poder social entre os cidadãos da própria *pólis*. De outro modo, para os modernos, a liberdade significa a segurança de poder gozar de uma vida privada, graças às garantias que o ordenamento jurídico dá aos indivíduos. O desenvolvimento do indivíduo nas sociedades modernas não reside no âmbito público, mas no âmbito privado. As atividades privadas dos cidadãos devem ganhar terreno frente ao Estado, considerado um mal necessário que é preciso ter sob controle[21].

Para garantir a autonomia do privado, Constant considera imprescindível a separação dos poderes e pensa que a monarquia constitucional é a forma mais adequada para satisfazer as necessidades liberais. O monarca encarna a estabilidade e a prudência política acima dos partidos; os ministros representam a função de mudança social e mobilidade. Por isso, o executivo deve ser ativo e responsável no parlamento.

Para garantir as liberdades individuais não basta a separação dos poderes: é necessário reforçar os corpos intermediários, tais como os poderes locais. Esse esforço ofereceria mais proteção ao indivíduo diante do poder central e sustinha o processo de centralização surgido na Revolução Francesa. Além disso, Constant considera essencial a conservação do voto censitário. Para participar na constituição dos poderes públicos era preciso uma cultura política, possuída apenas pelos proprietários: «Somente a propriedade faz os homens capazes dos direitos políticos». Apesar desta posição oligárquica, Constant profetiza um alargamento do voto graças aos progressos da economia, que terminará por substituir a força humana pela força das máquinas[22].

---

(20) B. CONSTANT, *Mélanges de littérature et de politique*, Paris, 1829, p. 1.

(21) Cf. *Idem, Principes politiques applicables à tous les gouvernements,* Genebra, 1980, p. 432.

(22) Cf. *Ibidem*, pp. 211-216.

d) *Liberdade e igualdade: Tocqueville*

Alexis de Tocqueville (1805-1859) provinha de uma família aristocrática e fora educado desde a primeira infância no respeito pelo *Ancien Régime* e na rejeição da Revolução Francesa. Porém, Tocqueville distanciar-se-á da formação recebida e formará o seu próprio critério, onde não faltam elogios e avisos tanto a um como à outra. Político, historiador, sociólogo, Tocqueville ocupa um lugar importante na história das doutrinas políticas, sobretudo graças ao seu livro mais conhecido: *A democracia na América*, publicado em 1835 (1ª parte) e em 1840 (2ª parte). Também o seu ensaio incompleto *O Antigo Regime e a Revolução* é significativo e imprescindível para conhecer a doutrina liberal moderada do seu autor.

Alexis de Tocqueville, francês, crê que o século XIX consagra o triunfo da democracia: seria pouco inteligente opor-se a este processo histórico. Assim, há que entendê-lo e tratar de reconduzi-lo ao ideal da ordem política: a liberdade. A democracia, enquanto sistema político baseado no sufrágio universal e como expressão da vontade popular, tem a sua primeira pátria nos Estados Unidos. Por isso, e com o objetivo concreto de estudar o sistema americano, Tocqueville viaja para a América. O resultado destas viagens são as reflexões contidas no célebre *De la démocratie en Amérique*, onde, além de analisar as instituições americanas, trata de estabelecer princípios de interpretação geral para toda a sociedade democrática.

Tocqueville, um pouco como político e um pouco como sociólogo, analisa os distintos fatores que intervêm na experiência americana. Segundo ele, o valor privilegiado da democracia é a igualdade. Nos Estados Unidos, graças ao sufrágio universal e à grande extensão do território, bem como à história das treze colônias americanas, formou-se uma sociedade igualitária no âmbito da política e da economia. Essa igualdade se combina com a liberdade das instituições representativas e com a liberdade religiosa, herança preciosa do passado colonial. Simultaneamente, Tocqueville adverte para o risco que corre toda a democracia: a tirania da maioria, que governa no parlamento, nomeia o executivo e os juízes e impõe um tipo de ideologia oficial às minorias, que terminam por uniformizar-se com as opiniões maioritárias. Segundo Tocqueville, nos Estados Unidos existem algumas instituições sábias que preservam a sociedade desse risco. Tocqueville refere-se, em concreto, ao federalismo, à independência dos juízes e à capacidade constitucional dos magistrados de interpretar as leis a favor das minorias. A saúde de uma democracia demonstra-se na medida em que a maioria não se transforma em despotismo em sua relação com as minorias[23].

Tocqueville analisa uma grande variedade de temas. Nestas páginas falaremos sobre dois deles, escolhidos não por casualidade, mas porque se revelaram proféticos: a tendência materialista de vastas classes sociais como consequência da industrialização e o papel da religião numa sociedade democrática. Em relação ao primeiro aspecto, Tocqueville considera que a crescente industrialização das sociedades ocidentais ajudou o nascimento de uma mentalidade difusa, que leva a considerar que o ideal antropológico é uma vida cômoda, conformista e cheia de prazeres materiais. Defensor ferrenho da *individualidade* – constituída pela consciência que o cidadão tem da própria independência e liberdade –, Tocqueville critica o *individualismo*, que consiste numa atitude dos homens que se retiram do âmbito público da sociedade para fechar-se no pequeno mundo da própria casa e do próprio círculo de amizades, com o pobre ideal de passar a vida comodamente. Os processos econômicos modernos fizeram crescer a burocracia estatal e a administração central. Com as tendências individualistas e hedonistas, os cidadãos perdem as virtudes cívicas e deixam na mão dos «funcionários» ou «burocratas» o destino da sociedade inteira[24].

Para sair deste ciclo vicioso de industrialização-burocratização-individualismo, são necessárias as virtudes morais, que podem crescer no âmbito das associações intermédias – governos locais, instituições científicas, artísticas etc. –, e a imprensa livre, considerada por Tocqueville «o instrumento democrático *par excellence* da liberdade». Assim, a tendência igualitária da democracia é compensada com o elemento aristocrático, o qual, segundo o autor, trazia consigo o ideal da liberdade moral.

---

(23) Cf. A. de TOCQUEVILLE, *La démocratie en Amérique,* livro I, parte I, cap. 3.

(24) Cf. *Ibidem*, livro II, parte I, cap. 5; parte II, cap. 16. As tendências antipersonalistas da sociedade democrática demasiado burocratizada foram analisadas, na linha de Tocqueville, por C. TAYLOR, *The Malaise of Modernity*, Anansi, Concord, 1991.

Porém, precisa-se sobretudo da religião e, em particular, do cristianismo. Tocqueville surpreendeu-se muito quando constatou a importância que a religião tinha na sociedade americana e a considerava a salvaguarda mais importante da liberdade. Para modificar a tendência humanas a uma vida cômoda e a materialização dos ideais existenciais, o único remédio é a visão transcendente do homem. A energia inovadora do indivíduo e a consciência da sua dignidade e liberdade brotam da religião. Para Tocqueville «não existe ação humana, por muito particular que possa parecer, que não tenha a sua razão de ser num ideal geral que os homens fazem de Deus, das relações dEle com o gênero humano, da natureza das suas almas e dos seus deveres em relação com os seus semelhantes. Não se pode impedir que estas ideias sejam a fonte comum de onde procede tudo o mais»[25]. Segundo Tocqueville, a liberdade política e a capacidade inovadora do indivíduo estavam unidas diante da religião cristã, desta fé que na América tinha encontrado tão comprometida e socialmente fecunda. Portanto, Tocqueville invertia a relação do Iluminismo entre religião e progresso: sem uma cosmovisão transcendente que liberte o homem da estreiteza da vida terrena, não haverá autêntico progresso da liberdade, mas o crescimento do conformismo e da uniformização passiva da sociedade civil. As teorias políticas de Tocqueville supunham um ir além da ideologia liberal.

e) Bentham e Mill: liberalismo e utilitarismo

Liberalismo e democracia não são termos idênticos. Se entendemos por democracia um sistema político representativo, baseado no sufrágio universal, temos de esperar até a segunda metade do século XIX para ver institucionalizada esta realidade, pelo menos no que respeita ao voto masculino. Fizemos também referência às mudanças que o liberalismo se viu obrigado a executar em suas concretizações político-econômicas por causa das mudanças sociais que se seguiram à revolução industrial. Na França, o sufrágio universal masculino foi estabelecido em 1848; na Inglaterra, desenvolve-se um processo de democra-

---

(25) *Ibidem*, livro II, parte I, cap. 5.

tização da sociedade liberal graças às medidas legislativas, que tinham em conta a nova realidade social. Não sem obstáculos, em 1831, o Parlamento britânico sancionou a *Reform Bill*, mediante a qual se alargou o número de votantes, dando, assim, peso mais importante às novas classes industriais, comerciante e trabalhadora, em detrimento da aristocracia rural. Nos anos seguintes, aprovaram-se outras leis revolucionárias: concedia-se a paridade de direitos aos católicos e aos protestantes dissidentes; abolia-se a escravatura no Império Britânico; regulamentava-se, num sentido humanitário, o trabalho nas fábricas; liberalizava-se a agricultura, acolhendo o princípio do livre-comércio internacional etc. Tratava-se de um processo *in crescendo* até a reforma eleitoral de 1866. A ampliação do sufrágio teve como consequência o aparecimento de um partido de trabalhadores, criado em volta das *Trade Unions*, em 1893: o *Independent Labour Party*.

Este processo de democratização do liberalismo tinha um suporte intelectual, em parte, nas obras de Jeremy Bentham (1748-1832) e de John Stuart Mill (1806-1873), talvez o mais importante dos pensadores ingleses. Jeremy Bentham é o principal representante da escola filosófica chamada de «utilitarismo», em que se podem observar continuidades com a tradição empirista britânica e, em particular, com as teorias de Hume e com a teoria moral de Hutcheson. Ele foi um filósofo e um teórico político interessado nas reformas sociais da Inglaterra do seu tempo. Autor de numerosas obras de caráter moral, político e econômico, a sua principal publicação é a *Introdução aos princípios da moral e da legislação* (1789).

Em que consiste a doutrina utilitarista? Segundo Bentham, os homens movem-se fundamentalmente por duas paixões: a busca da felicidade, identificada com o prazer, e a recusa do mal, que coincide com a dor e o sofrimento. «A natureza – escreve Bentham – pôs o homem sob o império da felicidade e da dor. Felicidade e dor são a fonte das nossas ideias, a origem dos nossos juízos e das nossas determinações [...]. Esses sentimentos devem constituir o centro da investigação do moralista e do legislador: todas essas coisas estão subordinadas ao princípio da utilidade»[26]. Útil será aquilo que possibilite alcançar a

---

(26) J. BENTHAM, *Principi generali di legislazione*, em *Sofismi politici*, Roma, 1981, p. 266.

felicidade. Sem afastar-se do mero materialismo hedonista, Bentham insiste em que há prazeres e dores do corpo, mas também da alma. Por isso, é preciso às vezes levar uma vida austera, pois a felicidade não coincide necessariamente com o prazer imediato. Bentham considera possível fazer uma análise dos prazeres e das dores segundo sua quantidade (duração, intensidade, segurança de sua obtenção deles etc.) e estabelecer, como consequência de um cálculo entre prazeres e dores, as regras da conduta moral e da legislação social.

Qual é o princípio da utilidade aplicado à política? Se o fim do homem individual é a felicidade, o fim da sociedade será a felicidade geral, que consiste na soma das felicidades individuais. Bentham define o princípio da utilidade social na forma de axioma: «A maior felicidade do maior número enquanto medida do justo e do injusto». Este axioma deve pôr-se em prática depois de uma atenta consideração da mudança das circunstâncias sociais. O inglês critica a tendência abstrata dos políticos revolucionários franceses, inclinados a afirmar os direitos absolutos do homem e do cidadão sem ter em conta que não existe um homem abstrato. Existem homens reais que vivem no meio de circunstâncias finitas e determinadas. O conhecimento empírico do operar humano revela-nos que, se os homens procuram a própria utilidade, a interdependência que existe entre os indivíduos na sociedade produzirá a utilidade geral. Por exemplo, procurando a utilidade particular, os indivíduos dão-se conta de que têm necessidade de um governo, porque sem este não há nem segurança, nem propriedade, nem bem-estar. Esta é a razão de ser de todo governo. A constituição política de toda a sociedade deveria ter como finalidade a maior felicidade para o maior número.

Como já dissemos, o interesse geral da sociedade – a felicidade geral – é a soma dos interesses particulares dos indivíduos. A legislação, para alcançar o seu fim específico, deve reduzir os males sociais ao mínimo, criando as circunstâncias propícias para que o maior número de indivíduos possa livremente prover aos seus próprios interesses. Isto implica uma reforma radical da constituição política inglesa. O governo deve fazer desaparecer as desigualdades políticas e civis, embora Bentham esteja consciente de que um igualitarismo absoluto seja impossível e indesejável. O estabelecimento do sufrágio universal mediante o qual se criaria um parlamento renovado anualmente produziria uma relação mais estreita entre os representantes e representados, de tal modo que os interesses dos governantes e dos governados se inclinem para a identidade.

Bentham democratizou o liberalismo com o princípio da maior felicidade para o maior número. Não se tratou da liberdade constitucional e econômica reduzida à elite exclusiva, mas de uma doutrina com a intenção de ampliar esses bens ao maior número de indivíduos, tendendo à totalidade.

John Stuart Mill será o principal continuador do utilitarismo, ainda que, como veremos, corrija a doutrina de Bentham, afastando-se do materialismo hedonista do mestre. Discípulo de Bentham e de seu pai, o filósofo James Mill, John Stuart Mill recebeu uma cuidada educação desde pequeno e interessou-se pelos mais diferentes ramos do saber. Escreveu muitas obras de caráter geral e de filosofia política. Entre as primeiras assinalamos o *Sistema de lógica* (1843); entre as obras de filosofia política, são importantes *Princípios de economia política* (1848); *Sobre a liberdade* (1859); *O utilitarismo* (1861). O filósofo inglês receberá a influência de alguns pensadores românticos e de Comte, com quem manteve ampla correspondência.

Nestas páginas interessa-nos sobretudo abordar a sua doutrina moral e política. Segundo Mill, o fim da vida do indivíduo é a felicidade. Nisto coincide com Bentham, ainda que modifique substancialmente, como assinalamos, a teoria utilitarista do seu mestre. Todavia, John Stuart Mill, observando a ortodoxia de Bentham, define o utilitarismo como «o credo que aceita como fundamento da moral a "utilidade" ou o "princípio da máxima felicidade", [o qual] sustenta que as ações são boas enquanto tendem a promover a felicidade e são más quando propendem para produzir o oposto da felicidade. Por "felicidade" entende-se o prazer e a ausência de dor; por "infelicidade", dor e privação do prazer»[27]. Porém, afastando-se de Bentham, John Stuart Mill acrescentará que a distinção entre os prazeres reside fundamentalmente nas suas diferenças qualitativas, e não nas diferenças quantitativas. Segundo ele, existem prazeres que em si mesmos

---

(27) J. S. MILL, *Utilitarianism*, Londres, 1864, 2ª edição, pp. 9-10.

são superiores a outros. Os prazeres que contribuem para a perfeição espiritual do homem, os que conduzem ao desenvolvimento das suas potências e qualidades específicas, no modo mais harmonioso possível, são os prazeres mais elevados e valiosos – não porque tenham mais duração, persistência, intensidade etc. (categorias quantitativas) que outros, mas porque são qualitativamente melhores.

Isto implica não poucos problemas filosóficos e de coerência interna para o utilitarismo. Se os prazeres se distinguem qualitativamente entre si, estamos pressupondo que existe um critério de valor superior ao próprio prazer. Como John Stuart Mill implicitamente reconhece, se tem-se uma determinada concepção de natureza humana, as noções de bem e mal significarão uma relação de adequação a essa noção. De fato, Mill introduz alguns elementos de ética clássica que oferecem uma visão mais completa da natureza humana do que a apresentada por Bentham. A dúvida que fica é se poderemos continuar a falar de utilitarismo quando introduzimos noções morais distintas do mero cálculo quantitativo dos prazeres.

Tendo esclarecido a diferença entre as concepções utilitaristas de Bentham e de Mill, podemos inserir-nos na exposição da doutrina social. Se o fim do homem é a felicidade, este fim será alcançável apenas na medida em que se eliminem da sociedade os obstáculos materiais e espirituais que o impeçam. A felicidade individual é um bem para cada pessoa e a felicidade geral é um bem para um conjunto de pessoas. Os homens, por meio da moral – identificada com um sentimento de sociabilidade –, devem coordenar os fins comuns para criar uma sociedade justa, que elimine os obstáculos à felicidade geral: «O desenvolvimento livre da individualidade é um dos principais ingredientes da felicidade humana e quase o ingrediente principal do progresso individual e social»[28].

Retomando algumas das temáticas das doutrinas políticas de Wilhelm von Humboldt e Alexis de Tocqueville, John Stuart Mill pensa que a sociedade só pode intervir na esfera autônoma do indivíduo para defender-se a si própria, ou seja, quando a liberdade individual usada irresponsavelmente possa prejudicar os outros mem-

---

(28) *Idem, On Liberty*, Oxford, 1946, p. 9.

bros da sociedade. Mas, fora este caso, ninguém tem o direito de obrigar um indivíduo a comportar-se de modo determinado com vista a conseguir a felicidade. Existe uma esfera intangível em que o indivíduo se erige como juiz soberano no que diz respeito aos meios mais aptos para obter a felicidade. Por isso, no projeto político do autor, gozam de particular importância a liberdade de pensamento (liberdade plena e absoluta de opiniões e de sentimentos em todo o setor prático e especulativo, científico, moral e teológico) e a liberdade de converter as nossas opiniões em públicas, quer dizer, a liberdade de imprensa. A liberdade em John Stuart Mill tende para uma plena autonomia moral que desemboca no subjetivismo: o último juiz em matérias morais é a consciência individual, que não conta com parâmetros objetivos com base no que julga, salvo as próprias opiniões pessoais. Por outro lado, não se estabelece claramente em que casos a liberdade individual prejudica ou provoca dano na liberdade dos outros e quem é a autoridade que deve estabelecê-lo.

Como dissemos, parece que John Stuart Mill reduz drasticamente as funções do Estado. Apesar disto, a sua doutrina política representa um limite à tradição liberal do Estado mínimo. As mudanças ocorridas na sociedade europeia do século XIX devem conduzir ao maior protagonismo social e político da classe operária. Os trabalhadores devem passar de meros assalariados a trabalhadores proprietários com autogestão das fábricas industriais. John Stuart Mill trata de substituir uma sociedade aristocrática baseada nos privilégios por uma organização social em que a classe média seja o fator mais extensivo e determinante. As reformas sociais propendem para uma distribuição mais equitativa dos bens materiais, de modo que os indivíduos não caiam no economicismo, quer dizer, na redução do fim da própria existência à acumulação de riquezas materiais. Uma sociedade mais equitativa é condição para poder aprender a arte da vida, identificada com as virtudes platônicas do sentido da justiça e da temperança.

A crítica do economicismo não significa que este pensador rejeite um dos elementos centrais do pensamento econômico liberal: a livre concorrência. John Stuart Mill está consciente de que a concorrência pode desencadear males, mas ainda mais devastadoras são as consequências do socialismo, que esclerosa a sociedade e a iniciativa do indivíduo. A livre concorrência é a manifestação da liberdade, e esta e não outra é a finalidade do Estado. Mill se dá conta de que nas sociedades modernas existe o risco da uniformização, da massificação, da tirania da maioria. Por tudo isso, ele deseja um amplo debate e polêmica de opiniões, que na política tem a sua institucionalização no regime dos partidos políticos. A dialética maioria-minoria, já tratada por Tocqueville, reaparece com força análoga nos escritos de John Stuart Mill. O sufrágio universal, a equiparação jurídica das mulheres, o papel do elemento popular como protagonista caracterizam a proposta política do autor[29].

* * *

G. Chalmeta afirma que a caraterística específica de toda economia utilitarista é a estrutura teleológica do seguinte raciocínio: «O bem do cidadão define-se antes e independentemente do *politicamente justo*, e o *politicamente justo* (o Estado justo) define-se sucessivamente como aquele sistema de relações políticas – leis, instituições, costumes etc. – que maximiza o bem dos cidadãos na sociedade». O utilitarismo identifica noções como o «dever ser» ou a «justiça da sociedade política» com as de «máxima satisfação dos nossos desejos» e o «bem-estar maximamente difundido». Essas categorias admitiriam uma expressão matemática, que implicaria que a sua realização prática seria fundamentalmente um problema de natureza técnica. Segundo Chalmeta, a «maximização do bem» de Bentham, Mill e outros utilitaristas, apesar das suas boas intenções, desconhece sempre o valor único da pessoa humana, que supera um tratamento meramente matemático da felicidade: o conceito de dignidade da pessoa possibilita a ruptura mais radical entre a posição cristã e a utilitarista. O homem *naturaliter liber et propter seipsum existens* – e, ainda mais, o homem enquanto imagem de Deus – impede a opressão da minoria e dos mais débeis, que desde uma ótica utilitarista

---

(29) Sobre o utilitarismo político de Mill, cf. G. CHALMETA, *Giustizia aritmetica? I limiti del paradigma politico utilitarista,* em «Acta Philosophica» 7/1 (1998), 5-22.

matematizante não seria evitada. O homem não é somente parte de um todo: «Nunca será eticamente racional considerar o homem uma simples unidade ao serviço do maior bem para o maior número, uma parte que se possa sacrificar ao serviço do todo social»[30].

É bem verdade que John Stuart Mill não estaria de acordo com esta crítica, pois sempre pretendeu defender a liberdade individual. Porém, a sua intenção de tornar compatível a dita liberdade com o princípio da maximização do bem conduz a uma série de paradoxos e ambiguidades, as quais se devem à carência de direitos humanos absolutos que poderiam fundamentar mais solidamente uma relação harmônica entre o indivíduo e a sociedade.

f) Os neoliberalismos

O apogeu do nacionalismo na segunda metade do século XIX não criou o clima mais apropriado para o crescimento do individualismo liberal. Além disso, a Grande Guerra (1914-1918) obrigou o Estado a tomar a iniciativa econômica sempre de forma mais alargada. A crise econômica mundial de 1929, depois da queda da Bolsa de Nova York, foi outro golpe para as teses do liberalismo clássico. Em virtude destas premissas históricas, é fácil de entender a teoria neoliberal de John Maynard Keynes (1883-1946): mantendo os princípios liberais da propriedade privada e da iniciativa individual, Keynes afirma que a autoridade central e o ator econômico determinante é o Estado. As finanças públicas constituem o instrumento principal para dirigir a economia, e os impostos são o meio para a redistribuição equitativa da riqueza nacional. Em vez da mão invisível existe uma «providência» que guia as relações econômicas: a providência estatal. Este primeiro neoliberalismo aproximava-se do socialismo democrático europeu[31] em suas propostas práticas.

---

(30) G. CHALMETA, *La justicia política en Tomás de Aquino*, EUNSA, Pamplona, 2002, p. 125.

(31) Neste contexto ideológico insere-se a política econômico-social de Franklin D. Roosevelt nos Estados Unidos, bem como dos trabalhistas britânicos.

A crise do Estado-providência durante a segunda metade do século XX provocou o reaparecimento de algumas das teses do liberalismo clássico. É o caso da teoria econômico-política do austríaco Ludwig von Mises (1887-1973), que repropõe a ideia do «Estado mínimo» e se apresenta como uma concepção do *self-interest* mais humanitária que a do liberalismo econômico de Adam Smith: o individualismo identifica-se com o altruísmo, visto que no mercado existe uma dependência recíproca entre os indivíduos; procurando o bem próprio também se procura o bem alheio. Os conhecidos economistas da Escola de Chicago – Milton Friedman (1907-2007) e Friedrich von Hayek (1899-1992) – propuseram redimensionar o Estado: o mundo econômico tem certa natureza espontânea que há de ser respeitada. A função do Estado deve reduzir-se à defesa externa e interna e à proteção dos mais fracos.

Nas últimas décadas realizaram-se algumas propostas políticas de raiz liberal que sublinham um dos elementos característicos do liberalismo a que nos referimos antes: a neutralidade do Estado no que diz respeito a toda doutrina moral e religiosa. Nesta corrente foi colocado John Rawls (1921-2002). Em sua primeira obra importante, *A Theory of Justice*, o filósofo americano considera que a sociedade é uma empresa de cooperação para benefício mútuo. Por conseguinte, as regras sociais devem ser cumpridas por todos. Assim, os princípios ordenadores da sociedade não podem privilegiar nenhuma concepção do «bem» ou da denominada «vida boa». Segundo Rawls, na vida social teria de existir uma prioridade do justo sobre o bom, deixando de lado as concepções morais da vida privada dos cidadãos. Como se põe em prática esta prioridade da justiça? Rawls religa-se com as teorias contratualistas clássicas: os membros da sociedade são os estipulantes hipotéticos do contrato social. A «posição originária» de cada estipulante está determinada pelo «véu da ignorância»: nenhum sabe qual será a sua posição na sociedade, nem o seu sexo, cor, talento, *status* econômico, interesses etc. As regras de justiça elaboradas pelos membros da sociedade colocados nessa situação podem ser aceitas por todos, porque abstraem de tudo o que divide os homens numa sociedade pluralista, quer dizer, as diversas concepções da vida boa. Uma sociedade bem ordenada é aquela em que cada um pode conviver e cooperar com os outros, mantendo as próprias concepções do bem dentro dos limites estabelecidos pela estrutura de base, que é a concepção comum de justiça[32] publicamente válida.

Depois das críticas recebidas por parte dos comunitaristas, que afirmavam com razão que a prioridade da justiça sobre o bem implicava uma visão não neutral do homem, Rawls modificará a sua teoria política. No livro *Political Liberalism*, o professor americano manifesta-se a favor de um liberalismo meramente político, distanciando-se de toda a doutrina metafísica ou moral totalizante[33]. Na mesma linha movimenta-se Charles Larmore[34], com o seu liberalismo do *modus vivendi*, baseado num conceito de neutralidade identificado com uma moral mínima que sirva de base à convivência pacífica. As normas fundamentais desta moral mínima seriam o respeito mútuo e o diálogo racional. Tanto Rawls como Larmore consideram que a razão prática carece de unidade. Pessoas distintas podem chegar a diversas concepções do bem, todas aceitáveis, mas contraditórias entre si. Esses desacordos são o efeito inevitável, segundo eles, do exercício da razão na condição de liberdade.

Deste modo, voltamos à neutralidade não neutral, porque implica uma determinada visão do mundo, unida ao ceticismo antimetafísico mencionado nas páginas precedentes: o homem seria incapaz de aprender valores morais absolutos decorrentes de uma verdade completa. Por isso, alguns teóricos liberais contemporâneos, apercebendo-se da impossibilidade existencial da neutralidade do Estado, propõem um liberalismo antineutralista. Segundo esta corrente, «o liberalismo realmente deve promover – e, de fato, promove – alguns valores morais determinados; é um sistema político empenhado em proteger e converter em dominantes na sociedade determinados valores, atitudes e as suas correspondentes virtudes. O primeiro e mais fundamental destes valores seria o da autonomia em sentido forte»[35]. Esta auto-

---

(32) Cf. J. RAWLS, *A Theory of Justice*, Oxford University Press, Oxford-Nova York, 1972.

(33) Cf. *Idem*, *Political Liberalism*, Columbia University Press, Nova York, 1993.

(34) Cf. Ch. LARMORE, *Patterns of Moral Complexity*, Cambridge University Press, Cambridge Mass. Nova York, 1987.

(35) M. RHONHEIMER, *L'Immagine dell'uomo nel liberalismo*, em I. YARZA (org.), *Immagini dell'uomo. Percorsi antropologici nella filosofia moderna*, Armando, Roma, 1996, p. 122.

nomia identificar-se-ia com a mera liberdade de eleição, sem nenhuma relação com valores objetivos, que, segundo esta perspectiva, não existem. O liberalismo antineutralista, como afirma Stephen Macedo, queria fazer do mundo uma Califórnia, onde se oferece a mais ampla gama de estilos de vida e excentricidades. A mudança contínua de estilos de vida alargaria as possibilidades de escolha: neste sentido, seria possível e legítimo – de acordo com o princípio da autonomia – abandonar numa semana a própria carreira numa empresa, a mulher e os filhos e entrar numa seita budista. Segundo Macedo, o liberalismo apresentado deste modo nunca poderá ser simpático às pessoas que buscam um sentido último da existência humana[36].

Nesta corrente antineutralista encontram-se os chamados *radicals* e os *libertarians*, que apresentam as teorias anarquistas, ou seja, o desaparecimento completo do Estado. Para Ayn Rand, David Friedmann (filho de Milton) etc., o único absoluto é o indivíduo autônomo, que tem direitos igualmente absolutos sobre o seu corpo, as suas propriedades e as suas convicções morais. O Estado aparece como opressor e deve ser substituído por relações interindividuais.

* * *

No início deste capítulo perguntamo-nos sobre a essência última do liberalismo. Em seguida afirmamos que não há um liberalismo, mas diferentes liberalismos, embora todos se possam reconduzir à mesma matriz ideológica, estruturada em torno dos conceitos de liberdade e indivíduo. Essas duas noções encontram-se implícitas no conteúdo semântico de um terceiro conceito central: a autonomia.

O liberalismo faz da autonomia do homem uma bandeira política, econômica e moral. No âmbito político, o liberalismo teve o mérito de colocar no centro das atenções os direitos dos cidadãos contra o absolutismo político, que desconhecia a potencialidade da liberdade humana. Além disto, o liberalismo concebeu um sistema jurídico--constitucional que tende a salvaguardar esses direitos, limitando o

---

(36) Cf. S. MACEDO, *Liberal Virtues: Citizenship, Virtue and Community in Liberal Constitutionalism*, Clarendon Press, Oxford, 1990.

poder político e abrindo espaços para a participação, manifestando, desta maneira, uma consciência ao menos tácita da dignidade da pessoa: uma visão transcendente do homem não é contrária às formas político-institucionais do liberalismo, como a separação dos poderes, a representação política e as eleições periódicas.

No âmbito econômico, o liberalismo causou um aumento de produção impensável na época do mercantilismo e favoreceu o desenvolvimento da invenção e da criatividade humanas. Simultaneamente, os ingredientes do materialismo prático e do economicismo que formam parte do liberalismo econômico trouxeram consigo gravíssimas injustiças sociais. Isto não retira do liberalismo o mérito de ter demonstrado com os fatos que a liberdade é mais fecunda do que a rigidez burocrática estatal.

No âmbito parcial do político e, em menor medida, no âmbito econômico, o liberalismo ajudou a redescobrir a autonomia relativa do temporal e potencializou a consciência de que o homem é fundamentalmente liberdade. O problema do liberalismo enquanto ideologia encontra-se radicado no âmbito moral. Segundo Rhonheimer, existem fundamentalmente duas versões do liberalismo clássico. A primeira seria de uma doutrina política, cujo centro está no valor da liberdade e da autonomia individual em face do poder coercitivo do Estado. Estabelecem-se as condições político-jurídicas da liberdade, mas falta a esta corrente uma visão antropológica completa que possa indicar o para quê da liberdade. A liberdade é salvaguardada, mas nada se diz sobre o bem a que deve servir. Segundo Rhonheimer, no século XX esta ausência não se apresentava como algo a ser urgentemente resolvido, pois ainda reinava certo consenso sobre os conteúdos essenciais da moral pública. Esta corrente representa uma doutrina política que deliberadamente não quer converter-se em filosofia.

A segunda versão, contrariamente à primeira, não provém da luta política para modificar as instituições, mas integra uma visão filosófica do homem que se baseia na autonomia moral de Kant. A chave da sociedade justa é a garantia da autonomia de cada um frente a autonomia dos outros. O Estado deve ser neutro no que diz respeito às concepções do bem humano e do modo de o realizar na própria vida. O critério último para estabelecer a licitude de toda a norma social é a compatibilidade com o princípio da autonomia individual.

Trata-se, neste caso, de uma antropologia que deseja encarnar-se nas instituições sociais[37].

Enquanto a primeira versão permite diversas respostas ao problema do bem humano e social, a segunda impõe uma visão do homem radicalmente autônoma, que absolutiza a liberdade individual. Trata-se de um liberalismo «que não quer coexistir com condições diferentes da liberdade, um liberalismo inclinado a considerar toda posição divergente sobre este ponto como posição intolerante em relação à qual, por parte dos liberais, é possível praticar legitimamente a intolerância; é um liberalismo que deseja formar a sociedade e as relações entre os homens segundo uma visão determinada do homem»[38].

A liberdade da criatura, absolutizada, volta-se contra si própria e transforma-se num totalitarismo ideológico em nome de uma liberdade que não é respeitada quando se pensa de modo diferente.

---

(37) Cf. M. RHONHEIMER, *L'immagine ...*, cit., pp. 98-108.
(38) *Ibidem*, p. 125.

VI. O nacionalismo

Depois de examinar os elementos caraterísticos do liberalismo, vamos abordar o estudo de outra ideologia política: o nacionalismo. A dita corrente será protagonista de grande parte dos fatos políticos, sociais e econômicos dos dois últimos séculos.

Se a ideologia liberal influencia profundamente na concepção do homem que têm muitas das elites do século XIX e que chegará às massas populares no fim do século, o nacionalismo não poderá evitar a influência do liberalismo. Poderíamos lançar a seguinte afirmação: o nacionalismo é a manifestação coletiva do liberalismo, no sentido de que o nacionalismo se identifica com a pretensão da autonomia absoluta – não, porém, a autonomia do homem individual da cosmovisão liberal, mas a autonomia da comunidade nacional. No processo de substituição do Absoluto por algo relativo, a nação ocupa o posto que a liberdade individual tem no liberalismo. Poder-se-ia dizer também que a liberdade nacional entendida como o poder do povo que se expande e conquista novas glórias substitui a liberdade individual burguesa do século XIX. No entanto, a relação entre liberalismo e nacionalismo não é apenas unidirecional. O nacionalismo oferecia aos povos europeus e americanos – antes da sua expansão pela África e Ásia – um conjunto de elementos afetivos radicais, no sentido do que se encontra na raiz, na tradição, na história; isso é algo que o liberalismo, filho do Iluminismo, não proporcionava de modo tão completo.

O grande êxito do nacionalismo na história contemporânea deve-se, ao que parece, à parte de verdade que contém. Os seres humanos são seres situados, que vivem e se compreendem a partir de uma situação espaço-temporal concreta. A terra onde nascemos e a história que nos precedeu condicionam o nosso modo de ver e julgar o mundo, pois tornam possível o nosso desenvolvimento como pessoas. Portanto, a sensação de pertencimento a uma comunidade nacional concreta é natural. O patriotismo – o amor pela terra que nos viu nascer e nos ajudou a crescer – é uma virtude humana, parte integral da virtude da piedade. Porém, o nacionalismo absolutiza essa região parcial do nosso ser – o fato de sermos membros de uma comunidade nacional – até transformar a nação num fim em si. Segundo Kohn, «o nacionalismo é um estado de ânimo pelo qual o indivíduo se sente obrigado a prestar a sua lealdade suprema ao Estado nacional»[1]. Contudo, não se trata de um sentido de justiça que nos faça amar a pátria, mas de um sentimento de devoção total pelo qual a nação se converte em fim absoluto.

1. Nacionalismo e revolução

O conceito de nação surge na Baixa Idade Média e vai se identificando pouco a pouco com a forma estatal[2] do poder. Nos séculos XV-XVI, temos na Europa Ocidental os primeiros Estados nacionais: Inglaterra, França, Espanha, Portugal. Nesta época, e até os movimentos revolucionários, a nação estava encarnada no Estado e o Estado, na pessoa do rei. A coroa representava o interesse geral da nação, a sua

---

(1) H. KOHN, *El nacionalismo*, Paídos, Buenos Aires, 1966, p. 11.

(2) É interessante constatar que, nos filósofos cultores da filosofia política e fundadores da modernidade, como Maquiavel, o conceito de Estado identifica-se quase sempre com o domínio do poder político. Cf. F. CHABOD, *L'idea di nazione*, cit., pp. 139-174.

unidade, e a consagração religiosa manifestava uma espécie de matrimônio místico entre a nação e o rei.

Esta concepção de nação muda radicalmente com a Revolução Francesa, que traz consigo dois elementos-chave: a representação e a legitimidade. Em 1789, na *Declaração dos direitos do homem e do cidadão*, escreveu-se: «O princípio de toda a soberania reside essencialmente na nação». O princípio da legitimidade será da nação por inteiro, quer dizer, o povo – o povo soberano que não será apenas a razão de ser do poder político, mas também uma porção da humanidade constituída em comunidade, que tem em si mesma a legitimidade. Em resumo, essa mudança manifesta o passo da heteronomia à autonomia absoluta do humano. Se no Antigo Regime a legitimidade política estava encarnada na coroa, a legitimidade ontológica era divina. Em outras palavras, o Antigo Regime baseava-se radicalmente na aceitação da origem divina do poder. Com a Revolução não só muda o titular da legitimidade política, transferida para os representantes do povo, como também se verifica uma transferência da legitimidade ontológica de Deus para o povo constituído na nação.

Essa transferência não era em si mesma necessária. A monarquia absoluta baseada no direito divino do rei, como vimos, era uma posição exagerada da doutrina cristã que sustenta que todo poder vem de Deus. Apesar da mudança da legitimidade política, o governo popular bem poderia ter continuado a fundamentar-se na transcendência da autoridade. A causa da mudança teórica deve ser buscada na antropologia iluminista, e não na própria essência do governo popular e representativo. A Escola de Salamanca já tinha desenvolvido teorias democráticas que não prejudicavam a fundamentação transcendente da comunidade política.

Na Revolução e no Império tudo é nacional: festas nacionais, símbolos nacionais, panteão nacional, guarda nacional etc. Esta elefantíase da nação, este processo de absolutização, faz com que a nação – como sucede em toda religião – possa exigir sacrifícios. O serviço militar obrigatório manifesta simplesmente que a guerra é agora um assunto de todos: é a nação em armas, são *les enfants de la Patrie*, que devem avançar, porque a pátria necessita dos seus esforços.

Esta mudança ideológica comporta o nascimento da guerra moderna, em que toda a sociedade se vê envolvida, com os consequentes dramas existenciais e o crescimento da violência[3].

O período revolucionário contempla também a aparição de uma religião cívica: se antes a Igreja era a instituição diante da qual se deveriam inscrever as datas mais importantes da vida pessoal – nascimento, casamento, morte –, agora, é o Estado que exerce essa função. Levantaram-se, inclusive, altares da pátria, onde se podia ler a seguinte frase: «O cidadão nasce, vive e morre pela Pátria». Outro elemento decisivo para a afirmação do espírito nacionalista será a educação, que procurará como um dos seus primeiros objetivos a homogeneização linguística mediante a substituição dos dialetos pela língua nacional[4]. Retomando uma velha ideia de Rousseau, considera-se que apenas o Estado pode criar bons cidadãos. Educação nacional e exército nacional serão os dois pilares para a difusão do nacionalismo revolucionário.

O exército «nacional» francês será um elemento que provocará sentimentos nacionais em toda a Europa. As campanhas napoleônicas se chocaram contra os países já constituídos em estados nacionais. Em primeiro lugar, com a Inglaterra, que, sentindo-se atacada, pinta o seu liberalismo com as cores do nacionalismo; e com a Espanha, onde

---

(3) «A trágica herança do serviço militar obrigatório, concebido pela Revolução Francesa no medo, tornava tangível à multidão de homens comuns a tese romântica segundo a qual a guerra moderna é a guerra de todo o povo, levantado contra os agressores ou os tiranos. Isto modificou radicalmente os efeitos sociais da guerra. Ao longo de mil anos a Europa tinha suportado, como as vacas de Jenner, a varíola; a sua estrutura era adequada num tal sentido, e a guerra significava uma desgraça para os soldados e para os habitantes do teatro das operações militares. Porém, à parte os soldados, não tocava a continuidade normal da vida da maioria da população, que não sofria interrupções. Isso passou a se dar a partir de 1792, quando a Europa conheceu a guerra travada por camponeses, artesãos, comerciantes e empregados arrancados das suas ocupações pacíficas, e aos quais se vestia um uniforme; uma guerra que agride com a força de uma epidemia devastadora toda a estrutura da sociedade, desbaratando a vida, subtraindo-a a todas as condições a que está habituada e ferindo-a nos seus sentimentos» (I. BIBO, *Isteria tedesca, paura francese, insicurezza italiana*, Il Mulino, Bolonha, 1997, p. 96).

(4) Sobre a importância da escola pública como vetor do nacionalismo: cf. G. HERMET, *Nazioni e nazionalismi in Europa*, Il Mulino, Bolonha, 1996, pp. 112-118.

surge um nacionalismo popular. O referido nacionalismo espanhol sofrerá a perda do seu império colonial, também este arrastado por forças nacionalistas[5].

Porém, a *Grande Armée* chega a territórios onde nação e Estado não se identificavam. Nos distintos reinos italianos e alemães, os soldados franceses foram recebidos num primeiro momento como libertadores. De todo modo, alguns intelectuais, levando eles próprios as sementes do nacionalismo, rejeitarão a intervenção estrangeira e procurarão a unidade estatal. Esse processo culminará com as unificações da Alemanha e Itália por volta de 1870.

Um fenômeno oposto produz-se nos territórios onde a organização estatal é multinacional. Nos impérios austríaco e russo iniciou-se um processo de dispersão movido também por forças nacionalistas: as diferentes nações – poloneses, eslovacos, croatas, eslovenos, checos, romenos, húngaros etc. – tratarão de alcançar a forma do Estado nacional com o olhar no passado, nas tradições e nos mitos.

---

(5) A independência da América Latina, que se desenvolve entre 1810 e 1825, é um processo histórico inserido num padrão mais amplo da Revolução Atlântica. Os fundamentos ideológicos deste processo são basicamente dois: as doutrinas democráticas surgidas na Escola de Salamanca e seus discípulos – fundamentalmente as teorias de Francisco Suárez – e as ideias do Iluminismo europeu, que politicamente se apresentam no liberalismo. Porém, a fundação das distintas repúblicas latino-americanas influenciou também uma consciência crescente da própria identidade nacional. Os grandes libertadores hispano-americanos – Simón Bolívar e José de San Martín – beberam destas fontes. Por distintas circunstâncias históricas ligadas à situação espanhola, a ideologia que predominará será a liberal unida ao nacionalismo, o que explica as guerras de fronteiras das jovens nações americanas. Estudei esse processo em alguns livros: *Ideologia de la emancipación guayaquileña*, Banco Central del Ecuador, Guayaquil, 1987; *El Guayaquil colombiano* (1822-1830), Banco Central del Ecuador, Guayaquil, 1988; *El liberalismo incipiente*, Corporación de Estudios y Publicaciones, Quito, 1995; *Evangelio y culturas en América Latina. Evangelización, liberalismo y liberación*, PROMESA, San José de Costa Rica, 2010; e em alguns artigos: *Interpretaciones de la evangelización. Del providencialismo a la utopia*, em *História de la evangelización de América*, Libreria Editrice Vaticana, Cidade do Vaticano, 1992, pp. 609-622; *Secularidad y secularismo. Las relaciones Iglesia-Estado en la história latinoamericana*, em *Qué es la história de la Iglesia*, EUNSA, Pamplona, 1996, pp. 295-307; *Iglesia y liberalismo en Hispanoamérica durante el siglo XIX: el caso Sarmiento*, em *Atti del Simposio Los últimos cien años de la evangelización de América Latina*, Libreria Editrice Vaticana, Cidade do Vaticano, pp. 643-657; *La religión en el proyecto de Esteban Echevarría para una Argentina viable*, em «Tábano» (Buenos Aires) n. 2 (2002), pp. 20-24.

2. O nacionalismo romântico (1800-1848)

O romantismo foi um fenômeno cultural que teve no mundo germânico um desenvolvimento particularmente importante. A rejeição do racionalismo iluminista desencadeou a perspectivação do passado. As diferenças das tradições políticas da Europa Central e da Europa Oriental, onde o liberalismo esteve quase ausente desde o começo do século XIX, em relação à Europa Ocidental, podem explicar também a diversidade entre o nacionalismo voluntarista e «subjetivo» francês e anglo-saxão e o nacionalismo «objetivo», sobretudo germânico e eslavo. Se o conceito de nação mais ocidental se baseava em fatores políticos, na Alemanha o conceito fundamentador era o de *Volk*, povo, mais vago e indeterminado, mas mais adequado ao espírito romântico carregado de imaginação e emotividade. Herder (1744-1803) delineará, sem o nomear explicitamente, o conceito de *Volksgeist* ou espírito do povo – conceito, por outro lado, que é central na filosofia da história de Hegel. Herder estava convencido de que, na natureza e na história, autorrevelações da divindade, é preciso prestar atenção não ao geral e comum, mas ao particular e único. As forças criadoras do universal são sempre individuais: os homens são, sobretudo, membros das respectivas comunidades nacionais e poderão chegar a ser criadores por meio da língua e das tradições populares. Com Herder inicia-se um grande movimento de recuperação do folclore (*folk* e *volk*) de muitos povos europeus.

Herder foi um estudioso e não alimentava projetos políticos explícitos. Porém, Fichte (1872-1814) encarnará uma etapa importante do nacionalismo político alemão: depois da invasão napoleônica, escreverá os famosos *Discursos à nação alemã*, onde exalta o povo alemão e propõe a liderança mundial da sua cultura. Com Fichte realiza-se uma espécie de divinização da nação, coerente com o seu sistema panteísta: «O sistema que se expande implica necessariamente um amor superior da pátria; concebe a vida terrestre como uma vida eterna e a pátria como a representação terrestre desta eternidade». A diferença de outras nações está no fato de a pátria alemã ser pura: conserva a sua língua e a cultura, únicos elementos que levarão à unificação nacional sob a forma estatal. A nação alemã está chamada a uma missão de regeneração universal, já que possui «a semente da perfectibilidade humana» em sua forma mais nítida. A língua alemã é superior à dos outros povos, e o que a fala possui uma missão cultural de hegemonia.

O nacionalismo de Giuseppe Mazzini (1805-1872), que considera que os italianos são o povo destinado a guiar o mundo rumo à liberdade e à paz, tem também uma missão cultural com fortes implicações políticas. Com Mazzini põe-se em evidência a função da ideologia como religião substitutiva. A Itália será chamada um dia a desempenhar o papel de protagonista na história. Mazzini, tentando superar o cristianismo que tornou grande o povo italiano, considera que o seu movimento nacionalista, *La Giovine Italia*, «não é uma seita nem um partido, mas uma fé e um apostolado. Predecessores da regeneração italiana, devemos colocar como base a primeira pedra da sua religião» («Manifesto de Marselha», 1831).

Outro autor interessante deste período no âmbito de uma Itália ainda não unificada é Vincenzo Gioberti (1801-1852), que se declara favorável à unificação sob a chefia do Papa. Gioberti compartilha com Mazzini a visão do povo italiano como «povo eleito», mas distingue-se deste na medida em que não procura superar o cristianismo. Do seu ponto de vista, a missão dos italianos seria a de guiar a humanidade não por meio da guerra e da conquista, mas mediante o primado moral da sua cultura. Este é um dos temas principais da sua obra *Primato morale e civile degli italiani*. Contudo, a sua visão do cristianismo terá um sinal liberal evidente.

Mazzini, democrata convencido e muito ligado ao republicanismo francês revolucionário, mas também político utópico que poucas vezes conseguirá realizar as suas iniciativas revolucionárias, foi um elemento de união dos distintos movimentos nacionalistas das décadas de 1830 e 1840 na Europa. O movimento *La Giovine Europa* agrupava em seu seio diferentes movimentos nacionalistas italianos, franceses, poloneses etc. Próximo de Mazzini encontramos o escritor polonês Adam Mickiewicz (1798-1855), emigrado em Paris, que apoiou o patriotismo polonês com o seu messianismo nacionalista. Junto de Mickiewicz encontram-se Juliusz Slowacki (1803-1849) e Zygmunt Krasinsky (1812-1859). Para os românticos poloneses, a Polônia era o Cristo das nações: inocentemente crucificada (deve-se recordar que o território polonês estava dividido por três soberanias: a russa, a prussiana e a austríaca), no futuro ressuscitará e, com a sua emancipação, estabelecerá um período de paz e de amor. É importante sublinhar o papel do catolicismo na consciência nacional polonesa. Contrariamente ao processo de unificação italiana, realizado contra os sentimentos religiosos da população[6], na Polônia o cimento que une os sentimentos de pertença à nação é a fé. A nação é uma unidade de vida, de crenças – em definitivo, uma cosmovisão. Não dá-se isso com o Estado, que em língua polonesa está claramente diferenciado da nação. O messianismo polonês não cederá face às circunstâncias adversas, como quando Gregório XVI não apoiou os movimentos revolucionários nacionalistas. Além disto, sem romper nunca com a sua fidelidade a Roma, a Polônia apresenta-se nas páginas de alguns românticos como portadora da salvação espiritual num futuro não demasiado remoto. São proféticas as palavras do poeta Slowacki: «No meio da luta Deus toca/ um sino imenso, por um Papa eslavo./ Ele preparou-lhe o trono [...]./ Atenção, o Papa eslavo vem/ um irmão do povo»[7].

No nacionalismo romântico dos povos do Império austríaco, a história e a literatura se revestem de particular importância. O império dos Habsburgos reunia onze nacionalidades diferentes, com diferentes línguas, tradições e histórias. Ao longo da primeira metade do século, existiam na Europa Central duas tendências nacionalistas: a particularista, que sublinha a identidade própria de cada uma das nações, e a pan-eslava, que afirma a unidade substancial dos povos de língua eslava. Nesta segunda corrente é preciso mencionar o historiador e político tcheco Frantisek Palacky, que promoverá um Congresso Pan-eslavo em 1848. As circunstâncias do momento impediram que a assembleia tivesse algum resultado prático além da redação de um manifesto que identificava os povos eslavos com os amantes da liberdade. Simultaneamente, em Frankfurt, reuniu-se um Congresso Pan-germânico de tendências opostas, que constituirá um passo importante para a posterior unificação da Alemanha e para a consolidação

---

(6) Cf. A. PELLICCIARI, *Risorgimento da riscrivere*, Ares, Milão, 1998.

(7) J. SLOWACKI, *Dziela*, Ossolinski Wroclaw, 1959, I, pp. 250-251. Cf. R. BUTTIGLIONE, *Il pensiero dell'uomo che divenne Giovanni Paolo II*, Mondadori, Milão, 1998, pp. 42-44.

de uma *Mitteleuropa* com hegemonia alemã. No mesmo período, o eslovaco Jan Kóllar cultivou o pan-eslavismo em seus poemas e profetizou um futuro de glória para os povos eslavos.

O pan-eslavismo da Europa Central, no entanto, não encontrou inimigos apenas da parte alemã. Havia outros dois obstáculos importantes: o nacionalismo excludente e com pretensões hegemônicas dos húngaros de *Lajos Kossuth* e o movimento eslavófilo filorusso. Para entender esse movimento deve-se ter em mente alguns elementos da história intelectual da Rússia. A Rússia abre-se ao Ocidente entre os séculos XVII e XVIII, sobretudo durante os reinados de Pedro, o Grande, e Catarina II. Esta abertura não modificou substancialmente as estruturas sociais, nem a autocracia própria do czarismo. Os seus efeitos centraram-se, antes de tudo, nos costumes da corte e da aristocracia, na administração do Estado e em algumas manifestações artísticas e literárias. De todas as formas, pode-se dizer que a partir daquela época a Rússia possui certa consciência de pertença à Europa. Na primeira metade do século XIX, começa-se a perceber a existência de duas correntes intelectuais: a dos pró-ocidentais, que sustentam que a Rússia deve encaminhar-se para o progresso, incorporando formas de vida e de pensamento ocidental – entre os pró-ocidentais destacam-se as ideias filo-romanas de Pëtr Caadaev (1794-1856)[8]; e a corrente dos eslavófilos, que tendem a sublinhar a especificidade da cultura russa e, por vezes, sua superioridade em relação à ocidental. Segundo o principal representante deste movimento, Alexei Khomyakov (1804-1860), o espírito eslavo é essencialmente religioso. A liberdade e o amor identificam-se na alma de Cristo, e os cristãos ortodoxos devem fazer prevalecer esses sentimentos na vida social. Em particular, Khomyakov desenvolve o conceito de *sobornost'* (conciliação) como a caraterística mais específica da alma russa:

---

(8) Caadaev critica o passado russo: a causa do seu atraso reside em seu secular isolamento. O futuro russo passa pela união com o Ocidente e com o cristianismo romano, que soube tomar as consequências sociais do Evangelho. A Igreja Ortodoxa tem uma grande espiritualidade, mas não libertou os servos da gleba. Segundo Caadaev, a história move-se por ideias morais e religiosas. A Rússia possui uma grande tradição religiosa, que deve transformar-se numa força social de mudança e renovação. Cf. G. PIOVESANA, *Storia del pensiero filosófico russo*, Paoline, Cinisello Balsamo, 1992, pp. 96-105.

contra o individualismo ocidental, 'a ortodoxia apresenta uma visão comunitária em que o próprio czar, guardião da fé ortodoxa, cumpre a sua função de ser a unidade na multiplicidade. Junto a Khomyakov, contra quem teve polêmicas ardentes, o outro pai da corrente eslavófila é Ivan Kireevskij (1806-1856), que considera que a Rússia é a única nação que conservou o verdadeiro cristianismo, isto é, a ortodoxia. O Ocidente desenvolveu um racionalismo formal, enquanto a fé ortodoxa abre o caminho para um conhecimento integral, que encontra na verdade religiosa o seu centro especulativo. Analogamente, e como fizera Khomyakov, Kireevsky opõe a unidade social e política da Rússia ortodoxa à divisão da sociedade em classes e à separação entre Igreja e Estado dos ocidentais.

O movimento eslavófilo russo ganhará força nos anos sucessivos e dará à luz a imagem de uma Santa Rússia, que tinha de enfrentar-se com o Ocidente secularizado e positivista. Fiodor Dostoiévski (1821--1881) não se afastará dessas ideias nacionalistas e messiânicas. Para o autor de *Crime e castigo*, *O idiota* e *Os irmãos Karamázov*, o povo russo é cristóforo, quer dizer, portador de Cristo. A Rússia dirá a última palavra sobre a grande harmonia que se estabelecerá entre as nações, quando forem aceitas as leis de Cristo[9].

Nas décadas de 1860 e 1870 ocorre a passagem do movimento eslavófilo ao pan-eslavismo. A diferença está em que o primeiro não tinha caráter expansionista, enquanto o segundo, que tem a sua origem na Europa Central, só toma força na Rússia depois da Guerra da Crimeia (1853-1856). Em alguns setores nacionalistas, a derrota bélica desperta a consciência do destino russo de proteger os irmãos eslavos que se encontram sob o jugo do Império Otomano. Será sobretudo Nicolai Danilevsky (1822-1885) o grande profeta do pan-

---

(9) Uma das personagens de *Os irmãos Karamázov*, o Padre Paísi, afirma: «Não é a Igreja que se deve transformar no Estado. Apercebei-vos disso! Senão teríamos Roma com o seu sonho. Seria uma terceira tentação de Satanás! Pelo contrário, é o Estado que deve transformar-se em Igreja, que se eleva até ser Igreja e que chega a ser Igreja em toda a terra. [...] Este é o grande destino da ortodoxia na terra, porque do Oriente surgirá e resplandecerá esta estrela» (Parte I, livro III, 5). Daqui é interessante ver, na própria obra, as ideias anticatólicas que revelam a narrativa do Grande Inquisidor (Parte I, livro V, 5). Guardini, no seu célebre livro *Dostoévskij: il mondo religioso* (Morcelliana, Brescia, 1995), sustenta uma interpretação diferente da lenda do Grande Inquisidor, menos anticatólica.

-eslavismo russo. Segundo o autor de *Rússia e Europa*, existe uma incompatibilidade entre civilização eslava e civilização germânico--latina. A superioridade intelectual e religiosa dos eslavos impunha uma luta contra o Ocidente, guiada por um povo eslavo preponderante: o russo. Danilevsky considera que o cristianismo ocidental – fundamentalmente a Igreja Católica – distorceu a verdade cristã por causa da sua aliança com o poder político. O fato provocou uma luta contra a Igreja, defensora da escolástica obscurantista, que teve como consequência três anarquias: a anarquia religiosa – quer dizer, o protestantismo –; a anarquia filosófica, que desemboca num materialismo cético; e a anarquia sociopolítica, manifesta numa crescente democratização política e no feudalismo econômico. A Rússia deve libertar os seus irmãos eslavos dessas anarquias e impor a ortodoxia que as instituições e tradições russas[10] trazem consigo. A secularização do messianismo russo será obra do marxismo soviético, que analisaremos adiante[11].

Em 1848, ou seja, num último ciclo da Revolução Atlântica, o nacionalismo da Europa Central e da Europa Oriental será um fator importante. A difusão do nacionalismo por meio da literatura (contos, poesias, romances), dos livros de história, e do renascimento das línguas locais dotou este movimento de um grande idealismo, mas também de um sentido pouco prático. O Império austríaco reforçou as medidas de unidade e de autocracia, e o nacionalismo teve os seus mártires. É fácil advertir, simultaneamente, como em muitos casos o nacionalismo deste período negou os direitos de outros povos que também queriam reafirmar a sua identidade nacional: eslovacos, tchecos, croatas e romenos deveriam defender-se da intenção de marginalização que os húngaros incrementavam; todos os eslavos deveriam ter cuidado com a tendência hegemônica do «grande irmão» russo

---

(10) Cf. B. CHUDOBA, *Rusia y el Oriente de Europa*, Rialp, Madri, 1980, pp. 159-205. Sobre as teorias políticas de eslavófilos e pan-eslavistas, cf. G. PIOVESANA, *Storia del pensiero filosofico russo*, cit., pp. 106-134 e 213-240.

(11) Para entender as diferentes correntes intelectuais e a situação social da Rússia de meados do século XIX, é muito útil a leitura de alguns romances de Ivan Turguêniev (1818-1883). Em particular, recomenda-se a leitura de *Memórias de um caçador, Rudin, Ninho de nobres* e *Pais e filhos*. Cf. também L. SATTA BOSCHIAN, *Ottocento russo. Geni, diavoli e profeti*, Studium, Roma, 1996.

(o ensaísta e jornalista tcheco Karel Havlicek (1821-1856) teve profunda consciência deste perigo); alguns anos depois, na Alemanha de Bismarck, os franceses da Lorena e da Alsácia, os dinamarqueses do Schleswig e os poloneses da Silésia sofreram leis injustas e que violavam o direito de cada povo de manter as próprias características nacionais.

3. O nacionalismo da *Machtpolitik* e o imperialismo

Na segunda metade do século XIX, o nacionalismo idealista e romântico cede lugar ao nacionalismo da *Realpolitik* ou da *Machtpolitik*. É a época da unificação alemã, graças à estratégia de Bismarck, e da unificação de Itália, graças a Cavour e à ajuda de Napoleão III, um dos grandes defensores do princípio da nacionalidade, sobretudo aplicado à Europa Central e à Europa Oriental. Neste período, também se reforçam os nacionalismos francês, inglês e americano.

a) O nacionalismo subjetivo

Os estudiosos do nacionalismo distinguem duas correntes principais dentro desta ideologia: a voluntarista ou subjetiva francesa e anglo-saxônica; e a que contém mais elementos históricos, biológicos e míticos – o nacionalismo objetivo –, de origem preponderantemente alemã. Na corrente voluntarista, o papel desempenhado pela ideologia liberal é muito importante. A nação seria, em conclusão, o produto da vontade geral do povo, que deseja viver junto e manter-se unido no futuro. A história certamente tem seu papel, mas neste tipo de nacionalismo o importante são os projetos que se levarão para a frente enquanto manifestações da vontade da nação, que se identifica com a vontade geral ou popular. Provavelmente o texto mais claro para entender o nacionalismo voluntarista francês seja o da conferência *Qu'est-ce qu'une Nation?*, pronunciada na Sorbonne em 11 de março de 1882. Nela, o escritor positivista Ernest Renan, depois de ter criticado o conceito de nação baseado na raça, língua, geografia ou religião, apresenta a seguinte definição: «Uma nação é uma alma, um princípio espiritual. [...] Uma nação é uma grande solidariedade, criada pelo sentimento dos sacrifícios que se realizaram e que se está disposto a realizar no futuro. Supõe um passado, mas retoma-se no presente mediante um ato tangível: o consenso, o desejo claramente expresso de continuar a vida em comum. A existência da nação é um plebiscito cotidiano»[12].

Esta consideração da nação como conjunto de pessoas que se comprometem voluntariamente com o projeto comum encontrará nos Estados Unidos a sua manifestação histórica mais importante. A experiência vital norte-americana é definida por Rocco Buttiglione do seguinte modo: «Esta nação, que anteriormente não existia, começa a existir na história mediante um específico ato de consciência. Nasce junto de uma filosofia»[13]. O ato de nascimento dos Estados Unidos é um *convenant*, isto é, um pacto social estruturado em torno de um conjunto de princípios de caráter universal que de algum modo concretizavam as teorias políticas contratualistas dos séculos XVII e XVIII. Buttiglione afirma que as duas correntes que influenciam de forma decisiva o fundamento teórico desse pacto são: em primeiro lugar, a corrente que encontramos nos autores do *The Federalist*, que se une à tradição anglo-saxônica de Hooker, Locke e da *Common Law*, na qual não é difícil encontrar elementos da tradição tomista; a outra corrente estaria ligada ao Iluminismo francês e maçônico, representada por Jefferson e Franklin[14].

---

(12) Citado por H. KOHN, *El nacionalismo,* cit., p. 191. Federico Chabod sustenta que as ideias axiais do discurso de Renan estavam já presentes num dos dois personagens-chave da unidade italiana: Mazzini e Mancini. O historiador italiano considera que o processo de unificação alemã responde ao nacionalismo «naturalista» – o que nós denominamos «objetivo» –, enquanto o processo italiano responderia ao nacionalismo «voluntarista». Cf. também J.-E. RENAN, *Che cos'è una nazione? e altri saggi,* Donizelli, Roma, 1998.

(13) R. BUTTIGLIONE, *Tradizione americana e pensiero cattolico,* em «Communio» (Milão) 1992, n. 125, p. 66.

(14) Há uma vasta bibliografia sobre os aspectos institucionais ligados ao nascimento dos Estados Unidos. Cf. C. BECKER, *The Declaration of Independence,* Vintage Book, Nova York, 1942; R. RUTLAND, *The birth of the Bill of Rights. 1776-1791,* Collier – Macmillan, Nova York, 1966; B. BAILYN, *The Origins of American Politics,* Vintage Book, Random House, Nova York, 1967; M. WHITE, *The Philosophy of the American Revolution,* Oxford University Press, Nova York, 1978.

A primeira destas duas tradições oferece uma visão que poderíamos identificar como uma das possíveis modernidades às quais fizemos referência: consagra a legítima autonomia do temporal, mas está consciente de que o fundamento último da sociedade e da existência humana não jaz em si mesma, mas na transcendência do Absoluto. A constituição dos Estados Unidos não sustenta nenhuma religião oficial, mas do seu preâmbulo deduz-se que, para que a experiência americana subsista, necessita das «virtudes civis, que, por sua vez, derivam das virtudes morais e, em última instância, de qualquer religião, de uma forma da realidade última, da pertença do sujeito particular ao Absoluto. O Estado renuncia explicitamente a produzir *in proprio,* por meio de uma igreja estatal, este conjunto de pressupostos dos quais tem absoluta necessidade para subsistir. Deixa a elaboração destes pressupostos à sociedade. O resultado é a fundação pluralista da ordem civil»[15].

A outra tradição culmina numa concepção diferente da modernidade: consiste numa tentativa de promover uma filosofia liberal militante, capaz de fundamentar de forma autônoma e autossuficiente uma ordem civil. Buttiglione fala de uma autêntica religião estatal – similar à religião civil de Rousseau –, hostil a toda religião revelada.

As treze colônias americanas da costa oriental dos Estados Unidos formavam uma população de origem europeia heterogênea, emigrada do Velho Continente em grande parte por motivos de perseguição religiosa. Talvez por esta razão os laços com a metrópole britânica não fossem demasiado estreitos. Paralelamente, uma ampla tradição de autogoverno preparou as bases para uma ruptura definitiva com a Inglaterra. A crise da independência explodirá quando Jorge III quiser impor, a partir da metrópole, uma política mais ligada aos interesses ingleses.

A origem religiosa da primeira colonização dará um cunho messiânico ao nacionalismo americano: os Estados Unidos são a terra prometida da liberdade religiosa e da democracia. Esse messianismo sofrerá no século XIX um processo de secularização por meio da doutrina do *Manifest Destiny,* a qual, em vez de apresentar os Estados Unidos como a pátria universal dos homens que desejam ser livres, anunciava o destino providencial da nação americana ao engrandecimento e à

---

(15) R. BUTTIGLIONE, *Tradizione americana...,* cit., p. 68.

hegemonia mundial. A primeira vez que se fala deste destino manifesto é em 1845, no artigo escrito pelo jornalista John Louis O' Sullivan por ocasião da anexação do Texas. Nele dizia-se que ninguém tinha o direito de impedir o cumprimento do «nosso destino manifesto, que é o de ocupar o continente que nos deu a Providência para o livre desenvolvimento dos milhões que se multiplicam cada ano...». A anexação do Texas foi simplesmente uma manifestação da lei geral – também providencial – que move a população dos Estados Unidos ao oeste. O futuro dos Estados Unidos é a anexação da Califórnia, do Canadá e do continente latino-americano por inteiro, uma vez que a Providência destinou os povos do Novo Mundo a serem acolhidos pelas asas da águia americana[16].

Apesar deste imperialismo exclusivista, os Estados Unidos são uma nação que soube aglutinar no seu corpo social pessoas de diferentes culturas e raças com um grande sentido de pertença à nação americana, entendida como projeto a ser desenvolvido em conjunto. Esta ambiguidade do nacionalismo americano pode ser entendida com a definição de Raymond Aron: os Estados Unidos constituem uma *república imperial*[17]. A entrada dos Estados Unidos na Primeira Guerra Mundial inaugura uma nova etapa da história americana. A destruição material da Europa os converteu numa superpotência e no principal protagonista das relações internacionais. A doutrina do presidente Woodrow Wilson, que permanecerá vigente durante todo o século XX, retomou alguns pontos do messianismo americano: os Estados Unidos deveriam proclamar certos princípios universalistas, que continham dentro de si os valores da democracia e da liberdade. Embora esse conteúdo altruísta da política externa norte-americana fosse muitas vezes desmentido por circunstâncias históricas – em particular, a guerra do Vietnã causou à sociedade americana uma crise de consciência que colocou em dúvida alguns dos valores defendidos pelo *establishment* –, a doutrina wilsoniana triunfou amplamente em todas as linhas de confrontação ideológica com a outra

---

(16) Citado por H. KOHN, *El Nacionalismo*, cit., pp. 193-197.
(17) Cf. R. ARON, *République impérial. Les États-Unis dans le monde (1945-1972)*, Calmann-Lévy, Paris, 1973.

superpotência: a União Soviética, que entrou numa crise irreparável na década de 1980[18].

b) O nacionalismo objetivo

A visão da nação que acabamos de ver, e que Chabot declara subjetiva de tipo republicano ou democrático[19], era muito distinta daquela própria do nacionalismo objetivo, prevalentemente germânica, mas fazia-se universalmente presente em ao menos alguns de seus elementos. Nesta última versão do nacionalismo, a nação não é o fruto de uma livre eleição, mas de uma herança que contém uma tradição coletiva. O conteúdo desta tradição pode ser cultural, como assinalava Fichte, mas pode também ter um conteúdo material, que se concretiza na raça e no sangue. De fato, na segunda metade do século XIX desenvolve-se uma teoria racista que se converterá na essência do nacional-socialismo. Os autores mais representativos do racismo do século XIX são Arthur de Gobineau (1816-1882) e Houston Stewart Chamberlain (1855-1927). Embora não sejam alemães, será na Alemanha que suas teorias encontrarão mais acolhimento. No seu *Essai sur l'inégalité des races humaines*, Gobineau sustenta um determinismo étnico que define a condição de uma nação: «A questão étnica domina todos os outros problemas da história e da desigualdade das raças e é suficiente para explicar todo o encadeamento do destino dos povos». A cultura não se pode transmitir, e a raça superior tem a obrigação de dominar as inferiores. Outro autor francês, Vacher de Lapouge, dará à tradição racista os elementos que teriam de caracterizar a raça superior, a qual deve formar-se com indivíduos altos, louros, com crânio dolicocéfalo. Poucos anos depois afirmou-se que o ramo mais puro da raça ariana é o germânico. Chamberlain e seu sogro Richard Wagner difundirão as teorias racistas na Alemanha. Para Chamberlain, o elemento decisivo para afirmar a superioridade de uma nação é a consciência da dita superioridade: «O essencial é possuir a raça na própria consciência».

---

(18) Cf. H. KISSINGER, *Diplomacia*, FCE, México, 1995.
(19) J.-L. CHABOT, *Histoire...*, cit., p. 166.

Na história dos Estados Unidos não faltam elementos racistas, próprios do nacionalismo «objetivo»: na metade do século XIX o imperialismo americano incipiente justificará a guerra contra os aborígenes e contra o vizinho México, e depois sua crescente influência no resto da América Latina, com argumentos que tratavam de afirmar a superioridade do sangue anglo-saxão e da religião protestante sobre os povos mestiços e católicos. O problema da escravatura, que levará à Guerra da Secessão, processo histórico suscetível de uma leitura nacionalista de afirmação da identidade nacional, também manifesta a tendência racista de alguns dos elementos da cultura americana[20].

Nesse período, dois intelectuais franceses afastar-se-ão do nacionalismo subjetivo caraterístico da tradição mais ocidental. Refiro-me a Charles Maurras (1868-1952) e a Maurice Barrès (1862-1923), defensores de um nacionalismo integral. Recusando o liberalismo humanitário, puseram como prioridade política e antropológica exclusiva o interesse nacional. Maurras afirmava esta prioridade com o lema *France d'abord*, princípio que impunha a necessidade de uma ação nacionalista rápida e eficaz: *l'action française*. Barrès, por sua vez, pedia a união do pensamento e sentimento em torno da nação por cima das divisões de classe e do egoísmo individualista liberal. As gerações precedentes e o solo ancestral eram o cimento da unidade nacional. Na sua obra *Les deracinés*, sustentava que os homens perdiam a integridade moral e espiritual fora da tradição nacional. Essa visão implicava algum determinismo: os indivíduos eram fruto da história e da herança biológica. Barrès escrevia graficamente que o fundamento da nação era *la terre et ses morts*[21].

A afirmação da própria identidade nacional desencadeou o surgimento de um sentimento de xenofobia: o estrangeiro era o outro, o diverso, fonte de suspeitas e inimigo da nação. Essa atitude psicológica fechada e excludente manifestar-se-á com muita força no movimento antissemita: os judeus eram o estrangeiro por antonomásia, mas

---

(20) Cf. R. HORSMAN, *Race and Manifest Destiny*, Harvard University Press, Cambridge (Massachussets), 1981. O célebre romance *To Kill a Mockingbird* (1960), de Harper Lee, conta como o sentimento racista persiste em algumas regiões dos Estados Unidos muitos anos depois da Guerra da Secessão.

(21) Cf. H. KOHN, cit., pp. 102-104.

um estrangeiro singular, porque vivia dentro dos confins da pátria. A inserção dos judeus nas sociedades europeias do século XIX, depois da abertura dos guetos e da legislação liberal em seu favor, não foi fácil. Se com o sistema dos guetos se estabeleciam diferenças sociais, a queda dos muros materiais não comportou a integração completa. Além disso, apesar da atitude mimética de muitos judeus, vastos setores da população europeia consideravam-nos não completamente integráveis por causa da sua diversidade. Também recaía sobre eles a suspeita de pouca lealdade com as nações onde viviam – talvez por causa da forte identidade cultural judia – e de tramarem um projeto de domínio universal. Por trás dessas posições misturavam-se doutrinas racistas e certa credulidade em mitos e fábulas pseudorreligiosos. No Império Russo, ocorreram perseguições violentas contra os hebreus – os conhecidos *Pogrom* – durante o século XIX. Na Polônia, a presença de uma comunidade judia numericamente importante suscitou algumas incompreensões. Na França desenvolver-se-á um movimento antissemita que não será generalizado. Em 1866, Edouard Drumont publicou *La France juive,* em que falava de uma conspiração judia destinada a arruinar a França tradicional. Consequência concreta do antissemitismo francês foi a condenação sem provas do capitão Alfred Dreyfus, único oficial de raça hebreia no exército, acusado de traição e de colaboracionismo alemão.

Porém, o antissemitismo exercerá uma influência ainda mais profunda e de maiores consequências históricas na Alemanha. Importantes eruditos e artistas adotaram esse sentimento racista: Richard Wagner (1813-1888) falava do «perigo hebreu», enquanto o historiador Heinrich von Treitschke (1834-1896) publicou, em 1879, um artigo cujo título rezava: «Os hebreus são a nossa desgraça». Houve um grande número de intelectuais antissemitas durante o século XIX, até chegar, no século XX, a Alfred Rosenberg, que em 1930 publicou *Der Mythos des 20. Jahrhunderts*, baseado nas teorias racistas do já mencionado Houston Stewart Chamberlain. Estávamos às vésperas do nacional-socialismo alemão[22].

---

(22) Cf. A. CASTALDINI, *L'ipotesi mimetica,* Leo S. Olschki Editore, Florença, 2001, pp. 54-75.

c) O imperialismo

O período de 1870-1914 coincide com o apogeu do nacionalismo. A Grã-Bretanha, a França, a Alemanha, os Estados Unidos, a Rússia e a Itália levarão adiante políticas nacionalistas que tendem a afirmar a própria superioridade, iniciando assim uma carreira para a hegemonia mundial que desembocará na Grande Guerra. Elementos importantes desta política serão – como assinalamos – a educação nacional e o exército.

Esta carreira imperialista tornará presente a cultura ocidental nos cinco continentes. Um universalismo cristão secularizado e, interesses econômicos e científicos se encontram presentes neste processo, mas, sobretudo, vemo-nos diante de mais uma manifestação do espírito nacionalista: algumas nações consideram-se depositárias de uma missão civilizadora e têm consciência de estarem destinadas à hegemonia mundial. Segundo Redondo, «o impulso remoto que se encontrou na base da expansão colonial europeia, o impulso que a dotou de sua formidável e arroladora força, foi provavelmente o universalismo cristão – um universalismo cristão, um sentido ecumênico da existência, que, mesmo secularizado, acertou em intuir como entre sombras que o que tinha logrado, não só nos últimos séculos, mas ao longo da sua existência, era patrimônio de todos e à disposição de todos deveria ser colocado [...]. Porém, tratava-se de um impulso substancialmente secularizado. A expansão colonial teve lugar a partir de 1870, quando a ideologia liberal-progressista já era patrimônio comum de boa parte das classes governantes europeias»[23].

Por trás da expansão colonial é fácil advertir o sentimento europeu de sua suposta superioridade. É interessante fazer notar que, no

---

(23) G. REDONDO, *Historia universal*, cit., XII, p. 251. Dawson assinala a mesma ideia: «A grande época da expansão ocidental foi também de secularização da cultura ocidental. Na realidade, o que se expandiu foram: primeiro, a força política e econômica do Ocidente; segundo, as tecnologias e as ciências ocidentais; e, em terceiro lugar, as ideias sociais e as instituições políticas ocidentais. O cristianismo também acusou um movimento de expansão, embora muito menor. Durante o século XIX, o liberalismo, credo do progresso e do enciclopedismo, da liberdade e da humanidade, foi a religião efetiva da cultura ocidental e realizou uma campanha triunfal de catequização em todo o mundo» (C. DAWSON, *Dinámica de la historia universal*, cit., p. 302).

século XVIII, as elites viam as sociedades de fora da Europa como as próprias do bom selvagem de Rousseau, livres dos males da civilização ocidental. Agora, por outro lado, a superioridade da raça branca sobre as outras e da cultura ocidental sobre as culturas autóctones parece fora de discussão. Eis uma fé outra vez secularizada, que vê o colonialismo como uma cruzada religiosa para difundir os valores universais e absolutos da modernidade ocidental. Entre os teóricos do imperialismo europeu é preciso citar dois autores ingleses: primeiro, o historiador e ensaísta Thomas Carlyle (1795-1881); e, nos anos seguintes, o escritor Rudyard Kipling (1865-1936), que canta as glórias do Império britânico. Na França, Jules Ferry (1832-1893), que dará forte impulso à secularização da sociedade francesa por meio da educação laicista, levará adiante um amplo programa expansionista permeado por uma ideologia imperial-nacionalista.

No entanto, dado que a secularização apresenta também um lado materialista e economicista, associado à difusão de novas técnicas europeias, do indubitável aprimoramento da saúde, da progressiva universalização da instrução pública e do importante movimento missionário que se verifica neste processo, existem também muitas manifestações de exploração, de injustiças e de lesões graves à dignidade humana. Darwinismo social e um materialismo e racismo grosseiros não estão ausentes no expansionismo europeu e americano.

O imperialismo foi a consciência lógica do nacionalismo inclinado a sublinhar a grandeza nacional. As nações europeias deveriam demonstrar ao mundo a sua ação civilizadora. Prova evidente da ligação entre imperialismo e nacionalismo é o fato de que as nações com a maior consciência nacional são as que levaram adiante as políticas imperialistas mais vigorosas: Inglaterra e França.

d) O nacionalismo da descolonização

As consequências da universalização da cultura ocidental – de origem cristã, mas secularizada – foram múltiplas: perda das cosmovisões locais, descaracterização das tradições sociais e culturais etc. Seria possível resumir as consequências sociais da colonização na Ásia e na África dizendo que se produz a dissolução da ordem social tradicional; reordena-se a atividade econômica e se coloca em cena uma nova elite local, culta, que se porá à cabeça dos distintos movimentos nacionalistas e independentistas.

As novas elites, que substituíram os chefes tradicionais, estavam relativamente ocidentalizadas, mas, enquanto locais, tinham também as suas raízes nas tradições afro-asiáticas. Depois de um período de nacionalismo xenófobo, que recusou todo elemento estrangeiro, o nacionalismo tratou de conciliar os aspectos positivos das inovações ocidentais com as próprias tradições culturais. Assim, surgem partidos políticos de massa que sustentarão as independências nacionais. Porém, um nacionalismo sobretudo africano é difícil, já que a ideia mesma de Estado-nação era de origem europeia. A aceitação das fronteiras impostas pelas potências coloniais será um elemento de falta de estabilidade para grande parte do continente. Os sangrentos combates entre tútsis e hutus em Ruanda e Burundi nos últimos anos provam essa asserção.

O sistema de partido único, instaurado depois da independência em muitos países africanos, coloca em evidência a necessidade de alguma unidade de poder para enfrentar as necessidades vitais mais urgentes dos novos Estados. É prova, simultaneamente, da continuidade das velhas tradições africanas. A identidade nacional concretiza-se na unidade da pessoa física do presidente e do governo. Muitas vezes, são os «Pais da Pátria», quer dizer, os heróis do movimento independentista, que encarnam a nação nos mais altos cargos do Estado. Segundo Chabot, poder-se-ia falar de uma trilogia da unidade que legitima o novo estado de coisas depois da independência: *uma nação, um presidente, um partido*. O papel dos «Pais da Pátria» – Bourguiba, na Tunísia; Houphouët-Boigny, na Costa do Marfim; Kenyatta, no Quênia; Senghor, no Senegal etc. – foi insubstituível nos primeiros passos da vida independente destas nações e deu-lhes uma certa estabilidade, embora os elementos contraditórios do nacionalismo africano ameacem a pacífica convivência entre pessoas de etnias distintas.

O movimento de descolonização africano despertou em alguns intelectuais a consciência de certa unidade continental. Neste processo cultural reveste-se de particular interesse a obra literária de Leopold Sédar Senghor (1906-2002), presidente do Senegal e prêmio Nobel de Literatura. Senghor descobre uma especificidade da cultura africana chamada *negritude*, que desemboca num tipo ideal de continentalismo: a *africanité*, formada por um conjunto de valores culturais e de costumes anteriores à colonização. Neste momento, *negritude* e *africanité* permanecem no âmbito do cultural e não encontraram formas eficazes de unidade política supranacional ou supra-tribal[24].

No que se refere à descolonização da Ásia, o nacionalismo da Índia tem uma grande importância nesse processo. Antes da presença dos ingleses em seu território, o principal domínio britânico não tinha nem unidade política, nem unidade religiosa, cultural e linguística. Em 1885, em Bombaim, teve lugar a primeira reunião do Congresso Nacional da Índia. A finalidade do congresso foi integrar os distintos elementos da população indígena; dirigir o processo de evolução política e social até a integração nacional; e reforçar os vínculos com a metrópole britânica, tratando de eliminar as injustiças do domínio colonial. Tomaram parte no congresso uma maioria de religião hindu e minorias de muçulmanos e ingleses. Pouco a pouco, a liderança dos ocidentais foi transferida para os nacionalistas radicais, que procuraram inspiração no passado indiano e nos sentimentos religiosos das massas.

Depois de um período violento dirigido por Bal Gandahar Tilak (1856-1920), o nacionalismo da Índia mudou de rosto guiado por Mohandes Karamachand Gandhi (1869-1948). As duas ideias básicas da atitude vital de Gandhi são a doutrina da *satyagraha* (fortaleza da verdade) e a *ahimsa* (não violência). Em face das aparências, a verdade exige autodomínio, testemunho existencial, paciência, disponibilidade para os outros: a *satyagraha* exige que se considere a verdade como o fim último da vida. Se a verdade é o fim, a não violência é o meio: «De um mal pode vir um bem, mas isso depende de Deus, não dos homens. O homem deve apenas saber que o mal provém do mal, do mesmo modo como o bem se explica pelo bem». O fim não justifica os meios. Gandhi afastava-se radicalmente da visão da história de traço hegeliano, em que, afinal, pode-se justificar todo tipo de males recorrendo à astúcia da Razão. A independência da Índia era um bem, mas deveria alcançar-se o bem no respeito pela verdade e por meio da

---

(24) Cf. J.-L. CHABOT, *Histoire de la pensée politique*, cit., p. 192.

não violência e da desobediência civil. Gandhi toma muitas das suas ideias do filósofo transcendentalista americano Henry David Thoreau (1818-1862), em particular do opúsculo *On Civil Disobedience*[25]. O apóstolo da não violência superava os limites do estrito nacionalismo que negava os direitos dos demais. A sua inspiração religiosa, em que não estão ausentes os impulsos cristãos e muçulmanos, abria novos horizontes não só à Índia, mas à humanidade inteira.

A independência da Índia foi declarada em 1947. O domínio britânico tinha deixado como herança a exploração econômica colonialista, mas também a unidade de uma das línguas oficiais – o inglês – e uma estrutura político-administrativa suficientemente forte para reunir os elementos diversos do passado indiano. A pregação não violenta de Gandhi será muitas vezes negada com os fatos executados pelos elementos extremistas do nacionalismo indiano. Os muçulmanos, por sua vez, separar-se-ão da Índia e fundarão a República do Paquistão, guiados por Mohammed Ali Jinnah (1876-1948), partidário do nacionalismo islâmico.

4. O nacionalismo como totalitarismo

A afirmação da nação como absoluto e, por conseguinte, a negação dos direitos das outras nações conduzirão o mundo à Primeira Guerra Mundial. O ano de 1918 marca o triunfo de alguns nacionalismos: o Império Austríaco desmembra-se e os velhos anseios dos nacionalismos da Europa Central de encontrar uma concretização estatal tornam-se realidade[26]. Esse nacionalismo, considerado por Hermet como nacionalismo de distração, uma vez que foi principalmente obra dos

---

(25) Cf. BALLESTEROS, *Postmodernidad; decadencia o resistencia,* cit., pp. 113-115. Thoreau influenciará também o líder negro Martin Luther King (1929-1968).

(26) A obra de Joseph Roth é rodeada do ambiente de nostalgia e de desenraizamento causado pela queda do Império austríaco e as contradições do nacionalismo deste período. Quem desejar penetrar neste ambiente segundo essa perspectiva pode ler os romances *A marcha Radetzky* (EDHASA, Barcelona, 2000) e *A cripta dos capuchinhos* (El Acantilado, Barcelona, 2002).

aliados, que desejavam por um freio no marxismo revolucionário, cada vez mais perigoso desde a Revolução Russa de 1917[27], não resolveu os problemas. A configuração estatal de algumas nacionalidades antigas incluíam minorias que não viram satisfeitos os seus desejos de reforçar a identidade nacional. Polônia, Romênia, Iugoslávia e Tchecoslováquia formaram-se como Estados multinacionais e converteram-se em presa fácil do nacionalismo alemão, até 1945, e russo, até 1989[28].

Um processo análogo desenvolve-se nos territórios do antigo Império Otomano e no norte de África: Líbia, Egito, Turquia, Arábia Saudita, Jordânia e Iraque alcançaram a independência estatal, ainda que em muitos casos sob protetorado anglo-francês. Nestas áreas, a unidade religiosa do islá e o inimigo comum – o Estado de Israel, criado em 1948 – moderaram o nacionalismo estatal e dotaram os povos islâmicos de alguma unidade. Deve-se recordar que antes da queda do Império Otomano perpetua-se o genocídio armênio, povo de antigas raízes cristãs, no que é também consequência do nacionalismo ideológico. Trata-se de uma tragédia comparável ao holocausto judaico.

Como consequência da Grande Guerra e do desmoronamento da ideologia liberal na Europa, nascem também ideologias de inspiração nacionalista que conduzirão à Segunda Guerra Mundial: refiro-me ao nacional-socialismo e ao fascismo, que também têm pretensões imperialistas, embora com características distintas do imperialismo do século XIX e com marcante cunho totalitário. Segundo C. Dawson, o liberalismo das primeiras décadas do século XX tinha perdido os elementos filosóficos e humanitários do século anterior, transformando-se num mero utilitarismo individualista. O nascimento das ditaduras seria explicado pela forte carga de valores que transportam e pelo impulso do sentimento patriótico ferido, na Alemanha e na Itália, depois dos acordos internacionais que encerram a Primeira Guerra Mundial.

---

(27) Cf. G. HERMET, *Nazioni e nazionalismi in Europa*, cit., p. 200.

(28) «A maioria dos novos Estados edificados sobre as ruínas dos velhos impérios, era tão multinacional como as velhas "prisões de nações" que eles substituíram» (E. HOBSBAWN, *Nations and Nationalism since 1780: Programme, Mith, Reality,* Cambridge University Press, Cambridge, 1990, p. 157).

Estas ditaduras representam o ápice do processo de secularização, enquanto autênticas religiões secularizadas[29].

O nacional-socialismo alemão é uma ideologia política irracional, que leva às últimas consequências a atitude do nacionalismo romântico e os elementos racistas dos pensadores europeus de meados do século XIX, como Gobineau e Chamberlain. Para Adolf Hitler (1889- -1945), «a nação é a síntese suprema de todos os valores materiais e espirituais da raça». Por isso, o tema central e obsessivo do nazismo é a pureza de sangue. A raça ariana, cujo protótipo é o homem alemão, não pode misturar o seu sangue com as raças inferiores. O Estado nazista é um instrumento de domínio da raça ariana – quer seja no interior, por meio de uma política eugênica que preserva a pureza de sangue, quer seja no exterior, praticando a política da *Lebensraum* ou espaço vital para o povo alemão, primeiro estágio da conquista do mundo por parte dos «puros» da raça e do sangue. A *Shoah* – a eliminação sistemática de milhões de judeus pelo simples fato de o serem – será uma das trágicas consequências desta ideologia.

No julgamento de Nuremberg, o procurador-geral francês François de Menthon definia o nazismo como um crime contra o espírito. Citamo-lo *ipsis verbis*, pondo em evidência que a raiz última da violência nazista radica-se no caráter desumano da sua ideologia: «Proponho-me demonstrar-lhes que toda a comissão de crimes organizada e massiva deriva do que me permitiria denominar um crime contra o espírito, quer dizer, de uma doutrina que, negando todos os valores espirituais, racionais e morais sobre os quais os povos tentaram há milênios fazer progredir a condição humana, pretende submergir a humanidade na barbárie, e não já na barbárie natural e espontânea dos povos primitivos, mas na barbárie satânica, já que está consciente de si própria e utiliza para a consecução dos seus fins todos os meios materiais postos à disposição do homem pela ciência contemporânea. O pecado original do nacional-socialismo, a partir do qual derivam todos os crimes, é este pecado contra o espírito. Esta doutrina monstruosa é o racismo [...]. Quer se trate de crime contra a paz ou de crimes de guerra, não nos encontramos face à criminalidade acidental, ocasional, que os acontecimentos

---

(29) Cf. C. DAWSON, *Religion and the Modern State,* Sheed & Ward, Londres, 1935, p. 44.

poderiam certamente não justificar, mas explicar. Pelo contrário, encontramo-nos diante de uma criminalidade sistemática que deriva de forma direta e necessária de uma doutrina monstruosa, servida por uma vontade deliberada dos dirigentes da Alemanha nazista»[30].

O fascismo italiano não é racista, mas é representado pelo nacionalismo exacerbado. Benito Mussolini (1883-1945) professa um nacionalismo que põe o Estado no centro da vida dos homens: «Para um fascista tudo está dentro do Estado [...], nada humano ou espiritual existe fora do Estado. Neste sentido, o fascismo é totalitário», afirma o próprio Mussolini. E é totalitário porque se concebe o Estado como um Absoluto. O Estado, consciência imanente da nação, supera os estreitos limites da vida individual. O Estado fascista, pondo em evidência a sua origem hegeliana, é um Estado ético, que se ergue como fonte da normatividade moral e jurídica. Por causa desse caráter, o fascismo é militarista, uma vez que a mobilização geral da guerra gera virtudes ascéticas. Neste contexto, entende-se o mito fascista de fazer reviver o Império Romano. A Roma fascista tinha de ser a terceira Roma, depois da Roma dos Césares e a Roma dos Papas. Em 1932, Mussolini profetizou, em Milão, que o século XX seria o século do fascismo, da força italiana, o século em que pela terceira vez a Itália se colocaria à frente da humanidade. Porém, o nacionalismo alemão e o stalinista impediram o Duce de levar adiante o seu projeto hegemônico.

O totalitarismo fascista tomará corpo no âmbito da educação, das associações sindicais e da planificação econômica: cada coisa deve ser posta ao serviço do Estado, enquanto encarnação da nação. O partido fascista será, como a vanguarda do proletariado no pensamento leninista do Partido Comunista, a minoria consciente que sabe e que quer em nome do povo.

Outras formas de nacionalismo com tendências totalitárias e com mentalidade de partido único são o franquismo espanhol, o salazarismo português e o justicialismo (peronismo) argentino da primeira fase (1945-1955), embora não levem às últimas consequências a passagem da heteronomia à autonomia absoluta do homem, pois conser-

---

(30) Citado por S. COURTOIS (org.), *El libro negro del comunismo,* Espasa-Calpe Planeta, Madri-Barcelona, 1998, p. 20. Uma visão interessante do nazismo escrita por um de seus protagonistas é a de A. SPEER, *Memorias,* El Acantilado, Barcelona, 2001.

vam certa consciência da dignidade da pessoa, ainda que considerem que é no âmbito do Estado em que se desenvolvem mais facilmente todas as potencialidades humanas. No que diz respeito ao franquismo, é preciso esclarecer que existem por trás de Franco distintos impulsos ideológicos. As analogias com o fascismo valem, sobretudo, para o falangismo espanhol de José Antonio Primo de Rivera, que sustentava uma concepção do Estado como instrumento totalitário ao serviço da integridade da pátria.

5. Nacionalismo e fundamentalismo religioso

Na introdução à modernidade ideológica, sublinhamos o caráter da religião substitutiva que possuem as ideologias e individualizamos nelas uma manifestação da passagem da heteronomia à autonomia do homem como fundamento da visão de mundo. No caso do nacionalismo religioso, não existe uma luta contra a religião, mas um processo de identificação entre nação e religião. Nesse sentido, poder-se-ia falar de um projeto integrista, que identifica a realização histórica de um povo com os valores de uma religião em si mesma transcendente.

Os exemplos mais claros do nacionalismo religioso são o Estado de Israel e o fundamentalismo islâmico. No que diz respeito ao primeiro, são necessárias algumas explicações. O povo de Israel tem consciência de ser o povo eleito de Deus, a nação santa da qual tem de provir o Messias. Os hebreus, que não reconheceram em Jesus Cristo o Salvador anunciado pelos profetas, possuíam uma ideia do Messias muito relacionada ao destino histórico do povo de Israel. Nos séculos XIX e XX, alguns intelectuais identificaram o Messias com o conjunto do povo hebreu, disperso geograficamente devido a diferentes circunstâncias históricas. Essa coletivização da ideia messiânica favoreceu o desejo de construir um Estado de Israel onde os hebreus dispersos – e, em muitos países, perseguidos – pudessem viver juntos em sua pátria histórica. Não se tratava, porém, somente da exaltação de uma ideia religiosa. O sionismo – movimento político-cultural que se constituiu no século XIX com a finalidade de promover um Estado judeu – é também uma manifestação de romantismo do nacionalismo típico do seu século. O pai do sionismo é Theodor Herzl (1860-1904), jornalista, político e escritor judeu nascido na Hungria. Herzl considerava impossível uma completa assimilação dos judeus pelas sociedades europeias – não em vão esteve presente na cerimônia de destituição do Capitão Dreyfus em Paris, em meio aos gritos antissemitas de alguns franceses, num episódio que o marcou profundamente. Seu sonho de um Estado hebreu concretizou-se em 1948, depois de intensas negociações diplomáticas. Embora existam minorias de hebreus que têm grande consciência religiosa, o messianismo do povo de Israel sofreu um processo de secularização: hoje, pode-se falar de um nacionalismo judeu que identifica a nação com o Estado – portanto, análogo ao nacionalismo ocidental –, e no qual o elemento religioso desenvolve um papel importante, mas não central.

No que diz respeito ao fundamentalismo islâmico, esclarecimentos também são necessários. O islá, que significa «submissão a Deus», é um conceito religioso, mas que implica determinadas formas de organização social e política, bem como uma visão cultural. O islá inicia o seu percurso histórico no século VII, quando, de acordo com a tradição muçulmana, Maomé, o Profeta, recebe uma série de revelações divinas. O Corão é o livro que contém a palavra que Deus transmitiu a Maomé. Consta de 114 capítulos ou *suras*. Junto do Corão encontra-se a tradição ou ditos e feitos do Profeta, conhecida como *sunna*, de que existem várias compilações.

Como não existe uma autoridade magistral dentro do islá foi o consenso dos doutores que estabeleceu as verdades ortodoxas. Assim, chega-se à lei revelada (*sharia*), que é um conjunto de prescrições legais encontradas no Corão e na Suna. A *sharia* tem aplicações religiosas e políticas. Embora muito clara a respeito das práticas religiosas habituais – os cinco pilares da religião muçulmana são: a confissão da fé em Alá, onde se sublinha a unicidade de Deus e a sua justiça; a oração ritual: a esmola legal; o jejum no mês do Ramadá; e a peregrinação a Meca –, não o é tanto na sua aplicação à vida comunitária. Surgem distintas escolas jurídicas em volta deste tema. A mais literal é a escola hanbalita, base do sistema teocrático, que foi consolidada no século XVIII por Ibn 'Abd al-Wahab, e é a que rege atualmente a Arábia Saudita.

Outro elemento central do islá é a guerra santa (*jihad*), a que se faz referência no Corão. A *jihad* tem três significados fundamentais: a luta contra si próprio para combater as próprias paixões; a luta pela expansão e domínio do islá (a fé muçulmana é exclusivista e não reconhece a legitimidade de outras religiões); e o combate contra os maus muçulmanos. Estas duas últimas acepções tiveram forte e dramática aplicação prática nas últimas décadas do século XX e nos primeiros anos do século XXI. Basta recordar o 11 de setembro de 2001, com os atentados de matriz islâmica em Nova York e Washington, a perseguição dos cristãos no sul do Sudão ou da luta interna, na Argélia, entre muçulmanos moderados e fundamentalistas islâmicos.

O islá é uma religião que se estende em áreas geográficas muito vastas: Norte da África, Oriente Médio, Índia, Paquistão, Indonésia etc. O processo de colonização europeia despertou um sentimento pan-islâmico, baseado na fé comum religiosa, e, simultaneamente, um movimento pan-árabe no Norte da África e no Oriente Médio, baseado na pertença à múltipla etnia árabe. Deve-se acrescentar, porém, que paralelamente se dá outro movimento nacionalista de caráter ocidental, que identifica nação com Estado e que deu origem aos diversos estados do Magreb e da Turquia moderna, núcleo central do antigo Império Otomano. Este último caso é excepcional: a Turquia que surge da revolução de Mustafá Kemal Attaturk (1881-1938) é o único exemplo de Estado laico num país islâmico, onde existe separação entre o poder político e o poder religioso e que adota as formas constitucionais europeias. Nos países do Norte de África, convivem no meio de tensões as formas ocidentais do Estado-nação com as tradições político-religiosas islâmicas.

O fundamentalismo islâmico surge como reação contra este compromisso entre as formas ocidentais e a tradição islâmica. Neste contexto, o islá extremista surge como o grande contestatário da modernidade secularizada ocidental e dos «maus muçulmanos», que não vivem segundo a *sharia*; assim, propõe-se voltar à unidade radical entre fé religiosa e organização política. O caso mais emblemático desta atitude é a revolução islâmica levada adiante pelo aiatolá Khomeini (1900--1989) no Irã. O estatuto político do súdito e a condição de fiel do islá identificam-se como se identificam as leis corânicas com as leis políticas. O poder repousa nas mãos dos chefes religiosos e a obediência política é a manifestação da obediência religiosa devida a Deus. A nação islâmica terrestre é, simultaneamente, uma imagem da pátria celeste dos adoradores de Alá. Ideias similares encontram-se por trás do derrubado regime dos talibãs no Afeganistão e dos ideólogos do grupo terrorista Al-Qaeda.

Não é legítimo identificar todo o islã com o fundamentalismo religioso. Durante longos períodos da sua história, o islã conviveu com outras religiões, apesar de seu caráter exclusivista. Por outro lado, uma fé professada por milhões de pessoas merece respeito. Apesar disso, a mesma fé muçulmana levada às últimas consequências implica uma união entre o poder religioso e o poder político, já que a mesma organização jurídica provém da revelação. Este fato encerra consequências graves para a ordem internacional e para a salvaguarda dos direitos das pessoas[31].

Em 2011 ocorreu uma série de revoluções nos países do Norte da África que derrubaram regimes de tipo laico. Será preciso esperar o desenvolvimento dos acontecimentos para ver a evolução política dos novos governos, que parecem inclinar-se para o confessionalismo islâmico com graves consequências para as minorias cristãs que ali vivem.

* * *

O período de apogeu dos totalitarismos facilitou a criação de dois movimentos internacionalistas: a liga antifascista e a liga anticomunista. A Guerra Civil Espanhola (1936-1939) foi um banco de prova destes movimentos, que pela sua mesma composição eram radicalmente ambíguos. Sob a denominação antifascista podiam encontrar-se tanto comunistas como democratas liberais. A máquina de propaganda soviética logrou identificar na linguagem contemporânea a denominação fascista com o adjetivo anticomunista. Assim, qualquer intenção de crítica contra o comunismo era imediatamente classificada como fascista. Depois da Segunda Guerra Mundial, os movimentos internacionalistas estruturaram-se em torno da posição ideológica sobre o comunismo. A Guerra Fria entre Estados Unidos e União Soviética não era um terre-

---

(31) Cf. J. Morales, *El Islam,* Rialp, Madri, 2001.

no apto para o nacionalismo. Prevaleceu melhor a lógica dos bloqueios ideológicos. Porém, a decadência do império soviético, que tratou em vão de resolver os problemas do nacionalismo no interior da União Soviética e na Europa Central e Oriental, coincidirá com um despertar dos sentimentos particulares. Desde 1989, vemos a reaparição no contexto internacional de velhos Estados-nação ou de novas formas estatais para antigas nações. O Báltico, a Europa Central e os Bálcãs formam outra vez o cenário privilegiado do nacionalismo ocidental.

Contemporaneamente, não podemos esquecer que nos países mais ocidentais da Europa, mesmo que a tendência mais forte seja a comunitária, com a consequente perda de espaços para as soberanias nacionais, existem movimentos nacionalistas de dimensões menores, mas que manifestam a continuidade da presença desta ideologia na atualidade. Refiro-me ao nacionalismo basco e catalão na Espanha, ao problema anglo-irlandês do Úlster e à difícil convivência entre flamengos e valões na Bélgica[32].

O êxito do nacionalismo deve-se ao fato de utilizar-se instrumentos mais sentimentais do que intelectuais, que encontram eco na alma humana, encarnada numa situação espaço-temporal determinada. Os povos podem unir-se facilmente à ideia de nação enquanto algo que toca o coração e as paixões. Nesta ideologia encontramos também uma forte carga de sentimento religioso, ainda que secularizado: o *amour sacré de la Patrie* do hino nacional francês. De maneira semelhante aos casos do liberalismo e do marxismo, o nacionalismo apresenta um problema antropológico de difícil solução se não se sai da lógica do pensamento ideológico. Como o paciente leitor recordará, um dos elementos constitutivos deste tipo de pensamento foi o de uma visão reducionista da natureza humana. A identificação do homem com a sua pertença à nação, etnia, raça ou cultura retira à pessoa uma das suas propriedades mais essenciais: a abertura interpessoal. O homem converte-se em mais homem, faz-se mais digno, na medida em que comunica ou entra em comunhão com os outros. Esta abertura, que tem uma dimensão ética e outra mais originária,

---

(32) Cf. F. TOSO, *Frammenti d'Europa. Guida alle minoranze etnico-linguistiche e ai fermenti autonomisti,* Baldini & Castoldi, Milão, 1996.

que é ontológica, implica o respeito pela diversidade, a promoção do diálogo intercultural e a consciência da unidade radical do gênero humano, baseado na idêntica dignidade de toda pessoa. O nacionalismo encerra os horizontes existenciais e impede as pessoas singulares e as comunidades no seu conjunto da possibilidade de enriquecer-se com os dons da comunicação interpessoal. O mundo do nacionalista fica pequeno, pobre e obscuro, pois é um mundo fechado.

No século XX, a humanidade teve a oportunidade de vislumbrar os perigos que o encerramento existencial do nacionalismo trazia consigo, com a consequente afirmação da autonomia absoluta daquela realidade relativa que é a comunidade nacional. Ele se abre com uma crise nacionalista nos Bálcãs e se encerra dolorosamente com as milhares de vítimas da febre nacionalista também nos Bálcãs, ainda que lamentavelmente não apenas ali.

VII. O marxismo

Depois de estudar o liberalismo e o nacionalismo, abordaremos o marxismo. Aparentemente, a ideologia marxista encontra-se nos antípodas do liberalismo. Se este último apoia a sua visão de mundo no individualismo, o marxismo é um dos expoentes mais importantes do coletivismo. As diferenças com o nacionalismo são também óbvias: o marxismo tem a pretensão de ser uma ideologia universalista, que passa por cima da divisão das nações. Tudo isto é verdade, mas também é preciso sublinhar a raiz comum destas ideologias. Liberalismo e marxismo partilham de uma visão do homem como ser radicalmente autônomo: o homem é obra de si mesmo. Por outro lado, apresentam programas vitais com importantes componentes materialistas para alcançar a felicidade na terra: o reducionismo economicista está nas duas ideologias.

Nacionalismo e marxismo também têm pontos de contato. As duas ideologias absolutizam o relativo: a pertença à nação ou a uma classe social são fatores presentes na vida dos homens, mas não explicam tudo. O nacionalismo e o marxismo sublinham a prioridade do todo sobre as partes, da sociedade – a nação ou o proletariado – sobre o indivíduo singular. Porém, a nação ou classe social são radicalmente autônomas, sem qualquer relação com a ordem moral objetiva e transcendente: a liberdade individual liberal reemerge outra vez no marxismo, sob a veste da consciência de classe. Além disso, marxismo e nacionalismo padecem de um profundo influxo do sistema hegeliano do idealismo absoluto.

1. A esquerda hegeliana

O hegelianismo é um sistema absoluto: uma tentativa de filosofia total, cujo motor é o movimento dialético das ideias. Portanto, não é de se estranhar que por sua mesma natureza o sistema hegeliano estivesse destinado a transformar-se. Por outro lado, o próprio sistema de Hegel apresentava ambiguidades e deixava amplo espaço para interpretações. Prova deste fato é a publicação anônima dos *Pensamentos sobre a morte e a imortalidade*, de Ludwig Feuerbach, em 1830, quando Hegel ainda estava vivo. Neste escrito, negava-se a imortalidade individual e afirmava-se que o sistema de Hegel era abertamente panteísta.

Se a obra juvenil de Feuerbach levantou algumas polêmicas, a agitação foi enorme quando David Strauss (1808-1874) escreveu, em 1835, quatro anos depois da morte de Hegel, uma *Vida de Jesus* que negava toda realidade sobrenatural e dava à Revelação um caráter mítico. Strauss, que perdera paulatinamente a fé à medida que avançava o seu itinerário intelectual, cujo início está na leitura de Böhme e Schelling, passa por Schleiermacher e termina em Hegel, afirmava que no sistema de Hegel nada se dizia sobre a historicidade dos fatos narrados no Evangelho. Se, segundo Hegel, Deus tinha encarnado no homem, a encarnação da Segunda Pessoa da Santíssima Trindade não poderia ser mero símbolo, uma mistificação popular? Por estas sendas desmistificadoras caminhava o escrito de Strauss, que se apresentava como autêntico intérprete do filósofo de Stuttgart.

O escrito causou numerosas polêmicas. Nos anos que se sucederam à publicação da *Vida de Jesus*, saíram a público quarenta e oito obras de oposição, escritas em sua maioria por discípulos de Hegel. Strauss, por sua vez, publica em 1838 os seus *Escritos polêmicos para a defesa da minha obra sobre a vida de Jesus*. Neles, encontra-se a famosa classificação dos discípulos de Hegel entre esquerda, centro e direita, inspirada nas posições políticas do parlamento francês. Tal classificação, que surgira muito ligada às circunstâncias da publicação da *Vida de Jesus*, teve um notável êxito historiográfico e é útil para distinguir as posições adotadas pelos hegelianos depois da morte do mestre[1].

Os dois pontos de discussão foram a religião e a teoria do Estado. A esquerda hegeliana – identificada com o grupo dos «jovens hegelianos» – considera que o sistema de Hegel conduz ao panteísmo e ao ateísmo, que, por sua vez, é incompatível com a revelação cristã. Este é um panteísmo que, por meio de Feuerbach, chegará a ser materialismo. No âmbito sociopolítico, a esquerda hegeliana se encaminhará por vias políticas revolucionárias. À luz da famosa frase «tudo o que é racional é real e tudo o que é real é racional» (*Linhas fundamentais de filosofia do direito*), considera que o ordenamento político e social europeu está muito distante de ser racional. Por isso, a Ideia não pode permanecer paralisada ou cristalizada no Estado prussiano. Nesse sentido, o filósofo que empreendeu a crítica da filosofia política de Hegel foi Arnold Ruge (1802-1880), com quem Marx manteve estreitas relações até a ruptura em 1844. Os representantes mais importantes da esquerda hegeliana entre os que podem encontrar-se com profundas diferenças especulativas são: David Strauss, Bruno Bauer, Max Stirner, Ludwig Feuerbach, Karl Marx e Friedrich Engels. Para todos esses filósofos, o *segredo* que confere coerência a Hegel é o ateísmo.

Por outro lado, a direita hegeliana, formada em sua maioria por discípulos diretos de Hegel (Ph. C. Martheineke, K. F. Goschel, H. G. Hotho, K. Fischer, E. Gans, H. F. Hinrichs, K. Rosenkranz etc.), reconhece no sistema hegeliano uma compatibilidade substancial com o protestantismo luterano evangélico e adota uma atitude conservadora em política. O centro, por sua vez, cedo perdeu a própria consistência.

Pode-se afirmar que a direita hegeliana fica com o sistema, enquanto a esquerda herda o seu método, a dialética. Pode-se também considerar que, se para Hegel a *Aufhebung*, a mediação da síntese, é, por um lado, abolir e superar, mas, por outro, também conservar,

---

(1) Sobre D. Strauss e sua obra, cf. M. A. TABET, *David Strauss: La vida de Jesús*, Emesa, Madri, 1977.

a esquerda toma apenas o aspecto revolucionário da abolição e da superação, enquanto a direita mantém os aspectos conservadores do pensamento de Hegel[2].

A ponte que une Hegel a Marx é Feuerbach. Por isso, dedicaremos a ele uma atenção especial.

2. Ludwig Feuerbach

a) Vida e obras

Ludwig Andreas Feuerbach nasce em Landshut, localidade bávara, em 29 de julho de 1804. Passa a juventude em Munique, Bamberg e Ausbach. De família abastada, estudou teologia na Universidade de Heidelberg, onde começou a interessar-se pelo pensamento de Hegel. Em 1824 transferiu-se para Berlim e teve a oportunidade de ouvir diretamente as lições de Hegel e Schleiermacher. Em Berlim estudou filosofia, abandonando a teologia. De lá, parte para Erlangen, onde obtém o doutoramento em filosofia com a tese *De ratione una, universali, infinita.* Inicia ali a sua atividade docente, mas a publicação, em 1830, dos seus *Pensamentos sobre a morte e a imortalidade,* em que negava a imortalidade da alma humana, impediu as suas aspirações de obter uma cátedra universitária.

Com a carreira acadêmica interrompida, Feuerbach teve de se contentar com tornar-se escritor e conferencista. O matrimônio com Berta Löw, em 1837, cria o ambiente propício para a escrita: a família de sua esposa possuía uma fábrica de porcelana, que era uma fonte segura de rendimentos, e uma mansão em Bruckberg. É aqui que escreverá as suas principais obras: *Em torno da crítica da filosofia de Hegel* (1839), *A essência do cristianismo* (1841) e *Princípios fundamentais da filosofia do futuro* (1843).

Em 1848, foi eleito deputado na Assembleia Nacional de Frankfurt, embora não intervenha nos debates. Em 1860, faliu a fábrica

---

(2) Cf. E. COLOMER, *El pensamiento alemán...,* cit., III, p. 9; F. OCARIZ, *El marxismo. Teoria y práctica de una revolución,* Palabra, Madri, 1975, p. 30.

de sua esposa. Os Feuerbach, arruinados economicamente, abandonam Bruckberg e vão para Rechenberg, onde Ludwig morrerá, em
1872. A sua morte causará bastante comoção em diversos ambientes, em particular no Partido Social-Democrata Operário, do qual
era membro.

b) A inversão materialista de Hegel

Feuerbach começa a sua carreira filosófica como um hegeliano
convicto. Em sua tese doutoral, transformara o pensamento hegeliano
num sistema da razão universal e infinita, comum a todos os homens.
O homem é um momento desta razão universal. Trata-se de uma nova
versão da teoria de Averróis do intelecto agente universal. Numa carta
que escreve ao próprio Hegel, Feuerbach tenta convencer o filósofo de
Stuttgart da necessidade de abandonar o teísmo cristão para sustentar
um panteísmo da razão.

Todavia, anos mais tarde, Feuerbach se afastará de seu mestre,
quando considerou o sistema de Hegel uma construção alheia à realidade sensível: «A filosofia de Hegel vê-se afetada pela mesma censura
que afeta toda a filosofia recente, de Descartes a Espinoza: a censura
de um hiato sem solução de continuidade com a intuição sensível»[3].
A realidade deve entender-se sensivelmente, e não em modo conceitual. Com as abstrações hegelianas, o homem alienou-se a si próprio
da sua imediatez. Esta imediatez dá-se na intuição sensível: «Verdade,
realidade e sensibilidade são idênticas»[4]. Para Feuerbach, o homem
não é um ser racional, mas um animal que percebe, sente e se cansa.
Esta prioridade do sensível no ser do homem põe-se em evidência na
célebre frase: «O homem é o que come»[5]. Pois bem! Esse materialismo
não deve ser entendido num sentido demasiado simples: em Feuerbach, o materialismo indica que a base de todas as atividades humanas,
incluídas as intelectuais, tem fundamento material. Difere do materia-

---

(3) L. FEUERBACH, *Zur Kritik der Hegelschen Philosophie,* em *Sämtliche-Werke* (SA),
Stuttgart, 1959, III, p. 184.
(4) *Idem, Grundsätze der Philosophie der Zukunft,* parágrafo 32, em SA, IX, p. 316.
(5) *Idem, Das Geheimnis des Opfers oder Der Mensch ist, was er isst,* em SA, X, p. 41.

lismo clássico: se, para este último, a matéria é todo o edifício, para Feuerbach é apenas o fundamento.

A partir desta inversão materialista do sistema, Feuerbach lança contra o hegelianismo a acusação de ser uma teologia. A consciência do homem não é, como pretende Hegel, a autoconsciência de Deus, mas a consciência de Deus é a autoconsciência do homem. «O saber do homem sobre Deus não é senão o saber que o homem tem de si mesmo»[6]. Por isso, Feuerbach pode afirmar taxativamente que «a verdade é apenas antropologia». Essa crítica anti-hegeliana é a base de sua filosofia da religião, que exercerá forte influxo em Marx: «Esta é brevemente a minha doutrina: a teologia é antropologia, quer dizer, no objeto da religião que em grego chamamos *Zeus* e, em alemão, *Gott*, não se expressa outra coisa senão a essência do homem. Em outras palavras, o Deus dos homens não é senão a essência divinizada do homem»[7].

Em que sentido Deus é uma projeção do homem? Segundo Feuerbach, todas as determinações divinas são determinações da espécie humana. Deus é parte da ilusão, uma *fata Morgana,* o espelho sonhado em que o homem se olha a si próprio: é o conceito específico do homem na sua forma mística. O homem experimenta necessidades naturais, e as suas faculdades – vontade, razão, amor – estão abertas a infinitos objetos possíveis. Essa abertura ao infinito, junto da impossibilidade existencial de alcançá-la, faz com que o homem projete a sua essência num ser externo a ele: Deus. Assim pode-se compreender por que Feuerbach afirma que «a religião jaz unicamente na necessidade. Do que mais intimamente necessitas, isso e não outra coisa é o teu Deus»[8]. Além da necessidade, Deus é a expressão de um desejo: «O que eu não sou, mas desejo e procuro por ser, isso é o meu Deus»[9]. Por isso, a existência religiosa é uma alienação. O homem real, na religião, alienou-se a si próprio porque separou a sua essência infinita de sua existência real. Para salvar a alienação, ele deve tomar consciência de si e descobrir, em seu próprio ser, a infinitude: Feuerbach dá um passo decisivo no processo secularizador, que substitui o transcendente

---

(6) *Idem, Das Wesen des Christentums,* em SA, VI, p. 278.

(7) *Idem, Vorlesungen über das Wesen der Religion,* em SA, VIII, p. 21.

(8) *Idem, Erläuterungen und Ergänzungen zum Wesen des Christentums,* em SA, VII, p. 220.

(9) *Ibidem,* p. 297.

pelo imanente. O filósofo bávaro diviniza o homem e dá-se conta da importância histórica deste passo: «*Homo homini Deus* (o homem é um Deus para o homem): eis aqui o princípio prático supremo, eis aqui a viragem decisiva da história»[10].

Segundo Feuerbach, a consciência religiosa é um passo necessário no processo que termina com a autoconsciência plena por parte do homem. A partir desta perspectiva, o cristianismo é para Feuerbach a religião mais perfeita, porque contém em seu interior uma dinâmica que termina na afirmação do homem por si mesmo. Assim, o Deus Criador é a projeção do poder do homem sobre a natureza; Deus Trino é a projeção da vida social do homem; Deus Encarnado é a projeção do corporal e do sensível. Como bem expressa A. Cruz: «Já só falta inverter os termos: do Deus-Homem ao Homem-Deus; também reconhecer que é a si mesmo a quem conhece o homem no seu conhecimento de Deus. A filosofia de Feuerbach apresenta-se como a plena iluminação, como a plena verdade do cristianismo»[11].

Contudo, a infinitude do homem não é a própria do indivíduo particular, que é por si limitado. Para a plena realização do homem torna-se necessário recorrer à espécie humana: o homem deve reintegrar-se em espécie, unir-se aos demais homens na vida social. Por isso, Feuerbach desenvolve uma dialética interpessoal do eu-tu, na qual o eu se reconhece apenas em frente a outro eu (frente a um tu) e se une com os outros mediante o amor. O lugar de Deus ocupa-o a espécie humana reunida em comunidade de amor. Se São João afirma que «Deus é amor», Feuerbach dirá que «o amor é Deus». Porém, trata-se de um mero amor humano absolutamente autônomo: «O amor humano não pode ser derivado: deve chegar a ser originário. Apenas então o amor será uma força autêntica, sagrada, digna de confiança. Se a essência do homem é para ele o ser supremo, então na prática a lei suprema para o homem deve ser o amor do homem pelo homem»[12].

---

(10) *Idem, Das Wesen des Christentums,* em SA, VI, p. 325

(11) A. CRUZ, *Historia de la filosofía contemporánea,* Eunsa, Pamplona, 1987, p. 54.

(12) L. FEUERBACH, *Das Wesen des Christentums,* em SA, VI, p. 325. Sobre o influxo da doutrina religiosa de Feuerbach na mentalidade do século XX, cf. H. de LUBAC, *Le drame de l'humanisme athée,* Spes, Paris, 1959, pp. 22-39.

A inversão do sistema hegeliano, transformado de idealismo em materialismo, e a substituição de Deus pela espécie humana irão repercutir de modo decisivo na obra de Karl Marx, que transferirá a crítica de Feuerbach da teoria à prática. Falaremos sobre Marx adiante. Antes, para se ter uma ideia correta da especificidade do marxismo, torna-se necessário apresentar previamente algumas correntes socialistas e anarquistas com as quais o autor entrará em contato, quer seja para aproveitar algumas das suas ideias, quer seja para criticá-las.

3. O socialismo utópico e o movimento anarquista

As ideologias socialistas e a marxista surgem na primeira metade do século XIX e são consequência das profundas contradições da sociedade liberal do capitalismo selvagem. A tensão entre liberdade absoluta e igualdade provocou uma situação social de conflito. A «questão social» foi objeto de atenção de muitos intelectuais, pensadores, políticos e homens da Igreja. Se Leão XIII tratou de aplicar a moral dos Evangelhos e a consequente antropologia transcendente para resolver as contradições da sociedade liberal, outros procuraram resolver o mesmo problema, mas partindo de uma visão do homem que partilha com os liberais o reducionismo imanentista.

Em primeiro lugar, é necessário falar de socialismo utópico. Nos representantes desta corrente teórico-prática de pensamento descobre-se, junto das boas intenções e preocupações sociais, uma base antropológica materialista que supõe que a felicidade dos homens é fundamentalmente material e pode ser alcançada nesta terra. Os problemas humanos são resolvidos com uma mudança de estruturas sociais. Assim concebeu Charles Fourier (1771-1837), que apresenta um projeto de sociedade organizada com base em «falanstérios» ou comunidades com promiscuidade sexual e associação voluntária de capital. Segundo Fourier, os homens têm paixões boas, mas a sociedade civilizada fez com que se convertessem em más.

A sociedade deve ser reordenada, de modo que as paixões humanas possam reencontrar a bondade perdida. Em Fourier, evidencia-se o impulso de Rousseau. Marx falará do «humanismo cumprido» de Fourier. Comunismo e ateísmo estão na base do projeto social de Robert Owen (1771-1856), segundo quem, em suas ações, o homem depende das circunstâncias econômico-sociais. É necessário implementar um sistema educativo equitativo que seja capaz de abolir as ideias de hierarquia, propriedade e disciplina sexual. Victor Considerant e Etienne Cabet são outros socialistas utópicos, mais moderados nas suas propostas[13].

O pensador mais influente desses movimentos sociais é Claude--Henry de Rouvroy, conde de Saint-Simon (1760-1825). A ciência moderna para Saint-Simon oferecerá à humanidade uma nova organização social que levará a cabo os ideais da Revolução. Saint-Simon propõe uma sociedade governada por técnicos e cientistas, na qual os conflitos sociais serão resolvidos de forma racional. Saint-Simon considera que existem as leis necessárias ao desenvolvimento das sociedades históricas. A ciência moderna acabará por substituir a teologia e a metafísica no papel preponderante que tiveram nos séculos precedentes. O futuro pertence à indústria, eixo da nova sociedade. As novas estruturas sociais serão pacíficas, pois os interesses dos capitalistas industriais e dos trabalhadores coincidem substancialmente. No último período de seu pensamento, Saint-Simon propõe um

---

(13) Os socialistas utópicos não foram os primeiros a falar de comunismo, ateísmo e promiscuidade sexual como elementos-chave da sociedade ideal. No século XVIII francês, Jean Meslier, que representa um estranho caso de sacerdote ateu, deixou um testamento em que renegou todas as crenças cristãs e voltou a propor estes elementos para as suas utopias políticas. Analogamente, *O código da natureza, ou seja, o autêntico espírito das leis*, de Morelly (talvez um pseudônimo de Diderot), baseia todos os seus raciocínios utópicos no desaparecimento da propriedade privada; Deschamps, no seu *Sistema verdadeiro*, colocava em estreita relação o ateísmo com a igualdade social. O século XVIII inglês também pronunciou fortes alegações contra a propriedade privada. Gerard Winstanley, publicista que pertencia ao grupo dos *levellers* (niveladores), considera a propriedade privada da terra a causa de todos os males sociais. Deve-se recordar também algumas utopias clássicas, como as de Platão e Aristófanes, ou outras surgidas no Renascimento por ocasião da descoberta da América. Sobre todas estas correntes, cf. R. CAMMILLERI, *I mostri della Ragione*, Ares, Milão, 1993.

«novo cristianismo», que, uma vez depurado das formas eclesiásticas, servirá como cimento social. Além do interesse que possam ter as suas doutrinas em si mesmas, Saint-Simon desempenha uma função importante na história da filosofia como professor do pai do positivismo moderno: Augusto Comte.

O adjetivo «utópico» destes primeiros socialismos deve-se a Marx. O pensador estudou com atenção essas doutrinas, e sabe-se que professava algum respeito por Saint-Simon. Porém, considerava que a mudança estrutural da sociedade não podia acontecer sem o recurso à revolução violenta. Era utópico pensar na existência de uma comunidade de interesses entre ricos e pobres. Não obstante, Marx partilha com esses socialistas a visão da história governada por leis necessárias e a base econômica das estruturas sociais. Marx defenderá com orgulho a «cientificidade» de seu socialismo, em contraposição com essas tentativas utópicas, ainda que não se possa esquecer a importante carga utópica do projeto marxista e a dívida cultural com Saint-Simon, graças ao qual denomina científico o seu socialismo.

O pensamento de Pierre Proudhon (1809-1865), considerado um dos primeiros anarquistas, foi contemporâneo desses socialistas utópicos. Proudhon pretende substituir as estruturas políticas da sociedade, ou seja, o Estado, por associativismo de pequenos proprietários, que constituiriam uma sociedade igualitária mediante a livre contratação. O ideal de Proudhon foi de uma sociedade privada de toda forma de governo autoritário e centralizado. A ideia dominante da política é o contratualismo livre: a justiça distributiva desaparece e resta apenas a justiça comutativa. Essa sociedade será eternamente cambiante, porque a anarquia, quer dizer, o desaparecimento do Estado, é um símbolo mítico, que deve reunir os homens com vista à realização deste ideal revolucionário. Marx considerará o anarquismo de Proudhon uma manifestação ideológica da pequena burguesia e lhe dedicará um livro crítico: *Miséria da filosofia*.

O outro inspirador do anarquismo contemporâneo é o russo Mikhail Bakunin *(1814-1816)*. A sua doutrina anárquica consiste em levar às últimas consequências os pressupostos antropológicos do liberalismo: se o homem é fundamentalmente liberdade absoluta, tem de desaparecer da sociedade qualquer instituição ou sinal de autoridade que obstaculize o arbítrio de uma liberdade que se pretende sem regras. Para Bakunin, a ideia de Deus era a negação absoluta da liberdade humana. Por outro lado, Satanás «representava um verdadeiro modelo para a humanidade, e tinha chegado a sê-lo por um ato de insubordinação bem consciente»[14].

Os trabalhadores industriais, organizados em sindicatos democráticos, levarão adiante a revolução social, que terminará com toda autoridade. A greve geral revolucionária será uma das armas preferidas do anarquismo sindical. Porém, utilizar-se-á o terrorismo para impor os pontos de vista anárquicos. Na segunda metade do século XIX e nos primeiros anos do século XX, morrerão como consequência de atentados o czar russo Alexandre II; o presidente francês Sadi Carnot; o primeiro-ministro espanhol Cánovas del Castillo; o presidente dos Estados Unidos William McKinley; a mulher do imperador Francisco José da Áustria, Sissy; o rei da Itália Humberto I etc.

O anarquismo e o marxismo opõem-se mutuamente no movimento operário desta época. Os sindicatos ou *trade unions* começam a sua existência primeiro clandestinamente, mas depois serão reconhecidos pelos distintos governos liberais da Europa e América. Se os anarquistas propõem o método da revolução violenta e a ausência de uma hierarquia interna nas organizações operárias, os marxistas consideram necessária uma estratégia para tornar-se poder político, o que inclui uma rígida organização no governo dos sindicatos. Por outro lado, os anarquistas querem fazer desaparecer imediatamente o poder político, eliminando a necessidade de uma ditadura do proletariado, sustentada, por sua vez, pelos marxistas.

O socialismo de Ferdinand Lassalle (1825-1865) está nos antípodas do anarquismo. Lassalle apoia um socialismo de Estado: para chegar à sociedade socialista não é necessária a revolução, mas a união de todos os trabalhadores. Apenas o Estado pode criar a dita união. Em suas teorias, manifesta-se o influxo da doutrina política hegeliana. Por meio de seu discípulo Wagner, influenciará o Partido Trabalhista britânico. Marx criticará Lassalle na obra *A ideologia alemã.*

---

(14) G. PIOVESANA, *Storia del pensiero filosofico russo,* cit., p. 167.

4. Karl Marx

a) Vida e obras

Karl Marx nasce em Trier, no dia 5 de maio de 1818, filho de pais judeus de condição burguesa. Em 1824, foi batizado com os seus sete irmãos na igreja luterana. A decisão do batismo, tomada por seu pai, deve-se fundamentalmente à legislação prussiana, que facilitava o desempenho de profissões liberais aos luteranos. De 1830 até 1835, estudou brilhantemente no liceu de Trier, onde aprendeu o humanismo universalista e iluminista. O seu pai já o tinha educado com as máximas de Rousseau, Voltaire e Diderot. Em 1836, transferiu-se para Bonn, onde estudou direito, mas no ano seguinte foi para Berlim e ali frequentou as lições de von Savigny, um dos pais da escola histórica do direito. Nesses anos, começa a ler as obras de Hegel. Assim, descobre a sua vocação filosófica e entra em contato com jovens hegelianos, em particular com os irmãos Bauer. Estudante universitário medíocre, a sua tese tem o título *A diferença entre a filosofia da natureza de Demócrito e de Epicuro*. Defende-a em Jena, em 1841.

Depois da graduação, Marx trata de obter uma cátedra universitária junto de Bruno Bauer, mas este foi perseguido devido a suas ideias políticas. Marx passa a se dedicar ao jornalismo e dirige, em Colônia, a *Reinische Zeitung*. Encerram-lhe o jornal por problemas políticos. Em 1843, casou-se com Jenny von Westphalen, com quem terá seis filhos, dos quais três morrerão prematuramente. Sobreviver-lhe-ão três filhas. Foi um pai e um esposo afetuoso.

No mesmo ano de seu casamento escreve *Crítica da filosofia do direito político de Hegel*. Depois vai para Paris. Na capital francesa entra em contato com alguns movimentos socialistas e, junto de Arnold Ruge, dirige os *Anais franco-alemães*. Ali, em 1844, publica *Contribuição à crítica da filosofia hegeliana do direito* e *A questão judaica*. Em Paris, conhece Engels, e surge entre eles uma boa amizade[15]. Em 1845, junto

---

(15) Muitas das obras de Marx foram escritas em colaboração com Engels. Daremos brevemente alguns traços biográficos de quem foi a mão direita de Marx.

Friedrich Engels nasceu em 28 de novembro de 1820 em Barmen (Vestfália), pertencendo a uma família de industriais abastada. Conhece alguns jovens hegelianos e nos seus

de Engels, escreve *A sagrada família*, dirigida contra Bruno Bauer e seus companheiros. Escreve também os seus *Manuscritos juvenis*, que serão publicados em 1932. Em 1845, publica *A ideologia alemã* e as *Teses sobre Feuerbach*. Estas obras foram escritas em Bruxelas, residência de Marx após ser expulso da França por razões políticas. O subtítulo de *A ideologia alemã* é: *Crítica da recente filosofia alemã nos seus representantes Feuerbach, Bruno Bauer e Stirner e do socialismo alemão nos seus diversos profetas.*

Em 1846, rompe com Proudhon, um dos pais do anarquismo. Como resposta ao livro *A filosofia da miséria*, em 1847, Marx publicou *Miséria da filosofia*. Nesta ocasião, começa a fazer parte da Liga dos Comunistas, a que deu o lema de «Proletários de todo o mundo, uni-vos». Em 1848, a pedido do II Congresso da Liga, publicou com Engels um pequeno livro que entrará para a história: o *Manifesto do Partido Comunista*. No mesmo ano, retorna brevemente a Paris, passando depois por Viena. Em 1849, transfere-se definitivamente para Londres por causa das mudanças políticas continentais. Escreve muitas obras na Inglaterra, e entre as mais importantes estão *Contribuição à crítica da economia política*, de 1859; *O capital*, de 1867 (completado por Engels entre 1885 e 1894); *Crítica ao programa de Gotha*, de 1875; e diversos artigos para jornais dos Estados Unidos, sobretudo para o *New York Herald Tribune*. O trabalho de jornalista ajudou-o a enfrentar as prementes necessidades econômicas.

De Londres, Marx participou na formação da *1ª Associação Internacional de Trabalhadores* (a *1ª Internacional*). Como dirigente seu, empenha-se em lutar contra os desvios da «ortodoxia» socialista.

---

primeiros escritos manifesta interesses teológicos, que Marx não tinha. Cedo, influenciado pelas leituras desmistificadoras de David Strauss, um dos jovens hegelianos, passa a defender um ateísmo militante. Em 1841, vemo-lo já como um comunista convicto. Em 1842, vai a Manchester para dirigir a fábrica de seu pai. Entra em contato com o mundo laboral e escreverá uma obra sobre o tema: *Situação da classe operária na Inglaterra*. Em 1843, em Paris, conhece Marx. Como vimos, escreverão algumas obras em colaboração. Em 1850, retorna a Manchester. Quando Marx se retira da vida pública, Engels será o porta-voz do marxismo e o maior defensor da ortodoxia. Fruto desta defesa é o seu *Anti-Dühring*, escrito contra o socialista Eugen Dühring. Depois da morte de Marx, publica o segundo livro do *Capital* (1885) e o terceiro (1894). Também escreveu, entre muitas outras publicações, *Dialética da natureza*. Morreu em 1895.

Os seus ataques eram dirigidos, sobretudo, contra os anarquistas de Proudhon e Bakunin e contra o socialismo do alemão Lasalle. No congresso de 1872 da Haia, consegue a expulsão dos anarquistas e a mudança da sede da Internacional para Nova York.

A partir de 1873, Marx levou uma vida retirada e dedicou-se a continuar *O capital.* Morreu em Londres, em março de 1883, e foi sepultado no cemitério de Highgate.

b) O materialismo dialético e histórico

Segundo F. Ocáriz, «Marx encontrou-se com três elementos principais: a filosofia de Hegel e pós-Hegel, o socialismo e a ciência econômica, que, apesar das suas inter-relações, se apresentavam como três correntes separadas. Marx, por sua vez, encontraria unidade: filosofia, política e economia deveriam ser tudo um; quer dizer, uma filosofia (materialismo) em que a estrutura íntima da realidade fosse economia e conduzisse necessariamente ao socialismo»[16]. Para realizar essa empreitada, seria preciso levar a cabo uma profunda crítica filosófica, política e econômica. Como bom hegeliano, pelo menos nisto, Marx utiliza a dialética. O melhor termo para referir-se a esta operação é o de *Revolução*: não se trata de criticar abstratamente alguns princípios, mas de transformar as situações humanas que originaram esses princípios.

Seguindo os passos de Hegel, Marx considera a realidade como um todo que evolui historicamente movido por uma dinâmica interna semelhante à dialética hegeliana. Porém, diferentemente de Hegel, a realidade é de natureza puramente material. O materialismo marxista é dialético porque é a explicação dos momentos particulares do processo total como uma luta de contrários. Como consequência da eliminação do lado ideal ou racional do sistema de Hegel, a dialética que governa o dinamismo interno do todo marxista foi privada da síntese como momento culminante, já que, ao contrário do que pensa Hegel, para Marx a *tese* e a *antítese* são momentos reais e permanentes, enquanto a *síntese* é ideal – quer dizer, irreal, abstrata. Deste modo, Marx inverteu a hierarquia dos três momentos do movimento dialé-

---

(16) F. OCÁRIZ, *El marxismo,* cit., p. 53.

tico postulado pelo seu mestre. Este último reflete-se muito bem no papel que, no pensamento de um e outro, desempenham a família, a sociedade e o Estado. Para Hegel, família e sociedade civil são dois momentos transitórios – portanto, abstratos – que se encontram superados e assumidos pelo Estado, a encarnação real do espírito. Por outro lado, para o revolucionário de Trier, a família e a sociedade são sujeitos reais e históricos em oposição permanente, enquanto o Estado é uma estrutura ideal, que se constrói *em cima* desta relação dialética real.

Todavia, Marx fixa-se apenas numa parte do sistema de Hegel que tinha sido transformado por Feuerbach num materialismo, eliminando a lógica como ciência do espírito absoluto: permanecem apenas o homem e a natureza. Porém, o nosso filósofo também se distanciará de Feuerbach: Marx é um pensador prático. Deve-se transpor a crítica da pura teoria, como fizeram os seus predecessores alemães, entre eles a esquerda hegeliana, para a *práxis*, até que chegue a ser um instrumento de transformação da realidade social. Deste modo, Marx toma o materialismo de Feuerbach e transforma-o de teórico em prático.

Para Marx, o homem é unicamente matéria e, portanto, apenas material sensível, de transformação da natureza. O caráter prático desse materialismo manifesta-se em que a realidade está constituída fundamentalmente pelos efeitos da ação humana. Neste sentido, a relação do homem com a natureza não é passiva-contemplativa, mas ativa-transformadora. O elemento intermediário entre o homem e a natureza é o trabalho por meio do qual o homem elabora os objetos de que necessita para satisfazer as necessidades vitais. Contudo, quando o homem transforma a natureza, faz-se objeto da própria ação: transformando a natureza, o homem constrói-se a si próprio. Os frutos do trabalho são a objetivação da natureza humana. Assim, a realidade revela-se para nós como o resultado histórico da transformação das circunstâncias materiais da vida humana, e não como natureza material pura (Feuerbach). Por isso, Marx pode afirmar que «toda a chamada história universal não é senão a produção do homem pelo trabalho humano, a gênese da natureza para o homem»[17].

---

(17) K. MARX, *Ökonomisch-philosophische Manuskripte*, em *Werke*, Ergänzungensband Erster Teil, p. 546.

Deste modo, Marx reduziu o homem a *homo oeconomicus*, ou seja, o que o homem *é* está determinado pelas condições materiais da produção dos bens de subsistência. A consciência do homem – o modo de compreender-se a si próprio e de interpretar as suas relações com o mundo – é uma *superestrutura* produzida por *estruturas* socioeconômicas de cada época. Como escreve Engels no prólogo do *Manifesto do Partido Comunista*, «a produção econômica e o ajustamento social, que em cada época por necessidade deriva dela, são a base da história política ou intelectual da própria época». Em outras palavras, a cosmovisão do homem numa sociedade histórica concreta é a expressão ideal das estruturas econômicas, que regulam as relações entre os elementos da referida sociedade.

A partir dos seus primeiros escritos, Marx critica o estado de *alienação* em que o homem se encontra: o homem real, concreto, material – o de Feuerbach –, e não o Espírito Objetivo, como sustenta Hegel, está alienado. Este termo indica a privação violenta do homem do seu ser mais genuíno: o fruto do seu trabalho. A causa desta alienação está nas *estruturas* econômicas que corporizam a sociedade e, mais concretamente, nas relações de produção, que historicamente se basearam na propriedade privada.

A *estrutura* socioeconômica capitalista ou privada é o fundamento radical da *superestrutura*, identificável com os distintos níveis ou as diferentes manifestações da alienação humana, como são a religião, a filosofia, o Estado, a divisão em classes sociais. Se a estrutura é radicalmente econômica, as alienações superestruturais podem se revestir de aparências espirituais, mas na realidade fundamentam-se, como efeito de uma única causa, na existência da propriedade privada. Todo o sistema do pensamento marxista inclinar-se-á para a eliminação da causa da alienação, com a esperança de criar o homem novo, redimido das injustiças socioeconômicas.

Esse materialismo radical é o esquema da visão marxista da História. Tal visão é simples e progressiva: na sociedade existem duas classes antagônicas: proprietários e proletários. «A história de toda a sociedade humana até nossos dias é uma história de luta de classes» (*Manifesto do Partido Comunista*). O proletariado está chamado a salvar a humanidade das suas alienações, e instituir-se-á o paraíso comunista sem classes por meio da revolução.

c) Crítica da alienação religiosa

Embora Marx não tenha nascido ateu, basta uma análise superficial para perceber-se que a crítica da religião percorre toda a obra do revolucionário de Trier. Além disto, poder-se-ia dizer que um dos seus objetivos primordiais é suprimir *a radice* o problema de Deus: na terra sem fronteiras que postula a razão marxista não há espaço para os seres sobrenaturais, imaginários, particulares.

Neste aspecto, o pensamento de Marx evidencia o profundo influxo das ideias de Feuerbach: Deus é uma ilusão e, como contrapartida, levanta-se o homem como divindade suprema. Agora, trata-se de afirmar o autodomínio do homem. É preciso afirmar o homem a partir do próprio homem, e não partindo de uma negação. A dialética supera o momento da negação de Deus. Depois da negação da negação, fica a simples afirmação do homem. Não é que não exista lugar para Deus na sociedade socialista: na sociedade socialista não existe espaço para colocar-se a questão de Deus. É esta uma das afirmações mais audazes que se fizeram na história da filosofia: trata-se de passar do ateísmo *negativo*, que depende da negação de Deus, ao ateísmo *positivo*, que se fundamenta na afirmação do homem. Maurice Clavel expressou graficamente esse ateísmo intrínseco com uma frase rotunda e, por isso, também um pouco redutiva: «Admiti um ódio total a Deus num jovem hegeliano e tereis Marx, todo o Marx»[18].

Numa primeira análise, parece que a religião é, simultaneamente, tempo, causa e efeito da alienação socioeconômica. É causa porque confirma a injustiça, decorando-a com uma auréola sagrada. Contudo, para Marx trata-se mais de um efeito, visto que, se não existisse a injustiça, também não existiria a religião: «a miséria religiosa é, por um lado, a *expressão* da miséria real e, por outro, o *protesto* contra ela. A religião é o suspiro da criatura oprimida, o coração de um mundo sem coração, o espírito de uma situação carente de espírito. É o *ópio do povo*»[19]. Desta forma, será necessário abolir a religião como alegria

---

(18) M. CLAVEL, *Ce que je crois*, Paris, 1975, p. 96.
(19) K. MARX, *Zur Kritik der hegelschen Rechtsphilosophie. Einleitung*, em *Karl Marx-Friedrich Engels Werke*, Dietz, Berlim, 1957-1969, II, p. 378.

ilusória para que o homem possa gozar de uma alegria real. Deve-se eliminar o além do horizonte e preocupar-se com o aquém.

Marx não só dirige as suas críticas ao fenômeno religioso em geral como também critica concretamente o cristianismo por pregar a escravidão, o desalento, a submissão etc. A conclusão da crítica da alienação religiosa é contundente: as religiões são o reflexo das estruturas socioeconômicas. Portanto, o mundo religioso não tem uma consistência real, mas especulativa. Pois bem! O desaparecimento da religião pela sua natureza de superestrutura dependerá da mudança das estruturas socioeconômicas.

Que diz Marx sobre os dois problemas essenciais da vida, que levam a perguntar-se sobre os limites do homem e que parecem contradizer a autonomia absoluta: a morte e o fato de se ter uma existência recebida? Sobre a morte, Marx considera que o homem é um ser genérico determinado, mas a espécie não. Na sobrevivência da espécie (*Gattung*) reencontra-se a tendência do homem para o infinito. No que se refere à limitação que traz consigo o fato de ter recebido a existência, Marx considera necessário abolir a ideia de *criação*. Deve ser substituída pela ideia de *generatio equivoca*. Não existe uma cadeia de pais-filhos, mas somente um movimento circular homem-natureza: o homem, neste sentido, produz-se a si próprio.

d) Crítica da alienação filosófica

A segunda alienação é a filosófica. Marx, quando se refere à filosofia, habitualmente está pensando em Hegel e na filosofia imediatamente posterior a Hegel. Que sucede com esta filosofia? Separa radicalmente teoria e práxis. O sistema hegeliano «passa de contrabando a história da consciência como se fosse a história real»[20]. A interpretação hegeliana da história é obra da imaginação especulativa, da capacidade de representação do filósofo, mas não a história real. A esquerda hegeliana seguiu na linha de manter-se no mundo das ideias. Enquanto separada do mundo material, essa filosofia é causa de alienação. Por isso, Marx

---

(20) *Idem, Die deutsche Ideologie*, em *Karl Marx...*, III, p. 167.

afirma que Feuerbach fez uma grande contribuição «quando provou que a velha filosofia não é senão a religião traduzida em pensamentos e desenvolvida com o pensamento: outro modo de alienação do ser humano, que também deve ser condenada» (*Manuscritos de 1844*).

A filosofia deve servir à libertação da alienação, e não para interpretar ou contemplar o homem. Por isso é fácil entender Marx quando ele afirma que «os filósofos não fizeram senão interpretar o mundo de diferentes maneiras: o que importa é *transformá-lo*»[21]. O resultado evidente dessa atitude é o afastamento do conceito tradicional de filosofia: não existe lugar para a contemplação, e a teoria transforma-se em práxis revolucionária ao serviço da eliminação da propriedade privada. Do ponto de vista do conhecimento da realidade, deve-se construir uma nova realidade por meio da revolução. Por conseguinte, não existe uma verdade teórica objetiva, mas a verdade se faz na práxis. Na Segunda Tese sobre Feuerbach, Marx escreve: «O pensamento de se ao pensamento humano se lhe pode atribuir uma verdade objetiva não é um problema teórico, mas um problema prático. É na *prática* em que o homem tem de demonstrar a verdade, quer dizer, a realidade e o poder, o caráter terreal do seu pensamento. O litígio sobre a realidade ou irrealidade de um pensamento isolado da prática é um problema puramente *escolástico*».

e) Crítica da alienação política

Se descemos um escalão nos níveis de alienação, descobriremos que o Estado é o aparelho opressor que garante a divisão da sociedade em classes. No estado hegeliano, a soberania do povo não coincide com a soberania arbitrária do Estado constitucional. Existe uma separação entre vida social e vida política, e as instituições burguesas estão ao serviço dos ricos e dos opressores. É necessário superar esta alienação. Marx prevê o desaparecimento do Estado, mas depois de um período de ditadura do proletariado, que deverá durar até que termine o trabalho de destruir todo o vínculo de domínio. «A emancipação

---

(21) *Idem, Thesen über Feuerbach*, em *Karl Marx...*, III, p. 5.

política é, simultaneamente, a *dissolução* da antiga sociedade, sobre a qual repousa a essência do Estado alienado (separado) do povo, o poder soberano» (*A questão judaica*).

f) Crítica da alienação social

A alienação social consiste fundamentalmente na divisão de classes na sociedade. Existem duas classes: os capitalistas, ricos, e os sem posses, identificados na circunstância histórica da sociedade burguesa liberal com o proletariado industrial. A causa desta divisão radical é a propriedade privada, fundamento do sistema capitalista.

A revolução eliminará a divisão de classes. Quando o proletariado alcança as condições de amadurecimento para lançar-se na luta política contra a burguesia, o fim desta está decretado: «A classe trabalhadora no seu desenvolvimento substituirá a antiga sociedade civil por uma associação que excluirá as classes e o antagonismo, e não haverá já poder político propriamente dito, visto que o poder político é precisamente o compêndio oficial do antagonismo na sociedade civil. Entretanto, o antagonismo entre o proletariado e a burguesia é uma luta de classe contra classe; luta que, levada à sua mais alta expressão, é a Revolução total» (*Miséria da filosofia*).

A revolução social que anulará a distinção entre classes apenas será eficaz quando eliminar a causa da referida alienação: a propriedade privada. Assim, entramos na análise da última alienação: a econômica.

g) Crítica da alienação econômica

Marx dedicou bastante espaço à crítica da economia política clássica, mesmo que se aproprie de muitos elementos dela, como a teoria do valor. O filósofo considera que o sistema capitalista, baseado na propriedade privada, destinava-se a desaparecer dialeticamente por meio do oposto que gera: o proletariado. Esta foi uma asserção do socialismo *científico* que Marx procurará explicar nas suas obras.

Segundo Marx, o trabalhador, quando trabalha, não trabalha para si mesmo: a sua atividade pertence a outro, ao capitalista. Se isto é já uma manifestação da alienação antropológica, é preciso acrescentar que o trabalho industrial é, na realidade, um trabalho forçado e artificial: o operário não trabalha para satisfazer uma necessidade natural, mas para satisfazer às necessidades dos outros. De um ponto de vista mais estritamente econômico, segundo a teoria do valor que Marx tomou de alguns economistas britânicos, como Adam Smith e David Ricardo, o trabalho é a fonte de valor de uma mercadoria. Quando o capitalista paga um salário pelas horas de trabalho de um operário e, depois, vende o produto por um preço mais alto que o salário, comete-se um roubo, pois se a mercadoria valia mais, era por causa do trabalho incorporado pelo operário no produto final. Esta é a chamada teoria da *mais-valia*, por meio da qual o capitalista se vai enriquecendo com a exploração dos trabalhadores.

Para Marx, a lógica do sistema capitalista está destinada à sua autodestruição. O capital, mediante o roubo sistemático da mais-valia, tende a acumular-se e a concentrar-se em poucas mãos. Assim, inicia-se um processo de proletarização da sociedade: o capitalista goza sempre de mais dinheiro para investir em força de trabalho, de modo que aumenta o número de operários. «Conforme diminui progressivamente o número de proprietários capitalistas que usurpam e monopolizam este processo de transformação, cresce a massa da miséria, da opressão, da escravidão, da degenerescência, da exploração; ao mesmo tempo, porém, cresce também a rebeldia da classe operária, cada vez mais numerosa e mais organizada pelo mecanismo do próprio processo capitalista de produção. O monopólio do capital transforma-se no grilhão do regime de produção, que cresceu com ele e por ele. A centralização dos meios de produção e a socialização do trabalho atingem o ponto de ser incompatíveis com os contornos capitalistas. Este jogo desmembra. Soou a hora final da propriedade privada capitalista. Os expropriadores são expropriados»[22].

O regime da propriedade privada é a causa de todos os males do homem real. Nesse regime, o homem não se faz a si próprio. A sua vida pertence a outro. Por isso, «a supressão positiva da propriedade privada enquanto apropriação da vida humana é, pois, a supressão positiva

---

(22) *Idem, El Capital,* Fondo de Cultura Econômica, México, 1968, I, pp. 648-649.

de toda a alienação, quer dizer, o retorno do homem a si mesmo, o qual, abandonando a religião, o Estado etc., volta a encontrar a sua existência humana, isto é, social»[23]. Para obter a supressão do regime de propriedade privada, Marx utiliza a noção de proletariado, classe social operária que possui uma base material oportuna para a revolução: como está escravizada e, portanto, é nada, dialeticamente pode transformar-se num ser, pode chegar a ser protagonista da história[24].

* * *

O caráter ideológico do pensamento marxista apresenta-se numa visão da história com toda a força da substituição. As ideologias cumprem uma função de substituição da religião: a própria terminologia marxista, que emprega termos como pecado, miséria, redenção, paraíso, manifesta de modo muito claro esse caráter substitutivo das ideologias entendidas como religiões seculares. Segundo Dawson, o marxismo é a ideologia que mais insistiu num caráter puramente científico e não religioso da sua doutrina. O marxismo é, simultaneamente, a ideologia mais devedora dos elementos messiânicos da tradição judaica e cristã. De fato, a doutrina marxista é uma doutrina apocalíptica, um juízo condenatório da ordem social existente e uma mensagem de salvação para o pobre e o oprimido, aos quais se promete uma retribuição na sociedade sem classes, equivalente marxista do reino milenário da equidade[25].

---

(23) *Idem, Ökonomisch-philosophische Manuskripte*, cit., p. 577.

(24) A este respeito, Dawson afirma que «nenhuma mudança industrial terá em si o suficiente valor para alterar o espírito da cultura. Enquanto o proletário estiver guiado por motivos puramente econômicos, continuará a ser no fundo um burguês. Apenas na religião podemos encontrar a força espiritual que nos permitirá levar a cabo a revolução espiritual. O tipo oposto ao burguês não se encontra entre os comunistas, uma vez que o homem é religioso, o homem dos desejos. O burguês não pode ser substituído por outro tipo social, mas por um tipo humano muito distinto. Certamente o desaparecimento do burguês implicaria a presença do trabalhador, já que não é questão de voltar ao velho regime de castas privilegiadas. O erro de Marx não reside na sua dialética de evolução social, mas no materialismo mesquinho da sua interpretação, que desprezava o fator religioso» (C. DAWSON, *Dinámica de la historia universal*, cit., pp. 162 -163).

(25) Cf. C. DAWSON, *Dinámica de la historia universal*, cit., p. 188.

Porém, simultaneamente, este aspecto do marxismo, quer dizer, a esperança num futuro livre e justo, apresenta algumas dificuldades para quem deseja encontrar uma coerência interna num sistema. Se a luta de classes é o motor da história, haverá história depois da revolução? Se for assim, o paraíso comunista encontra-se além da história? Parece que Marx quer fazer conviver dois momentos incompatíveis da teoria da história: o elemento apocalítico do fim da história, herdado da tradição judaico-cristã, e a necessidade da dialética, enquanto lei intrínseca dos eventos humanos, de tradição hegeliana. O elemento apocalítico parece ganhar à dialética, configurando assim a teoria marxista da história numa outra versão moderna de uma escatologia secularizada. Em sua encarnação nos processos históricos ver-se-á outra vez como a ideologia tende à utopia, mas é capaz também de criar infernos, em vez dos desejados paraísos.

5. Os neomarxismos e o movimento social-democrata

Os pensadores e líderes políticos que se inspiram em Marx trataram de aplicar a teoria marxista. Levaram em conta as mudanças das circunstâncias espaço-temporais (neomarxistas) ou procuraram acrescentar elementos estranhos à ortodoxia marxista (social-democratas). Nos parágrafos seguintes, apresentaremos brevemente os principais expoentes destas duas correntes.

O líder político, mas também o teórico político, mais importante da primeira corrente é, sem dúvida, Vladimir Ilitch Ulianov ou Lenin (1870-1924). Sendo o principal ator da Revolução de Outubro, teve de desenvolver algumas ideias de Marx para poder enfrentar o circunstancialismo histórico da Rússia do início do século XX. Em concreto, Lenin apresenta três conceitos que não foram amplamente tratados no pensamento marxista: o imperialismo, o papel do Partido Comunista e o Estado proletário.

Segundo Lenin, a profecia de Marx sobre o desaparecimento do capitalismo por obra da proletarização da sociedade no seu todo será uma realidade, mas antes que isto aconteça existirá uma última fase do capitalismo: o imperialismo. Lenin considera que a última fase da concentração dos capitais será internacional, em que as potências capitalistas do Ocidente se unirão para encontrar novos mercados nos países colonizados. A luta de classes se transformará numa guerra internacional entre os países burgueses, capitalistas e opressores contra os países colonizados. Assim, abriam-se as portas para um entendimento entre a ideologia marxista universalista e os movimentos de libertação nacional que serão realidade no processo de descolonização do século XX.

O segundo conceito refere-se ao papel do Partido Comunista. Em tese, e seguindo Marx literalmente, bastava uma análise atenta das relações de produção para guiar a revolução, que teria de surgir quase espontaneamente. Alguns marxistas (Plekhanov, Rosa Luxemburgo, Kautsky) criticaram severamente a posição de Lenin, para quem a determinação voluntária e a organização quase militar do partido poderiam substituir a falta de consciencialização das massas proletárias ou o amadurecimento incompleto da situação social. O partido, para Lenin, é a vanguarda do proletariado, a sua consciência, que ocupa o posto que as massas teriam de ocupar segundo os primeiros. O partido comunista soviético estará fortemente centralizado, sem oposições internas e com uma estrutura quase militar.

O terceiro aspecto que queríamos destacar é o da teoria da ditadura do proletariado. O partido deve apropriar-se do Estado para destruir as relações de domínio e pô-lo ao serviço do proletariado. É preciso suprimir as alienações por meio da coletivização, da luta contra a religião e os modos de pensar burgueses; depois, instaurar algo semelhante à democracia direta, que impedirá o risco da burocratização própria do Estado burguês. Porém, esta segunda função da ditadura do proletariado nunca se tornou realidade.

Depois da morte de Lenin, dois personagens atraem a nossa atenção: Stalin (1879-1953) e Trótski (1879-1940). O segundo, que será derrotado na luta pelo poder e assassinado no México por ordem de Stalin, é o grande defensor da revolução permanente. Trata-se, segundo ele, de internacionalizar a revolução até chegar a ser mundial. Esta via internacional do marxismo demonstrou-se imediatamente impraticável pelas circunstâncias socioeconômicas europeias. Stalin, por sua vez, imporá a sua doutrina do «socialismo num só país». É preciso reforçar primeiro o sistema comunista soviético para lançar-se, depois, à conquista do mundo. O stalinismo converteu-se facilmente num nacionalismo que continuava a secular tendência da Rússia para a hegemonia mundial. O stalinismo representa a face mais obscura do comunismo: repressão, genocídio, militarismo. Segundo Trótski, num livro escrito durante o exílio – *A revolução atraiçoada* –, Stalin desempenha na Revolução Russa uma função similar à de Napoleão na Revolução Francesa (ainda que a comparação não seja justa com o regime napoleônico, muito mais respeitoso da dignidade humana).

O caminho de Mao Tsé-Tung (1893-1976) será distinto. As circunstâncias da China não eram aptas, segundo as premissas marxistas, para a revolução proletária. Mao substituirá os proletários, praticamente inexistentes em seu país, pelos camponeses. Tomará de Lenin a sua teoria do imperialismo e consiguirá unir as forças nacionalistas burguesas e os camponeses contra o perigo japonês. Derrotado o perigo exterior, Mao percorrerá rapidamente o caminho para o comunismo, com um Partido Comunista rigidamente organizado e um exército formado ideologicamente, que terá o papel de «correia de transmissão» entre o partido e as massas camponesas. O maoísmo será a via chinesa do comunismo, na qual se manifesta a união entre marxismo e nacionalismo.

Se Lenin, Stalin e Mao são políticos práticos, na Europa Ocidental desenvolve-se um marxismo teórico e intelectual que procurará modificar o marxismo levando em conta as circunstâncias sociopolíticas ali presentes. Neste contexto cultural, o autor que exerceu mais influência foi um dos fundadores do Partido Comunista Italiano, Antonio Gramsci (1891-1937). Gramsci considera que deve existir uma estratégia revolucionária específica para a Europa Ocidental. Se na Rússia o Estado constitui o todo porque nunca houve uma sociedade civil desenvolvida, na Europa Ocidental a superestrutura social é bastante importante. Todavia, não se trata de apropriar-se do Estado para dominar a sociedade, mas de conquistar a sociedade para apropriar-se do Estado. Os intelectuais devem ser conquistados ideologicamente, sobretudo por meio da escola, que substituiu a Igreja: os intelectuais são os difusores mais eficazes das ideias. A universidade, a magistratura, a arte devem ser marxizadas. Os intelectuais devem romper com o poder político para serem porta-vozes da mudança de valores.

Gramsci recolhe a herança do humanismo renascentista, do humanismo francês e do Iluminismo, elementos que, unidos ao materialismo marxista, configuram uma filosofia da imanência. Mais concretamente, afirma que «a filosofia da práxis pressupõe esse passado cultural: o Renascimento, a Reforma, a filosofia alemã e a Revolução Francesa, o calvinismo e a economia clássica inglesa, o liberalismo laico e o historicismo, que se encontra na base de toda a concepção moderna de vida. A filosofia da práxis é o auge de todo esse movimento de reforma intelectual e moral». Para Gramsci, o núcleo essencial do marxismo consiste em ser uma religião da imanência. A ideia marxista tem como inimiga qualquer manifestação de uma visão transcendente do homem. Por isso, Capucci define a doutrina de Gramsci como «uma revolução contra a transcendência»[26].

Gramsci apresenta uma síntese do ateísmo marxista e do ateísmo burguês que estudamos no capítulo dedicado ao Iluminismo. O instrumento para construir a civilização da imanência é o Partido Comunista, denominado por Gramsci – que não em vão era um admirador de Maquiavel – o Príncipe moderno. Seguindo a ética de Maquiavel, para o ideólogo da Sardenha qualquer meio é bom se é eficaz para alcançar o fim, que não é outro senão o de levar a bom termo a revolução cultural. O partido define os valores que serão úteis na medida em que ajudem a completa secularização da vida e dos costumes sociais. O partido, entretanto, não é somente o inspirador da nova cultura imanente, mas também o executor. Analogamente às sociedades de pensamento do Iluminismo francês, no interior do Partido Comunista tem de existir uma elite cultural que possa impor à massa pontos de vista imanentes. Trata-se de elaborar um novo «senso comum», desenraizado da tradição cristã. Todo meio que conduza à imanência será qualificado de *moderno, progressista, democrático*. Por sua vez, os elementos de uma visão transcendente serão anatematizados com os adjetivos *antigo, reacionário* e *fascista*.

Depois da queda do império soviético, muitos aspectos políticos e econômicos desapareceram do sistema totalitário marxista. Porém, enquanto ideologia materialista e imanentista, o marxismo de Gramsci

---

(26) F. CAPUCCI, *Antonio Gramsci. Cuadernos de la cárcel*, Emesa, Madri, 1978, p. 143.

conseguiu dar vida à cultura laica e radical, que ainda está presente em vastos setores da sociedade ocidental[27].

Se este caminho foi o percorrido por muitos países ocidentais, a social-democracia conseguiu conquistar o poder político em muitos países dos cinco continentes. Seu fundador Eduard Bernstein (1850-1923) levou adiante um processo de revisionismo da doutrina marxista. As profecias econômicas de Marx não são verdadeiras, e a dialética impede que se observe a realidade das coisas. A ausência de domínio de classe poderá ser alcançada mediante os processos democráticos dos países liberais. Os partidos social-democratas devem conquistar o poder não por meio da revolução, mas mediante a vitória nas eleições políticas. A democracia trabalha a favor da conciliação das classes e da sua superação. Neste sentido, a democracia é meio, não um fim. Bernstein desempenhou o papel de porta-voz de uma visão humanista de tipo kantiano, que oxigenará o cerrado imanentismo do marxismo ortodoxo.

No século XX, desenvolver-se-ão distintos socialismos democráticos – por exemplo, o trabalhismo britânico e o socialismo escandinavo, que abandonaram as raízes marxistas, ainda que mantenham uma visão de mundo incompatível com a cristã, sobretudo por causa do economicismo. Com o reconhecimento do papel positivo da propriedade privada e da livre iniciativa individual, essas configurações aproximaram-se, como já se referiu, de alguns neoliberalismos, matizando as rígidas barreiras ideológicas do século XIX.

6. As ideias se transformam em realidade

Muitas das páginas de Tchekhov descrevem a difícil situação da Rússia durante os últimos anos do czarismo. Camponeses pobres que lutam pela sobrevivência, corrupção política e econômica, doenças e miséria são protagonistas em seus romances. Num conto de 1892,

---

(27) Cf. E. VENTURA, *Sobre hechos e ideas políticas,* Ciudad Argentina, Buenos Aires, 1997, p. 517.

«Enfermaria nº 6», o escritor põe nos lábios de Gromov, um louco que sofre de mania de perseguição, um canto de esperança para o futuro russo: «Chegarão, sim, chegarão tempos melhores. É possível que a si lhe pareça ridículo o que estou a dizer, mas preste atenção: na terra nascerá um dia melhor no qual a verdade sairá vitoriosa e os pobres, os humildes, os perseguidos, os desgraçados alcançarão a felicidade que merecem e, agora, não possuem. Talvez, então, eu não esteja ali, mas pouco importa. Alegro-me em pensar que as gerações futuras serão felizes, e eu dou-lhes as boas-vindas de coração: Avante, meus amigos! Que Deus vos proteja, amigos desconhecidos do futuro longínquo!». Tchekhov não chegou a ver o fim do czarismo nem a vitória da revolução que deveria ter sido a portadora daquela felicidade.

Estas páginas referem-se à história das ideias, mas seria desorientador não assinalar algumas das consequências práticas das ideias que revolucionaram o mundo contemporâneo. Este é o caso do comunismo e do nazismo. Se a ideologia racista de Hitler levou à morte milhões de judeus e foi a causa principal dos milhões de vítimas militares e civis da Segunda Guerra Mundial, o ideal do paraíso sem classes da sociedade comunista apresentou-se na prática ligado ao terror, à violência e, nos casos mais extremos, ao genocídio.

Segundo a teoria marxista-leninista, a ditadura do proletariado deveria ter sido um período temporal de destruição da sociedade burguesa: passo prévio e indispensável para a instauração da sociedade comunista sem classes. O estudo dos processos históricos dos países nos quais procurou-se instituir a ditadura do proletariado conduz à seguinte conclusão: o marxismo-leninismo, se não quer permanecer no âmbito da teoria abstrata, deve fazer uso da violência para impor as suas categorias numa determinada sociedade. O desaparecimento da ordem burguesa implica uma luta de classes decidida e com o necessário acompanhamento de dramas existenciais, miséria e morte.

Estudos recentes demonstram que o comunismo no poder causou, entre 1917 e 1989, aproximadamente cem milhões de vítimas. Seria uma tarefa demasiado exaustiva elaborar uma lista dos crimes dos regimes comunistas. Basta recordar a polícia de segurança criada por Lenin, embrião da futura KGB; a política contrária aos kulkozes (luta contra o elemento camponês) e a aniquilação dos cossacos, iniciada por Lenin e continuada por Stalin; as purgas no interior do

Partido Comunista Soviético; a perseguição contra a Igreja Ortodoxa e contra toda manifestação religiosa; a carestia e a fome causadas
por uma política econômica irrealista, que provocou a morte de seis
milhões de pessoas na União Soviética; a época paranoica do Grande
Terror (1936-1938), em que se misturam as deportações de milhões
de pessoas de diversas nacionalidades no interior da União Soviética,
com a potenciação dos campos de concentração, onde morreram ou
sobreviveram com duros trabalhos milhares de «elementos contrarrevolucionários». O desaparecimento de Stalin mudou o panorama da
repressão na União Soviética e nos países-satélite – durante o período
de Lenin-Stalin contabilizaram-se vinte milhões de mortos –, ainda
que tenham continuado a negar-se os direitos fundamentais do homem, como a liberdade religiosa, a liberdade de opinião e a liberdade
de associação. O universo fechado desta utopia social desmoronou-se
nos anos 1990 por causa das demasiadas culpas acumuladas – culpas
econômicas, políticas, militares, mas sobretudo a culpa do bloqueio
antropológico que ignora que a pessoa humana é algo mais do que o
homo oeconomicus marxista.

Todavia, a repressão, o terror e a violência paranoica serão mais
graves nos países comunistas da Ásia. Talvez Mao Tsé-Tung seja o
personagem histórico que em números absolutos causou mais mortos no século XX (calcula-se que, durante o seu regime, houve 65
milhões de vítimas). Não faltam na história chinesa as violências e
opressões, conjuntamente à cultura milenar de altos valores, mas
nunca se tinha verificado no passado uma violência tão desumana
e, aparentemente, sem razões. Se na Rússia leninista o elemento
revolucionário era fundamentalmente operário, na China serão os
camponeses que levarão adiante uma revolução que devorará os seus
próprios filhos. Mao fomentará a guerra entre facções nas pequenas
aldeias rurais, o enfrentamento entre campo e cidade, a luta contra
os intelectuais e, no caso da Revolução Cultural da década de 1960,
contra a própria cultura. Como bom aluno de Stalin, no mundo dos
«campos de reeducação» para os elementos contrarrevolucionários
chineses, Mao unirá à realidade dos arquipélagos Gulag soviéticos o
refinamento da imaginação oriental. A morte de Mao Tsé-Tung em
1976 melhorou a situação, mas a violação sistemática dos direitos
humanos continua. A morte de mil pessoas que protestavam contra

o regime na Praça Tiannamen, em 1989, manifesta que o caminho para sair do túnel é ainda longo.

Se, em números absolutos, Mao chega ao recorde de vítimas, em números relativos Pol Pot ganha a macabra competição: na década de 1970 os *Khmer Vermelhos* assassinaram um terço da população do Camboja. São balanços reais, que estão ainda vivos em muitos aspectos na Coreia do Norte, um dos últimos sobreviventes, com o Vietnã e Cuba, de uma utopia trágica dura de morrer[28].

---

(28) Existe uma bibliografia abundante sobre a repressão comunista na URSS, na Europa Central e Oriental e no Terceiro Mundo. Recentemente foi publicado *O livro negro do comunismo*, onde se faz a análise detalhada dos crimes comunistas desde 1917 até os nossos dias. A literatura oferece algumas obras que pintam em cores vivas o drama existencial dos regimes comunistas. Toda a obra de Alexander Soljenítsin é dedicada a este tema. A publicação do *Arquipélago Gulag* nos anos 1970 causou grande impressão no Ocidente. Outro livro clássico de crítica ao sistema marxista é a fábula irônica *A revolução dos bichos* (1945), de George Orwell. Numa perspectiva da história das ideias, é importante a obra de F. FURET, *El pasado de una ilusión. La idea comunista en el siglo XX*, FCE, México, 1995.

VIII. O cientificismo

Nos capítulos anteriores, fizemos referência a dois movimentos culturais aparentemente opostos, mas que partilhavam da mesma raiz imanentista: o Iluminismo e o romantismo. Sob o impulso do Iluminismo, que punha no centro da sua cosmovisão a razão científica e o progresso que derivaria do seu desenvolvimento, a primeira metade do século XIX, quer dizer, o período contemporâneo no apogeu do Romantismo, está marcada por um grande desenvolvimento da ciência experimental. Alguns descobrimentos revolucionários – os de Laplace, Dalton, Thompson, Davy, Carnot, Wöhler, von Baer etc. – no campo da astronomia, da física, da química e da biologia construíram uma nova visão do universo, das leis naturais e das estruturas da vida. Não há dúvida de que esses descobrimentos eram uma manifestação do progresso entendido num sentido positivo, não reducionista: o conhecimento cada vez mais profundo da natureza pertence ao projeto que Deus tem para o homem. Do ponto de vista destas páginas – a história das ideias –, o que aqui nos interessa sublinhar não são os avanços da ciência experimental em si mesma, mas as interpretações feitas *a posteriori* do referido progresso e o seu influxo nas mentalidades históricas.

Com o nome de cientificismo indicamos uma ideologia. Dedicamos muitas páginas à descrição das características mais significativas das principais ideologias políticas da modernidade: liberalismo, nacionalismo e marxismo. O cientificismo não é uma ideologia política, mas uma visão redutora do homem que, partindo do progresso científico, trata de dar uma explicação definitiva da realidade. Não se trata, pois, de um problema científico aquele que exporemos em seguida, mas de um problema filosófico e ideológico: em outras palavras, o cientificismo é uma leitura da ciência que pretende ir além da própria ciência para erigir-se numa explicação total do destino do homem. Enquanto redutor e pretensamente totalizante, o cientificismo pode ser definido como uma ideologia. Além disso, a caracterização do progresso da humanidade como uma fé racional num futuro feliz e justo para todos os homens manifesta de modo evidente o elemento de substituição que toda ideologia traz consigo.

Considero útil estabelecer os laços que unem o cientificismo com as ideologias políticas até aqui estudadas. Os indubitáveis avanços da ciência experimental corroboram o orgulho próprio da cosmovisão liberal da autonomia do homem. O domínio da natureza foi uma ampliação da liberdade individual, que levava a fazer do homem o senhor do universo não já no sentido bíblico, mas como manifestação da vontade de autofundação do homem liberal. Certas leituras ideologizadas dos estudos biológicos chegaram a leituras pseudocientíficas de caráter racista, que foram aproveitadas – como já assinalamos – por alguns nacionalismos e que serviram como uma das bases para o expansionismo europeu e norte-americano. Finalmente, a consideração do homem como mera parte integrante da natureza submetida a processos físicos e biológicos análogos aos sofridos por outras espécies animais transformou-se num bom campo de cultura para a cosmovisão materialista e ateia própria do marxismo.

Parece fácil estabelecer uma ligação muito estreita entre Iluminismo e cientificismo. Os mesmos núcleos conceituais encontram-se em ambas as ideologias: a razão científica como único modo válido de chegar à verdade, com a consequente desvalorização da fé religiosa e do sentimento, e o progresso material como fim último da humanidade. Por essas razões, é também fácil considerar o cientificismo como movimento alternativo ao romantismo. Portanto, pode-se concluir que o século XIX está culturalmente marcado por três movimentos: Iluminismo, na primeira metade do século; romantismo, como movimento oposto ao frio racionalismo até 1848; e cientificismo, ou positivismo, na última parte do século, o qual, superando o romantismo, une-se intelectualmente ao Iluminismo do século XVIII.

1. O positivismo de Auguste Comte

a) Vida e obras

A manifestação mais clássica do cientificismo do século XIX é o positivismo do filósofo francês Auguste Comte (1798-1857). Nascido em Montpellier, recebeu uma educação católica no seio da sua família, embora tenha abandonado a fé de seus pais com catorze anos. Aluno da *École Polytechnique*, ali amadureceu a ideia de uma sociedade governada por cientistas. As suas relações com Saint-Simon, de quem foi secretário durante alguns anos, deixaram forte impressão em seu pensamento. Saint-Simon, por sua vez, foi discípulo de d'Alembert, e é fácil ver as relações que unem positivismo e Iluminismo por meio desta filiação filosófica.

Em 1826, depois da ruptura com Saint-Simon, Comte começou a dar lições a um grupo de discípulos. Fruto destas lições é a obra mais famosa do francês: *Cours de philosophie positive* (1830-1842). A partir de 1844, Comte inaugura um novo período no seu pensamento, no em que desenvolve a sua doutrina de religião da Humanidade. Alguns peritos consideram que esse retorno ao religioso deveu-se em parte ao amor de Comte por Clothilde de Vaux, embora a opinião mais comum afirme haver mais continuidade que ruptura entre os dois períodos, bem como um reaparecer de certos elementos de Saint-Simon. Neste período, publica entre as obras mais importantes *Système de politique positive* (1851-1854) e *Cathéchisme positiviste* (1852). Morrerá em 1857, sustentado economicamente por seus discípulos.

b) O conhecimento positivo e a teoria dos três estados

O que Comte entende por «conhecimento positivo»? Trata-se de um conhecimento que se baseia na observação dos fatos (fenômenos) e das leis que descrevem o seu funcionamento. Em outras palavras, Comte parte de uma concepção fenomênica do pensamento humano, que restringe o seu campo de ação apenas aos fatos empiricamente verificados. Como consequência, as ciências naturais constituem *o* conhecimento, enquanto a teologia e a metafísica não gozam de quaisquer bases científicas por causa da sua vã pretensão de ir além do conhecimento empírico[1]. Em seu *Discurso sobre o espírito positivo*, Comte afirmava que «toda proposição que não é estritamente reduzível ao simples enunciado de um fato, particular ou geral, não pode ter um sentido real ou inteligível»[2].

Uma vez estabelecido o significado que Comte outorga ao adjetivo «positivo», podemos entender melhor sua filosofia da história, já que a teoria dos três estados do desenvolvimento humano aparece intimamente ligada a esta concepção gnosiológica. Segundo Comte, em seu desenvolvimento histórico a humanidade atravessa três períodos ou estados: o estado teológico, o metafísico e o positivo. Esses períodos são também de desenvolvimento da alma individual. Todavia, a teoria dos três estados de Comte apresenta-se como uma lei biopsicológica necessária. Numa célebre passagem do *Cours de philosophie positive* pode-ser ler: «Qual de nós, recordando a sua história pessoal, não se recorda que foi sucessivamente [...] *teólogo* na sua infância, *metafísico* na sua juventude e *físico* na fase adulta?»[3]. Comte pretende aplicar esta passagem claramente autobiográfica a todos os indivíduos, mas sobretudo propõe-na como chave de leitura de toda a história humana.

O primeiro estado de desenvolvimento da humanidade, denominado teológico, está caracterizado pela busca das causas últimas dos acontecimentos: causas que se encontram na vontade de seres pes-

---

(1) O professor Gradgrind, personagem do romance de Dickens *Hard Times*, expõe comicamente a cosmovisão positivista da segunda metade do século XIX: «Agora, eu quero fatos. Ensinai a estes rapazes e a estas raparigas. Fatos e nada mais. Apenas com os fatos se pode plasmar a mente dos animais que pensam: o resto nunca lhes servirá absolutamente para nada. Este é o princípio em que eduquei os meus filhos e este é o princípio em que eduquei os meus rapazes. Limitai-vos aos fatos, senhores!».

(2) A. COMTE, *Discurso sobre el espíritu positivo,* Aguilar, Buenos Aires, 1965, p. 54.

(3) *Idem, Cours de philosophie positive,* Paris, 1864, I, p. 11.

soais sobre-humanos. Trata-se, pois, da idade dos deuses. Este período subdivide-se em três: fetichismo, politeísmo e monoteísmo. O estado teológico apresenta uma organização social baseada no absolutismo da autoridade, no direito divino dos reis e numa presença dominante do militarismo como eixo estruturante da sociedade.

O estado metafísico, que segue cronologicamente o primeiro estado, caracteriza-se pela substituição das vontades pessoais dos seres sobrenaturais por entidades abstratas da metafísica. As causas últimas dos eventos explicam-se em termos de «força», «atração e repulsão», «éter» etc. Politicamente, o estado metafísico é um período crítico do precedente e afirmam-se os princípios abstratos como fundamento para a nova ordem. Frente à autoridade absoluta levantam-se, agora, os direitos do homem, a soberania popular e o governo anônimo da lei.

Se o primeiro estado é «orgânico», no sentido de estável, o segundo é revolucionário e alternativo. A história da humanidade encaminha-se, então, para um novo período estável: trata-se do estado positivo, que é o reino da mentalidade científica. Nem as vontades divinas misteriosas, nem as abstrações metafísicas, dão respostas às perguntas sobre as causas últimas dos fatos, pois neste período de desenvolvimento não se colocam esse tipo de perguntas. A mente humana do estado positivo não indaga sobre as essências ou finalidades, mas dirige-se aos fenômenos que explica a partir de leis gerais, cuja origem é a experimentação. O conhecimento positivo é real, certo e útil. Estabelecendo as leis da natureza, o homem pode prever o futuro e controlar o universo. A manifestação política deste estado final de desenvolvimento da humanidade é uma sociedade industrial, governada por cientistas, que imporão esquemas racionais à convivência social, garantindo assim a ordem e o progresso.

Comte situa cronologicamente o estado teológico na Antiguidade e na Idade Média, o estado metafísico no período do Renascimento até o Iluminismo e o estado positivo na metade do século XIX. Apesar da nítida separação entre as mentalidades próprias dos distintos estados de desenvolvimento, Comte nota que existem sobreposições de instituições e de crenças entre os três períodos, ainda que também considere que o desenvolvimento da ciência trará consigo o desaparecimento dos resíduos teológicos e metafísicos.

c) A classificação das ciências

A ciência assume para Comte um papel de primeira ordem na organização social. Em seu *Cours de philosophie positive*, o autor enumera as seis ciências fundamentais: a matemática, a astronomia, a física, a química, a biologia e, finalmente, a sociologia. Dependendo do grau de complexidade do seu objeto específico, essas ciências alcançaram a maturidade em momentos diferentes ao longo da história, passando pelos três estados acima mencionados. Já na Antiguidade, a primeira ciência a alcançar o grau de ciência positiva foi a matemática – ciência da quantidade e da grandeza –, graças aos trabalhos de grandes matemáticos da Grécia clássica (Euclides, Pitágoras etc.). A modernidade e o nascimento do método científico-experimental conduziram à maioridade a astronomia, a física, a química e, finalmente, a biologia, nessa ordem e seguindo uma cronologia que reflete a complexidade crescente do seu objeto. Diferentemente das outras, a sociologia – última das ciências do elenco deste pensador francês – é ainda falível e incerta, pois encontra-se no estado metafísico: continua a falar dos direitos do homem e da vontade popular em abstrato. Portanto, é necessário fundamentar a sociologia em bases positivas.

Comte critica o liberalismo de seu tempo por causa de sua tendência a construir conceitos abstratos. Os homens devem entrar no estado positivo mediante uma mudança de mentalidade. A sociologia deve converter-se em «física social»: objetivar o conhecimento por meio da experimentação e traduzir os seus resultados em normas de conduta e de convivência social. Dito de outro modo, a sociologia deve seguir os métodos das outras ciências – fundamentalmente, a observação dos fenômenos – para estabelecer as normas sociais e políticas. Trata-se de aplicar o mesmo espírito do astrônomo e do químico à observação dos fenômenos sociais.

Assim, Comte reduz o homem a um ser natural, que responde a leis naturais em grande parte previsíveis. Por conseguinte, o poder político, numa perspectiva positivista, deve recair nas pessoas que conhecem as leis que formam a ciência mais elevada: a sociologia ou «física social». O maior representante do positivismo concebe um Estado árbitro e planificador, governado por cientistas. Esse modelo político poderia ser denominado «tecnocrático», cujo fim último não será já a liberdade dos liberais, abstrata e metafísica segundo uma ótica positivista, mas a liberdade científica, que se traduz nas palavras que serão estampadas na bandeira do Brasil – uma das pátrias do positivismo: «Ordem e progresso».

d) Religião e moral

Em seu último período filosófico, Comte introduz o tema da religião da Humanidade. Acima da sociologia existe outra ciência, a moral, que deve regular as relações humanas. Apenas um conhecimento científico da natureza humana pode estabelecer as normas morais justas. O progresso das ciências trará consigo a religião da Humanidade, onde o amor e a solidariedade serão os valores supremos. Essa religião positiva terá templos, liturgia própria e até um santoral. Os grandes homens – cientistas, artistas, benfeitores da humanidade – ocupam o lugar do velho santoral católico[4]. Por isso, a humanidade irá superar a si própria e viverá num mundo feliz, guiado não já pelas trevas teológico-metafísicas, mas pela ciência redentora.

---

(4) Com o Brasil, outro país latino-americano que padeceu um influxo profundo do positivismo foi o México, sobretudo durante o longo período em que foi governado por Porfírio Diaz, entre 1876 e 1910. Como escreve E. Krause, «o catolicismo no México era, então, [...] um céu povoado por santos. Durante a época de Juárez e Díaz nasceu um céu paralelo: o céu dos heróis; e um inferno paralelo: o dos malvados. As imagens dos santos em tela, bronze e marfim, pedra ou papel eram veneradas nos altares e nos nichos das igrejas e das casas. A partir da era da liberdade, as imagens idealizadas dos heróis começaram a se proliferar nas esculturas e nos bustos públicos, em telas neoclássicas à maneira do «Davi» e, como santos, em pequenas estampas escolares. Os sacerdotes contavam as vidas exemplares nos sermões e catecismos; os oradores e historiadores liberais recordavam os atos heroicos, as frases célebres, as mortes inesquecíveis dos insurgentes nos livros, na poesia e nos discursos. O calendário foi chamado «Santoral» porque incluía as festas dos nascimentos e morte dos santos; o calendário cívico incluiu novas festas de preceito: o dia da Constituição, o nascimento de Juárez, o triunfo de Díaz em Puebla etc. Os dias do santo padroeiro do povo, do bairro, da capela, eram ocasião de festejo: festejos de vida ou morte; nas festas cívicas, com bandeiras ondulando ou a meio mastro, o mexicano teve a partir então novas razões para celebrar» (E. KRAUSE, *Siglo de caudillos,* Tusquets, México, 1994, pp. 320-321). O mesmo se pode dizer de todas as outras nações latino-americanas.

Henri de Lubac analisou magistralmente as relações entre cristianismo e a religião da Humanidade de Comte. O teólogo francês sublinha o caráter ateu da religião de Comte, que substitui Deus pela humanidade. As apreciações aparentemente positivas do catolicismo são na realidade consequências da incapacidade de Comte de entender o Evangelho. Comte acredita que o catolicismo, com o culto à Virgem Maria e aos santos, está mais próximo da religião da Humanidade do que o protestantismo. Segundo Lubac, o criador da religião da Humanidade não conhecia profundamente a natureza humana e não viu que é impossível satisfazer a sede de transcendência da alma com um deus que não é transcendente, mas apenas um todo de que fazemos parte[5].

2. O positivismo na França

O positivismo de Comte foi continuado por alguns pensadores franceses. Embora não possam ser considerados autênticos discípulos do filósofo, apresentam uma cosmovisão muito similar e uma tendência cientificista, isto é, redutora.

Émile Littré (1801-1881) começou a sua trajetória intelectual como discípulo de Comte, mas depois tomou as devidas distâncias por considerar que o mestre tinha abandonado o positivismo com as suas teorias sobre filosofia da história e com a consideração da humanidade como um absoluto a que deve ser rendido culto. Não obstante, Littré afirma que «Comte fez uma dedução legítima dotando a filosofia positiva, da qual é autor, de um papel equivalente à da religião»[6], se considerarmos a religião como uma visão geral do mundo. A asserção de Littré corrobora o caráter ideológico do positivismo de Comte.

Também o famoso fisiologista francês Claude Bernard (1813--1878) partilha com Comte de muitos pontos de vista, em particular a afirmação de que o método experimental foi o único capaz de dar conhecimento certo sobre a realidade. De mesma opinião é Ernest

---

(5) Cf. H. de LUBAC, *Le drame de l'humanisme athée*, cit., pp. 137-278.

(6) E. LITTRÉ, *Auguste Comte et la philosophie positive*, p. 524.

Renan (1823-1892), homem multifacetado, a respeito do qual já falamos no capítulo sobre o nacionalismo. Renan escreveu uma obra intitulada *A vida de Jesus*, na qual negava a divindade de Cristo. Para este autor, um homem ilustrado não podia acreditar em Deus, porque «um ser que não se manifesta por meio de um ato é um ser que não existe para a ciência»[7]. Renan rejeita a ideia de um ser pessoal, mas influenciado pelo idealismo alemão considera o Absoluto um ideal simbólico do sentimento moral da humanidade. Renan também aceita uma espécie de metafísica, por vezes identificada com a poesia. No fim das contas, ele apresenta um pensamento bastante caótico e incoerente, de difícil interpretação. Para Renan, ficou claro que o conhecimento de um Deus pessoal não será nunca um autêntico conhecimento racional. A leitura «científica» da Sagrada Escritura, na qual se eliminam todos os elementos sobrenaturais, fica como sua herança mais permanente.

Outro autor interessante é Hyppolite Taine (1828-1893). Historiador da literatura e da filosofia, mas também autor da volumosa obra *Les origines de la France contemporaine*, Taine considera que todo fato histórico pode ser compreendido a partir do estudo de três causas determinantes: o tempo, o ambiente e a raça. Assim iniciou-se uma tradição historiográfica positivista que deixava de lado a liberdade humana como motor da história.

No campo da sociologia, desempenhando papel análogo ao que teve Taine para a história estão Émile Durkheim (1858-1917) e Lucien Lévy-Bruhl (1857-1939). O primeiro sustenta que a sociologia deve estudar os fatos sociais com um método empírico. O seu pensamento sociológico chega à conclusão de que os indivíduos sofrem coações por parte da sociedade. A moral e a religião são formas sociais que se impõem aos indivíduos e respondem às necessidades e utilidades de cada sociedade histórica concreta. Durkheim considera a religião um mero fato social. Ela cumpre um papel de amálgama social e vê, na divindade, uma transfiguração da sociedade e da sua expressão simbólica. Lévy--Bruhl, por sua vez, é um dos primeiros antropólogos e afirma a radical distinção entre a sociedade primitiva, onde, em vez do princípio da não

---

(7) E. RENAN, *Dialogues,* em *Oeuvres,* I, p. 675.

contradição, rege o princípio da participação num todo indeterminado – afinal, a mente primitiva é pré-lógica –, e a sociedade moderna, caracterizada pelo conhecimento científico. Além disso, sustenta que a moral é sempre um código ético relativo a cada sociedade histórica.

3. Evolucionismo biológico e darwinismo social

Com o positivismo de Comte, uma das correntes pseudofilosóficas que mais influenciará vastos setores da população ocidental do fim do século XIX será o evolucionismo. Embora a ideia de transformação orgânica das espécies não seja completamente nova, é indubitável que as obras de Charles Darwin (1809-1882) difundiram a teoria da seleção natural e, paralelamente, o evolucionismo, graças às teorias de Herbert Spencer.

Darwin não foi filósofo, mas um médico com interesses nas ciências naturais. Entre 1831 e 1836, deu a volta ao mundo como médico a bordo do navio inglês *Beagle*. Na dita viagem teve a oportunidade de analisar as peculiaridades das diferentes espécies que se encontravam nos cinco continentes e começou a refletir sobre a possibilidade de a mesma diversificação verificada no espaço ocorrer também no tempo.

Darwin já tinha formulado a sua teoria biológica em 1839, mas apenas em 1859 o cientista inglês publicará um livro com o essencial de sua tese. Era o famoso *On the Origins of Species*, cuja primeira edição se esgotou no próprio dia da publicação. Um possível resumo da teoria de Darwin – que conserva muitos dos elementos das teorias formuladas um século antes por Lamarck – seria o seguinte: toda espécie animal, inclusive a espécie humana, transforma-se evolutivamente até mudar de espécie. Na evolução existem três leis fundamentais: a adaptação ao meio, que facilita a vida e a sobrevivência das espécies mais aptas sobre as menos aptas; a seleção natural, que dá esse primado aos membros mais dotados e mais fortes dentro de cada espécie; e a luta pela sobrevivência (*struggle for life*), que determina que em cada momento de crise os mais dotados suprimam ou devorem os menos dotados. Estas três leis evidenciam que transformação, para Darwin, significa não só mudança, mas melhoria.

Em 1871 Darwin publicou *The Descendent of Man*. A questão da origem do homem, que descenderia de um símio, foi um elemento--chave para entender a dura luta que os cientistas levaram contra a revelação e a fé. É preciso destacar que Darwin expõe a sua doutrina com certa cautela e prudência no que diz respeito às opiniões dos outros e procurou manter-se alheio a toda disputa filosófica ou teológica. Porém, o que se apresentava como uma hipótese científica converteu--se na bandeira de luta de um positivismo militante. Ciência e fé, para muitos discípulos de Darwin, eram incompatíveis, e chegara o momento de derrotar para sempre as trevas medievais da teologia. Além disso, a teoria evolucionista apresentava-se aplicável ao uso político: o princípio da seleção natural – que em Darwin foi uma lei fundamentalmente biológica para ser aplicada ao mundo das ciências naturais – transformou-se para alguns na chave hermenêutica da história da sociedade humana. O racismo e o colonialismo eram simples manifestações da *struggle for life* e da vitória dos mais dotados, que eram identificados com os indivíduos de raça branca de cultura ocidental.

A sistematização filosófica do evolucionismo é obra de Herbert Spencer (1820-1903). Embora utilize um tom moderado, o filósofo mais representativo da época vitoriana elabora todo um sistema filosófico baseado em leis da evolução. Spencer nunca frequentou a universidade, ainda que com a ajuda do pai tenha alcançado uma boa base de matemática e de ciências naturais. Desde 1846, decidiu dedicar-se inteiramente à filosofia. As suas principais ideias estão expressas em grossos volumes, intitulados *Princípios da biologia* (1847-1867), *Princípios de psicologia* (1870-1872), *Princípios de sociologia* (1877-1896) e *Princípios de ética* (1892), que no seu conjunto representam uma tentativa de sistema filosófico completo.

Segundo Spencer, todas as religiões afirmam que o mundo é um mistério que exige explicação. A ciência pode conhecer e explicar muitas coisas, mas nunca chega à essência íntima da realidade. Em suma, o conhecimento humano é sempre relativo e não extingue a tendência humana a afirmar uma existência incondicionada que possa explicar a existência condicionada e limitada. Esta existência indeterminada é denominada por Spencer o Incognoscível. A religião afirma que este mundo é a manifestação de algo que supera a capacidade do nosso conhecimento, e a ciência verifica tal incapacidade, embora ao longo da história o papel da ciência tenha sido de purificar a religião dos seus elementos mais absurdos e grosseiros.

Além da religião e da ciência, temos outro nível de conhecimento: a filosofia. Para Spencer, a filosofia unifica, funde os conhecimentos limitados das ciências particulares. A experiência é um saber não unificado; a ciência, um saber parcialmente unificado; e a filosofia, um saber completamente unificado. O critério de verdade de um saber é a sua coerência: trata-se de começar com intuições fundamentais às quais se outorga provisoriamente a verdade até que se comprove essa coerência por meio do acordo com as experiências mais gerais da humanidade.

A coerência de uma visão do mundo vem dada pelas relações que se estabelecem entre as coisas reais. Spencer estabelece uma série de relações físicas e matemáticas que são autênticas leis da realidade. Por isso, atinge as ideias de espaço, tempo, matéria e movimento. A análise psicológica dessas ideias conduz à conclusão de que todas se baseiam na experiência de uma força universal. A lei mais geral e unificadora do universo consiste na redistribuição contínua da matéria e movimento, cuja constância é dada pela persistência de certas relações entre as forças. Nas palavras de Spencer, «a evolução é uma integração de matéria e uma dispersão concomitante de movimento durante as quais a matéria passa da homogeneidade relativamente indefinida e incoerente à heterogeneidade relativamente definida e coerente»[8].

Esta lei universal da passagem do homogêneo ao heterogêneo aplica-se também à história das sociedades humanas. Embora utilize repetidas vezes a analogia entre organismo biológico e sociedade, Spencer procura salvaguardar a liberdade dos indivíduos: concebe uma evolução que começa nas sociedades militaristas homogêneas e termina nas sociedades industriais diversificadas, entendidas como a máxima expressão das potencialidades individuais. Diferentemente de Comte, Spencer continuou a ser liberal e considerava que as sociedades mais evoluídas eram as que gozavam da maior liberdade individual. Por isso, Spencer criticou expressivamente o reformismo social da

---

(8) H. SPENCER, *First Principles,* Londres, 1862, p. 367.

segunda metade do século XIX inglês, pois afirmava que não era o Estado, mas a livre iniciativa individual, o que, por meio da evolução moral, traria consigo um mundo mais justo e equitativo. Nestas matérias políticas, sobretudo Spencer tenta compatibilizar uma visão determinista do universo com a afirmação de alguns valores morais, como a liberdade individual[9].

* * *

O cientificismo da segunda metade do século XIX foi um período otimista. De 1870 a 1900, deram-se passos de gigante na investigação científica; de modo especial, assistiu-se à revolução tecnológica, que não é outra coisa senão a aplicação prática da ciência que modificou o modo de vida das sociedades ocidentais. Se é possível distinguir entre um positivismo doutrinal e um positivismo «de fato», a entrada da técnica na vida cotidiana permeou o positivismo de fato em vastos setores da vida em sociedade. Basta uma enumeração das principais invenções produzidas na segunda metade do século XIX e nos primeiros anos do século XX para compreender a mudança que supõe na vida do lar, no trabalho, nos transportes, nas comunicações internacionais: 1851, ceifeira mecânica (Mc Cormick); 1855, fechadura de segurança (Yale); 1857, conversor de aço (Bessemer); 1858, máquina de costura (Howe, Singer); 1859, combustão do petróleo, hélice propulsora (Ericsson); 1860, pavimentação com asfalto; 1861, fósforo (Lundström), espiral para relógios de bolso (Phillips); 1862, conversor Siemens; 1864, máquina de escrever (Scheller, Remington), bicicleta (Lallement, Meyer); 1865, refrigeração artificial, frigorífico (Linde, Tellier), aquecimento central; 1866, dinamite (Nobel); 1867, cimento e betão armado (Monier); 1869, motor elétrico (Gramme, Jacobi); 1870, forno elétrico (Siemens), celuloide, plásticos (Hyatt); 1871, elevador (Otis); 1873, dínamo (Siemens); 1876, telefone (Graham Bell); 1877, rolamento de esferas (Starley); 1879, lâmpada elétrica (Edison); 1880, rolamento com esferas industrial, elevador elétrico (Siemens), fonógrafo

---

(9) Sobre as teorias da seleção natural de Darwin e a teoria filosófica da evolução de Spencer, cf. É. Gilson, *De Aristóteles a Darwin (y vuelta)*, EUNSA, Pamplona, 1976.

(Edison); 1881, carro elétrico urbano (Siemens), bicicleta de transmissão com corrente; 1884, turbina (Parsons), máquina de composição tipográfica de caracteres por linha (Mergenthaler); 1886, motor de explosão (Daimler), fotografia com película (Eastman); 1887, alternador (Tesla), telefone automático; 1889, seda artificial (Chardonnet), pneu para rodas (Dunlop); 1890, dirigível (Zeppelin); 1892, motor de combustão interna (Diesel); 1895, telegrafia sem fios (Marconi), raio X (Röntgen); 1896, cinematógrafo (Lumière), radioatividade (Becquerel); 1897, automóvel movido a gasolina; 1898, o rádio (Curie); 1900, torno, máquina de desbaste de metais (Taylor); 1902, avião (Wright); 1906, telefonia sem fios, radiodifusão (Marconi)[10].

O fortalecimento do poder do homem sobre a natureza coincide com o forte expansionismo europeu, em que o nacionalismo se converte em imperialismo. Não se trata apenas de uma simples coincidência cronológica, mas de dois aspectos de um mesmo processo que glorificava o homem ocidental, enchendo-o de segurança prometeica num futuro destinado ao progresso contínuo: «Glória ao homem nas alturas, porque o homem é o senhor de todas as coisas!», cantava Swinburne em 1871[11].

No entanto, o otimismo finissecular, que se manterá por inércia durante a *belle époque* no início do século XX, escondia em seu íntimo uma profunda contradição. Por um lado, profetizava-se um porvir feliz causado pelo progresso da ciência e pela universalização da cultura ocidental. Por outro lado, influenciado pelo evolucionismo e o materialismo cientificista, concebia-se o homem como mais um elemento do mundo natural. A Primeira Guerra Mundial, em 1914, destruiu em parte a visão otimista do positivismo e do individualismo. Paralelamente, por causa da miséria e da crueldade da guerra, o conflito bélico pareceu confirmar em alguns espíritos que os homens eram apenas seres determinados pelas leis biológicas da natureza. A própria ciência entrará em crise, mas estudaremos este aspecto na terceira parte deste livro.

---

(10) Cf. J.L. COMELLAS, *El último cambio de siglo,* Ariel, Barcelona, 2000, pp. 84-85.

(11) Citado em *ibidem*, p. 35.

É necessário, ainda, acrescentar que o impressionante progresso científico que se deu no mundo ocidental ao longo dos séculos modernos deveu-se a muitos fatores. A tradição teológica cristã não é o menor entre eles. Vários os autores sustentam que o desenvolvimento científico e tecnológico é um fenômeno ocidental nutrido por uma série de princípios próprios da revelação cristã: a distinção entre o Criador e a criação, o mandato bíblico de submeter a terra e dominá-la, o poder dado por Deus ao homem de nomear as coisas e a concepção linear da história. Em outras tradições religiosas e culturais, a sacralização da natureza, o panteísmo ou a concepção cíclica da história limitaram o espírito investigador e a mentalidade científica. A Bíblia, apresentando uma natureza distinta do Criador, «nomeada», quer dizer, classificada, analisada, pelo homem inteligente, que tem poder para submetê-la no uso da sua liberdade, era uma ótima base para o desenvolvimento científico. Em plena Idade Média, será a Igreja Católica que incentivará as ciências com a criação da universidade e das primeiras academias científicas. Galileu, Copérnico, Kepler, Newton e tantos outros não são concebíveis fora desta tradição – nem mesmo Comte, Darwin ou Spencer, apesar dos preconceitos antiteológicos e das visões desligadas da realidade[12].

4. O cientificismo contemporâneo[13]

O impressionante progresso científico e tecnológico da segunda metade do século XX, juntamente com a crise do marxismo e a dissolução de muitas correntes filosóficas da Europa Central, deram novas energias a algumas correntes científicas. Não constituem em sentido estrito uma escola, mas sobretudo uma cultura, uma mentalidade, uma ideologia difundida. Atualmente, pelo menos em certos ambien-

---

(12) Cf. C. M. REGÚNAGA, *Reflexiones sobre las causas del desarrollo de las ciencias: violencia, codicia o mandato bíblico?*, Academia Nacional de Ciências de Buenos Aires, Buenos Aires, 2010; S. JAKI, *The Road of Science and the Ways to God,* The Gifford Lectures, Edimburgo, 1974-1975-1976.

(13) Este último segmento foi escrito pelo Prof. Juan José Sanguineti.

tes, esses elementos constituem uma espécie de «atmosfera» ideológica dominante que parece penetrar no século XXI com tons triunfalistas, não obstante os graves problemas antropológicos que está criando no mundo, pois no fundo se reduz a um novo naturalismo antropológico sem limites éticos.

O *neopositivismo lógico*, que se desenvolveu na primeira metade do século XX (Carnap, Wittgenstein em seu primeiro período), pode considerar-se definitivamente superado, em grande medida, graças às críticas de Popper. O neopositivismo afirmava que a física era o único modelo de acesso à realidade, por motivos lógico-linguísticos (*princípio da verificabilidade*: o que não é fisicamente verificável não tem sentido). A filosofia metafísica (inverificável) seria um sem sentido linguístico, um falar num vazio, sem conteúdos. A filosofia deveria se reduzir a uma reflexão linguística com o fim de «dissolver» mais eficazmente toda expressão metafísica (Deus, alma, liberdade etc.) e de fundamentar mediante a metalógica e a metamatemática todas as articulações científicas (no entanto, Wittgenstein aceitava a metafísica como intuição inefável).

Deste modo, o problema é que nem mesmo a ciência constitui um verdadeiro conhecimento: verdade científica, lei física e causalidade são noções metafísicas utilizadas pela ciência. A ciência neopositivista, pondo-se ao serviço do tecnologismo, reduz-se à tecnologia limitada, à pura práxis humana sem compreensão. A interpretação não realista das ciências, coerente com a crítica à metafísica, chama-se instrumentalismo e coincide com a filosofia pragmática, segundo a qual não existe a verdade teórica, mas apenas a ação humana. Muitos filósofos da ciência da segunda metade do século XX (Popper, Kuhn, Lakatos, Feyerabend) destacaram a presença de ideias metafísicas, não verificáveis, que guiam e fundamentam as ciências, também sob a forma de ideologias e preconceitos sobre a natureza do mundo, do homem, bem como sobre o objetivo e o valor da ciência. O neopositivismo lógico foi teoricamente derrotado.

Perdura, contudo, a visão cientificista como mentalidade mais ou menos difundida, e não tanto como uma filosofia elaborada, nas escolas e nas universidades, na opinião pública etc., também por causa da notável divulgação científica, frequentemente acompanhada de clichês de tipo cientificista. Por outro lado, na época contemporânea, a filosofia não se transmite exclusivamente ao nível acadêmico, como no passado, mas de modo assistemático, como ideologia «misturada» nas exposições científicas e nos meios de comunicação.

A tecnociência moderna encontrou no século XX um limite metafísico (impossibilidade de autofundamentação), um limite ético (pode ser utilizada para o mal nas mãos de pessoas irresponsáveis, como mostra a carreira armamentista e o uso bélico da energia nuclear) e um limite ecológico (pode produzir danos até mesmo irreparáveis ao nosso planeta, aos ecossistemas e aos organismos). A necessidade de controlar a tecnociência a partir do exterior (antropologia, ética, política) desmente a ideologia cientificista. Por outro lado, o desenvolvimento das ciências naturais (cosmologia, novas áreas da física, biologia) propõe novamente hoje, de maneira ampla e não sistemática, a filosofia da natureza com óbvias derivações em novas formas de metafísica e de teologia natural.

Ao mesmo tempo, os progressos das biotecnologias e da informática, as investigações sobre a inteligência artificial e as teorias evolucionistas da natureza dão lugar a novos modos de filosofia naturalista e materialista e abrem espaço à tese tecnocrática, segundo a qual as tecnologias do futuro seriam capazes de resolver todos os problemas humanos e de criar uma espécie mais perfeita do homem, a quem corresponderia a tarefa de domínio do universo. Obviamente, essas ideias são objeto da ficção científica, mas denotam um ressurgir do Iluminismo.

$$* * *$$

Em 1935, Christopher Dawson fazia um balanço da secularização derivada da modernidade ideológica. Dando particular atenção às ideologias políticas, sublinhava o seu caráter de religiões substitutivas. Ainda que conservassem elementos da tradição cristã, as forças espirituais da modernidade ideológica acabaram por transformar-se no núcleo da rebelião contra a transcendência. O nacionalismo retira do cristianismo a concepção mística da nação como unidade espiritual, mas separada da sua origem transcendente torna-se princípio de ódio e de destruição; o liberalismo toma do cristianismo tanto o seu espírito humanitário e idealista quanto a fé no progresso, mas a idealização do humanitarismo transforma-se num substituto da fé cristã na ordem divina e conduz a sociedade secular a transformar-se no fim último do homem; o socialismo remete à tradição judaico-cristã em sua paixão pela justiça social e na defesa dos direitos dos pobres e deserdados, mas esta paixão transformou-se na força propulsora das lutas do comunismo contra a religião e na base do socialismo ateu que não deixa espaço aos direitos humanos e à liberdade espiritual[14].

Que resta da secularização, compreendida como autonomia absoluta do humano? Segundo o historiador inglês, no processo de secularização os elementos religiosos presentes nas ideologias desapareceram: «A sociedade está abandonada a si mesma, sem fé e sem esperança que a sustente, e o homem encontra-se frente a frente com a vaidade da existência humana e a pobreza de todo o resultado humano: *Acceperunt mercedem suam, vani vanam*»[15].

A modernidade ideológica, uma vez esgotada a sua potencialidade, conduz ao niilismo e à perda de sentido. Como veremos na terceira seção, grande parte da atmosfera cultural do século XX será marcada por essa doença existencial.

---

(14) Cf. C. DAWSON, *Religion and the Modern State*, cit., p. XXI.

(15) *Ibidem*, p. 125.

Terceira parte

A crise da cultura da modernidade

As ideologias políticas que marcam a modernidade no século XIX – liberalismo, nacionalismo, marxismo – são em grande medida filhas do Iluminismo. Um dos elementos decisivos da cosmovisão do século das luzes foi a noção de progresso, que voltou a ser proposta na modernidade pelo cientificismo positivista. O avanço da ciência e do poder dominador do homem deveria criar um mundo mais humano, mais livre, mais feliz. Nas ideologias, o elemento escatológico ou utópico costuma desempenhar um papel relevante: o triunfo delas traria consigo um futuro feliz e mais digno do homem.

Colocadas estas premissas é fácil perceber que a Primeira Guerra Mundial gerou um autêntico choque cultural. Em vez de paz, liberdade, justiça, bem-estar, a nodernidade desembocava num conflito bélico de dimensões nunca vistas na história. Logicamente, o ano de 1919 marcará o apogeu de uma consciência cada vez mais aguçada da crise da cultura, que vinha germinando desde o fim do século XIX. O historiador das ideias acostumado a conviver com interpretações muito diversas dos processos culturais surpreende-se quando constata que, em torno da Grande Guerra, existe uma quase unanimidade entre os intelectuais na afirmação da crise. Obviamente, as previsões são diferentes, mas o importante é sublinhar esta consciência generalizada da crise.

Segundo Gonzalo Redondo, «nos anos imediatamente seguintes a 1919, filósofos, teólogos, historiadores, poetas ou artistas falaram bastante em crise cultural. Ocuparam-se da crise cultural Paul Valéry, que escreveu no próprio ano de 1919: «Nós, as civilizações, sabemos agora que somos mortais», Franz Kafka, André Malraux, Oswald Spengler, Guglielmo Ferrero, José Ortega y Gasset, Arnold Toynbee, Christopher Dawson, Max Scheler, Nicolai Hartmann, Edmund Husserl, Martin Heidegger, Thomas Mann, Marcel Proust, Aldous Huxley, Max Horkheimer, Theodor Adorno, Max Pollock, Walter Benjamin, Erich Fromm, Herbert Marcuse, Antonio Gramsci, Jacques Maritain, T. S. Eliot,... para ser completa, a lista deveria continuar mencionando todos os pensadores do período compreendido entre as duas guerras – de 1919 a 1939, e nela deveria figurar também o Papa Pio XI, que governou a Igreja durante a maior parte destes anos»[1].

Unanimidade na constatação da crise, diversidade na interpretação das causas. Frente à tragédia da guerra abriam-se diversos caminhos ao espírito humano. Alguns se deram conta de que se tratava de uma crise de valores; outros, pensaram que a causa fosse econômica; outros, finalmente, concluíram que tinha de levar-se o pensamento ideológico às últimas consequências. À volta destes anos, deu-se um movimento de aproximação do religioso, à transcendência. Houve conversões de alguns intelectuais ocidentais ao Catolicismo ou outras confissões cristãs (T. S. Eliot, G. K. Chesterton, J. Maritain, G. Marcel, N. Berdiaeff, E. Waugh, S. Undset etc.), causadas em parte pela recusa da essência das ideologias modernas, quer dizer, a afirmação da autonomia absoluta do homem. Houve correntes filosóficas que oxigenaram a atmosfera fechada do positivismo, do idealismo e do materialismo do século XIX. Essas correntes são principalmente o espiritualismo, o personalismo, a filosofia da ação de Blondel, o neotomismo; outros propuseram «filosofias dos valores», com a intenção de conter uma

---

(1) G. REDONDO, *Historia de la Iglesia en España (1931-1939)*, cit., p. 59.

decomposição social e espiritual depois da Grande Guerra (M. Scheler, N. Hartmann); contemporaneamente, alguns historiadores olharam para o passado com o objetivo de encontrar pontos de referência que puderam servir para construir em cima das ruínas da guerra (W. Jaeger, J. Huizinga, C. Dawson)[2].

Uma característica comum destes críticos é a percepção de que a causa última da crise foi uma concepção equivocada da natureza humana. Se a afirmação absoluta da autonomia do homem, acompanhada por uma liberdade de consciência sempre mais generalizada – a consciência não tem qualquer parâmetro objetivo com o qual medir-se e, portanto, fica completamente livre e dona de si – levou ao enfrentamento entre milhões de homens, era devido, talvez, a que o homem não fosse um indivíduo absolutamente autônomo ou que as diferentes nações, idolatradas pelo nacionalismo, na realidade não encarnam os valores mais elevados. Essa consciência da ausência de uma fundamentação antropológica das ideias pós-iluministas trazia como consequência uma crise na concepção do Estado e da economia – crise que o *crash* de Wall Street de 1929 fará mais evidente. Neste período, também muda a própria fundamentação da ciência, que anteriormente era considerada a solução para todos os males da humanidade. As novas teorias científicas formuladas por Mach, Einstein e Plank, no início do século XX, modificaram o paradigma da ciência de Newton, lançando a crise em certezas e seguranças consolidadas no positivismo do século XIX. Comellas chega a falar em *angústia da ciência* dos primeiros quinze anos do século passado[3].

Se os autores que representam a saída da modernidade ideológica redescobrem o homem como pessoa, quer dizer, não como mero indivíduo autônomo, mas como individualidade espiritual aberta à transcendência interpessoal (Deus e os outros), o niilismo, que se difunde depois da guerra, assimila a suposta falta radical de sentido do homem e da história. O niilismo pode desembocar no totalitarismo: se a vida do homem não tem sentido, a vontade humana deve proporcionar arbitrariamente um sentido à vida e à história. Se não existe uma ordem

---

(2) Cf. F. GUGELOT, *La conversion des intellectuels au catholicisme en France (1885--1935)*, CNRS, Paris, 1998; J. PEARCE, *Literary Converts*, HarperCollins, Londres, 1999.

(3) Cf. J. L.. COMELLAS, *El último cambio de siglo*, cit., pp. 249-265.

moral objetiva, tem de se criar uma moral subjetiva forte, que mediante a vontade de poder encha de sentido um mundo sem significado. No âmbito político europeu, a crise do liberalismo e a debilidade das democracias parlamentares fizeram que parecesse como algo apetecível a vontade de poder do fascismo, a afirmação cega de valores irracionais do nacional-socialismo ou a planificação estatista de Stálin.

Porém, o niilismo pode conduzir também ao que hoje chamamos de *pensamento débil*: não afirmar nenhuma verdade absoluta, tolerar, tratar de conviver com a pouca felicidade que esta vida sem sentido pode prover. Os homens devem aceitar a falta de sentido da história, assimilar a própria finitude, conviver com o absurdo na vida cotidiana, com o fato de que o «ser» é «demasiado», como afirma o existencialismo de Sartre. Assim, temos uma ampla produção de manifestações culturais – artísticas, literárias, filosóficas – que podemos agrupar sob a denominação do *niilismo débil*. Se nada tem sentido, é inútil estabelecer objetivamente o bem e o mal, proibir ou permitir.

Um pensador essencial para entender as duas consequências do niilismo é Friedrich Nietzsche. O niilismo de Nietzsche é um dos elementos mais presentes na *Weltanschauung* para as amplas massas contemporâneas fechadas à transcendência. Esse niilismo influencia algumas correntes filosóficas. Entre elas, reveste especial importância ao existencialismo de Heidegger e de Sartre. O primeiro constata a limitação do homem, considerado um «ser para a morte»; Sartre sustenta que a existência humana é um absurdo: o homem é liberdade, mas uma liberdade nunca satisfeita. Com a sua vontade gostaria de ser Deus, mas dá-se conta de que nunca chegará a ser Deus. O homem está *condenado* à sua liberdade, é uma paixão inútil. Os dois filósofos inspiram-se em uma leitura secularizada de Sören Kierkegaard. Esta leitura era, sem dúvidas, redutora: conservam-se alguns conceitos como a angústia e o desespero da existência humana sem incluir o remédio que Kierkegaard propunha para superá-las: a fé.

Paralelamente, na primeira metade do século XX houve muitas manifestações literárias do niilismo: Samuel Beckett, Eugène Ionesco, James Joyce e Albert Camus caracterizam a existência humana desenraizada, perdida no absurdo de uma vida sem valores de referência.

A arte do século XX participa plenamente da atmosfera de crise generalizada. Tanto na pintura como na música, podemos observar uma crítica radical à racionalização própria do positivismo do século XIX. Evidencia-se um processo de subjetivização, que se alheia do mundo objetivo e da natureza. Cada uma das correntes artísticas está precedida de um manifesto comumente redigido num estilo negativo e que tem por fim *épater le bourgeois* (surpreender o burguês), romper com os modelos pré-estabelecidos. O fauvismo, o dadaísmo, o cubismo, o surrealismo não só negam a racionalidade positivista, mas também o próprio senso comum. Assim, transformam-se em expressões artísticas elitistas, não compreendidas pela massa do povo. A sua potencialidade crítica faz que os referidos movimentos sejam efêmeros, superados depois de poucos anos por outras vanguardas mais audazes. Esse caráter revolucionário também explica que cada artista particular passe por distintas etapas na produção artística. Se em pintura se eliminam o traço, a terceira dimensão ou movimento, na música abandona-se a harmonia ou a tonalidade, dando ao artista uma liberdade subjetiva total. Noutras épocas da história houve um estilo artístico generalizado; no século XX, predomina a diversidade.

O niilismo de Nietzsche e seus herdeiros são alguns dos ingredientes do coquetel cultural dos anos sessenta. A crise da cultura da modernidade, percebida a partir de 1919 e aprofundada durante a Segunda Guerra Mundial, parecia quase superada nos anos cinquenta, quando um período de relativa paz – apesar da Guerra Fria, Coreia e Indochina –, de desenvolvimento econômico e de colaboração internacional – não se pode esquecer da criação da ONU, em 1945 – dava certa tranquilidade e fé no futuro da humanidade. Porém, nos anos sessenta, essa crise cultural da modernidade volta a explorar com violência e foi compreendida por muito mais pessoas do que nos anos trinta do século XX[4].

Na realidade, tratava-se da mesma crise, causada por uma concepção antropológica fechada à transcendência. Muitos intelectuais deste período, que se encontram na retaguarda dos protestos universitários

---

(4) Neste ponto sintetizamos uma parte do trabalho da professora Mercedes Montero: *La cultura del siglo XX,* em J. PAREDES (org.), *Historia universal contemporanea,* Madri, 1994, pp. 637-654. Daniel Bell documenta a relação entre a cultura elitista dos anos vinte e a cultura massiva da revolução dos anos sessenta no seu livro clássico *The Cultural Contradictions of Capitalism,* Basic Books, Nova York, 1996.

de 1968, conduzem também mais além das consequências da afirmação da autonomia absoluta do homem. A moral de Nietzsche sobre o homem como árbitro dos valores tomará diversas manifestações no âmbito das chamadas revoluções culturais dos anos sessenta. A ideologia de fundo desses movimentos anticulturais era difusa. Podia falar-se talvez de anarquia, que literalmente significa ausência do poder. Redimensiona-se a liberdade de consciência, fator fundamental da cultura da modernidade: não há limites. Tudo isso ficou muito claro nos famosos *slogans* da época: «É proibido proibir», «Seja realista, peça o impossível», ou «Imaginação ao poder». Outros *slogans* difundidos eram «Faça amor, não faça guerra», ou «Sexo, drogas e *rock and roll*».

Os fatos são conhecidos. As revoltas estudantis começaram na Califórnia e propagaram-se à Universidade da Sorbonne, em maio de 1968. Os protestos centravam-se nos problemas da massificação da cultura lecionada na Universidade, considerada inútil e retrógrada. As revoltas estenderam-se a Berlim, Cidade do México, Tóquio e muitas outras cidades do mundo. Em 1969, o protesto começou a perder a força.

Unidas a essas revoluções culturais aparecem uma série de movimentos com algumas ideias comuns: a ecologia, de grande importância, da qual se partia frequentemente para considerar o homem como mais um elemento do idealismo alemão; o panteísmo, das espiritualidades orientais e do materialismo científico; o movimento gay nos Estados Unidos e na Europa Ocidental; a defesa do consumo de drogas como meio de libertação; o feminismo, que, partindo de reivindicações justas, como foram no início do século XX o direito das mulheres ao voto e à instrução secundária, fica, todavia, numa posição extrema, sustentando uma liberdade equívoca da mulher – não de igualdade com o homem, mas de ruptura com o que alguém chamou de «cadeia natural»: a maternidade. Esse feminismo radical atacava os valores constitutivos da família, como o caráter sagrado da vida, com o aborto, e a fidelidade no matrimônio, com o divórcio. É fácil constatar que na base das revoluções culturais dos anos sessenta e setenta houve muita influência de Nietzsche e do «super-homem»: um homem livre de vínculos, que declara o que é justo e o que não é justo, que se ergue a um nível que corresponde apenas a Deus. A ordem moral objetiva desaparece do horizonte cultural de massas inteiras e é substituída por um subjetivismo arbitrário que pretende ser absolutamente livre e que tenderá para o hedonismo: se o homem pode escolher algo, escolherá sem esforço o mais aprazível.

Porém, além do impulso do niilismo de Nietzsche é preciso destacar a presença cultural de Freud e da Escola de Frankfurt. A psicologia de Freud apresentava uma antropologia redutora: os homens não estão determinados pela razão, mas pelo inconsciente, que tem força de impulsão, identificada com a libido ou impulso sexual. Todo o agir humano pode explicar-se a partir das tendências sexuais, reprimidas pelas instituições sociais ou as tradições. Alguns intelectuais alemães de formação marxista, como Reich e outros pertencentes à Escola de Frankfurt – Marcuse, Fromm – aplicam as categorias críticas de Marx às relações sexuais, lidas com a chave de Freud. A relação entre atividade sexual e procriação desaparece e considera-se que a finalidade última do sexo é o prazer. Deste modo, podem justificar-se as relações homossexuais, o aborto e a infidelidade. Assim foi legitimada a sociedade permissiva contemporânea: manifestação da afirmação da autonomia absoluta do homem. Autonomia absoluta que degenera numa cultura de morte: 2 milhões de vítimas da sociedade permissiva e hedonista – meninos não nascidos, idosos mortos com a eutanásia – unem as sociedades liberais ocidentais aos totalitarismos mais obscuros, que também contam na sua relação com milhões de vítimas inocentes.

Nos próximos capítulos, abordaremos os diversos aspectos da crise da cultura da modernidade. Iniciaremos com propostas avançadas por correntes abertas à transcendência para resolver a crise. Em seguida, apresentaremos os aspectos distintos do niilismo contemporâneo, dedicando atenção especial à filosofia de Nietzsche. O último capítulo desta parte aborda a sociedade permissiva, que surge como consequência da revolução sexual e as correntes culturais mais presentes no panorama atual: feminismo, ideologia de gênero, neomalthusianismo, ambientalismo e novos movimentos religiosos.

IX. A saída da modernidade ideológica

A consciência da causa da crise da cultura da modernidade – uma concepção equivocada da natureza humana – pode manifestar-se na literatura, na filosofia, nas doutrinas políticas etc. Lendo os livros de Chesterton, os ensaios filosóficos de Guardini, as novelas de Undset, de Bernanos ou de von Le Fort, é fácil identificar a existência de um movimento intelectual de inspiração cristã, que renova parte da cultura europeia da primeira metade do século XX[1]. Essa renovação coloca-se na direção de remover os fundamentos antropológicos da modernidade ideológica: o homem não é o indivíduo autônomo do liberalismo, nem uma mera célula da sociedade totalitária.

Nas páginas anteriores já nos referimos a alguns pensadores que rompiam com os moldes ideológicos predominantes no início do século XIX. Basta citar Kierkegaard e Tocqueville. Entre os elementos

---

(1) Cf. M. FAZIO, *Tre proposte di società cristiana: Berdiaeff, Maritain, Eliot*, «Acta Philosophica» 9/2 (2000), 287-311; *Hillaire Belloc e la crisi della cultura della modernità*, «Annales Theologici» 14/2 (2000), 535-568; *Religione e vita nei primi scritti di Christopher Dawson*, «Per la filosofia» 54 (2002), 97-105; *Chesterton: la filosofia del asombro agradecido*, «Acta Philosophica» 11/1 (2002), 121-142. Estes e outros artigos foram compilados em *Cristianos en la encrucijada. Los intelectuales cristianos en el período de entreguerras*, Rialp, Madri, 2008.

comuns dos autores do século XX, que apresentaremos em seguida, podemos indicar: a impossibilidade de reduzir o homem à mera natureza (atitude contrária ao positivismo); o fato de que a filosofia não pode ser absorvida pela ciência; o homem como interioridade e liberdade, consciência e reflexão; a natureza como coisa determinada por um plano superior de caráter finalista e providencial (contra o evolucionismo autofundante). Os referidos autores e suas respectivas correntes tornam o século XX um século de pensamento cristão profundo ou, pelo menos, aberto à transcendência. Contemporaneamente, desenvolver-se-ão os niilismos e as antropologias redutoras, que estudaremos ao longo dos próximos capítulos.

1. A doutrina moral e religiosa de Henri Bergson

Henri Bergson nasceu em Paris no ano de 1859. Estudou no *Lycée Condorcet* e na *École Normale*. Deu aulas em alguns liceus de província, na *École Normale* e no *Collège de France*. Foi nomeado acadêmico (1914) e Prêmio Nobel da Literatura (1928). Nascido judeu, procurou converter-se ao catolicismo, mas não o fez por solidariedade ao povo hebreu quando começou a perseguição nazista. Morreu em Paris, em 1941. Entre as suas obras estão: *Ensaio sobre os dados imediatos da consciência* (1881); *Matéria e memória* (1896); *O riso, ensaio sobre o significado do cômico* (1900); *Introdução à metafísica* (1903); *A evolução criadora* (1907); *A energia espiritual* (1909); *Duração e simultaneidade* (1910); *As duas fontes da moral e da religião* (1932); *O pensamento e o móvel* (1934) *Escritos e palavras* (póstumo, 1957-1959). A sua obra tem um caráter literário e poético e pouca sistematicidade.

O pensamento de Henri Bergson sai da lógica da modernidade ideológica com a sua doutrina moral e religiosa. Depois de muitos anos sem publicações, em 1932 Bergson publica *As duas fontes da moral e da religião*, que se põe em continuidade com a sua filosofia evolucionista. Bergson, seguindo Lévy-Bruhl, afirma que existem conexões entre os códigos de conduta moral e algumas sociedades secretas. Porém, as referidas conexões não implicam um determinismo social absoluto sobre o indivíduo. Bergson inicia as suas reflexões morais a partir do senso humano da obrigação, que o leva a afirmar tendencialmente o caráter livre dos homens: «Um ser não se sente obrigado sem ser livre e todo o dever, tomado separadamente, implica a liberdade». A fonte da obrigação é a sociedade. Obrigação, repetimos, não equivale à ausência de liberdade, mas significa pressão social e esta é a pedra angular da «moral fechada».

Porém, o idealismo moral daqueles que introduziram em suas próprias vidas valores e padrões mais altos e de efeito mais universal que os códigos éticos comuns à sociedade a que pertencem – e aqui Bergson assume as doutrinas morais de Sócrates e Jesus – não se podem explicar, apenas, em termos de pressão social. O ideal moral atua por chamamento, por vocação, e não por pressão social. Aqueles que respondem não estão obrigados ou constrangidos por pressão social, mas atraídos pelo seu exemplo.

Deste modo, como existem duas morais, ainda que na prática se misturem e confundam, também existem duas religiões: uma religião «estática», resultado da *função efabuladora*, que consiste numa reação defensiva da natureza contra tudo o que possa ser depressivo para o indivíduo e desagregador para a sociedade no exercício da inteligência, em que o homem busca a segurança. Assim, a efabulação produz uma autoridade divina que proíbe e ordena, uma nova vida após a morte e alguns poderes sobrenaturais benfeitores, que dão coesão ao grupo social. Por outro lado, a religião «dinâmica», na sua essência, identifica-se com a mística. Este segundo tipo de religião consiste num contato e, por conseguinte, numa coincidência parcial, com o esforço criativo d'Aquele que é a fonte da vida. O esforço é de Deus, talvez, o próprio Deus. O místico – Bergson se refere explicitamente aos grandes místicos espanhóis Santa Teresa de Jesus e São João da Cruz – é o indivíduo que transcende a sua natureza material e prolonga a ação divina: «Deus é o amor e objeto de amor. É este o contributo da mística»[2].

Jacques Maritain, que fora «despertado» do seu sonho positivista pelas lições de Bergson, distingue entre o «sistema» e o «espírito» da

---

(2) H. BERGSON, *Les deux sources de la morale et de la religion*, em *Oeuvres*, Paris, 1959, p. 1189.

filosofia de Bergson. Se o primeiro apresenta muitas ambiguidades de caráter metafísico e lógico, o seu espírito, «a força de fidelidade à luz interior, a um puro trajeto espiritual, conduz ao próprio umbral, onde toda a Filosofia se detém»[3].

A filosofia de Bergson lançava oxigênio à asfixiante atmosfera cultural do seu tempo, dando carta de cidadania filosófica à experiência religiosa. Face ao mecanicismo e ao positivismo, a visão de Bergson, talvez por sua falta de sistematização e seu caráter poético, exerceu um impulso libertador: dar uma interpretação positiva do mundo e, para muitos, atraente. Era um pensamento capaz de suscitar entusiasmo.

2. A filosofia da ação de Blondel

Maurice Blondel nasceu em Dijon, em 1861, e estudou na *École Normale* a partir de 1881. Os seus mestres foram Ollé-Laprune e Boutroux. Em 1893, licenciou-se em Filosofia com a tese *L'Action* (conhecida como «a primeira Ação»). Esta tese, por ser contrária ao positivismo oficial, suscitou inúmeras polêmicas, que criaram obstáculos à sua carreira universitária. Conseguiu ser nomeado *maître de conférences* em Lille e professor em Aix. Depois vieram as publicações: *O pensamento* (1934); *O ser e os seres* (1935); *A ação* (1936-1937); *A filosofia e o espírito cristão* (1944-1946). Faleceu em 1949, com oitenta e oito anos. Em 1950, publicou postumamente *Exigências filosóficas do cristianismo*.

A abordagem filosófica de Maurice Blondel centra-se na questão do sentido e do destino da vida humana. Blondel quer tratar a existência humana em sua totalidade, sem privilegiar qualquer dos aspectos parciais da referida existência tais como a vontade, a razão ou os sentimentos. Segundo o filósofo, a chave para alcançar essa visão da totalidade, e, por conseguinte, superar os limites produzidos pela filosofia pós-kantiana na sua concepção do homem, radica numa análise da ação humana. Na busca da unidade, da totalidade

---

(3) J. MARITAIN, *La philosophie bergsonienne*, em *Oeuvres complètes*, Friburgo-Paris, 1983, I, p. 548.

da existência humana e, mais radicalmente, na busca do sentido da vida, «Blondel determina o elemento radical, comum a tudo o que o homem conhece, quer e realiza. Esse elemento que se apresenta simultaneamente como o ponto de partida de toda investigação ulterior é a ação. A ação é o elemento primeiro e irredutível da vida do homem, a partir do qual todo o humano se desenvolve»[4]. Com as palavras do próprio Blondel, «a ação é a síntese do conhecer, do querer e do ser, o vínculo do composto humano, que não pode separar-se sem destruir tudo o que se separou. É o ponto preciso, onde convergem o mundo do pensamento, o mundo moral e o mundo da ciência. Se não se unissem na ação, tudo estaria perdido»[5].

A filosofia da ação é uma crítica da vida, que parte da ação para alcançar uma visão unitária do homem. Para Blondel, toda ação humana é um movimento originário da vontade, que surge no interior do sujeito. Por isso o nosso filósofo utiliza, às vezes, a expressão «método de imanência» para referir-se ao seu método filosófico – expressão que não deve ser confundida com o «sistema de imanência», entendido como cosmovisão fechada à transcendência. Quando Blondel alude à primazia da imanência, está sublinhando que a ação surge da imanência do sujeito, na interioridade, mas a própria análise da ação indica-nos que é necessário superar a imanência até chegar à realidade e à transcendência. Nesse sentido, seria possível dizer que a visão de Blondel da ação humana é *imanente*, *sintética* e *dinâmica*. Já foi dito por que é imanente. Também é sintética, porque é fonte dos distintos aspectos da existência humana – fundamentalmente do conhecer, do querer e do ser; e, simultaneamente, é dinâmica, porque a ação manifesta-se no seu *fieri*: um elemento central da filosofia de Blondel é a explicitação do que há de implícito em toda a espécie de ação humana por meio de uma análise de sua dialética interior.

Essa abordagem filosófica, do ponto de vista da unidade de sentido da vida humana e dada pela análise da ação, explica as críticas que Blondel dirige a toda a intenção de explicar a realidade humana

---

(4) C. IZQUIERDO, *De la razón a la fe. La aportación de M. Blondel a la teologia*, EUNSA, Pamplona, 1999, p. 53.

(5) M. BLONDEL, *L'Action. Essai. D'un critique de la vie et d'une science de la pratique*, Alcan, Paris, 1893, p. 28.

a partir de um aspecto parcial e limitado da ação. Assim pretende-se superar o *intelectualismo*, ou seja, a pretensão de autossuficiência que o pensamento tem de ser totalmente independente da ação; o *pragmatismo*, que determina que a ação se explica por si própria; o *racionalismo*, que supõe que a razão é o único juiz da verdade em qualquer campo; o *fideísmo*, que consiste na pretensão de autossuficiência da fé. Este fideísmo considera que, no âmbito religioso, a razão perde os seus direitos.

Se o caráter sintético da ação permite a crítica aos reducionismos unilaterais, o seu caráter dinâmico determina que a filosofia de Blondel seja também uma apologética: um exame racional dos motivos intrínsecos da religião revelada. Essa apologética baseia-se na análise dos fins das ações. Para onde se dirige a ação? Com as palavras de nosso autor: «Sim ou não? Tem a vida humana um sentido e o homem, um destino?»[6]. Segundo Blondel, um seguimento atento da dinâmica intrínseca da ação abre à transcendência. Contudo, ao longo da história, a pergunta uma vez formulada encontrou respostas muito diferentes. Uma possível resposta é a do *diletantismo*: a vida não leva a parte alguma e, por essa razão, tem de gozar-se e divertir-se. Porém, o *diletante* é um egoísta: ama apenas a si próprio e não encontra sentido em sua existência superficial. Existe também outra possibilidade, o *niilismo*, que se identifica com a solução pessimista de Schopenhauer: renunciar à vontade de viver. Porém, não existe nem o conceito nem a vontade do nada. Na base desta atitude vê-se que o pessimismo é um misticismo: o desejo de ser o Absoluto, mas a impossibilidade de sê-lo. O *cientificismo* é outra resposta que pretende eliminar toda a inquietude e toda a transcendência dando certezas objetivas. No entanto, a ciência não explica a ação, dado que esta nasce da intimidade do sujeito e o objeto da ciência não é a intimidade, mas os fenômenos.

Blondel considera que o homem não é um indivíduo isolado: a análise da ação demonstra a condição social do homem. Porém, uma das ações especificamente humanas é a de dar-se, separar-se para reencontrar-se em família, na pátria, na humanidade. Seguindo esse ponto

---

(6) *Ibidem*, p. VIII.

de vista, Blondel critica as ideologias modernas – liberalismo, nacionalismo, marxismo – que desnaturalizam a pessoa.

Quando o homem percebe que está seguindo um ideal que transcende os fenômenos, entrou na esfera moral. Blondel distingue entre a vontade que quer (*voulante*) e uma vontade querida (*voulue*).
A primeira é uma vontade transcendental, que deseja a totalidade. Para
Blondel, a tensão que existe entre essas duas vontades, que em parte
recordam a *voluntas ut natura* e a *voluntas ut ratio* da escolástica, é o
motor do dinamismo da ação. Para alcançar o bem é preciso superar o
particular, o concreto, o contingente: queríamos satisfazer-nos plenamente com essas coisas, mas não conseguimos. A vontade autêntica,
que busca o Absoluto, deve reconhecer a presença do único necessário:
Deus. Por isso a mortificação, o sofrimento, é saudável, porque impede a adaptação ao mundo. «A mortificação é a verdadeira experiência
metafísica, que alcança o próprio ser». O homem deve reconhecer a
sua impossibilidade de divinizar-se. Assim, o homem concebe a possibilidade de uma ordem sobrenatural; o sobrenatural é «aquele que é
absolutamente impossível e absolutamente necessário para o homem»[7].
Impossível, porque está além de suas próprias forças; necessário para
satisfazer a sua sede de infinito. Só a graça de Deus, que vem do alto,
poderá saciar essa sede.

Que pode fazer uma filosofia da ação diante do sobrenatural? Não
pode demonstrar a sua existência, mas pode mostrar a sua possibilidade, mostrar que a hipótese do sobrenatural é necessária e indagar
as condições da possibilidade do ato de fé. O caminho que leva à fé
é a atuação de acordo com a verdade revelada. Seguindo os passos de
Pascal, Blondel propõe um testemunho existencial do cristianismo:
Fac et videbis, quer dizer, comporta-te como cristão e dar-te-ás conta
da sua verdade.

Blondel permaneceu sempre fiel à ortodoxia católica, embora alguns modernistas tenham tomado muitas das suas ideias e da
sua terminologia, que difundiam a diferença ontológica entre a ordem natural e a sobrenatural. Por ocasião do centenário da publicação de *L'Action*, João Paulo II enviou uma carta ao arcebispo de

---

(7) *Ibidem*, p. 388.

Aix-en-Provence apoiando a obra de Blondel e, em particular, a sua visão integral do homem[8].

3. O existencialismo cristão de Gabriel Marcel

Gabriel Marcel é considerado por muitos um existencialista cristão. A filosofia de Marcel dificilmente se enquadra em uma denominação precisa, mas é suscetível de ser inserida na tradição francesa não cartesiana, vem de Pascal a Blondel, passando por Maine de Biran e Bergson[9].

Marcel nasceu em Paris, em 1889. Filho único, sua mãe morreu quando ele tinha apenas quatro anos. O ambiente de rigidez moral de sua família deixou marcas em sua formação e despertou um interesse precoce pela análise das situações existenciais que observava ao seu redor. Nos estudos filosóficos, passa por um primeiro período de influências idealistas, que abandonará cedo para empreender um pensamento original, nada sistemático, sempre em busca do mistério da existência. As experiências traumáticas da Primeira Guerra Mundial, durante a qual Marcel trabalhou em um escritório que ajudava a descobrir o destino de pessoas desaparecidas, incentivaram o filósofo a perguntar-se pelo outro, pelo mais além, pelo sofrimento e pela morte – quer dizer, por situações reais, muito afastadas das abstrações do idealismo. Em 1929, fruto de sua evolução espiritual e ajudado pelo exemplo de outros convertidos, como Charles du Bos, converte-se ao catolicismo. Dez anos antes casara-se com Jacqueline du Boegner, de família protestante. Ela também abraçou a fé católica no ano de 1943. Jacqueline morreu em 1947, depois de uma vida de fidelidade e amor a seu marido. Marcel nunca esqueceu a esposa e sempre a recordou com uma das suas frases filosóficas mais contundentes: «Amar um ser é dizer-lhe: tu não morrerás!».

---

(8) Cf. Carta de João Paulo II ao arcebispo de Aix por ocasião do *Colloque du Centenaire de l'Action,* 19-II-1993, em *Osservatore Romano,* 12-III-1993.

(9) Cf. J. L. CAÑAS, *Gabriel Marcel: filósofo, dramaturgo y compositor,* Palabra, Madri, 1998, p. 159.

Sua vida se entrecruza com a sua obra, a ponto de poder afirmar que a sua obra é uma reflexão sobre a existência humana a partir da sua experiência pessoal e das suas relações com os outros e com o seu contexto histórico. A manifestação do caráter existencial de seu pensamento está, entre outras obras filosóficas escritas, em formas não sistemáticas como diários, conferências e artigos. Marcel também compôs muitas peças de teatro, onde apresentava personagens com atitudes existenciais que encarnavam as suas reflexões filosóficas dando-lhes vida, encarnando posições concretas. Entre as obras filosóficas mais importantes estão o *Diário metafísico* (1914-1923); *Posição e abordagens concretas do mistério ontológico* (1933); *Ser e ter* (1935); *Da recusa à invocação* (1940). Entre as suas obras de teatro mais significativas encontram-se *Um homem de Deus* (1925) e *O mundo partido* (1933).

Para Marcel, a existência é entendida como *encarnação*, quer dizer, como o sentimento corporal de estar inserido no mundo; e, simultaneamente, como *participação*, ou seja, abertura aos outros, manifesta no sentimento de «estar e ser juntos» com as outras pessoas e com o Tu absoluto[10]. A concepção da existência humana por Marcel afasta-se tanto do objetivismo como do subjetivismo. A pessoa não pode ser explicada pelas ciências objetivas verificáveis, mas tampouco é reduzida a meros sentimentos subjetivos.

Marcel admite um conhecimento metafísico, um conhecimento da interioridade e das verdades radicais da existência. Aqui, põe-se a célebre distinção de Marcel entre *problema* e *mistério*: «Um problema é algo com que nos encontramos e nos impede de caminhar. Porém, está em frente, diante de mim. Por outro lado, o mistério é algo com que me encontro implicado e cuja essência consiste em não se colocar inteiramente diante de mim. É como se nessa zona a distinção de *em mim* e *diante de mim perdesse o significado*»[11]. O pensamento objetivo coloca problemas e procura solucioná-los, separando o objeto do sujeito. Por outro lado, o mistério envolve-nos, implica-nos. Por conseguinte, o conhecimento metafísico, o conhecimento do ser, não é algo objetivo, distante, sem que o conhecimento esteja envolvido no ser:

---

(10) Cf. G. MARCEL, *Journal méthaphysique*, Paris, 1927, p. 322.

(11) *Idem, Être et avoir*, Paris, 1935, p. 169.

o conhecimento do próprio ser é um autêntico mistério. A metafísica não deve «resolver» o mistério ontológico, pois em seu vão intento de esclarecê-lo estaria degradando a categoria do problema. A atitude metafísica diante do mistério há de ser de disponibilidade e abertura.

A distinção entre problema e mistério conduz também a outra distinção clássica do pensamento de Marcel: a que existe entre ser e ter. O primado do ter sobre o ser manifesta muitos aspectos da decadência da cultura contemporânea, pois o homem objetiviza-se e perde sensibilidade para abrir-se ao mistério que envolve a sua existência. O ter anula o ser. Apenas transformando-se em instrumento, em meio, o ter pode entrar numa dialética construtiva com o ser. O primado do ser, pelo contrário, encarna-se nas atitudes vitais, que são testemunhos do mistério: a fidelidade criadora, o amor, a esperança.

Para Marcel, o homem é sempre um caminhante, um *viator*. A vida é uma peregrinação em busca do sentido da existência. No caminho existirão obstáculos, estará sempre presente a tentação do primado do ter, mas simultaneamente o peregrinar terreno pode-se estruturar em volta da esperança. Na esperança abre-se-nos o transcendente: afirma-se a existência de um ser mais além de tudo o que aparece, que compensa as ânsias de sentido do homem. Entendida desta maneira, como afirmação do mistério do ser, a metafísica exorciza qualquer desespero. Porém, a transcendência não chega por meio do discurso lógico, e sim por intuição. A atitude autêntica do filósofo não é a especulação sobre o divino, mas a adoração. Como assinala B. Mondin, «o filósofo deve falar com Deus, não de Deus»[12].

Marcel dedicou as suas últimas obras à análise dos problemas da cultura contemporânea e se ocupou de temáticas que vão do primado de uma técnica despersonalizante até a perseguição ideológica nos países comunistas da Europa Oriental. Tanto nestas obras como nas de caráter mais metafísico, Marcel resiste a toda a sistematização. No entanto, o conjunto da sua análise das situações concretas da existência humana conduzem à visão da vida aberta à transcendência interpessoal, à esperança na imortalidade e à abertura diante do mistério de Deus.

---

(12) B. MONDIN, *Storia della Metafisica*, ESD, Bolonha, 1998, III, p. 645.

4. O personalismo

O personalismo é uma corrente filosófica que coloca a pessoa humana no centro de sua atenção. Embora o tema filosófico da pessoa seja uma constante no pensamento ocidental, essa corrente específica centrada na pessoa surge nos anos trinta do século XX, ou seja, corresponde ao período entreguerras. A definição cronológica da sua origem é importante porque o personalismo nasce precisamente para fazer frente à crise da cultura da modernidade, que se afirma depois da Primeira Guerra Mundial. O caráter pouco técnico desta filosofia e a sua capacidade de referir-se aos problemas existenciais do homem provêm precisamente da tentativa de ser uma resposta à crise histórica conjuntural. Paralelamente, o personalismo propõe de novo valores perenes, acima das circunstâncias do tempo histórico. Como manifestações importantes do seu impulso no século XX cumpre citar a Declaração Universal dos Direitos do Homem das Nações Unidas de 1948 e os textos do Concílio Vaticano II, ao longo dos quais é fácil compreender a presença de elementos personalistas. Depois de um período de descrédito, em parte devido à supremacia cultural do marxismo, atualmente o personalismo parece retomar vigência e caráter incisivo.

Diante das posições teóricas do positivismo, do marxismo e do niilismo, e dos atropelos práticos dos totalitarismos de esquerda e de direita, o personalismo pretende reivindicar uma visão do homem enquanto pessoa una, única e irrepetível. Descreveremos os elementos essenciais desta corrente, para depois nos referirmos à filosofia de Emmanuel Mounier.

a) Características gerais

A característica mais específica do personalismo é a que coloca a natureza humana como centro da reflexão filosófica. Graças ao impulso do cristianismo, a noção de pessoa ocupou um posto de grande importância em muitas correntes e sistemas. Contudo, agora, trata-se de colocar a pessoa no próprio centro de reflexão – e a própria reflexão inclui uma novidade. Porém, nem tudo é novidade no personalismo.

Seguindo Juan Manuel Burgos[13], apresentaremos primeiro os elementos personalistas tradicionais, que configuram a corrente como uma filosofia realista, para depois nos dedicarmos aos elementos que trazem uma novidade ao panorama filosófico contemporâneo.

O personalismo configura-se como uma filosofia realista com as seguintes características:

1) Uma visão do mundo de tipo ontológico ou metafísico. Para o personalismo o mundo é uma realidade externa ao homem com consistência própria em que existem entes com diversos graus de perfeição entre os quais se destaca a pessoa; 2) O homem tem capacidade de conhecer uma verdade que simultaneamente o transcende. O personalismo admite a possibilidade de um conhecimento objetivo da realidade, ao qual tem acesso subjetivamente. Contudo, o homem não é capaz de conhecer *toda* a verdade, deixando uma porta aberta ao mistério e à transcendência; 3) O homem é livre, com capacidade de autodeterminação – o homem é dono de si mesmo – e com capacidade de modificar o mundo; 4) A pessoa é a realidade substancial e não um mero suceder de vivências sem suporte ontológico. Alguns personalistas consideram que, se esta é a realidade do homem, então o termo «substância» padece de um caráter demasiado estático, precisamente porque foi utilizado originalmente para referir-se às «coisas», e não às «pessoas»; 5) Existe uma natureza humana que se modifica acidentalmente com o rumo da história, mas que permanece especificamente idêntica a si própria debaixo dessas mudanças; 6) O homem tem a sua dimensão ética e uma dimensão religiosa, que se desprendem da sua natureza espiritual e livre.

Todos esses elementos estão em algumas antropologias clássicas, como a agostiniana ou tomista. As novidades que o personalismo traz são as seguintes:

1) Distinção insubstituível entre coisas e pessoas e necessidade de tratar estas últimas com categorias filosóficas próprias; 2) Importância radical da afetividade, considerada parte essencial da pessoa. Os sentimentos, as emoções, o «coração», devem ser objeto de reflexão filosófica, como foram, ao longo da história, a inteligência e a vontade;

---

(13) Cf. J. M. BURGOS, *El personalismo*, Palabra, Madri, 2003, pp. 170-194.

3) A pessoa está essencialmente ordenada à relação interpessoal, familiar e social. Realiza-se a si própria na doação, diálogo e comunhão com as outras pessoas; 4) O personalismo sustenta o primado absoluto dos valores morais e religiosos acima dos meramente cognitivos; 5) Tematização filosófica da corporeidade humana e da sexualidade. A pessoa é um espírito encarnado e sexuado; 6) O personalismo há de ser comunitário, dadas as características relacionais da pessoa humana. A reflexão da filosofia política deve ajudar a superar a alternativa entre coletivismo totalitário e individualismo capitalista; 7) A filosofia não pode reduzir-se a um saber acadêmico e erudito, mas que deve interagir com a realidade cultural e social; 8) União entre fé e cultura: a noção de pessoa alcança a sua maior explicitação na reflexão cristã. Os personalistas distinguem entre o âmbito do sobrenatural e do natural, mas não os opõem artificialmente. Encontram nas verdades reveladas motivos de reflexão e inspiração, mas executam um trabalho estritamente filosófico a partir da experiência integral da pessoa, que inclui a dimensão religiosa. Cabe assinalar que existem alguns personalistas não cristãos, como os judeus Martin Buber e Emmanuel Levinas, que também utilizam a revelação vetero-testamentária como fonte de reflexão; 9) O personalismo julga positivamente e critica as tendências modernas de subjetivismo e relativismo. Não se colocam «fora» da modernidade, pois consideram-se parte da mesma.

Os principais elementos que caracterizam o personalismo não fazem deste uma escola filosófica fechada. Preferimos falar de corrente, que engloba distintos autores ao longo dos quais estão os referidos elementos, ainda que cada um com estilo e ênfase próprios. Dentro desta corrente destacam-se as propostas filosóficas de Karol Wojtyla, Martin Buber, Emmanuel Levinas, Julián Marías, Romano Guardini etc. Agora, analisaremos o pensamento de Mounier, um dos poucos que admite a denominação de personalista.

b) Emmanuel Mounier (1905-1950)

Emmanuel Mounier nasceu em Grenoble, em 1905, no seio de uma família cristã de tradições camponesas. Estudou filosofia em sua cidade natal e em Paris. Seu primeiro contato com a grande cidade foi bastante traumático, sobretudo por causa do ceticismo reinante nas aulas da Sorbonne. A leitura das obras de Charles Péguy abriu-lhe novas perspectivas para o seu ideal de pensamento cristão. Em 1931, publicou a sua tese doutoral, sobre o pensador francês. Foi influenciado também por Maritain, Berdiaeff e Marcel, e travou uma boa amizade com Guitton. Terminados os estudos, Mounier decide abandonar o mundo estritamente acadêmico e dedicar-se a cultivar um pensamento que leve à ação: segundo Mounier, a crise entre as duas guerras exigia um empenho cultural e social vital e generoso, e não um trabalho erudito de filosofia. Neste ambiente espiritual de compromisso com os problemas do seu tempo, em 1932 fundou a revista *Esprit,* que não foi apenas uma das publicações mais influentes nas décadas de trinta a cinquenta, mas um movimento cultural, que reuniu várias personalidades intelectuais daquela época, identificadas de alguma maneira com o personalismo. A sua primeira obra sobre personalismo é de 1935: *Revolução personalista e comunitária*; um ano depois, aparece *Da propriedade capitalista à propriedade humana,* e *Manifesto ao serviço do personalismo.* Em 1946, publicou *Introdução aos existencialismos.* Outras obras importantes são *Que é o personalismo?* (1947), e *O personalismo* (1950). Depois da Segunda Guerra Mundial, fundou algumas comunidades personalistas, onde viveu com a esposa, Paulette Leclercq. A morte prematura de sua filha produziu em Mounier uma forte comoção interior e um aprofundamento do mistério cristão da dor. Em 1950, morre devido a um esgotamento e uma crise cardíaca.

Das obras de Mounier podem extrair-se alguns juízos sobre distintas correntes filosóficas da história. O nosso autor critica a filosofia «das ideias» abstratas, alheias à realidade, que começa com Platão e termina em Hegel, e que é estigmatizada por Kierkegaard. Porém, também tem uma atitude crítica a respeito da filosofia «das coisas», a qual, seguindo os métodos das ciências naturais, estuda o homem como mais um objeto do mundo físico, como fazem, por exemplo, o positivismo e o condutismo. O existencialismo, por sua vez, aproxima-se da realidade, mas quando se exagera a atitude existencialista cai-se num solipsismo e no pessimismo.

Como alternativa a todas essas correntes, Mounier apresenta o personalismo. A afirmação central do personalismo é a existência de pessoas livres e criativas, que introduz um «princípio de imprescindibilidade» na realidade e impede a construção de um sistema fechado pretensamente abrangente de tudo. O personalismo foge tanto do materialismo – o homem é o seu corpo – como da angelização da pessoa humana. O homem *é inteiramente corpo e inteiramente espírito*: a existência corporal e a existência espiritual pertencem à própria experiência. O homem tem uma existência corporizada, porque faz parte da natureza. Contudo, o homem é também uma natureza livre capaz de realizar plenamente a sua própria vocação moral e espiritual e de humanizar ou personalizar o mundo.

No *Manifesto ao serviço do personalismo*, Mounier propõe a seguinte descrição da pessoa: «Uma pessoa é um ser espiritual, constituído como tal por sua forma de subsistência e de independência em seu ser; mantém essa subsistência por sua adesão à hierarquia de valores, livremente adotados, assimilados e vividos por meio de um empenho responsável e de uma constante conversão; por conseguinte, unifica toda a sua atividade na liberdade e desenvolve, entre outras coisas, a singularidade da sua vocação por meio de atos criativos»[14].

A primeira parte da descrição se refere às características ontológicas da pessoa: a subsistência e independência no seu ser. Na segunda parte, vemos a pessoa em movimento: a pessoa é um projeto ético. Mounier denomina *personalidade* a este aspecto dinâmico da pessoa. Segundo o filósofo, existem três dimensões fundamentais no desenvolvimento espiritual do homem em fazer-se pessoa. Essas dimensões são a *vocação*, a *encarnação* e a *comunhão*. A vocação dá um sentido unificador à vida do homem: com ela descobre-se o lugar e a missão no mundo de cada pessoa; a encarnação é uma dimensão onipresente na vida humana, mediante a qual é-nos impedida uma total auto-transparência e nos sentimos continuamente impelidos para fora de nós para preocupar-nos com os problemas do mundo e dos nossos semelhantes; a comunhão é a dimensão social e oblativa da pessoa: apenas dando-se aos outros o homem encontra-se a si próprio. Essas três dimensões fundamentais do desenvolvimento da personalidade implicam um elenco de atitudes existenciais. Entre elas cabe assinalar a *meditação* para descobrir a vocação; o *compromisso* com os proble-

---

(14) E. MOUNIER, *Manifesto al servicio del personalismo*, Taurus, Madri, 1967, pp. 75-76.

mas do mundo, enfrentando a carga da nossa condição corporal; e o *desprendimento de si*, para deixar espaço a comunhão. A perfeição do desprendimento de si é o amor.

O personalismo de Mounier está orientado para o comunitário, porque a própria pessoa não se realiza senão em comunidade. O nosso filósofo distingue *sociedade* e *comunidade*. A primeira é um agrupamento de pessoas, mas em que não se chegou, ainda, à autêntica pessoalização das relações sociais. É o reino do «diz-se» ou «faz-se». Na comunidade, por sua vez, as relações interpessoais eu-tu formam um «nós» unido pelos laços do amor. Se, na ordem individual, a vocação outorga a unidade de vida, na ordem social é o amor que dá unidade à comunidade.

Embora a comunidade personalista esteja ainda longe de alcançar-se, é necessário idealizar projetos político-sociais que tenham a sua realização. Por essa razão, Mounier dedicará muitas páginas das suas obras a questões políticas, econômicas e sociais. O Estado deve ser para o homem, e não o homem para o Estado. Mounier rejeita o totalitarismo político, mas tampouco defende o liberalismo capitalista e burguês, enquanto fundado numa visão materialista, individualista e egoísta do homem. A sociedade liberal capitalista é para Mounier «a desordem estabelecida».

O personalismo pede que todas as estruturas sociais sejam reequacionadas. O homem, segundo Mounier, deve descentralizar-se: tem de criar as circunstâncias sociais adequadas para que a pessoa possa dar-se aos outros e estar disponível em comunicação e comunhão com os semelhantes. A pessoa existe apenas numa relação social como membro do «nós». O homem pode realizar a sua vocação moral apenas em uma comunidade de pessoas. Daí que Mounier defina a sua doutrina como um «personalismo comunitário» – tem de chegar-se ao «socialismo personalizado». O personalismo de Mounier convida à ação política, superando os totalitarismos e o liberalismo. Em algumas ocasiões, Mounier mostrou-se pouco crítico com o marxismo, do qual admirava a luta pela justiça e os seus desejos de libertação. Além disso, considerou que, nas circunstâncias europeias, apenas os marxistas eram uma força capaz de derrotar o capitalismo egoísta, individualista e despersonalizador. Para entender o seu comportamento deve-se levar em conta que a luta de católicos e comunistas unidos na Resistência Francesa durante a Segunda Guerra Mundial fez crescer a simpatia entre os dois grupos. A hierarquia católica francesa será muito clara em advertir para os perigos dessa convivência. Contudo, é constante em Mounier a sua rejeição da cosmovisão materialista do marxismo.

Pensador católico, Mounier dá interessantes pistas para mostrar a relação entre o cristianismo e o mundo. A comunidade personalista não deve ser uma forma de nova cristandade: o reino de Deus não é deste mundo, e o perigo de confusão entre as estruturas temporais e a fé religiosa não desapareceu depois da queda do Antigo Regime. Trata-se de criar uma sociedade pluralista em que se abram espaços para os valores espirituais. Longe de um clericalismo bastante presente no pensamento católico francês, Mounier sublinha a autonomia relativa das realidades temporais.

5. O neotomismo

A doutrina filosófica e teológica de São Tomás de Aquino foi um elemento essencial da tradição católica a partir do século XIII. Os romanos pontífices interviram repetidas vezes para colocar em relevo o valor intrínseco da síntese tomista entre a razão e a fé. No entanto, essa insistência do magistério não conseguiu que o tomismo se mantivesse fiel às fontes vivas dos escritos de São Tomás. A partir do século XIV, o tomismo foi-se enrijecendo, perdendo vitalidade e contato com o mundo científico — com a exceção do tomismo do século XVI, que gerou pensadores do nível de Francisco de Vitória, Domingo de Soto e Domingo Bañez. No século XIX, vemos um tímido renascimento tomista que será vigoroso no fim do século, durante o pontificado de Leão XIII. Por esta razão, surgem filósofos como Jacques Maritain ou Étienne Gilson. O neotomismo apresenta-se não só como mais uma manifestação da vitalidade da Igreja, mas também como uma reação contra o racionalismo de proveniência iluminista, o imanentismo idealista e o materialismo positivista, entendidos como sistemas filosóficos. Porém, também procura ser uma resposta ao liberalismo político, identificado com o laicismo e a secularização da sociedade entendida como afirmação absoluta do temporal, e a todo o sistema totalitário, que nega a dignidade do ser humano.

a) *A encíclica* Aeterni Patris *(1879) e a renovação do tomismo*

Em 1879, quando Leão XIII iniciou o pontificado, publicou uma encíclica acerca da filosofia cristã intitulada *Aeterni Patris.* O Papa analisou o panorama crítico que apresentava o mundo no fim do século XIX: a falta de paz social, as tensões internacionais e a degradação moral tinham causas espirituais. Entre elas, ocupava um lugar importante a separação entre razão e fé, verificada desde o início da modernidade. A proposta papal centrava-se num fortalecimento do pensamento cristão e, em particular, em torno da filosofia de São Tomás, que, como Doutor Comum, apresentou uma síntese harmônica entre razão e fé, na qual a razão não perdia os seus direitos. Pelo contrário, as verdades conhecidas pela fé serviam à razão para ampliar os seus horizontes e poder chegar, assim, mais longe nas investigações racionais: «Não em vão Deus inseriu a luz da razão no pensamento do homem; e, longe de extinguir ou diminuir o poder da inteligência, a luz da fé a aperfeiçoa e, aumentadas as forças com a fé, fá-la capaz das coisas maiores».

Leão XIII não identificava filosofia cristã com filosofia tomista, embora considerasse esta última como o expoente máximo de um pensamento filosófico concordante com a fé. Por outro lado, a proposta de Leão XIII não foi um simples retorno ao século XIII: na encíclica *Aeterni Patris* dizia explicitamente que era preciso ultrapassar a excessiva minúcia das análises da escolástica e todos os elementos que se haviam demonstrado falsos com o progresso da ciência nos últimos séculos. Leão XIII apreciou sinceramente as novas descobertas científicas, que, como verdades, não podiam entrar em contradição com a fé.

O documento pontifício manifestava um interesse apostólico. Para criar uma sociedade cristã tornava-se necessário que os intelectuais cristãos despertassem de seu sono e deixassem as atitudes fideístas que estavam na ordem do dia em algumas correntes filosóficas do século XIX, como reação ao racionalismo e positivismo exacerbados.

Por outro lado, Leão XIII destacou a necessidade de estudar diretamente as fontes do tomismo, ou seja, as obras do próprio São Tomás. Tal indicação não foi arbitrária: depois da morte de São Tomás surgiram comentadores que pouco a pouco se afastaram do autêntico espírito tomista, construindo sistemas filosóficos rígidos com tendências racionalistas que faziam pouca justiça ao Doutor Angélico[15].

No mundo católico houve algumas reações positivas. Neste ambiente de regresso a São Tomás nascem ou consolidam-se alguns centros de estudo que serão os motores do renascimento tomista: o *Institut Catholique* de Paris; o *Institut Supérieure de Philosophie* de Lovaina, que depois da Primeira Guerra Mundial prosseguirá com o trabalho iniciado pelo cardeal Mercier nas últimas décadas do século XIX; os dominicanos de Le Sauchoir, que, sob a direção de P. M. Mandonnet, dão vida à escola histórica do tomismo; em 1921, foi criada a Universidade Católica do Sacro Cuore de Milão. A estas iniciativas soma-se a criação de revistas tomistas. Em 1909, foi lançado o primeiro número da *Rivista di filosofia neo-scolastica*; em novembro de 1926, Jacques Leclerq, da Faculdade de São Luís de Bruxelas, fundou «La cité chrétienne»; a «Nova et vetera» foi fundada em 1925, na Suíça, por Charles Journet; junto com «La vie intellectuelle» (1928, França), influenciarão os seus respectivos ambientes. Foi inaugurada uma geração de revistas tomistas, católicas e não politizadas.

O movimento neotomista belga teve particular importância. O tomismo de Lovaina apresentou-se como crítico e em diálogo com as ciências experimentais. Segundo o cardeal Mercier, o tomismo tinha de colocar-se em contato com as correntes filosóficas modernas e, em particular, com a kantiana. Tal projeto foi confrontado com não poucas dificuldades gnosiológicas, porque o problema crítico foi colocado de tal maneira que a passagem da ordem ideal à ordem real resultou dificultoso. O exemplo mais extremo dessas dificuldades é a intenção de síntese do tomismo com a filosofia transcendental kantiana levada a cabo por Joseph Maréchal. Essas tendências gnosiológicas serão criticadas por Maritain e Gilson. Em Lovaina, alguns filósofos como Léon Nöel, Maurice de Wulf e Louis de Raeymaeker continuaram o trabalho do Cardeal Mercier.

---

(15) Cf. LEÃO XIII, Enc. *Aeterni Patris* (4-VIII-1879), ASS 11 (1878-1879), 97-115.

b) Jacques Maritain (1882-1973)

Entre os autores mais representativos da corrente que procura voltar à fidelidade a São Tomás de Aquino é imprescindível mencionar *Jacques Maritain*[16]. O itinerário intelectual deste grande filósofo resume a História das Ideias do século XX. Nasceu em Paris, em 1882, no seio de uma família protestante-liberal. Começou o seu caminho intelectual como cientista e socialista, mas libertou-se do positivismo graças ao impulso de Bergson, cujas lições escutou no *Collège de France*. Em 1906, converte-se ao catolicismo com a esposa, Raïssa, uma judia russa, motivado em parte pela leitura de algumas obras do poeta Léon Bloy, com quem entrou em contato pessoalmente e que será o seu padrinho de batismo. A conversão marcou profundamente o seu pensamento filosófico. Por intermédio do Padre Clérissac leu São Tomás de Aquino e chegou a ser, alguns anos depois, o principal difusor do Doutor Angélico na Europa e na América. Depois da sua conversão religiosa manifesta uma atitude intelectual muito fechada diante da modernidade, que considerava tendencialmente ateia e divinizadora do homem, e adota posições conservadoras na política, relacionando-se, ainda que apenas exteriormente, com a *Action Française* de Charles Maurras. Depois das duras críticas que chegam de Roma contra o dito movimento político, Maritain inicia uma tímida abertura à modernidade, apercebendo-se de que não se trata de voltar à Cristandade superada definitivamente, mas de conceber uma nova, à qual os valores cristãos possam voltar a dar vida à sociedade agnóstica e carente de sentido[17].

---

(16) Entre as suas obras, citamos: 1913, *La philosophie bergsonienne*; 1920, *Art et scholastique*; *Introduction générale à la philosophie*; 1923, *Petite logique*; 1924, *Réflexions sur l'inteligence*; 1925, *Trois réformateurs*; 1927, *Primauté du spirituel*; 1932, *Distinguer pour unir ou les dégrés du savoir*; 1933, *De la Philosophie chrétienne*; *Du régime temporel et de la liberte*; 1934, *Sept leçons sur l'être*; 1935, *Science et sagesse*; 1936, *Humanisme intégral*; 1939, *Quatre essais sur l'esprit dans sa condition charnelle*; 1940, *De la justice politique*; 1942, *Les droits de l'homme et la loi naturelle*; 1944, *Principes d'une politique humaniste*; *De Bergson à Thomas d'Aquin*; 1947, *La personne humaine et bien commun*; 1951, *Man and the State*; *Neuf leçons sur les notions premières de la philosophie morale*; 1957, *On the Philosophy of History*; 1958, *Reflections on America*; 1960, *Philosophie dans la cité*; *La philosophie morale*; 1966, *Le paysan de la Garonne*, 1966.

(17) Cf. J.- L. BARRÉ, *Jacques et Raïsa Maritain. Les mendiants du Ciel*, Stock, Paris, 1996, pp. 306-323. Cf. Também P. CHENAUX, *Entre Maurras et Maritain*, Cerf, Paris, 1999.

Em 1923, graças à herança que recebeu de Pierre Villard, soldado morto na Grande Guerra, Jacques Maritain comprou uma casa nos arredores de Paris. Meudon transformou-se num *foyer*, no sentido familiar e espiritual da palavra. A casa tinha um oratório com o Santíssimo Sacramento. Em Meudon, reuniam-se os amigos de Jacques Maritain atraídos tanto por interesses intelectuais como espirituais. A publicação do livro *Art et scholastique* foi uma ocasião para estabelecer o diálogo com muitos artistas, como Ghéon, Cocteau e Fumet. Ali, desenvolveram-se os primeiros *Cercle d'Études Thomistes* e reuniões mais informais com intelectuais como Julien Green, de conteúdo formativo, catequético e espiritual. Também havia retiros espirituais anuais, pregados por sacerdotes amigos de Maritain, como Garrigou-Lagrange e o Abade Altermann. Maritain estava motivado por um sincero zelo de apostolado doutrinal.

De Meudon surge o projeto de publicar uma coleção de livros e cadernos, editada por Plon, cujo título era «Le Roseau d'or». A coleção publicou, a partir de 1925, cinquenta e dois títulos de autores que partilhavam uma visão do mundo realista e aberta à transcendência, começando com o célebre ensaio *Trois réformateurs,* de Maritain. Na coleção, Bernanos, Claudel, Ghéon e Massis estão entre os autores franceses, juntamente com as traduções, entre outros, de Chesterton, Papini e Guardini.

Em 1940, Maritain irá aos Estados Unidos em missão cultural e ali permanecerá até 1944, onde teve diversas iniciativas intelectuais, patrióticas e humanitárias durante a Segunda Guerra Mundial. Embaixador da França junto da Santa Sé, mudou-se novamente para os Estados Unidos, onde dita diversos cursos, em particular na Universidade de Princeton e na Universidade de Notre-Dame. Participa ativamente na elaboração da Declaração dos Direitos do Homem da Organização das Nações Unidas e em diversas iniciativas da UNESCO. Depois da morte da sua mulher, Raïssa, em novembro de 1960, retirou-se para a comunidade dos Irmãozinhos de Jesus, fundados por Charles de Foucault, em Toulouse. Terá algumas intervenções esporádicas no Concílio Vaticano II. Nos últimos anos de vida, e, em particular, com a publicação em 1966 da sua obra *Le paysan de la Garonne*, mostrar-se-á crítico com os desenvolvimentos da teologia de tendências antropocêntricas. Morre em Toulouse no dia 28 de abril de 1973[18].

O tomismo de Maritain é inovador no sentido de que procurou desenvolver disciplinas filosóficas, partindo dos princípios do Aquinate, que não tinham sido cultivadas em profundidade pelo mestre. Isso ocorre com a filosofia social e política, com a pedagogia, com a filosofia da história e com a estética. Que entende Maritain por tomismo? Em sua obra *O doutor angélico* (1930), resumia em oito pontos a sua posição: «a) Existe uma filosofia tomista, e não uma filosofia neotomista; b) o tomismo não quer voltar à Idade Média; c) o tomismo quer utilizar a razão para distinguir o verdadeiro do falso; não quer destruir, mas purificar todo o verdadeiro que encontrou depois de São Tomás de Aquino; d) o tomismo não é de direita nem de esquerda; não está situado no espaço, mas no espírito; e) julgar o tomismo como um vestido que foi usado no século XIII mas que, hoje, não está mais na moda, como se o valor da metafísica existisse em função do tempo, é um modo caracteristicamente bárbaro de se pensar; f) o tomismo é sabedoria. Entre o tomismo e as formas particulares de cultura devem existir intercâmbios vitais interessantes, mas o tomismo é em sua essência rigorosamente independente dessas formas particulares; g) não existe forma mais pueril de julgar o valor de uma metafísica em função de um estado social que tenha de conservar ou destruir; h) a filosofia de São Tomás de Aquino é independente em si mesma dos dados da fé e apenas depende, em seus princípios e sua estrutura, da experiência e da razão. No entanto, esta filosofia, embora distinguindo-se delas, está em comunicação vital com a sabedoria superior da teologia e com a sabedoria da contemplação»[19]. Com este texto entende-se por que Maritain não queria ser denominado «neotomista», mas «paleotomista», isto é, um fiel discípulo do autêntico São Tomás de Aquino.

---

(18) Para uma análise das diferentes etapas do pensamento de Maritain, cf. J. M. BURGOS, *Cinco claves para comprender a Jacques Maritain*, em «Acta Philosophica» 4/1 (1995), 5-25.

(19) J. MARITAIN, *Le docteur angélique*, em *Oeuvres complètes*, cit., IV, pp. 22-27.

O pensador francês parte de uma posição realista no que diz respeito à teoria do conhecimento, que apresenta diversos níveis epistemológicos. Em uma de suas obras centrais, *Os graus do saber*, faz uma primeira distinção entre o *saber especulativo*, porta de acesso da inteligibilidade do ser, e o *saber prático*, cuja finalidade é ser guia da ação. Além disto, Maritain distingue ciência, metafísica e sabedoria teológica como modos diferentes de conceitualizar a realidade. A ciência conhece a realidade por meio das causas, embora a ciência contemporânea esteja a observar um processo de matematização, que vale-se cada vez mais de entidades causais fictícias que, em alguma medida, afastam certas ciências da realidade experimental. A filosofia da ciência tem de estar num diálogo contínuo com as ciências empíricas, já que a ciência da natureza e a filosofia da natureza, ainda que distintas porque se movimentam em diferentes graus de abstração, complementam-se mutuamente.

Além do conhecimento científico, pode dar-se um conhecimento do ser enquanto ser, mais abrangente e profundo, que é a metafísica. A metafísica é inútil, no sentido de que é um conhecimento contemplativo. É uma finalidade, não um meio, que revela ao homem os autênticos valores e hierarquia. A metafísica chega à existência de Deus como causa primeira e autor da natureza. Porém, para conhecer não só a existência de Deus, mas também *quem* é Deus, é preciso ascender ao plano da sabedoria teológica sobrenatural, que mediante a fé ilumina a razão. Além disto, Maritain valoriza a experiência mística dos santos, que supera o conhecimento intelectual da sabedoria teológica: a sabedoria mística é uma autêntica experiência sobrenatural de Deus, obra da fé sustentada pelos dons do Espírito Santo.

No campo do saber prático, Maritain dedicou uma atenção especial à ética e à política, da qual falaremos nos parágrafos seguintes. Para este tomista francês, a ética ou moral é um saber científico, cujo objeto é a práxis, quer dizer, a sua finalidade é o estudo da ação humana à luz do bem último do homem. A este respeito, resulta de fundamental importância a distinção que existe entre ação moral – objeto da ética – e o simples fazer – objeto da técnica –, cujo fim é a fabricação das coisas. A ciência ética é inicialmente autônoma, quer dizer, estrutura-se a partir de alguns princípios acessíveis à única razão natural. No entanto, a ciência ética tem necessidade de conhecimentos da natureza humana, aos quais pode aceder apenas por meio da Revelação Divina para poder construir um sistema moral que corresponda às necessidades do homem real. Nesse sentido, estabelece-se uma dependência da ética na relação com saber teológico.

Maritain desenvolveu um pensamento político e social dentro dos limites do tomismo, mas partindo de uma análise da história e das alterações das circunstâncias humanas. Se São Tomás de Aquino tivesse vivido noutra época – disse Maritain – teria libertado o pensamento cristão das «imagens e fantasias do *Sacrum Imperium*». Superado um primeiro período de tendências conservadoras, apresentou no *Humanisme intégral* (1937) a sua noção de nova «cristandade» como ideal histórico concreto. Segundo o autor, não se pode voltar à Cristandade medieval, período que se move no âmbito do paradigma sacral: a sociedade política vê-se como instrumento a serviço da salvação das almas. Na modernidade dá-se um processo de secularização, que absolutiza o temporal. Maritain propõe uma nova cristandade, que se caracteriza pelo primado da pessoa e por seu caráter comunitário e pluralista. Trata-se de criar uma sociedade aberta a valores transcendentes, inspirada no cristianismo, mas não confessional ou sacralizada, que reconheça a autonomia relativa do temporal.

Se *Humanismo integral* é a obra central do período entreguerras, no período americano escreve em inglês a sua melhor obra de filosofia política: *O homem e o Estado* (1951). A sociedade tem de estar ao serviço da pessoa e o Estado – ou seja, o conjunto das instituições políticas que estruturam hierarquicamente a sociedade – é um mero instrumento a serviço da comunidade política, que é a que exerce autenticamente a soberania, recebida de Deus. Maritain estabelece uma distinção entre indivíduo e pessoa. Indivíduo é «aquele que exclui de si próprio todos os outros homens». É o caráter estrito do eu: «sempre ameaçado e sempre disposto a aglutinar para si». O ser pessoa, por sua vez, entranha na subsistência da alma espiritual, enquanto comunicada ao ser humano composto, e tem como característica principal a autodoação na liberdade e no amor. O homem é uma unidade de indivíduo e pessoa. Porém, podem existir sociedades que não considerem o homem como pessoa, somente como indivíduo. Isso acontece com o individualismo liberal burguês, uma das consequências do nominalismo filosófico. Pode existir também uma sociedade que sobrevalorize de modo exagerado o universal em relação aos indivíduos (ultrarrealismo) e possa degenerar numa sociedade totalitária. O realismo moderado tomista tende a uma sociedade de pessoas que satisfaça as necessidades dos homens como indivíduos biológicos, e que esteja baseada no respeito da pessoa humana enquanto transcende o nível biológico e a própria sociedade temporal.

A visão da história de Maritain responde à tradição cristã: na história humana misturam-se misteriosamente o plano de Deus e a liberdade dos homens. Por isso, na história, não existem leis necessárias ou deterministas, e nem uma evolução progressista. Todas as épocas históricas, como na parábola do trigo e do joio, apresentam aspectos positivos e negativos, julgados em sua relação com o fim último do homem, que consiste no conhecimento da verdade e na prática do bem moral. Embora Maritain não seja um historiador da filosofia, dedicou alguns ensaios a São Tomás, Lutero, Descartes, Rousseau, Bergson etc. Considera que na História da Filosofia passa-se de um período antigo-medieval, onde existe um primado do ser e uma confiança na capacidade da inteligência de conhecer o que são as coisas, a um período fenomênico, que se inicia com Descartes, mas que tem o momento chave com Kant, no qual se limita o conhecimento ao que aparece, sem penetrar na coisa em si. Paralelamente, a teologia natural sofre uma alteração radical desde os teólogos medievais ao deísmo iluminista, para acabar no ateísmo contemporâneo.

Jacques Maritain renovou o tomismo e não é um pessimista, que sonha com impossíveis e indesejáveis retornos ao passado. No entanto, está consciente, como estava Leão XIII, de que os princípios filosóficos de São Tomás podem trazer muitas soluções aos graves sintomas da crise natural contemporânea.

Outro importante autor neotomista é Étienne Gilson (1884-1978). Historiador da filosofia, Gilson estudou muitos autores modernos e medievais. Rejeita o primado do problema crítico, porque colocar o problema do conhecimento implica que já se sabe o que é o conhecimento. Rejeita também o «essencialismo» e descobre no *actus essendi* a pedra angular da filosofia tomista. Gilson é o pensador da *philosophie chrétienne* como possibilidade real e genuína: o filósofo cristão não pode deixar de lado a sua fé quando faz filosofia. Deve utilizar a sua razão, mas terá como guia e como ponto de referência as verdades absolutas da religião revelada.

* * *

Estas breves páginas não pretendem esgotar o assunto. Apresentamos algumas correntes de pensamento do século XX, que, partindo da consciência da crise cultural da modernidade – uma concepção antropológica redutiva – procuram sair da crise com propostas antropológicas que devolvam a dignidade à pessoa humana. Este capítulo deseja apenas testemunhar uma das possíveis soluções para a crise da cultura moderna, que, sem renegar a subjetividade, sublinha que o homem é criatura, que goza de autonomia relativa e que necessita de comunicação interpessoal, tanto com os outros homens como com Deus.

X. Os niilismos

Na introdução da terceira parte fizemos referência ao niilismo como uma das respostas dadas por alguns intelectuais à crise da cultura da modernidade que se torna patente durante a Primeira Guerra Mundial. Que entendemos por niilismo? Para responder a esta pergunta, recorremos à ajuda de Vittorio Possenti: «Os conceitos que se relacionam com niilismo são muitos: a crise de valores, a desvalorização dos mais elevados, o relativismo intelectual e moral, a dissolução da própria ideia de verdade, um pessimismo crepuscular que tende à decadência, o sentido desesperado da finitude, a perda do centro e de todo sentido, o fim da concepção linear da história e também o conceito de *post-histoire* e de «fim da história». Não se pode negar um parentesco entre estes eventos e a natureza enigmática do niilismo. No entanto, não basta identificar essa relação. Outros, talvez com mais razão, referem-se ao niilismo como algo relacionado com a perda do centro e com a crise de sentido, que depende do desaparecimento de um ponto de vista privilegiado ou absoluto sobre o todo. Utiliza-se, simultaneamente, a acusação de niilismo quase como um martelo para abater o adversário ou, talvez, para ganhar uma vantagem barata diante do público, inclinado a dar uma conotação negativa ao termo.

Se este gerou durante muito tempo temor e rejeição, agora não falta quem o considere como algo do que não é necessário envergonhar-se»[1].

O niilismo contemporâneo apresenta duas facetas fundamentais: por um lado, numa perspectiva mais existencial, o niilismo concretiza-se numa crise de sentido: muitos homens não sabem qual é o significado último da existência humana. Por outro lado, de um ponto de vista mais teórico, o niilismo concretiza-se numa espécie de ceticismo radical do homem para conhecer a verdade. Vamos dedicar os próximos parágrafos à análise destas duas facetas do niilismo contemporâneo. Começaremos pela exposição das doutrinas de Nietzsche, pai do niilismo contemporâneo.

1. O niilismo de Nietzsche

a) Vida e obras

A filosofia de Nietzsche está intimamente ligada à sua vida. Para entender a sua obra filosófica é indispensável conhecer as suas circunstâncias históricas e pessoais.

Nietzsche nasceu em 15 de outubro de 1844 na casa paroquial de Röcken, povoado próximo da cidade de Naumburg (Saxônia). Seu pai morreu quando ele tinha ainda pouca idade, era pastor luterano, e os seus avós pastores e professores de teologia. Nietzsche cresceu num ambiente essencialmente cristão formado pela mãe, a irmã, a avó e as tias. Neste período, manifestará o desejo de tornar-se pastor. Em 1858, foi admitido no liceu real de Pforta, onde estudou Fichte. Ali, recebeu formação literária, científica e religiosa. No entanto, durante a adolescência começa a ter as primeiras dúvidas sobre as convicções religiosas, que já se manifestavam com clareza em seu poema *Ao Deus desconhecido* e no ensaio juvenil *Destino e história*.

Em 1846, começou a estudar na Universidade de Bona, inscrevendo-se em Teologia e Filologia, mas no ano seguinte abandonou os

---

(1) V. POSSENTI, *Il nihilismo teoretico e la «morte della metafísica»*, Armando, Roma, 1995, pp. 7-8.

estudos teológicos. Em 1865, mudou-se para Leipzig. Durante a sua estadia nessa cidade, na leitura de *O mundo como vontade e representação*, descobre o pensamento de Schopenhauer, que o fascina, deixando uma profunda marca em seu pensamento. Ali também lê *A vida de Jesus*, de Strauss, e *A essência do cristianismo*, de Feuerbach. Os ataques destes autores contra a religião e a visão pessimista da filosofia de Schopenhauer resolvem em parte as dúvidas interiores que atormentam a alma de Nietzsche, orientando-o definitivamente para a atitude de rejeição do cristianismo. Em 1866, lê a *História do materialismo*, de Lange, livro que confirmou sua convicção no abismo insuperável entre a infinitude da vida e a limitação do conhecimento intelectual.

Não participou na guerra austro-prussiana, porém, em 1866, cumpriu o serviço militar em Naumburg com grande entusiasmo. Em 1869 mudou-se para a Basileia, Suíça, onde foi designado para a cátedra de filologia graças à indicação de seu mestre, o célebre filólogo Friedrich Wilhelm Ritschl. A Universidade de Leipzig tinha-lhe outorgado o doutoramento sem exigir-lhe uma tese, levando em conta os seus trabalhos acadêmicos. Embora nesse período tenha publicado alguns ensaios filológicos, em sua alma gestava lentamente a sua verdadeira vocação intelectual: a filosofia.

Na Basileia, conheceu e admirou Jacob Burkhardt, que considerava um dos seus mestres; F. Overbeck, professor de História da Igreja, que partilhava com Nietzsche a sua visão do cristianismo; Paul Ree, pensador positivista, entre outros. Contudo, a sua relação intelectual mais importante deste período será a que sustenta com Richard Wagner, um *gênio* no sentido de Schopenhauer. Durante a sua permanência em Basel visitou Wagner e a família com muita frequência. Viviam em Tribschen, onde Nietzsche encontrou um ambiente acolhedor e intelectualmente interessante. Em 1872, escreveu *O nascimento da tragédia do espírito da música*. Talvez por tratar-se de um livro de filosofia, ele foi muito mal acolhido pela crítica filológica.

A partir de 1872, o afastamento de Nietzsche do mundo universitário faz-se sentir cada vez mais. Os ensaios que publica têm pouco a ver com a filologia: *Sobre o futuro dos nossos centros de ensino* (1872); *Cinco prólogos a cinco livros não escritos* (1872); *Considerações intempestivas* (1874-1876). Em 1877 distanciou-se de Wagner ao descobrir que o músico admitia, segundo a visão particular de Nietzsche, algumas ideias cristãs. Nesta decisão também influenciou a suscetibilidade doentia de Nietzsche, que considerava não ter sido tratado em Bayreuth, nova residência de Wagner, com a delicadeza que merecia. Um ano depois escreverá *Humano, demasiado humano*. Em 1879, renunciou à cátedra universitária pois sofria de enxaquecas permanentes e de problemas gástricos. Para se recuperar, fez longos passeios sob o sol do sul da Europa, na Suíça e na Itália. A pensão que obteve da universidade permitia-lhe enfrentar as suas modestas necessidades econômicas. Depois deste breve intervalo, retomou a atividade literária, publicando *Aurora* nesse mesmo ano. Em 1881, em Sils-Maria, uma das paragens suíças preferidas de Nietzsche, teve uma espécie de visão sobre o eterno retorno de todas as coisas. Parte dessas experiências, e, sobretudo, as páginas mais profundas acerca da sua doutrina da «morte de Deus», foram reunidas no ano seguinte em *A gaia ciência*. Naquele mesmo ano – 1882 – teve um breve idílio amoroso com Lou Salomé, em Roma. No entanto, esta jovem, inteligente e bela, recusou as ofertas de Nietzsche, preferindo o seu amigo Paul Ree. O desencanto amoroso isolou ainda mais um Nietzsche solitário e introvertido por natureza.

Entre 1883 e 1885 deu à luz uma de suas obras mais importantes: *Assim falou Zaratustra*. Depois seguiram-se, em 1886, *Além do bem e do mal*; 1887, *A genealogia da moral*; 1888, *O caso de Wagner*; 1889, *Nietzsche contra Wagner, O crepúsculo dos ídolos*; 1894, *Anticristo*. Nessas obras, o seu ódio ao cristianismo desaguou numa enxurrada de acusações e insultos. São também anos de solidão e intenso sofrimento interior. Em 1899, sofreu um grande abalo psicológico. Acredita que é Deus e escreve cartas assinando ora como Dionísio, ora como «o Crucificado». Em Turim, quis abraçar um cavalo que estava sendo maltratado pelo cocheiro e desmaia no meio da rua. Nunca mais voltou a ter total controle de suas faculdades intelectuais. Morreu onze anos depois de apoplexia, em Naumburg, no dia 25 de agosto de 1900. Durante esses últimos anos, a mãe sempre esteve junto dele e, depois da morte da mãe, cuidou dele a irmã Elizabeth.

Em 1908, foi publicada postumamente a obra *Ecce homo*, que é uma espécie de autobiografia; e, em 1911, *A vontade de poder. ensaio sobre a transvaloração de todos os valores*, conjunto de fragmentos inéditos, foram reunidos e publicados pela irmã.

b) *A vida: o grande tema de Nietzsche*

Nietzsche foi um poeta e um profeta: detesta o pensamento sistemático. Tem um estilo cativante, que recorre abundantemente às metáforas, às imagens poéticas e às narrações lendárias. Esses elementos fazem com que uma interpretação última dos escritos de Nietzsche se torne, em muitos casos, problemática. Para exemplificar essas características da sua produção literária, reproduziremos muitas citações textuais.

A vida é a causa última do pensamento de Nietzsche e está em seu primeiro ensaio: *O nascimento da tragédia no espírito da música*. Nietzsche concebe ali a tragédia grega do período pré-socrático como um reflexo do equilíbrio vital, que existia, então, entre o impulso de Apolo – tendência racional geradora de formas nítidas que se expressam na escultura e na arquitetura – e o impulso de Dionísio – caos criador, força de orgia, que se expressa esteticamente na música. No entanto, este frágil equilíbrio da cultura grega não dura muito, pois a filosofia socrática o supera, fazendo prevalecer o impulso de Apolo. Assim, o homem entendeu desde Platão a vida com base num sentido objetivo e transcendente, que se consolidará mais tarde com o cristianismo. Esse fato significa para Nietzsche a anulação ou a mortificação do impulso gerador da vida, capaz de criar algo verdadeiramente novo na cultura.

A interpretação que Nietzsche faz da decadência ocidental nessa obra vem dizer que a explicação que se dá do mundo e da existência humana há dois mil e quinhentos anos está radicalmente equivocada, viciada nas suas origens: fazer residir o sentido da vida terrena em Deus e em algo além é, na realidade, uma grande mentira que deve ser desmascarada. Esse desmascaramento da falácia divina, que Nietzsche chamará *a morte de Deus*, terá como consequência o desaparecimento de todos os valores criados pela visão transcendente da vida. Deste modo, o seu pensamento procura fazer ir pelos ares os fundamentos do sentido transcendente da vida para dar-lhe um novo sentido, imanente, apegado à terra. Por isso, ele mesmo dirá de si próprio: «Sou dinamite».

Nietzsche aproximou-se da vida primeiramente com uma atitude intelectual destrutiva: o que é a vida? Na realidade, a vida é um *sem sentido*. Aqui, coloca-se a temática do niilismo. Porém, a desvalorização de todos os valores, ou seja, a constatação que depois da morte de

Deus nada tem sentido, não pode ser a palavra final: é preciso criar novos valores que deem um novo sentido à vida. Essa compreensão desenvolve-se em volta dos seguintes argumentos: *eterno retorno, vontade de poder, super-homem, transvaloração de todos os valores.*

c) A morte de Deus e o niilismo

Segundo o nosso autor, a filosofia ocidental de Platão até Kant pôs em relação o problema do ser e do valor com Deus. Porém, chegou o momento de afirmar que Deus morreu, já que os homens, criadores de uma divindade imaginária, pelo menos os mais sábios e intuitivos, deram-se conta de que o homem é finitude, é um sem sentido, um nada. A tranquilidade que se apoiava numa explicação transcendente da vida desapareceu e o homem deve conviver com a realidade do seu abandono existencial.

No livro *A gaia ciência* o filósofo introduz o tema da morte de Deus. Leia-se o aforismo 125: «Não tereis ouvido falar daquele insensato que na claridade que precede o meio-dia acendeu uma lanterna e desatou a correr através da praça pública, gritando sem cessar: "Procuro Deus, procuro Deus"? Como, ali, havia muitos que não acreditam em Deus, o grito dele provocou uma gargalhada. Deus perdeu-se?, dizia um. Extraviou-se como uma criança?, dizia outro. Ou, então, está escondido? Tem medo de nós? Fez-se ao mar? Emigrou? Assim, gritavam e riam no meio da confusão. O insensato saltou no meio deles e fixou-os com o olhar: "Para onde foi Deus?" Eu vou dizer-vos: Nós o matamos, vós e eu! Todos nós somos os seus assassinos! Porém, perguntou: Como fizemos isto? Como podemos esvaziar o mar? Quem nos deu a esponja para apagar o horizonte? Que fizemos ao soltar esta terra do seu sol? Para onde se move, agora? Para onde nos movemos? Longe de todos os sóis? Caímos sem cessar? Para a frente, para trás, de lado, de todos os lados? Ainda há um acima e um abaixo? Não erramos como através de um nada infinito? Não nos sopra de frente o espaço vazio? Não está mais frio? Não nos vem próximo à noite, sempre mais noite? Não é preciso acender lanternas em pleno meio-dia? Ainda não ouvimos nada do tumulto dos coveiros que enterram a Deus? Ainda não pressentimos nada da corrupção divina? Também os deuses apodrecem! Deus morreu! Deus permanece morto! E nós o matamos! Como nos consolaremos mais cada um de nós: os mais assassinos entre os assassinos? O que o mundo possuía de mais sagrado e poderoso pereceu debaixo das nossas facas. Quem nos limpará deste sangue? Com que água nos purificaremos? Que cerimônias de expiação, que jogos sagrados teremos de inventar? A grandeza deste ato não é demasiado grande para nós? Não estamos forçados a converter-nos em deuses para, pelo menos, parecer-nos dignos dele? Nunca houve no mundo ato maior e, para sempre, os que nasçam depois de nós pertencerão por causa deste ato à história mais elevada do que foi até ao presente toda a história". Aqui, calou-se o insensato e olhou de novo aos seus ouvintes; também eles se calaram e o olharam, estranhos. Por último, ele lançou ao chão a lanterna, que saltou em pedaços, e se apagou. "Cheguei demasiado cedo", disse. "Ainda, não é o meu tempo". Este formidável acontecimento está a caminho, caminha, ainda, não chegou aos ouvidos dos homens. O relâmpago e o trovão necessitam de tempo, a luz das estrelas necessita de tempo, mesmo depois de serem produzidos para ser vistos e ouvidos. Este fato continua a ser para eles mais longínquo do que a mais afastada estrela; e no entanto, eles produziram-no". Além disto, conta-se que este insensato entrou em várias igrejas e entoou ali o seu *requiem aeternam Deo*. E que, levado para fora e interrogado, respondeu, em todo o caso, apenas isto: "O que são, ainda, estas igrejas, senão os túmulos e os monumentos funerários de Deus?"»[2].

O texto é realmente impressionante. O que significa a morte de Deus? Por um lado, a constatação da secularização do mundo europeu: «o mais importante dos acontecimentos recentes, o fato que "Deus morreu" e a fé no Deus cristão tornou-se inacreditável, começa já a projetar sobre a Europa as suas primeiras sombras. Pelo menos, para este reduzido número cujo olhar ameaçador é bastante perspicaz e fino para este espetáculo, parece que um sol se pôs, uma velha e tranquila confiança foi substituída pela dúvida; é a eles que o nosso velho mundo deve parecer cada dia mais crepuscular, mais

---

(2) F. NIETZSCHE, *Die fröhliche Wissenschaft, em Nietzsche Werke*, Berlim, 1969, III, fr. 125.

suspeitoso, mais estranho, mais velho»[3]. A falta de fé não é, ainda, absoluta. O homem europeu não se desenraizou completamente: por um momento as sombras avançam.

De um ponto de vista metafísico, a morte de Deus significa que o mundo transcendente desmoronou; de um ponto de vista religioso, significa que desapareceu a crença no Deus cristão: os homens mataram-no, não a Deus, que nunca existiu, mas o seu conceito, fonte de sentido e de consolação. Por isso, este «acontecimento», como o denomina Nietzsche, é tremendamente ambíguo: o desaparecimento de Deus apaga qualquer ponto de referência: já não existe horizonte, o sol soltou-se da terra, não existe para cima ou para baixo. Ao não haver absoluto, tudo se torna relativo e sem valor. Neste sentido, a morte de Deus é uma tragédia: o «néscio» que anuncia a morte de Deus tem de despertar os ateus, que não se deram conta das consequências tremendas que o dito acontecimento traz consigo. É uma crítica velada a tantos ateus da modernidade, como Strauss, Feuerbach ou Marx, que, apesar de afirmar a não existência de Deus, continuam falando de valores absolutos como a justiça, a fraternidade e o sentido da história. Por isso, o ateísmo de Nietzsche revela-se como o mais consequente dos ateísmos contemporâneos.

A ambiguidade da morte de Deus radica num fato trágico, como dissemos, mas simultaneamente heroico num sentido positivo: o desaparecimento de Deus abre as portas para a divinização do homem. Por trás da morte de Deus escuta-se, ainda, o «sereis como deuses» do livro do Gênesis. Diz Zaratustra, profeta do niilismo de Nietzsche: «Abro-vos o coração de par em par, a vós, amigos. Se houvesse deuses, como suportaria eu não ser Deus? Logo, não há deuses. Fui eu que retirei esta consequência, mas, agora, arrasta-me a mim»[4]. Deste modo, o filósofo evidencia o núcleo da modernidade ideológica: a autonomia absoluta do homem que deve fazer desaparecer o Absoluto para ocupar o seu lugar na história e na existência humana.

Como se explicou, é lógico deduzir, na prática, que o niilismo e a morte de Deus são a mesma coisa. O niilismo, segundo Nietzsche,

---

(3) *Ibidem*, V, fr. 343.
(4) *Idem, Also sprach Zarathustra*, II: auf den glückenseligen Inseln, vol. VI/1, p. 106.

é a desvalorização de todos os valores. «Que significa o niilismo? Significa que os valores supremos foram desvalorizados. Falta o fim: falta a resposta ao porquê. Tudo é em vão»[5]. No *Crepúsculo dos ídolos*, Nietzsche explica o processo *de como o mundo verdadeiro converteu-se numa fábula*. Os passos dados pela humanidade nesse sentido são platonismo, cristianismo, kantismo, positivismo, niilismo. Quando se analisam os ditos passos, o nosso autor elabora uma espécie de história da metafísica, onde evidencia uma formação bastante precária da história da filosofia. No entanto, não nos interessa destacar as questões de pormenor, mas o sentido último do niilismo: o mundo transcendente, considerado o mundo «real» por platônicos e cristãos – e, num menor grau, por kantianos –, desapareceu, e o mundo «aparente» transformou-se num mundo real, neste único mundo. Porém, é um mundo sem sentido, que carece de finalidades naturais ou de ordens estabelecidas, visto que não existe qualquer ordenador providente. Constatada a falta de sentido deste único mundo, começa o trabalho de Zaratustra (*Incipit Zarathustra*), o profeta do devir.

d) O eterno retorno

Depois da morte de Deus, constatamos a ausência de um ser absoluto ou de uma realidade transcendente que possa dar a razão do mundo. Nietzsche encontra-se frente a um mundo mutável, contingente, que já não conta com nenhum horizonte ou sol que sirva de ponto de referência superior. Em 1881, Nietzsche intui a teoria do eterno retorno de todas as coisas: se o niilismo desfez em pedaços a ideia de um ser permanente e imutável, o que existe é apenas o devir, ao que há que outorgar as características de permanência próprias do ser. Em sua metafísica invertida, Nietzsche põe o devir no lugar do ser. Para que o devir tenha permanência, recorre à ideia de eterno retorno: o tempo é infinito tanto se olharmos para o passado, como para o futuro: a eternidade está no tempo. Todos os acontecimentos modificáveis e variações transformam-se em permanentes, precisamente porque voltarão a

---

(5) *Idem, Wille zur Macht*, I, fr. 2.

suceder da mesma maneira e na mesma sucessão, num futuro infinito, como se repetiram infinitas vezes no passado.

Zaratustra, como dissemos, será o pensador do devir, uma figura oposta à metafísica do ser. Nietzsche, coerentemente com a sua visão do mundo, que se fundamenta na suposição da morte de Deus ou no desaparecimento de toda a instância transcendente, volta ao paganismo grego com a sua cosmovisão cíclica da história humana. No parágrafo 341 de *A gaia ciência*, Nietzsche expõe o conteúdo principal do eterno retorno: «Que ocorreria se um dia, ou uma noite, um demônio deslizasse na tua mais solitária solidão e te dissesse: "Esta vida, tal como agora a vives e a viveste, terás de vivê-la uma vez mais e inumeráveis vezes mais; e não haverá nada de novo nela, mas que cada dor e cada alegria e cada suspiro e cada pensamento e todo o indizivelmente pequeno e o indizivelmente grande da tua vida têm de voltar para ti, e tudo na mesma série e sucessão, e inclusive esta aranha e este reflexo da lua entre as árvores, e inclusive este instante e eu próprio. O eterno relógio de areia da existência funciona sempre e tu com ele, partícula de poeira entre a poeira?" Atirar-te-ias ao solo, rangendo os dentes, e amaldiçoarias o demônio que te falasse assim? Ou, então, terias vivido o instante prodigioso em que responderias: "Tu és um deus e nunca ouvi nada mais divino!"? Se aquele pensamento adquirisse poder sobre ti e a ti, tal como és, transformar-te-ia ou, talvez, te despedaçasse. A pergunta "Tu queres isto uma vez mais e inumeráveis vezes mais?", a propósito de tudo e cada coisa, gravitaria como o peso mais pesado sobre as tuas ações. Como terias, então, que estar bem contigo próprio e com a vida para não aspirar a nada mais senão esta última, eterna confirmação e sanção!»[6].

No parágrafo citado, o eterno retorno apresenta-se como algo fascinante, mas simultaneamente terrível. Para o próprio Nietzsche, a ideia de um eterno retorno da sua sofredora existência tinha de ser algo insuportável. Por isso, em outro texto Nietzsche fala do eterno retorno como de uma serpente enrolada ao pescoço do pastor. O pastor está aterrorizado, mas Zaratustra, que passa diante dele, anima-o a morder

---

(6) *Idem, Die fröhliche Wissenschaft*, IV, fr. 341.

a cabeça da áspide e a cuspir. O homem fá-lo e regenera-se. Do terror passa à alegria: disse sim à vida, que contém o eterno retorno de todas as coisas. Como veremos, a antropologia de Nietzsche está intimamente unida a essa visão do mundo.

A teoria do eterno retorno apresenta um aspecto cosmológico e um aspecto ético. O cosmológico é o mais claro e manifesta que no mundo reina a necessidade: se tudo o que acontece já aconteceu, então, também o futuro é imutável. A quantidade de força que opera no universo é finita, mas o tempo em que esta força se desenvolve é infinito. Logo, todo o possível desenvolvimento dessa força é, apenas, uma repetição. Em sede crítica podemos dizer que a necessária repetição dos fatos, dando por certas as hipóteses de Nietzsche, é apenas uma possibilidade, mas não implica a necessidade lógica. No entanto, a ambiguidade e a contradição contida em tal doutrina manifesta-se sobretudo no aspecto ético. Nietzsche concebe a sua teoria numa posição que admite um futuro aberto à decisão atual, representado simbolicamente com a mordedura da cabeça da serpente. O eterno retorno seria uma doutrina ética, um imperativo, uma regra prática da vontade: «aquilo que tu queres, deseja-o numa tal forma que queiras também o seu eterno retorno». Em conclusão, Nietzsche considera o eterno retorno contraditoriamente como necessidade cosmológica e como liberdade, como uma chamada ética à decisão atual.

Com a teoria do eterno retorno, Nietzsche apresenta o fundo ontológico de sua doutrina: «Recapitulação: imprimir ao devir o caráter do ser é a mais alta vontade do poder»[7]. O desaparecimento do horizonte transcendente transforma tudo em mutável, em contingência carente da necessidade. O eterno retorno de todas as coisas pretende oferecer a permanência e a necessidade do ser em devir.

e) O super-homem

Essa doutrina está estreitamente ligada à sua antropologia. O tempo é infinito, tanto no passado como no futuro. Tudo deve ter sido e tudo voltará a ser. Por isso, para querer o eterno retorno, é preciso estar

---

(7) *Idem, Wille zur Macht*, III, fr. 617.

satisfeito com a vida. Com a superação da angústia do eterno retorno e a sua aceitação produz-se uma regeneração antropológica: assim nasce o super-homem, que se dá conta do niilismo e de sua superação.

Depois da constatação da morte de Deus, Zaratustra, o profeta do devir, anuncia a chegada do super-homem. Diz Zaratustra: «Eu anuncio-vos o além-homem. O homem é algo que deve ser superado. Que fizestes vós para o superar?»[8]. O homem, em si mesmo, tem desejos de transcendência. Até este momento, a transcendência personalizou-se em Deus. Mas agora o homem deve transcender-se a si próprio e ao mundo terreno. Desaparecido o sentido transcendente da existência, o super-homem ergue-se no novo sentido da terra: «O homem é uma corda estendida entre o animal e o além-homem: uma corda estendida sobre o abismo. Um perigoso passar para o outro lado, um perigoso permanecer no caminhar, um perigoso olhar para trás, um perigoso estremecer e parar. A grandeza do homem está em ser uma ponte e não uma meta: o que existe nele digno de ser amado é que é uma passagem e não um ocaso»[9].

O super-homem é um novo estado da humanidade. Será capaz de dizer sim à vida, não desprezará o seu corpo, não amará o próximo, mas o amigo. Será um homem livre, capaz de dar-se a si mesmo o bem e o mal e de impor a lei da sua própria vontade: como todos os valores se desvalorizaram, é preciso criar novos valores, que dependam exclusivamente da autonomia absoluta do homem. O super-homem deve superar Deus, mas também deve superar as consequências negativas da sua morte, quer dizer, o niilismo.

À medida que o seu pensamento evolui, Nietzsche dará ao super-homem um caráter sempre mais biológico e aristocrático: o novo homem será o *homem forte, a águia que ataca a rosto descoberto, o bárbaro*. Será o encarregado de fazer a grande política, que governará as massas anônimas e despersonalizadas, sem medo a sacrificá-las para conseguir os seus objetivos pessoais.

Porém, Nietzsche se dá conta de que o ideal do super-homem não atrai os outros. Num mundo desolado e desvalorizado pela ausência da

---

(8) *Idem, Also sprach Zarathustra,* Vorrede 3, p. 8.
(9) *Ibidem,* Vorrede 4, p. 11.

transcendência, existem duas possibilidades antropológicas: superar o niilismo mediante a criação de novos valores – tarefa que levará a cabo o super-homem – ou viver uma vida mesquinha no meio do niilismo não superado. O nosso autor chama *o último homem* às pessoas que encarnam esta atitude vital: é o homem pequeno, sem Deus, mas que também não logrou superar o nada, pois continua abraçando os velhos valores que lhe permitem viver uma vida relativamente cômoda e serena. Não se propõe nenhum ideal e a sua vida não é iluminada por nenhuma estrela. É o homem contemporâneo, o pequeno burguês. Aqui pode-se identificar uma dupla herança do niilismo de Nietzsche na história do século XX. Por um lado, os totalitarismos voluntaristas que encarnariam os ideais de super-homem; por outro, o pensamento débil, o ceticismo moral, a mera constatação do absurdo existencial.

f) A vontade do poder

Para completar essa visão de conjunto da filosofia de Nietzsche, devemos referir-nos agora à noção de vontade de poder e a uma das consequências: a sua doutrina moral. «Este mundo é a vontade de poder e nada mais». É uma nova versão da noção de Schopenhauer de vontade como realidade transcendente, autenticamente real. Porém, não é idêntica, porque para Nietzsche o mundo não é uma ilusão, nem a vontade de poder existe num plano transcendente: o mundo, o universo, é uma unidade em processo de devir, e é a vontade de poder no sentido que a dita vontade lhe confere o seu caráter inteligível.

A vontade de poder é uma teoria do universo, um modo de considerá-lo e descrevê-lo, que completa a sua doutrina do eterno retorno. Em *Para além do bem e do mal,* escreve: «Uma entidade viva quer, sobretudo, desencadear a sua própria força – a própria vida é vontade do poder –: a autoconservação é, apenas, uma das indiretas e mais frequentes consequências disto [...]. Afinal, supondo que se conseguisse explicar toda a nossa vida instintiva como a plasmação e a ramificação de uma única forma fundamental do querer – quer dizer, a vontade de poder como é a minha tese –, supondo que se pudessem reconduzir todas as funções orgânicas a esta vontade de poder... Tinha-se procurado o direito de determinar univocamente toda a força agente como vontade de poder e nada mais senão esta».

Nietzsche afirma o caráter inteligível do mundo por meio da vontade de poder, mas isso não significa que o mundo tenha recuperado o sentido. A vontade de poder como realidade explicativa é mera força cega e irracional. Simultaneamente, Nietzsche põe de manifesto a arbitrariedade da sua visão do mundo. Escreve Colomer: «Como sucedia com o eterno retorno, a vontade de poder não é uma tese que possa demonstrar-se ou refutar-se entre outras. É um simulacro, um modo voluntário de ver o mundo, que Nietzsche contrapõe aos pontos de vista da ciência e da metafísica. Nietzsche não demonstra em lado nenhum que a vontade de poder seja a essência real de tudo o que existe. Dá-o por pressuposto. E, a partir deste pressuposto, interpreta todos os fenômenos, incluindo aqueles que possam parecer mais contrários»[10].

O dito caráter arbitrário e envolvente manifesta-se no fragmento 1067 de *A vontade de poder*, que os editores de Nietzsche colocaram como ponto final da sua obra: «E sabeis o que é para mim o "mundo"? Terei de mostrá-lo no meu espelho? Este mundo: uma imensidade de força, sem começo e sem fim, uma magnitude fixa e brônzea de força, que não se faz maior nem mais pequena, que não se consome, mas que, apenas, se transforma, de magnitude invariável na sua totalidade, uma economia sem gastos nem perdas, mas também sem aumentos, sem ganhos, circundado por "nada" como pelo seu limite; não é uma coisa que se desvaneça nem que se gaste, não é infinitamente extenso, mas como força determinada ocupa um determinado espaço e não um espaço que está "vazio" num lugar, mas melhor, como força, está em todos os lugares, como jogo de forças e ondas de força; que é simultaneamente uno e múltiplo, que se acumulam aqui e se encolhem além, um mar de forças que fluem e se agitam a si próprias. Um mundo que se transforma eternamente com infinitos anos de retorno. Um mundo com fluxo e refluxo de suas formas que se desenvolvem da mais simples à mais complexa. Um mundo que do mais tranquilo, frio e rígido passa ao mais ardente, selvagem e contraditório, e que, depois da abundância, retorna à simplicidade, do jogo das contradições retorna ao prazer da harmonia, que se afirma a si próprio nesta uniformidade das suas raízes e dos seus anos, e abençoa-se a si própria como algo que

---

(10) E. COLOMER, *El pensamiento alemán...*, cit., III, p. 362.

deve retornar eternamente, como um devir, que não conhece nem a saciedade, nem o desgosto, nem o cansaço: este *meu mundo dionisíaco*, que se cria a si mesmo eternamente e eternamente se destrói, este mundo misterioso das duplas voluptuosidades. Este meu "mais além do bem e do mal", sem finalidade, a não ser que a haja na felicidade do círculo, sem vontade, a não ser que um anel tenha boa vontade para si mesmo. Quereis um nome para este mundo? Uma solução para todos os seus enigmas? Uma luz também para vós, os mais ocultos, os mais fortes, os mais impávidos, os de meia-noite? Este mundo é a vontade de poder e nada mais, e também vós próprios sois esta *vontade de poder*, e nada mais»[11].

g) A moral e o cristianismo

A identificação do mundo com a vontade de poder desencadeia consequências para a doutrina moral de Nietzsche. Os valores estão condicionados pela vontade de poder. São projeções, jogos que a vida realiza inconscientemente para afirmar e experimentar o seu poder. Desta realidade deriva a falta de valorização da vida, dado que, como posição e medida de valor, a vida não pode simultaneamente ter um valor. Daqui decorre igualmente a relatividade de todos os valores, que são formas da vontade de poder: os valores são relativos à vida.

Porém, esquecendo que por trás de toda a valoração está a vontade de poder, Nietzsche autonomeia-se árbitro dos valores. Existem dois tipos de avaliação: a imoralista e a moral cristã. Uma é uma moral de senhores, a outra, de escravos. A primeira é uma moral de hierarquia e a outra baseia-se na igualdade. A classe sacerdotal, produtora do *espírito*, transmutou todos os valores. O movimento judaico-cristão é o processo mediante o qual «o ressentimento torna-se criador e gera valores»[12]: a humildade, a doença, a pobreza, pseudovalores cristãos que se erguem em defesa dos débeis, são na realidade contravalores. O cristianismo é apenas a forma mais poderosa de uma realidade mais geral: a moral dos escravos.

(11) F. NIETZSCHE, *Wille zur Macht*, fr. 1067.
(12) *Idem, Zur Genealogie der Moral*, I, 10.

Dito isto, poderemos compreender com mais facilidade as terríveis frases escritas no *Anticristo*: «Eu condeno o cristianismo. Eu ergo contra a Igreja cristã a mais terrível das acusações, que jamais acusador algum levou nos seus lábios. É para mim a maior de todas as corrupções imagináveis: teve a vontade da última de todas as corrupções possíveis. A Igreja cristã não deixou nada livre do seu contato corruptor: de todo o valor fez um antivalor; de toda a verdade uma mentira; de toda a honradez uma vileza... Quero escrever essa eterna acusação contra o cristianismo em todos os muros onde haja muros. Eu chamo ao cristianismo a única grande maldição, a única máxima grande perversão interior, o único grande instinto de vingança para que nenhum meio é suficientemente venenoso, sigiloso, subterrâneo, pequeno; eu chamo-o a única infâmia inextinguível da humanidade»[13].

A relação entre Nietzsche e o cristianismo é ambígua. Por um lado, o filósofo anseia o mundo de certezas e seguranças que lhe dava a fé cristã na sua infância. Jesus é o *alegre mensageiro*, que morre como tinha vivido, como tinha ensinado: o homem mais nobre da história. Mas o cristianismo atraiçoou Jesus: o Deus da Cruz é uma maldição contra a vida. Nietzsche tentou destroçar o sentido transcendente da visão cristã da vida e simultaneamente debate-se no abandono existencial que o levará à alienação mental.

Segundo Colomer, existem dois Nietzsche: um que odeia e é blasfemo, junto do qual existe outro, mais autêntico e mais humano, que dizia à mãe que não lesse os livros dele e que escrevia a Overbeck: «A minha vida consiste, agora, no desejo de que todas as coisas sejam melhores do que eu entendo e que alguém converta as minhas verdades em incríveis»[14].

2. O humanismo agnóstico

A herança de Nietzsche, como dissemos, é dupla. De um lado, os regimes totalitários baseados no poder e o voluntarismo (nazismo, fas-

---

(13) *Idem, Der Antichrist,* fr. 18.
(14) Cf. E. COLOMER, *El pensamiento alemán...,* cit., III, p. 334.

cismo, stalinismo). De outro, está a herança do pensamento débil, do relativismo moral, do subjetivismo cético frente a qualquer pretenso valor ou presumível verdade. Esta versão *light* do niilismo – na realidade, um niilismo não superado – estará presente em muitos escritores do século XX. Os romances, as peças de teatro, os contos do período entreguerras, estão povoados de personagens perdidos na existência, que não têm pontos de referência fixos e que se interrogam sobre a finalidade de suas vidas sem poder encontrar uma resposta válida. É o caso das personagens da peça *Esperando Godot*, de Samuel Beckett. Vladimir e Estragon, dois vagabundos, estão esperando a chegada de Godot, mas ele nunca chega. Em vez dele, aparecem outras personagens que transmitem mensagens sem sentido. Segundo algumas interpretações, Godot é Deus ou a transcendência ou o sentido da vida, que nunca se faz visível. Outro caso paradigmático é o de *Ulisses*, de James Joyce, onde se apresenta o vértice de toda uma vida sem sentido por meio de mil encontros, recordações e alusões de duas personagens que vivem em Dublin em 16 de junho de 1904. Ou as célebres novelas de Franz Kafka – *O processo, O castelo, A metamorfose* – em que a personagem principal se vê envolvida numa série de situações absurdas até perder a própria subjetividade.

Num conto breve, intitulado «Um lugar limpo, bem iluminado», Ernest Hemingway (1899-1960) punha nos lábios de um garçom espanhol uma oração niilista: «Nada mostra que estás no nada, nada que seja o teu nome, o teu reino o nada, nada seja a tua vontade, nada de nada como no nada. Dá-nos este nada, nosso nada cotidiano, e nadifica-nos o nosso nada, como nós nadificamos o nosso nada e não nos nadifiques no nada, mas livra-nos do nada, porque nada. Salve, cheia de nada, o nada está contigo»[15]. Os personagens de Hemingway – soldados, toureiros, lutadores, caçadores – nunca conseguem terminar uma oração e identificam-se com as suas forças e com as suas vontades de poder. Porém, finalmente, são derrotados por um destino absurdo e cego, como os tubarões que devoram o peixe do célebre *O velho e o mar*. A parábola existencial de Hemingway terminará com o suicídio.

---

(15) E. HEMINGWAY, *I quarantanove racconti*, O. Mondadori, Milão, 1988, p. 364.

A consciência da finitude humana e a falta de esperança no além fará que o tema da morte seja central na produção literária e filosófica. Thomas Mann (1875-1955), em sua célebre novela *A montanha mágica*, escrita nos anos seguintes à Primeira Guerra Mundial, apresentará com grande arte uma galeria de personagens que tratam de fugir da morte eminente – são todos enfermos de tuberculose num sanatório dos Alpes suíços – com atitudes existenciais mundanas, que nunca se abrem à esperança sobrenatural. Além disso, o sofrimento faz-lhes sentir o tempo como uma eternidade.

Contemporaneamente, em suas primeiras obras, Heidegger considera que o homem é um *Sein-zum-Tode*, um ser-para-a-morte. O homem foi atirado à existência, no meio de um mundo de objetos. A existência humana é um contínuo fazer projetos que termina inexoravelmente com a morte. Nesse sentido, a compreensão de si próprios consiste na apreensão da existência humana como totalidade finita. Livrar-se da morte significa entender que a morte põe um ponto final, último, definitivo em nossos projetos existenciais. A consciência da finitude humana conduz à autêntica vida que não se dispersa no exterior, no mundo dos objetos. A tecnologia contemporânea com a sua fome de dominar o mundo, nesta perspectiva, é um niilismo, porque nos distrai da consideração do único dado inelutável: a morte. Porém, a própria morte deixa de ser um fato inelutável no momento em que se converte na eleição de nós próprios: «na medida em que esta possibilidade é compreendida sem véus, tanto mais agudamente a compreensão penetra nas possibilidades enquanto impossibilidade da existência em geral»[16]. Como escreve Pietro Prini, «o "ainda não" da nossa morte não vem depois, como o "ainda não" da lua cheia vem depois do último quarto crescente ou o da maturidade vem depois da amargura do fruto, mas que está desde sempre junto de nós, constitutivo do ser que nos é próprio. Cada um de nós leva dentro de si, amadurecida inexoravelmente em si mesmo, a própria a morte. Heidegger, à maneira de Homero, chama por isso aos homens "os mortais" (*die Sterblichen*), porque, conforme a nossa essência, "somos enquan-

---

(16) M. HEIDEGGER, *Essere e tempo,* Longanesi, Milão, 1979, p. 393.

to habitamos na proximidade da morte" (*Der Satz vom Grund*, Pfullingen, 1957, p. 186)»[17].

Se citamos alguns escritores e um filósofo voltamo-nos agora para um intelectual que se encontra entre a filosofia e a literatura, Albert Camus (1913-1960). A pena de Camus produziu trabalhos que marcaram o século passado. Entre os mais conhecidos, citamos *L'Étranger* (1941), *Le mythe de Sisyphe* (1942), *La peste* (1947), *L'Homme revolté* (1951), *La chute* (1956).

Camus parte da constatação do sem-sentido da vida cotidiana, que produz aborrecimento e cansaço. É preciso distanciar-se da vida ordinária para entender o seu absurdo. Este afastamento produz angústia, quando se percebe que a vida não é outra coisa senão o caminho da morte. A obra de Camus, porém, não gira em torno da morte, mas do absurdo da vida. O único problema filosófico sério é estabelecer se vale a pena viver. Há duas respostas erradas a esta pergunta: o suicídio e a esperança. A primeira solução não é válida, pois, com o suicídio, faz-se desaparecer a luz que revelou o absurdo da vida, quer dizer, a nossa consciência lúcida, a única coisa que deve proteger-se e ser desenvolvida. A esperança é menos ainda uma solução, porque pressupõe a existência de um Deus ordenador do Universo, enquanto o mundo nos mostra a desordem e o absurdo. A esperança é um suicídio moral que conduz à morte da consciência lúcida. A única resposta possível é a rebelião. O homem rebelde é aquele que descobriu a futilidade da vida e que ajuda os outros a descobri-la.

Esta atitude existencial manifesta-se na obra *O mito de Sísifo*. Partindo desta figura da mitologia grega – Sísifo deve levar uma pedra até o cimo do monte, mas, uma vez no pináculo, a pedra cai e Sísifo desce e sobe eternamente num vão esforço de dar êxito à sua tarefa –, Camus propõe o problema central do homem moderno: «no próprio momento em que Sísifo reconhece que voltar a levantar a pedra que caiu no fundo não faz sentido e é inútil, apenas nesse preciso momento começa a autêntica vida humana. Reconhecer o absurdo não é o fim, mas o princípio. O problema do homem consiste em dar – apesar e

---

(17) P. PRINI, *Storia dell'esistenzialismo*, Studium, Roma, 1989, p. 97. Sobre o niilismo de Heidegger cf. L. ROMERA, *Assimilare la finitezza: com Nietzsche e Heidegger ad un bivio*, em «Acta Philosophica» 4/2 (1995), 267-283.

depois deste conhecimento – valor e dignidade à vida sem evadir-se do absurdo, sem tratar de dar evasivas pseudoexplicativas recorrendo à fé religiosa, mas afrontando o absurdo e superando-o. Em suma, sofrimento, trabalho, fadiga, aporia – precisamente, tem de dar-lhes o seu sentido e o seu valor: isto é o que se trata de reconhecer, a isto tem de dizer sim»[18].

Camus apresenta-se como o defensor do humanismo ateu. A consciência humana tem um valor que é necessário proteger. Afastado de toda a ideologia totalizante, Camus propõe lutas concretas para justiças concretas. Em sua novela *A peste*, um dos personagens, um médico que dedica toda a sua vida aos doentes, pergunta se é possível ser santo sem acreditar em Deus. Apesar do absurdo da vida, é preciso instaurar-se a cidade dos homens, onde as consciências sejam respeitadas.

Com Camus a crise da cultura da modernidade chega a um dos seus momentos paradigmáticos. Sem a referência à transcendência, a vida humana cai na opacidade absurda de um período de tempo destinado à morte. Os valores que ainda estão presentes no seu humanismo correm o risco de desaparecer por falta de raízes. Mais coerente será Jean-Paul Sartre, que extrairá de seu niilismo consequências antropológicas que, embora definidas por ele próprio como humanistas, são a negação da dignidade do homem: o ser é demasiado, o homem é uma paixão inútil, o inferno são os outros.

3. Da morte de Deus à morte do homem: a pós-modernidade

Segundo Possenti, o núcleo mais profundo do niilismo é o teórico, quer dizer, a impossibilidade de conhecer a verdade. Niilismo e morte da metafísica estariam, portanto, relacionados. Se o niilismo para Nietzsche é o desaparecimento da finalidade, do sentido, a ausência de uma resposta à pergunta sobre o porquê, essa atitude também gnosiológica conduz à consciência do fim da noção de verdade como adequação à realidade. O niilismo contemporâneo estende-se também

---

(18) L. KAHN, *Letteratura e crisi della fede*, cit., p. 215

ao âmbito do conhecimento científico, que durante o século XIX era considerado reduto inexpugnável das certezas. A falibilidade das ciências em alguns autores é a manifestação do pensamento débil contra o neopositivismo, herdeiro do cientificismo do século XIX.

Em 1979, Jean-François Lyotard publicou um livro intitulado *A condição pós-moderna*, obra que consagrou o termo «pós-moderno», que antes servira para designar os distintos processos de ruptura relacionados à Modernidade. Embora haja ocorrências do uso do termo desde o fim do século XIX, aqui interessa-nos o conteúdo semântico que começou a ser-lhe atribuído desde os anos setenta. Nessa época, o pós-moderno identificava-se com a arte pop, com os concertos de rock, com a cultura hippie. São os anos em que se tenta atenuar a distinção entre arte de elite e arte popular e entre o crítico e o aficionado. Neste ambiente irrompe a cultura de massas e cria-se uma «nova sensibilidade». No contexto da revolução estudantil de maio de 1968 declaram-se diferentes mortes: a morte do racionalismo, do humanismo, da moral vitoriana, dos valores tradicionais etc. Assentes esses antecedentes, podemos dizer que o pós-moderno é uma atitude intelectual com implicações políticas e sociais que se erguem contra os discursos e práticas da modernidade, considerados esgotados, opressores e falsos.

Os pensadores que agrupamos sob a denominação de pós-modernos não aceitam tal qualificação. No entanto, existem alguns traços comuns que os unem numa atitude intelectual partilhada. Todas as correntes pós-modernas, influenciadas pela crítica de Nietzsche, tentam superar a modernidade, compreendida como projeto acabado e fracassado. Os pós-modernos revoltam-se contra os grandes mitos modernos: a razão, o progresso, as grandes narrações de sentido (holismos próprios das ideologias, das filosofias totalizantes ou de visões religiosas). Se no projeto moderno procurou-se conceitualizar tudo, os pós-modernos apresentam um ceticismo radical frente a essas tentativas racionalizadoras: prefere-se falar de *pensamento débil* (Vattimo), *pensamento cansado* (Bataille), *desconstrução* (Derrida), *jogos linguísticos* (Lyotard) etc. Perante as tentativas unificadoras racionalistas e científicas, os pós-modernos apresentam não o que unifica, mas a diferença, o que é irredutível, o indeterminado, o disseminado. Logo, com a pós-modernidade entramos num período pós-metafísico, onde se abandonam as explicações globais ou de fundamento para fixar-se no contingente, particular, aleatório e único: em uma palavra, na diferença irredutível.

Os pós-modernos acusam a filosofia moderna de ser uma metafísica não neutra, que privilegia um dos termos das oposições binárias características do Ocidente: sujeito/objeto, realidade/aparência, voz/escrita, razão/natureza, que se excluem ou desvalorizam os segundos termos a favor dos primeiros. Segundo Derrida, é preciso «desconstruir» a metafísica binária que privilegiou a realidade e não a aparência, a fala em vez da escrita, a razão e não a natureza, o homem e não a mulher.

Nesta perspectiva explica-se um dos slogans mais característicos da revolução de maio de 1968 em Paris: «A imaginação ao poder». O movimento estudantil criticou o ensino universitário institucional por considerá-lo burocratizado, hierarquizante, cúmplice do poder, racionalista, alheio à existência. E deste mesmo ambiente de inconformismo e rebelião contra o estabelecido por instituições e práticas da modernidade surgem as críticas às perguntas globalizantes – marxismo incluído – e alguns intelectuais confluem para as micropolíticas, em que se acentua o diferente e o inconformista: os movimentos feministas, ambientalistas, homossexuais.

Em seguida, apresentaremos brevemente as ideias fundamentais de três expoentes das correntes pós-modernas: Lyotard, Derrida e Vattimo.

a) Jean-François Lyotard (1924-1998)

Lyotard surge como o principal crítico das chamadas «metanarrativas», ou seja, as tentativas modernas de explicações globais do mundo. Chamam-se metanarrativas porque costumam ser explicações exteriores à disciplina a partir da qual são propostas. Por conseguinte, as diferentes escolas filosóficas, os credos religiosos, os sistemas éticos e as ideologias políticas são grandes narrações que querem legitimar o projeto moderno, procurando justificar, a partir do projeto, os vínculos sociais hierarquizados, o papel da ciência e o valor do conhecimento.

Para Lyotard, os grandes relatos ou metanarrativas não são outra coisa senão jogos linguísticos, que apenas se podem legitimar como jogos com regras imanentes. As ciências, por exemplo, podem impor-

-se arbitrariamente as próprias regras, mas devem renunciar a explicações transcendentes. Neste caso, nas questões mais relacionadas às ciências humanas – história, arte, política, sociologia – é preciso abandonar uma visão totalizante e única do universo. Existe uma pluralidade de mundos, não abordáveis com argumentos universais. Trata-se de passar dos grandes relatos à «economia de frases» e a «gêneros de discursos» sempre limitados, segmentados, relacionados a um mundo independente, um dos infinitos universos plurais não assimiláveis ao discurso único.

Segundo Lyotard, o consenso é impossível, porque não há espaço para uma comunicação universal. O fim dos grandes relatos coincide com a afirmação da diferença, do irredutível e único.

b) Jacques Derrida (1930-2004)

Se, para Lyotard, o principal objeto da crítica do projeto moderno é a metanarrativa, para Derrida é o logocentrismo da filosofia ocidental, que interpretou a realidade segundo a perspectiva do logos humano, constituindo uma metafísica da presença: o logos desvenda o ser. A tendência logocêntrica atinge o seu apogeu com a afirmação de Hegel sobre a identificação entre o real e o racional.

Derrida propõe o método de desconstrução para desmascarar as falácias que o logocentrismo e as tendências conceitualizadoras produziram na história da filosofia e, por conseguinte, nas práticas culturais ocidentais. Para isso é necessário reivindicar a escrita frente à linguagem oral. O logocentrismo foi um fonocentrismo: um primado da voz. Privilegiar a *foné*, a fala, é privilegiar a consciência. A fala seria a exteriorização dos conteúdos internos da consciência, as ideias, que, por sua vez, remeteriam para um fundamento último, que ao longo da filosofia ocidental encontrou os diferentes nomes: o mundo das ideias platônicas, a essência aristotélica, o Deus cristão, a Razão cartesiana, o eu transcendental kantiano ou o Espírito absoluto de Hegel.

A metafísica ocidental considerou a escrita em sua função de serviço: mera cópia ou fingimento da língua. Se invertermos as hierarquias ocidentais em que se baseia a tradição metafísica e descentralizarmos o fonocentrismo a favor da grafia, estamos desconstruindo o discurso absoluto. A escrita oferece a vantagem de ser polissêmica: num texto nunca existe um significado único, nem uma verdade exclusiva. Desfazem-se as oposições por meio da desconstrução, invertem-se hierarquias e atingem-se conceitos não assimiláveis que não remetem a qualquer verdade última ou dada. Trata-se, portanto, de afirmar a diferença como elemento irredutível da linguagem, negando qualquer relação com um sentido transcendente ou metafísico, que foi o produto histórico do logocentrismo.

Segundo Derrida, que seguiu Saussure, levando-o às últimas consequências, a linguagem é um sistema de diferenças. Um significado implica diferenciar-se dos outros significados. Uma palavra significa algo, porque não significa o que significam todas as outras. Logo, o significado revela uma presença-ausência: presença de um significado que implica a ausência de todos os outros, mas que por isso mesmo estão de algum modo presentes. Cada significado deixa uma marca ou traço nos outros. Os significados fazem parte de um sistema abrangente em que se implicam todos os outros: a língua. Nesse sentido, todo significado é convencional. Com isso desconstrói-se a hierarquia inteligível-sensível do logocentrismo ocidental: o significante e o significado inserem-se no sistema de diferenças. Derrida utiliza o neologismo «*differance*» para distingui-la da diferença conceitualizável nos termos positivos: a diferença da lógica da identidade (a diferença da definição aristotélica: «gênero mais diferença específica»). Ao contrário, a «*differance*» tem o duplo sentido de «diferenciar-se» e diferir ou «expor-se ao dia no tempo»; é o que está mais além, o que é irredutível ao pensamento, o que recusa completamente a conceitualização. O diferir também significa que toda interpretação é posterior e não tem sentido prévio.

O próprio texto escrito revela uma presença-ausência. O escritor, no ato de escrever, separa-se, ausenta-se do texto. O receptor, o leitor, também desaparecerá, porque tanto o escritor como o leitor são mortais. Por isso, o texto cobra a vida independente, é indiferente diante da morte do escritor e do leitor: é uma máquina, algo não humano. Como o texto privilegia a ausência, é lógico que a metafísica da presença, herdeira do *logos* grego, tenha desprezado a escrita.

A desconstrução de Derrida empreende a leitura dos textos a partir das margens. Descentra o texto, partindo por exemplo de uma citação de rodapé para colocar no núcleo do discurso. Procura desmontar o processo de escrita, seguido pelo autor, desmascarando as oposições binárias da metafísica ocidental, para manifestar que aquilo que está no centro é o indizível.

O estilo de Derrida é extremamente difícil, pois separa-se radicalmente das formas acadêmicas, sendo consequente com os princípios postulados pelo desconstrucionismo. De modo mais simples, poderia resumir-se o projeto de desconstrucionismo como uma tentativa de evidenciar ou «desmontar» os esforços da metafísica para resolver na unidade o dualismo que estrutura o pensamento e a realidade.

No entanto, se Derrida estiver correto, toda a busca por fixar um sentido ou significado estável do ser, ou seja, conhecer a verdade, está condenada ao fracasso: não é possível alcançar o ser, pois conservamos apenas as marcas da sua ausência. Por isso, essa estrutura de reenvios e referências não só afeta a fala ou a escrita – ou, em geral, a semiótica –, mas também o «politeísmo» do sentido do ser é uma característica originária da totalidade em que vivemos.

Desconstrução implica decomposição, e só se decompõe algo que já tem uma estrutura. O leitor ou o auditório dessas ideias tem uma forma mental (e moral e humana) e tem de estar consciente de que a desestruturação que o pensamento de Derrida propõe tem pretensões de universalidade. Aqui não se jogam meros argumentos, mas a personalíssima estrutura do pensamento. Se são aceitos os pressupostos de fundo deste modo de raciocinar, qualquer ideia ou conhecimento, no fim, resulta impossível: as suas premissas são autodestrutivas. A desconstrução de Derrida aplicada à vida política e social tem consequências nocivas. Como pergunta Mark Lilla, «se a desconstrução abrange dúvidas sobre todos os princípios políticos da tradição filosófica do Ocidente – Derrida menciona a propriedade, a intencionalidade, a vontade, a liberdade, a consciência, o autoconhecimento, o sujeito, o eu, a pessoa e a comunidade –, é possível, ainda, emitir juízos sobre a política? Pode-se distinguir entre bem e mal, entre justiça e injustiça? Ou todos os termos estão tão contaminados de logocentrismo que devem ser abandonados?»[19].

---

(19) M. LILLA, *Pensadores temerarios. Los intelectuales en la política*, Debate, Barcelona, 2004, pp. 154-155.

Diante da obra de Derrida não faz sentido tomar qualquer posição, pois ela desqualifica todas as armas que os seus contrários poderiam utilizar para desautorizar o seu pensamento. Com efeito, «Derrida é um impossível que não pode ser propriamente seguido, nem sequer contestado; não se pode aceitar, nem recusar. A postura de Derrida sempre à margem resiste a toda crítica e a qualquer tentativa de apropriação. Palavras como verdadeiro ou falso desabrocham nessa margem inexpugnável e simultaneamente inabitável e voltam-se contra nós próprios[20]. Talvez, a resposta diante deste absurdo seja simplesmente calar e passar ao largo[21].

* * *

c) Gianni Vattimo (1936-)

Gianni Vattimo nasceu em 1936, em Turim (Itália). Em 1964 tornou-se professor na Faculdade de Filosofia e Letras da Universidade de Turim. Nos primeiros anos de sua atividade acadêmica dedicou-se sobretudo ao estudo da estética e da poética, publicando em 1961 o ensaio *O conceito de fazer em Aristóteles*, e, em 1967, *Poesia e ontologia*. Por outro lado, Vattimo é um reconhecido estudioso da filosofia alemã dos últimos séculos, a que dedicou várias monografias. Entre elas sobressaem *Ser, história e linguagem em Heidegger* (1963); *Schleiermacher, filósofo da interpretação* (1968); *Introdução a Heidegger* (1971); *O sujeito e a máscara: Nietzsche e o problema da libertação* (1974); *Introdução a Nietzsche* (1984); e *Diálogo com Nietzsche: ensaios de 1961--2000* (2000).

A partir de 1980, com a publicação de *As aventuras da diferença: pensar depois de Nietzsche e Heidegger*, Vattimo expõe a sua posição filosófica peculiar: o *pensamento débil*. O nome provém do título de uma obra escrita com Pierpaolo Rovatti, em que propõe a sua visão da pós-modernidade como a passagem de um modo de pensar «forte»,

---

(20) A. QUEVEDO, *De Foucault a Derrida*, EUNSA, Pamplona, 2001, p. 269.

(21) Pode encontrar-se uma reflexão interessante sobre a futilidade das nossas tentativas de diálogo com Derrida em L. X. LÓPEZ FARJEAT, *Puede un nihilista debatir filosoficamente?*, «Ixtus» 54 (2005), pp. 84-94.

ou seja, monolítico e unitário, dominador, e, por isso, autoritário, a uma constelação de pensamento fragmentário ou múltiplo, ou seja, «débil», como condição de possibilidade da democracia e da liberdade.

Em sua já longa carreira acadêmica, Gianni Vattimo foi professor visitante em algumas cidades norte-americanas, diretor da *Rivista di Estetica* e editor do anuário filosófico *Filosofia*. Homossexual militante, nos últimos anos desenvolveu uma intensa atividade política nos partidos de esquerda, ocupando-se – entre outros temas – da discriminação sexual. Foi deputado do parlamento europeu de 1999 a 2004.

Na mesma linha de Nietzsche e Heidegger, Gianni Vattimo considera que a filosofia – *amor à sabedoria* – foi desde o começo uma manifestação do desejo perene do homem de possuir o conhecimento verdadeiro – ou seja, estável e definitivo – da realidade, que lhe possa servir como critério e fundamento da sua ação. A história do pensamento ocidental apresenta-nos o resultado desta tentativa: uma variada galeria de visões de mundo e de sistemas filosófico-teológicos que, contrapondo-se entre si, sucedem uns aos outros sem que nenhum deles consiga a vitória definitiva sobre os outros. Os grandes sistemas do idealismo que a modernidade criou na busca de um fundamento irrebatível da razão representam, nesse sentido, os últimos e infrutíferos esforços da cultura ocidental para fechar o sentido do ser e da existência humana dentro de um sistema de regras racionais. A apoteose e queda do Idealismo é a última etapa do caminho que nos começos da cultura ocidental empreendeu a filosofia platônico-aristotélica e simultaneamente a demonstração palpável da esterilidade da procura da verdade.

Para boa parte do pensamento pós-moderno, todos os esforços feitos pela metafísica para demonstrar a verdade universal e imutável dos princípios que regulam a realidade falharam: o ideal da certeza absoluta, de um saber completamente fundamentado na razão, revela-se mais como um mito que serviu para tranquilizar uma humanidade imatura. Além disso, sustenta Vattimo, a própria história mostra que a procura da verdade produziu apenas sistemas de pensamento, movimentos religiosos e ideologias que geraram fanatismo e violência, mas que, afinal, não alcançam qualquer verdade estável.

Deste modo, a filosofia chegou ao fim de sua aventura metafísica. Segundo o filósofo de Turim, atualmente não é possível propor um pensamento que pretenda fundamentar-se sobre determinado saber verdadeiro do que é Deus, o homem e o mundo. Ao contrário, se agora queremos orientar a nossa compreensão do mundo, temos de partir da escuta atenta e da interrogação aberta e sem juízos prévios, de todo o patrimônio cultural, linguístico e histórico da humanidade inteira. A tarefa atual da filosofia já não consiste em perguntar-se sobre a verdade, mas em trazer, à luz das diversas tradições culturais, as últimas consequências da atual crise do paradigma da modernidade[22].

Vattimo está convencido de que todo pensamento que crê fundamentar-se numa verdade única e definitiva, ou seja, todo pensamento «forte», manifesta-se sempre como forma de violência. Isto é assim porque, quando oferece um princípio monolítico de sentido ao qual todos têm de referir-se num último termo, toda a expressão «forte» da razão procura impor-se às outras, excluindo, de fato, a possibilidade do alternativo, da diferença. Segundo Vattimo e os outros pensadores pós-modernos como Gilles Deleuze e Jacques Derrida, o domínio despótico de uma única forma de pensamento torna homogênea a variedade poliédrica do real e nega a igual dignidade dos distintos modos legítimos de interpretá-la que derivam das diferenças que compõem a realidade. Seguindo Nietzsche, Vattimo vê na rigidez do pensamento forte a medida que a razão, temerosa da realidade caótica e imprevisível, aplica para criar uma ordem e procurar submetê-la. Ao desenvolver uma hierarquia de diferentes aspectos da realidade, na qual uns são bons e outros maus, ou uns melhores e outros piores, a razão «forte» transforma-se num instrumento ideológico cuja finalidade última é a dominação. Este domínio é uma forma de violência arbitrária, que uniformiza tudo, limitando a energia vital do homem e cortando as asas da sua liberdade e espontaneidade.

Deste questionável diagnóstico histórico-especulativo parte a tentativa de Gianni Vattimo de fundar novamente a filosofia: o *pensamento débil*. Para Vattimo, a razão nunca será capaz de fundamentar na verdade nenhuma certeza e nenhum sentido forte e definitivo, pois não existe um ser imutável ao qual se possa apelar em última instância, mas a razão tem de ser concebida como «despotenciada», elástica, aberta à

---

(22) Ver, por exemplo, a coleção de ensaios: G. VATTIMO, *La fine della Modernità. Nichilismo ed ermeneutica nella cultura postmoderna,* Garzanti, Milão, 1985.

multiplicidade modificadora das regras e das relações que estruturam as inumeráveis manifestações do real[23]. Se a «verdade» consiste em afirmar que nunca existiu uma verdade absoluta, o caminho filosófico que o pensamento deve empreender agora não é uma nova busca da verdade absoluta, mas sobretudo um esforço da razão para adequar-se à coexistência e simultaneidade de diversas «verdades», todas relativas entre si, sem que uma se torne superior às outras.

Até agora, o pensamento forte pretendeu explicar de modo certo e incontroverso uma verdade fundamental e única à qual todos têm de adequar-se. O pensamento débil adverte para a pluralidade de sentidos contingentes que a realidade assume e deixa-os conviver um ao lado do outro. Deste modo, a razão «debilitada» ou «despotenciada» não pretende impor as suas condições, mas adequa-se suavemente à incessante mudança da realidade, aceitando a pluralidade de pontos de vista sem impor qualquer um deles. O despotenciamento da razão pós-moderna fundamenta-se na aceitação do eterno fluir de Heráclito como lei que rege o funcionamento do mundo: a mudança contínua não pode impor nada de imutável, exceto o fato de mudar continuamente. Esse despotenciamento da razão implica, por sua vez, a debilitação geral das estruturas filosóficas, éticas e sociais que se basearam até agora em uma concepção «forte» da razão.

Por outro lado, a razão despotenciada que propõe Vattimo não é hierarquizante. Para ela, cada aspecto da realidade, por seu caráter próprio e distinto dos outros, é independente e não toma parte da hierarquia dos seres, mas cada ponto de vista, cada tradição cultural, toda a expressão da vida humana goza no fim das contas dos mesmos direitos e do mesmo estatuto essencial. Por conseguinte, para o pensamento débil não existe qualquer tipo de hierarquia qualitativa entre as variadas manifestações da existência humana: todos os aspectos da realidade são, em si mesmos, genuínos, e não há nenhuma manifestação do humano que seja mais autêntica que outra. Em poucas palavras, o que o homem é expressa-se num conjunto de diferenças alternativas e irredutíveis entre si e que se encontram no mesmo nível umas das outras, gozando todas

---

(23) Cf., por exemplo, G. VATTIMO, *Le avventure della differenza. Che cosa significa pensare dopo Nietzsche ed Heidegger,* Garzanti, Milão, 1980, pp. 5-11.

de igual dignidade. Não existe nenhum sentido unitário que possa englobar as diferenças, dissolvendo-as dentro de si.

Ao nível ético-político, a ação do pensamento débil tem consequências relevantes. A razão despotenciada não só mede com a mesma régua todas as manifestações do humano, eliminando toda a posição de privilégio e tornando impossível que alguma delas possa erguer-se como regra ou lei para julgar as outras, mas também empenha-se em reconhecer e fomentar a diversidade ao nível sociopolítico como meio para atingir o progresso social. As exigências das minorias, sejam grupos raciais ou culturais, enquanto manifestações da própria identidade – ou seja, da sua «diferença» ou diversidade – são legítimas, respeitáveis e dignas da mesma atenção por parte das autoridades políticas e das estruturas sociais. Para Vattimo, a evolução da cultura na pós-modernidade deve mover-se para o respeito e tolerância da diversidade ou diferença, eliminando toda a sombra de subordinação entre raças, classes, culturas ou formas de vida. Com este fim dirigem-se as lutas dos movimentos civis: contra o racismo, pela emancipação da mulher, por direitos dos homossexuais etc.

Essas premissas filosófico-antropológicas têm como consequência que não pode existir qualquer ponto de vista ético-moral privilegiado. Desejar impor os próprios critérios morais como se gozassem de um caráter universal seria uma manifestação de domínio e de violência sobre realidades distintas, gerando uma recaída no pensamento forte. Por isso, não será possível extirpar completamente a violência até que não seja eliminado o último vestígio do pensamento forte ou ideológico, dando lugar à realidade social composta de um conjunto não estruturado de «culturas débeis». Vattimo sustenta que em nossas sociedades contemporâneas a tão desejada libertação da violência poderá ser alcançada se a ética civil for fruto do diálogo aberto e sem preconceitos entre as distintas posições morais de quem compõe o tecido social, e não de rígidas verdades dogmáticas – quer sejam impostas por uma maioria ou uma minoria – às quais se tem de obedecer cegamente. Cada forma ética é a expressão legítima da existência humana, mas apenas válida dentro dos horizontes da tradição que a origina. Deste modo, Vattimo defende uma espécie de «regionalismo» ético, no qual a realidade se configura como uma multiplicidade de éticas regionais, todas legítimas e todas respeitáveis, que dialogam e convivem civilmente em respeito recíproco[24].

No pensamento débil de Gianni Vattimo encontramos uma lúcida teorização e aplicação positiva do niilismo de Nietzsche para a situação de crise da sociedade ocidental do fim do milênio. Essa operação por parte do filósofo de Turim carece de sentido negativo: se, no fim do caminho que empreendeu a cultura ocidental, o niilismo é a situação em que se encontra o homem pós-moderno depois do esgotamento de toda certeza e de toda verdade última, não é possível emitir um juízo ético sobre ele. O niilismo não tem de ser combatido ou superado, mas assumido como o próprio destino até as últimas consequências. Esse fato implica que o homem contemporâneo tenha de habituar-se a conviver com a ausência de sentido último ou transcendente da existência, vivendo sem neuroses uma situação em que não existem garantias ou certezas absolutas. Quem ainda sente nostalgia das seguranças perdidas está desconfortável nesta situação existencial porque não é suficientemente niilista. No entanto, o niilismo que Vattimo defende não é um niilismo forte, que pretenda criar novos absolutos por cima dos escombros da metafísica ocidental.

Do mesmo modo que Nietzsche, Vattimo vive até as últimas consequências a experiência da dissolução do ser como fonte de sentido, sem nostalgia das antigas certezas e sem o desejo de criar outras novas. Como Nietzsche, Vattimo põe-nos face ao falso dilema: a aceitação da existência do Deus da tradição judaico-cristã ou a afirmação do ser e da liberdade autênticos do homem.

∗ ∗ ∗

As diferentes correntes pós-modernas afirmam que não existe verdade, mas apenas interpretações de textos, símbolos, sinais, determinados pelo contexto histórico. A metafísica, como conhecimento da verdade do ser, está qualificada como arrogante: a relação cognitiva com o ser é o paradigma da violência[25]. Para Vattimo, por exemplo, a multiplicidade das interpretações atinge «a dissolução da própria ideia

---

(24) Cf. G. VATTIMO, *La società trasparente*, Garzanti, Milão, 1989, pp. 7-20.
(25) Cf. V. POSSENTI, *Il nichilismo teoretico...*, cit., p. 117.

de realidade». A configuração babélica do mundo faz precipitar a ontologia no sem sentido[26].

Essa debilitação do intelecto atinge com essas correntes um dos pontos mais baixos da história: para alguns pós-modernos, o homem é uma invenção do fim do século XVIII, mas depois do niilismo e da desvalorização de todos os valores está por atingir o fim do homem: «A todos os que queiram ainda falar do homem, do seu reino e da sua libertação» – escreve Foucault –, «a todos os que ainda se questionam sobre o que é o homem em sua essência, a todos os que querem apoiar-se nele para aceder à verdade..., a todas essas formas de reflexão disformes e alteradas, não podemos senão contrapor um riso filosófico, quer dizer, em parte silencioso»[27].

O resultado tão radical do niilismo contemporâneo pode ser explicado a partir da atmosfera cultural criada pelos chamados «mestres da suspeita». Com efeito, Marx, Nietzsche e Freud concebem o sujeito humano não como algo originário e real, mas como uma derivação necessária de forças irracionais que se encontram por trás de toda a manifestação humana. Diante de todo fenômeno é necessário descobrir «o que está por trás». Como observa Buttiglione, para esses pensadores «o sujeito e a consciência não são em absoluto fenômenos originários. São mais um efeito de um conjunto de fenômenos econômico-sociais (Marx), de pulsões (Freud) e, em sentido amplo, do ressentimento (Nietzsche). O homem, em outras palavras, não é um ponto de partida originário senão o fruto do devir»[28].

A perda da consistência real do sujeito é a conclusão paradoxal da pretensa atribuição da autonomia absoluta à criatura humana.

---

(26) Cf. G. VATTIMO, *Oltre l'interpretazione. Il significato dell'ermeneutica per la filosofia*, Bari, 1994. Cf. também F. BOTTURI, *Immagine ermeneutica dell'uomo*, em *Immagini dell'uomo. Percorsi antropologici nella filosofia moderna*, Armando, Roma, 1996, pp. 77-94.
(27) M. FOUCAULT, *Le parole e le cose*, Rizzoli, Milão, 1967, p. 368.
(28) R. BUTTIGLIONE, *La crisi della morale*, Dino, Roma, 1991, pp. 23-24.

XI. A sociedade permissiva

Uma das características mais acentuadas da sociedade ocidental é o permissivismo. Como foi assinalado, o slogan «É proibido proibir» esteve no centro dos protestos universitários de 1968. A dissolução de uma ordem moral objetiva, consequência do niilismo cultural, manifesta-se de um modo evidente no âmbito da sexualidade. Se o homem é um árbitro de valores, a possibilidade de cair no cômodo hedonismo é maior. Ao longo do século XX foram dadas explicações sobre o comportamento sexual, que tinham a pretensão de alguma cientificidade e que abriam as portas à mudança radical de costumes e práticas sociais. No entanto, permissivismo significa também recusa de obediência, crítica das estruturas e, em casos extremos, justificação da violência.

1. O pansexualismo de Sigmund Freud

É conhecida a afirmação de Freud sobre a humilhação do narcisismo do homem ocidental: se a teoria heliocêntrica de Copérnico representava a humilhação cosmológica, Darwin era o arauto da humilhação biológica, enquanto o próprio Freud era o representante da humilhação psicológica.

O homem não é dono de si próprio, mas depende dos impulsos que provêm do inconsciente. Em particular, a ação humana está determinada pela libido ou instinto sexual. Poucas teorias contemporâneas gozaram da fama e da credibilidade da psicanálise de Freud, e sua influência estará presente nos movimentos sociais do século XX, apesar do descrédito em que hoje se encontram muitas de suas teorias psicológicas. A própria terminologia comum está cheia de conceitos de Freud. Como adverte um teólogo contemporâneo, «nós próprios falamos com essa linguagem quase sem advertência; podemos tomar depois uma distância crítica, mas dobramo-nos espontaneamente diante dessa linguagem porque é o jargão, porque fala-se assim. Todo lapso é revelador de algo, os sonhos expressam sempre desejos inconfessáveis. Frequentemente, fazemos menção do complexo de Édipo e não o dizemos com essas palavras, pensamos assim neste ou naquele caso concreto»[1].

Sigmund Freud nasceu em Friburgo, no Império Austro-Húngaro, em 1856, mas passou quase toda a vida em Viena. Estudou medicina e chegou a ser professor de neuropatologia. Depois de um breve período em Paris, onde trabalhou com o psicólogo J. M. Charcot, volta a Viena e casa-se com Marta Bernays, com quem terá seis filhos. Na capital austríaca escreve as suas principais obras e forma uma escola com seus discípulos. Os mais conhecidos entre eles são Adler e Jung, mas o caráter temperamental de Freud e o seu comportamento dogmático em defesa de suas ideias serão um obstáculo para a consolidação da escola. As suas principais obras são *Sobre o mecanismo psicológico do esquecimento* (1898); *Três ensaios de teoria sexual* (1904); *Interpretação dos sonhos* (1909); *Totem e tabu* (1927); *O futuro de uma ilusão* (1927) e *O mal-estar da civilização* (1930). Depois de sua morte em 1939, em Londres – cidade para a qual fugira do regime nazista —, publicou o *Esquema da psicanálise*.

Recorramos à imagem gráfica para descrever a *psique* segundo Freud: o iceberg. Nestas formações de gelo, o volume submerso na água é muito maior do que o aparente. Em nosso caso, o submerso – o Ele, o inconsciente – é a chave de interpretação do que emerge, do mundo consciente e de toda a atividade humana. Freud distingue três níveis ou entidades na *psique* humana: o Id, o Ego e o Superego. Segundo Freud, o Id é o «ancestral», e todos os seus processos

---

(1) H. AGUER, *Construcción de ciudadanía o educación integral?*, Arcebispado de la Plata, La Plata, 2008, p. 6.

decorrem inconscientemente. Ali, concentram-se os impulsos primitivos e, em particular, o impulso sexual, que pode manifestar-se no erotismo ou na agressividade. O Id é regido pelo princípio do prazer, também denominado libido. O Ego, por sua vez, é o centro ordenador da *psique*. O seu papel consiste em dar a maior satisfação ao Id dentro das possibilidades que se encontram no mundo exterior. «Representa a organização coerente dos processos psíquicos. Atinge-se na área da vida consciente, governa a descarga das excitações no mundo exterior; controla e reprime tudo aquilo que julga impossível ou cuja satisfação pode resultar num prejuízo para os interesses globais do sujeito; oferece resistência a tudo o que está reprimido e tenta ressurgir. Consegue-se executar esta última operação de modo inconsciente»[2]. O Ego é regido pelo princípio da realidade: o mundo externo à própria consciência influencia o indivíduo, dando forma ao mundo dos critérios, valores e interesses. O princípio da realidade supõe um freio para o instinto primordial originário mediante mecanismos de censura ou repressão. Procuremos explicar em que consiste esta terceira instância. Para isso é necessário esclarecer alguns conceitos.

O indivíduo inclina-se para satisfazer espontaneamente os seus próprios instintos inconscientes. Quando esses instintos ou apetites são entendidos como conflitantes na superfície consciente, o Ego propõe prosseguir um mecanismo de censura. Assim produz-se uma repressão, que inverte um fluxo normal da *psique*, do inconsciente ao consciente, que, em consequência, vai agora do consciente até o inconsciente, provocando o desequilíbrio psíquico do indivíduo sob a forma de diversas patologias e, em particular, de neuroses. A neurose é uma tensão não resolvida entre dois impulsos opostos. Freud afirma que «as psicanálises dos sujeitos histéricos mostraram que a sua enfermidade foi o resultado de um conflito entre a libido e a repressão sexual e que os seus sintomas constituíam uma passagem entre ambas as correntes anímicas»[3].

A repressão do impulso originário por parte do Ego é a origem da moral e da religião. Segundo a sua perspectiva unilateral, o critério úl-

---

(2) G. ECHAVARREN, *Freud y la antropologia cristiana*, Apuntes Libros, Buenos Aires, 2003, p. 73.

(3) S. FREUD, *Psicologia de la vida erótica*, Biblioteca Nueva, Madri, 1929, p. 14.

timo de interpretação da conduta humana é a libido. Freud detém-se na descrição das manifestações do impulso sexual nas primeiras etapas da vida. Desde o nascimento, o impulso sexual do rapaz orienta-se para a mãe, e o da menina, para o pai. Surge imediatamente, no entanto, um conflito entre o princípio do prazer e o princípio da realidade. A figura do pai aparece como a do repressor e rival: é um obstáculo para o incesto, de modo que a família e a sociedade se fundamentam na repressão do incesto e no medo da castração. Logo, esse «complexo de Édipo» explica grande parte da história da humanidade e inclusive a dimensão religiosa do homem, pois o próprio Deus será a sublimação da figura do pai.

Moral e religião juntam-se, digamos assim, no Superego. Com as explicações prévias, poderemos entender melhor o seguinte texto de Freud: «Quando, num ser humano, o Id tem uma exigência instintiva da natureza erótica ou agressiva, o mais simples e o mais natural é que o Ego, que governa o mecanismo do pensamento e o aparelho muscular, satisfaça as necessidades mediante uma ação. Essa satisfação do impulso do instinto proporciona um prazer ao Ego, de maneira que o seu não cumprimento seria uma fonte indubitável de desgosto. Porém, pode ocorrer que o Eu, tendo em conta obstáculos externos, omita a satisfação do instinto, particularmente quando compreende que a ação correspondente poderia provocar um grave perigo para o Ego. Tal descumprimento do desejo, a renúncia ao impulso do instinto por causa de impedimentos exteriores ou, como dizemos, em obediência ao princípio da realidade, em nenhum caso acompanha o prazer. A renúncia ao impulso instintivo teria, como consequência, uma persistente sensação de desagrado, e, quando não se atinge a sua satisfação, a mesma intensidade do impulso instintivo diminui por um deslocamento de energia. A renúncia ao impulso instintivo pode ser devida também a outros motivos que, justificadamente, denominamos interiores. No decurso do desenvolvimento individual, parte das forças inibitórias do mundo exterior interiorizam-se e formam no Eu uma zona que se opõe às demais à mercê das faculdades observadoras, críticas e proibitivas. Nós denominamos esta nova zona: o Superego [...]. O Superego é o sucessor e representante dos pais e educadores, que dirigem o indivíduo nos primeiros períodos da vida e prossegue as funções deles, quase sem modificações. Mantém o Ego em persistente dependência e exerce sobre ele uma contínua pressão. O Ego é assistido da mesma forma que tinha sido na infância, deseja ser querido por seu soberano, estima a sua aprovação como um bem e a reprimenda como um remorso»[4].

O conceito de sublimação explica as consequências das censuras psíquicas. Todo desejo ou anseio humano consciente, não estritamente sexual, não é outra coisa senão a sublimação do instinto sexual. Quando a libido censurada dirige-se não para o objeto natural – a satisfação do prazer –, mas para o próprio eu ou para o eu ideal imposto por pressão social, converte-se em superfície do eu consciente reprimido numa libido narcisista que tende para o Superego, que é a hipóstase interiorizada de todos os convencionalismos repressivos do ambiente social. O impulso erótico sublima-se nas leis, na arte, na moral, nos costumes, na religião.

Estamos outra vez diante de um processo de absolutização do relativo: tudo se explica por *uma* dimensão da existência humana, neste caso, o impulso sexual, que em Freud está completamente desprovido de espiritualidade. As consequências são imensas. Vejamos uma: com Freud invertem-se os termos da antropologia cristã. O homem não foi criado à imagem e semelhança de Deus, mas a deidade de Freud é apenas uma projeção de elementos psicológicos interiores. A origem da religião radica na necessidade da proteção do menino inerme e os seus conteúdos derivam dos desejos reprimidos e das necessidades da época infantil, que continuam presentes na idade adulta.

A conduta humana configurada por repressão e inibição sexual conduz à neurose. A terapia de qualquer neurose consiste no desmascaramento da verdadeira natureza dos desejos, dos motivos reais da conduta humana, que estão sempre determinados pela libido ou impulso erótico. Quando a motivação oculta emerge produz-se a catarse, embora seja preciso evitar os juízos morais de valor.

No entanto, o equilíbrio psicológico é muito difícil. As três entidades da psique dificilmente encontram harmonia. Em particular, o Ego encontra-se «esticado» – utilizo uma expressão de Echavarren – entre as exigências do Id (a satisfação do instinto, quer de modo

---

(4) Idem, *Moisés y la religión monoteísta*, Losada, Buenos Aires, 1945, p. 158.

erótico ou agressivo), as limitações impostas pelo princípio da realidade e as normas do Superego. Deste modo, são descritas pelo próprio Freud as desventuras do Ego: «Todos os seus movimentos são vigiados pelo severo Superego, que mantém algumas normas de conduta sem considerações de qualquer dificuldade que proceda do Id ou do mundo exterior. E, se estas normas não são aceites, castiga o Ego com a tirania das relações que se manifestam como um sentimento de inferioridade e de culpa. Desta forma, estimulado pelo Ego, rodeado pelo Superego e contrariado pela realidade, o Ego esforça-se por realizar o seu objetivo de vencer as forças e influências que atuam nele procurando, de algum modo, harmonizá-las. Compreende-se, pois, que muitas vezes não possa ser reprimida a exclamação: "Não é fácil viver"»[5].

A antropologia de Freud reduz o homem ao inconsciente dominado pelo instinto sexual e condena o âmbito social, político e religioso ao mero artifício produzido pela censura da libido, quer dizer, a mera sublimação sexual[6]. Freud não propõe o desaparecimento do artificial social, pois o instinto sexual, com a sua ambivalência entre erotismo e agressividade, vida e morte, faria a vida social impossível se estivesse totalmente privada de inibição. Sua intenção é a de curar as doenças psicológicas fazendo ver as causas sexuais que, segundo a sua antropologia restrita, encontram-se na base dos conflitos individuais.

Segundo as suas premissas, Freud estabelece uma espécie de pansexualismo: todo fenômeno individual ou social tem uma origem sexual. O pansexualismo de Freud converter-se-á num elemento de interpretação do mundo, o qual, posto em contato com o pensamento revolucionário de Marx, produzirá a crise contracultural dos anos sessenta. Unir freudismo e marxismo foi a obra mais importante de Wilhelm Reich e de alguns membros da Escola de Frankfurt. Dedicaremos os parágrafos a seguir à apresentação de suas principais ideias.

---

(5) *Idem, El yo y el ello,* Biblioteca Nueva, Madri, 1924, p. 292.
(6) Cf. A. POLAINO-LORENTE, *Acotaciones a la antropologia de Freud,* Universidad de Piura, Piura, 1984, p. 42.

2. As origens da revolução sexual: Wilhelm Reich

«Reduzida à sua expressão mais simples, a justificação da tese da sociedade permissiva tem como fundamento a ideia de que a inibição modifica estruturalmente o homem, de tal modo que atua, sente e pensa contra o seu interesse natural, a alegria de viver, a tendência para a felicidade; e dá lugar ao caráter repressivo, autoritário, reacionário e, consequentemente, agressivo»[7]. Essa é a ideia básica do livro *Psicologia do fascismo* (1933), que aplicava à análise da sociedade contemporânea conceitos já apresentados Em outra obra escrita alguns anos antes: *A revolução sexual.* O seu autor, Wilhelm Reich (1897-1957), relacionava repressão ao fascismo, entendendo este último num sentido muito amplo. A ambiguidade do uso do adjetivo fascista fazia que toda a instituição tradicional, todo o sinal de autoridade, fosse considerado repressivo e inibitório.

Reich simplifica o marxismo: eliminando todo o elemento messiânico, fica apenas o materialismo histórico. Pois bem! Os fatos políticos da primeira metade do século – o nascimento dos movimentos fascistas – puseram em evidência que o elemento econômico não é o motor da história. Efetivamente, foram as massas empobrecidas que contribuíram para a conquista do poder pelos fascistas. O momento decisivo é o ideológico. Marx não podia conhecer a psicologia científica, mas agora podemos entender que aquilo que move a história é o sexo-economia: «não existem conflitos característicos de classe. Por isso os termos econômicos de "burguesia" e "proletariado" foram substituídos pelos termos característicos "reacionário" e "revolucionário" ou "liberal". Essa modificação fez-se necessária por causa da peste fascista» (Prefácio de agosto de 1942 a *Psicologia de massa do fascismo).* Reich sustenta que, se fosse deixado o campo livre para as paixões, a agressividade humana desapareceria. Na sociedade pós-revolução sexual deverão desaparecer as ideias contrárias à felicidade sexual, e como consequência terá de terminar-se com a família tradicional e com a Igreja tradicional: «O cristianismo das origens», assinala Reich em

---

(7) A. DEL NOCE, *Alle radici della crisi,* emm AA. VV., *La crisi della società permissiva,* Ares, Milão, 1972, p. 112.

A revolução sexual, «era fundamentalmente um movimento comunista. O seu poder de afirmação da vida derivou, por meio da negação contemporânea do sexo, rumo ao ascético e ao sobrenatural. Transformando-se em Igreja, o cristianismo que lutava pela afirmação da humanidade renegou as próprias origens. A Igreja deve o seu poder à estrutura humana que resulta de uma interpretação metafísica da vida; prospera sobre a vida que elimina»[8].

A consideração da desinibição dos instintos sexuais como algo libertador, capaz de estabelecer uma sociedade solidária e mais humana, será retomada alguns anos depois por Herbert Marcuse. Como veremos adiante, os movimentos neomalthusianos concordam com Reich na necessidade de destruir o nexo entre o ato sexual e a reprodução. Bertrand Russell (1872-1970) será o porta-voz de muitas dessas ideias na Inglaterra da primeira metade do século XX. Freud, por sua vez, participou desse entusiasmo em seu livro *O mal-estar da civilização* (1930), afirmando que junto de *eros* existia um princípio igualmente originário, *thanatos*, princípio da agressividade e de destruição. A libertação sexual não iniciaria um período de não violência e liberdade porque a luta entre *eros* e *thanatos* será perene. Era uma versão secularizada do dogma do pecado original.

Herbert Marcuse, em seu livro *Eros e civilização* (1955), analisa a doutrina de Freud segundo a qual a civilização está baseada na repressão da libido. Marcuse não está de acordo com o psicólogo austríaco, que afirma que a civilização, organizada segundo o princípio da realidade do eu consciente, coloca um freio ao princípio do prazer do eu inconsciente. Freud considerava necessária a instituição de uma cultura repressiva para poder levar adiante a convivência social. Marcuse, por sua vez, pergunta-se se uma cultura não repressiva é possível. A resposta é positiva e baseia-se na psicologia de Freud. Se a libertação da neurose acontece no momento em que se faz memória, explora-se

---

(8) Reich contou na sua autobiografia (*Pasión de juventud: una autobiografía*. 1897-1992, Paidós, Barcelona, 1990) todas as perversões sexuais, presentes desde a infância. Chegou a afirmar que em toda a matéria existe uma energia básica de tipo erótico, chamada *orgon* ou *orgona*. Por venda ilícita de «acumuladores de orgona» esteve dois anos na prisão nos Estados Unidos. Cf. J. TRILLO-FIGUEROA, *La ideologia del gênero*, Libros Libres, Madri, 2009, pp. 81-86.

no inconsciente e vêm à luz os reais motivos da conduta, isto significa que há uma via de escape para as verdades rigorosas do homem. A sociedade tecnológica contemporânea é um obstáculo para a realização individual, já que se fundamenta no trabalho alienante. No entanto, o próprio progresso tecnológico está gerando as condições para a ampliação do tempo livre. Pode colocar-se a hipótese de uma civilização onde o *eros* possa ser libertado, onde o sexo possa converter-se num jogo e fantasia, onde, para dizê-lo em poucas palavras, a sociedade da repressão deixe o campo livre à sociedade da satisfação.

Como afirma Trillo-Figueroa, «a revolução sexual supõe uma mudança do sentido semântico, ético e ontológico do *eros* e o que se entendia por amor transformou-se em puro prazer instintivo. O altruísmo próprio do *eros* foi substituído pelo egoísmo próprio do narcisismo e a virtude, pelo princípio do prazer, que rege a sociedade do hedonismo que ainda vivemos em nosso contexto ocidental»[9]. A transformação do *eros* em divertimento e a perda de pontos de referência morais objetivos possibilitaram que a revolução sexual desencadeasse a sexualidade transgressiva. Baseado em autores como Foucault ou Bataille é relativamente frequente encontrar justificações para o sadomasoquismo, a pedofilia ou o bestialismo. *Thanatos* faz a sua aparição num mundo desprovido de valores, e a sociedade mais solidária, prevista por alguns atores da revolução cultural, deixa espaço para a violência das paixões transbordantes.

3. A Escola de Frankfurt e a teoria crítica da sociedade

A Escola de Frankfurt surge em torno do Instituto de Investigação Social, fundada na década de vinte, na cidade do Mein. A princípio foi dirigida por um marxista austríaco, Karl Grünberg, que foi substituído por Friedrich Pollock e, a partir de 1931, por Max Horkheimer. Além de Horkheimer, os principais expoentes da Escola são Theodor Adorno, Herbert Marcuse e Erich Fromm. Muitos de seus membros viram-se obrigados a emigrar para os Estados Unidos, mas, depois da

(9) J. TRILLO-FIGUEROA, *La ideologia del género,* cit., p. 87.

Segunda Guerra Mundial, Horkheimer, Adorno e Pollock voltaram a Frankfurt. Erich Fromm viverá durante vários anos no México, e Marcuse terá a sua cátedra universitária na Califórnia.

Para entender as posições intelectuais destes sociólogos, é preciso recordar as circunstâncias históricas do período. A Escola de Frankfurt é contemporânea da crescente burocracia do regime soviético, fascismo, nazismo e desenvolvimento da civilização tecnológica no mundo ocidental. O fim último da Escola, ainda que não se possam esquecer os distintos talentos intelectuais de cada um de seus representantes, é fazer uma crítica da sociedade como um todo. Quanto às influências recebidas, há a presença inquestionável do pensamento marxista e traços de um certo hegelianismo e um freudianismo marxizado. A Escola de Frankfurt apresenta um Marx humanista, o dos *Escritos juvenis*, afastando-se da experimentação totalitária soviética. O marxismo de Horkheimer, Adorno e Marcuse passa pela leitura de Georg Lukács (*História e consciência de classe*, 1922). Os de Frankfurt não são marxistas ortodoxos: a teoria crítica da sociedade não se baseia no primado da economia, mas na crítica da lógica do domínio.

A teoria crítica da sociedade ou crítica da sociedade industrial foi desenvolvida por Adorno e Horkheimer num livro famoso intitulado *Dialética do esclarecimento* (1944), e também no livro de Horkheimer *Eclipse da razão* (1947); em Adorno, no livro *Minima moralia* (1947). As temáticas confrontadas serão desenvolvidas mais adiante no livro *O homem unidimensional* (1964), de Marcuse. A sociedade atual, segundo esses autores, é uma máquina, um enorme mecanismo que escapou do controle do homem. O mecanismo social oprime e esmaga a humanidade. A sociedade tecnológica ocidental coloca a eficácia e a utilidade ao serviço do poder, não do homem. Quem não é eficaz é derrotado pela concorrência ou abandonado com indiferença. Na sociedade moderna o homem é um instrumento do capital: a imensa máquina da sociedade industrial cresce por meio da acumulação do poder e dos lucros econômicos.

A sociedade moderna enfrenta-se com a pessoa humana. Criam-se sociedades opulentas que convivem junto de sociedades onde se morre de fome. Até mesmo nas relações mais pessoais, tais como o amor, manda a lógica do domínio: perdeu-se a cultura do dom e prevaleceu o intercâmbio comercial. Para Adorno, o aborrecimento da vida cotidiana na sociedade industrial é «a consciência da falta de liberdade da inteira existência». O homem contemporâneo, pequena engrenagem da máquina industrial, vive na solidão pois só encontra frieza em seus semelhantes. Os controles sociais são tão refinados e inexoráveis que o indivíduo se identifica com a sociedade, que alcança integrar em si própria a oposição. Cria-se, desta maneira, o homem «unidimensional».

A causa de todos esses sintomas desumanizantes é a razão moderna considerada mera *razão instrumental*. Segundo esses sociólogos, o processo, que começou em 1789, mas cujas raízes se fundem em tempos ainda mais pretéritos, chegou a estabelecer uma sociedade totalitária – identificada com o *sistema* – onde o fim último é o domínio da natureza. A razão tem medo da verdade: o que importa não é a verdade das teorias, mas a funcionalidade. A sociedade contemporânea é uma sociedade totalmente administrada, onde o progresso tecnológico destrói a individualidade. Por trás do progresso econômico capitalista – e o regime soviético é também um capitalismo de Estado – esconde-se o espectro do fascismo, quer dizer, o espectro de um poder político sempre mais amplo que se encontra nas mãos de um pequeno grupo de privilegiados. O sistema impõe a sua própria racionalidade e serve-se da indústria cultural – os modernos *mass media* – para homogeneizar gostos e ideias e para «vender» a ilusão de felicidade que, na realidade, oprime e anula. O sistema impede a criatividade e bloqueia a capacidade crítica.

Para Horkheimer e Adorno, o que gera a opressão sobre o homem não é a propriedade privada, mas a lógica de domínio consubstancial à razão instrumental. Isso é demonstrado nos países comunistas, onde tinha sido abolida a propriedade privada, mas a lógica de domínio segue a sua política contrária ao homem. Nesse ponto, a Escola de Frankfurt dissocia-se da ortodoxia marxista: a relação entre estrutura e superestrutura não é tão simples como a que se propõe na Academia de Moscou. Estes autores rejeitam o determinismo marxista e a teoria do reflexo ideológico, que não deixaria espaço para um pensamento crítico.

A filosofia deve desenvolver uma função de crítica ao sistema. Por que a razão iluminista termina na lógica dos campos de concentração nazista e na bomba atômica americana? Auschwitz e Hiroshima destroem o mito do progresso natural, necessário e irreversível da humanidade. Depois de Auschwitz impõe-se uma autorreflexão que traduza em palavras o exemplo que deixaram as vítimas dos campos de concentração com o seu sacrifício. Adorno já tinha afirmado que os sistemas filosóficos tinham, em vão, tratado de apreender a totalidade, mas não se deram conta de que o pensamento e a realidade são distintos. A realidade é o individual, o único: é o sofrimento de tantas vítimas do sistema. Depois de Auschwitz, toda a cultura é esterco das cavalariças: a lógica do domínio converte-se em autodestruição do homem.

Horkheimer e Adorno indicam, sobretudo, que devemos nos libertar para construir uma cidade digna do homem. É necessária uma crítica da razão instrumental que recupere a lucidez do conhecimento, afirmando a «denúncia da ilusão» dos falsos ídolos. Deve-se reconhecer o outro em sua diversidade, de modo que se recupere a dimensão reveladora do pensamento aberto à verdade, ao dom. Em seu último período, Horkheimer e Adorno parecem abrir-se à transcendência religiosa como meio para destruir a opressão que a sociedade tecnológica exerce sobre o homem. Porém, mais que propostas, em seu discurso prevalece a lógica da denúncia.

Em *O homem unidimensional* (1964), Herbert Marcuse aproxima-se das posições de Adorno e Horkheimer: a sociedade tecnológica vende uma ilusão de liberdade, mas, na realidade, oprime com as suas decisões burocráticas, com a imposição de uma ideologia e suprime a oposição crítica integrando todas as classes sociais no projeto moderno de domínio da natureza. No entanto, Marcuse vê a possibilidade de um processo revolucionário: na sociedade tecnológica existe um setor que não aceita as regras do jogo. Os estrangeiros, os explorados, os desocupados, os desvalidos estão fora do sistema. A teoria crítica da sociedade deve estar próxima de todos aqueles que violam as regras de jogo do sistema, de todos aqueles que, sem esperança, dão a vida pela Grande Rejeição, ou seja, pela oposição às instituições da sociedade completamente administrada e, portanto, totalitária.

A justificação dos grupos terroristas que desejam destruir o sistema e violam as regras do jogo estavam ao alcance das mãos.

4. O feminismo

As ideias expostas até aqui fazem parte dos vastos movimentos culturais. A dissociação entre sexualidade e procriação está na base da revolução sexual e tem muitas implicações sociais, entre as quais é preciso mencionar o processo de queda da natalidade das principais sociedades industriais. Como consequência emblemática do conjunto de elementos que configuram a sociedade permissiva, é preciso mencionar necessariamente o movimento feminista.

O feminismo não tem uma definição unívoca. Karen Offen oferece uma tentativa de defini-lo: «É uma ideologia e um movimento de mudança sociopolítica, baseada na análise crítica dos privilégios do homem e da subordinação da mulher a qualquer tipo de sociedade»[10]. As origens ideológicas remotas do feminismo devem situar-se no Iluminismo, enquanto a defesa de uma razão igualitária e uma visão progressista da história vêm do socialismo utópico e do liberalismo. Mas não se pode esquecer o influxo da antropologia cristã, que sublinha a comum dignidade dos homens e das mulheres enquanto imagem de Deus. A diversidade de origens indica a variedade de correntes que se encontra dentro deste movimento cultural. Cronologicamente, o feminismo desenvolve-se nos séculos XIX e XX.

Entre os primeiros grupos feministas pode-se observar uma diferença significativa: alguns sustentavam um feminismo igualitário – ou seja, propunham fundamentalmente uma imitação do estatuto masculino na sociedade – enquanto outros sublinhavam a diversidade de papéis entre os dois sexos e apresentavam um programa de reivindicações adequado para elevar o nível cultural e profissional das mulheres. No primeiro grupo existe um feminismo liberal, inspirado em algumas obras de John Stuart Mill. Partindo dos direitos individuais, é exigido um âmbito de autonomia pessoal, profissional, política e social mais amplo. Também no primeiro grupo é preciso situar o feminismo socialista, influenciado pelas teorias de Saint-Simon e de Owen, que considera que é o socialismo, e não o movimento burguês de

---

(10) K. OFFEN, *Definir el feminismo: un análisis histórico comparativo*, em «Historia Social», 1991 (9), pp. 108-110.

igualdade, a ideologia capaz de melhorar a condição das mulheres. Esse feminismo socialista terá uma grande difusão na Alemanha e na Rússia no fim do século XIX. Os socialistas punham em estreita relação a exploração econômica e política com o sexo. Para libertar a sociedade era necessário destruir a família e instaurar o amor livre. Sobre este tema foram decisivas as obras de Bebel (*A mulher e o socialismo*, 1883) e Engels (*A origem da família, a propriedade privada e o Estado*, 1884). Engels afirma que a família individual moderna fundamenta-se na escravidão doméstica, onde o homem reveste a função do burguês, e a mulher, a do proletariado.

No âmbito católico também nascerão movimentos feministas que reivindicam a igual dignidade da mulher em relação ao homem, e pedirão o direito de voto, uma educação melhor, mais oportunidades profissionais e um sistema jurídico que proteja as famílias e, em particular, a mulher casada e mãe.

O programa dos movimentos feministas do século XIX pode resumir-se aos seguintes pontos: direito ao voto (mesmo que, em alguns países, grupos anticlericais e socialistas se tivessem oposto por medo ao voto feminino católico e moderado); o acesso à educação secundária e superior; o acesso às mesmas áreas de trabalho dos homens (em alguns casos, com menosprezo tácito ou explícito pelo trabalho doméstico); finalmente, algumas reivindicações no âmbito da sexualidade. Em relação a este último ponto, o feminismo liberal fala do «direito» ao divórcio e ao controle artificial da natalidade. Por outro lado, o feminismo católico rejeita o divórcio, o malthusianismo e a irresponsabilidade sexual. Com esses movimentos de inspiração cristã, propõem-se programas de elevação moral e de luta contra a prostituição.

A Primeira Guerra Mundial marca uma etapa importante na história do feminismo. Muitas mulheres viram-se obrigadas a ocupar postos habitualmente reservados aos homens, e a sociedade em seu conjunto se deu conta de que elas podiam desempenhar satisfatoriamente outros papéis além dos tradicionais de ensino, de saúde e do cuidado da família. Paralelamente a isso, o início do século coincide com a difusão ao nível popular de uma mentalidade neomalthusiana, que interpretava como progresso a separação artificial entre sexo e natalidade, o que obviamente influenciará a condição histórica das mulheres.

Na segunda parte do século encontramo-nos diante de um feminismo mais revolucionário, baseado ideologicamente na psicologia de Freud e em algumas teorias sociológicas da Escola de Frankfurt. Entre as inspiradoras desse feminismo deve-se mencionar a escritora francesa de grande influência Simone de Beauvoir (1908-1986). Segundo a companheira de Sartre, à mulher cabe apenas o âmbito do corporal, do natural, da passividade, enquanto os homens desempenham um papel ativo que transforma a sociedade. Historicamente, a mulher aceitou ser relegada ao casamento e à maternidade. Simone de Beauvoir propõe romper as cadeias biológicas que oprimem as mulheres: a rejeição da maternidade por meio do controle da natureza e o aborto libertarão as mulheres de sua alienação. Para conseguir construir uma sociedade igualitária é necessário que as mulheres gozem da mesma liberdade sexual que os homens, o que porá um fim à família tradicional e irá equiparar economicamente os dois sexos. Como se vê, Simone de Beauvoir é favorável ao feminismo igualitário, que considera o modelo masculino como normativamente superior. O seu livro mais conhecido – *O segundo sexo* – foi publicado em 1949. Nele a autora afirma que «ninguém nasce mulher, torna-se mulher», seguindo nisto o existencialismo de Sartre, que atesta a precedência da existência sobre a essência. Negava-se a existência de uma feminilidade natural e destacavam-se os condicionamentos sociais sobre a identidade sexual. A frase será uma das mensagens consideradas proféticas para a ideologia de gênero[11].

A antropologia redutora de Beauvoir está nas origens do *feminismo radical*, que caracteriza-se pela centralidade da sexualidade, considerada fonte de opressão da mulher. Concretamente, esse tipo de feminismo – o mais influente da cultura atual – transforma-se num movimento de libertação feminina contra a opressão e exploração a que foram submetidas as mulheres por parte dos homens. Assim, o *eros*, que tradicionalmente era considerado amor, entrega, relação, doação entre os homens e as mulheres, passou a ser visto como fonte de opressão e de ódio. O momento do apogeu está entre os anos 1968 e 1975. Expandiu-se por intermédio de pequenas células de

---

(11) Tal como Wilhelm Reich, a vida pessoal de Simone de Beauvoir caracterizou-se por escândalos sexuais com manifestações de depravação partilhados por seu companheiro Jean-Paul Sartre.

consciencialização, inspiradas por algumas intelectuais sobre as quais falaremos a seguir.

A primeira que fala em feminismo *radical* é Sulamith Firestone, que deseja chegar à raiz da opressão, identificada na maternidade. Partindo de uma concepção marxista, considera que a luta entre os dois sexos é a lei da história. Daí o título da sua principal obra, *A dialética do sexo* (1972). A libertação acontecerá quando forem destruídas as estruturas de poder criadas pela natureza e reforçadas pelos homens. Se os operários devem apropriar-se dos meios de produção, as mulheres, do mesmo modo, têm de controlar os meios de reprodução mediante a biotecnologia (pílulas, aborto etc.). Concretamente, porém, «assim como assegurar a eliminação das classes econômicas requer a revolução da classe submetida (o proletariado) mediante uma ditadura temporal e a conquista dos meios de produção, do mesmo modo, para garantir a eliminação das classes submetidas (as mulheres) e o seu controle de meios de reprodução, é preciso devolver a elas a propriedade do seu próprio corpo, assim como o controle feminino da fertilidade, incluindo tanto a nova tecnologia como todas as instituições sociais relativas ao parto e à educação das crianças. Assim como o objetivo final das revoluções socialistas não era somente a eliminação do privilégio da classe econômica, mas também a própria diferença da classe econômica, da mesma maneira o objetivo final da revolução feminista terá de ser, distinguindo-se do primeiro objetivo feminista, não só a eliminação do privilégio masculino, mas também a diferença do próprio sexo: as diferenças genitais entre os seres humanos não têm qualquer valor cultural»[12]. O referido texto será outra das mensagens «proféticas» da ideologia de gênero.

Nesta mesma corrente feminista ocupa particular importância a obra de Kate Millet *Sexual Politics*, na qual a autora considera que o objetivo da luta feminista deve ser a destruição do patriarcado, ou seja, as estruturas sociais, econômicas e culturais que consolidaram a posição privilegiada dos homens na sociedade. Nesta corrente de pensamento, o patriarcado converte-se na chave para

---

(12) S. FIRESTONE, *The Dialectic of Sex,* Bantham, Nova York, pp. 10 e 11.

interpretar a história da humanidade, que já não seria uma luta de classes, como propõe o marxismo, mas uma luta de sexos dominada pelo homem, em que se produziu sempre a exploração da mulher. Essa atitude radical trouxe consigo a destruição das instituições: família, igreja e academia são abolidas enquanto manifestações ou derivações da sociedade patriarcal. Trata-se de uma versão feminista de luta da Escola de Frankfurt contra o «sistema». Um modo de libertação das mulheres é a rejeição da heterossexualidade e a criação de uma sexualidade feminina mediante o celibato, o autoerotismo e o lesbianismo. Para algumas feministas radicais, admitir a heterossexualidade é «dormir com o inimigo». A própria Kate Millet declarou-se lésbica e passou ao lesbianismo militante. Tanto ela como Firestone propõem a libertação sexual das crianças, que ajudaria a superar o complexo de Édipo e o tabu do incesto. As suas vidas pessoais foram coerentes com estas ideias de uma superação de todo o limite moral.

O feminismo radical é uma autêntica «ideologia», e, condizente com o seu slogan principal «o pessoal é o político», pretende transformar o espaço íntimo do lar e da família no espaço público, constituindo-se assim num novo totalitarismo. Nuria Varela afirma-o sem perífrases: «O interesse pela sexualidade é o que diferencia o feminismo radical, tanto da primeira, como da segunda onda feminista. Para ser radicais não se trata apenas de ganhar o espaço público (igualdade de trabalho, educação ou direitos sociais e políticos), mas também é necessário transformar o espaço privado[13]. Como bem disse Jesus Trillo-Figueroa, «o feminismo ideológico considera que a convicção mais profundamente arraigada em nossa cultura é o domínio sexual, pois nele se cristaliza o conceito mais elementar do poder: o poder do patriarcado na sociedade. Por conseguinte, o sexo nas civilizações históricas é uma categoria social determinante... A liberdade sexual desta forma converte-se no centro revolucionário. O casamento identifica-se, então, como fonte de opressão e reivindica-se o irrenunciável prazer sexual das mulheres [...]. Esta concepção é a que dará lugar a que se considere que a libertação sexual deve lutar pela

---

(13) N. VARELA, *Feminismo para principiantes*, Ediciones B, Barcelona, 2005.

emancipação da heterossexualidade [...]. Chegados a este ponto, é quando surge a nova identidade da feminilidade com a reivindicação do lesbianismo»[14].

O feminismo radical marca o ritmo do feminismo da segunda metade do século XX. Seguindo o slogan «o pessoal é político», propõe reformas legais a favor do aborto e da contracepção. Na França, obtém a descriminalização do aborto, em 1975, apoiado pelos partidos de esquerda. No início do século XXI, as suas lutas políticas dirigem-se à destruição da família com a pretensão de legalizar os «casamentos» de pessoas do mesmo sexo.

O *feminismo psicanalítico* sustenta que as raízes da opressão da mulher estão em sua *psique*. É preciso superar as consequências do complexo de Édipo, que relega a mulher a um papel secundário da sociedade. Segundo Nancy Chodorov, a participação nos trabalhos masculinos equipararia os papéis dos sexos na sociedade. Outros expoentes desta corrente consideram que a principal forma de resistência contra as consequências do complexo de Édipo é a «independência erótica» feminina, ou seja, a homossexualidade.

Outra versão do feminismo muito ligada às correntes que acabamos de apresentar é o *feminismo marxista-leninista*, que encontra duas fontes de opressão: a classe social e o sexo. A derrota do capitalismo não trará necessariamente a igualdade dos sexos, já que a luta entre eles tem uma dinâmica própria. Juliet Mitchell afirma que a revolução deve resultar na derrota dos homens. A condição da mulher está determinada pelas estruturas de produção, de reprodução, pela sexualidade e pela socialização dos filhos. É urgente modificar as estruturas capitalistas e patriarcais para chegar à libertação feminina (*Woman's Estate*, Nova York, 1973).

O *feminismo liberal-reformador*, por sua vez, é a tendência mais relacionada com o primeiro feminismo. Trabalham dentro das instituições e querem uma reforma jurídica que elimine as discriminações. Um livro de Betty Friedan – *A mística feminina*, W.W. Norton, Nova York, 1963 – obteve um grande êxito. Em suas páginas,

---

(14) J. TRILLO-FIGUEROA, *La ideologia invisible. El pensamiento de la nueva izquierda radical*, Libros Libres, Madri, 2005, p. 291.

Friedan fazia uma crítica sem piedade da dona de casa. O mundo verdadeiro é o mundo profissional, competitivo, que até agora foi dominado pelos homens. O lar é um «confortável campo de concentração» do qual a mulher tem de libertar-se. Daqui decorre que Friedan partilha a visão machista da sociedade de Simone de Beauvoir: o mundo normativo é dos homens. Posteriormente, Betty Friedan irá atenuar as suas afirmações e recuperar uma visão positiva do papel propriamente feminino na família e na sociedade. A diferença fundamental entre esse feminismo liberal e o radical é que o primeiro define os desafios das mulheres como uma superação da desigualdade, enquanto o feminismo radical está sempre relacionado à exploração ou opressão.

Para terminar esta rápida visão das principais correntes feministas devemos mencionar o *feminismo teológico*. Ao longo do século XX houve uma relação crescente entre feminismo e teologia. No âmbito protestante, desde o fim do século XIX será reivindicada uma participação maior das mulheres na vida das respectivas igrejas. Em 1958, quarenta e quatro grupos religiosos pertencentes ao Conselho Mundial das Igrejas passaram a aceitar o sacerdócio para as mulheres. Na Igreja Católica, houve pressão de alguns teólogos alemães e anglo--saxões, mas a hierarquia reagiu com fortaleza doutrinal, afirmando que na própria vontade do Fundador da Igreja, Jesus Cristo, se estabelecia que o sacerdócio ministerial estava reservado exclusivamente aos homens[15].

No âmbito desta corrente, há quem deseje «depurar» a tradição bíblica cristã dos elementos machistas (teologia feminista reformadora); quem deseje transformar a tradição cristã e atingir a pós-cristandade no feminino (teologia feminista revolucionária); e, finalmente, quem deseje criar uma nova religião feminina, a «religião da deusa».

---

(15) Na carta apostólica *Ordinatio sacerdotalis,* de 22 de maio de 1994, João Paulo II afirmou: «Com o fim de afastar qualquer dúvida sobre a questão de grande importância, que se refere à própria constituição divina da Igreja, em virtude do meu ministério de confirmar dos irmãos (cf. Lc 22, 32), declaro que a Igreja não tem, de modo algum, a faculdade de conferir a ordenação sacerdotal a mulheres e que este ditame deve ser considerado como definitivo por todos os fiéis da Igreja».

5. A ideologia de gênero

Nos últimos anos, o feminismo radical apresenta uma nova face com a ideologia de gênero (*gender*). Essa ideologia distingue entre as diferenças sexuais biológicas (sexo) e os papéis que a sociedade atribui aos homens e às mulheres (gênero). As funções femininas tradicionais, como a maternidade, seriam apenas as construções culturais, e não algo natural. Visto que as culturas estão submetidas à contínua evolução, também os papéis atribuídos aos sexos devem mudar, sobretudo ao levar-se em conta que a cultura precedente privilegiava o sexo masculino, configurando uma sociedade estruturada em torno do patriarcado. Se é verdade que houve muitos condicionamentos culturais sobre os papéis atribuídos a homens e mulheres em todas as dimensões sociais, não resta dúvidas de que a distinção sexual implica muitas atitudes e assimilações próprias de cada sexo. No entanto, segundo os fatores da ideologia de gênero, é preciso acabar com as diferenças entre os sexos: masculinidade e feminilidade não têm nenhum papel natural específico. Para isso, devem ser abolidas da linguagem quaisquer formas de «sexismo». Nesse sentido, a ideologia de gênero utiliza muitos conceitos da filosofia desconstrucionista: se não existe mais realidade senão a linguagem, as mudanças semânticas devem desencadear mudanças institucionais. Daqui decorre que termos como família, maternidade, procriação e heterossexualidade não têm referências naturais, mas são apenas produtos culturais «biologizados». As sociedades devem assumir as alterações culturais em curso e os poderes públicos têm a obrigação de reestruturar a sociedade segundo critérios que estejam de acordo com a ideologia de gênero. Duas consequências desta reestruturação será a equiparação dos «casamentos» entre homossexuais e as famílias «alternativas» com os casamentos heterossexuais abertos à procriação[16].

---

(16) «Na linguagem define-se o gênero feminino, masculino ou neutro das palavras de uma maneira arbitrária; quer dizer, sem que tenha qualquer relação com a sexualidade. Por exemplo, a mesa é do gênero feminino e o copo é do gênero masculino, sem que em qualquer dos casos exista uma conotação sexual; e assim é com todos os vocábulos. Além disso, existem conceitos que num idioma podem escrever-se no masculino; noutro, no feminino; e um terceiro, no neutro. Por exemplo, *la sangre* é feminino em castelhano; *il sangue* é masculino

Scala nos proporciona uma boa definição analítica do conceito ideológico de *gênero*: «As iniciadoras da ideologia partiram da diferença sexual entre homens e mulheres. Não só a compreendiam como um fato, mas esse mesmo fato foi o "gatilho" dessa nova visão antropológica da humanidade. Partiram de um preconceito necessário: negar a natureza humana e, portanto, conceber cada ser humano como essa massa informe, que tem de modelar-se e dotar de sentido, mediante um processo ideológico-político de reengenharia social [...]. Negada a sua natureza e, simultaneamente, cindido o ser humano entre o corporal – aspecto meramente biológico, sem nenhum significado e valor – e o psíquico – construído socialmente em torno da sexualidade sem nenhum condicionamento biológico –, estamos em condições de ingressar na ideologia [...] O *gênero* seria o sexo construído socialmente: partindo dos preconceitos já mencionados, as feministas sustentam que o sexo é o corpo, ou seja, o aspecto biológico dos seres humanos, algo completamente secundário. O importante é o gênero, que seria a "construção social ou cultural" da própria sexualidade. [...] Nessa construção autônoma do gênero, o único condicionamento externo seria cultural; isto é, as normas e expectativas sociais sobre o papel, atributos e condutas atribuíveis a cada gênero. Por sua vez, as opções de gênero de cada pessoa têm uma influência em sua percepção cultural dominante. Por isso, mediante a execução de políticas de "reengenharia social", poderia transformar-se a percepção cultural dominante do *gênero*. [...] Precisamente o objetivo político do feminismo

---

em italiano; e *the blood* é neutro em inglês. Porém, o conceito – e a realidade que representa – é exatamente o mesmo. Pode-se dizer que a mesma palavra é masculina, feminina e neutra, dependendo apenas da circunstância cultural: a língua utilizada para nomeá-la.

Extrapolando esta atribuição arbitrária de feminilidade ou masculinidade aos seres humanos, pretende-se sustentar que existe um sexo biológico que nos é dado e, por fim, resulta definitivo. Porém, simultaneamente, todo ser humano pode "construir" livremente o seu sexo e *gênero* de modo a trocá-lo, como se fossem sinônimos. Quando, entretanto, uma "massa crítica" acostumou-se, por puro esnobismo, a utilizar a palavra *gênero*, acrescenta-se, de modo sutil e imperceptivelmente, o novo significado de "sexo construído socialmente" em contraposição ao sexo biológico. O processo final é o comum dos mortais falando de gênero como uma autoconstrução livre da própria sexualidade. Chegados a este ponto, provocou-se a "lavagem cerebral" dessa sociedade» (J. SCALA., *La ideologia del género o el género como herramienta de poder*, Sekotia, Madri, 2010, p. 37).

radical é alcançar uma mudança cultural para redefinir o conceito de pessoa, de modo que permita à mulher competir com o homem para tomar o poder político. Para este fim, pretendem estar na igualdade de condições com os homens. Porém, a referida igualdade é entendida como homogeneidade absoluta, como se dá entre duas gotas de água, e não uma igualdade em dignidade, direitos ou natureza»[17].

Acrescenta Trillo-Figueroa, sublinhando que as consequências da ideologia – o sexo é uma invenção artificial – podem ser infinitas. «No geral, impôs-se de modo inadvertido o emprego da palavra gênero por sexo, o que não é à toa, porque constitui o propósito intencional da chamada ideologia de gênero»[18].

Foi o doutor John Money, da Universidade de John Hopkins de Baltimore, que primeiro utilizou esse termo, em 1950, para referir--se ao conceito de identidade de gênero, definido como a consciência individual que as pessoas têm de si mesmas como homem e como mulher (J. Money, *Desenvolvimento da sexualidade humana*, Morata, Madri, 1982).

Segundo Money, a identidade de gênero do indivíduo dependia de sua criação na infância e podia ser diferente do sexo biológico. O autor sustentava que poderia alterar o sexo da pessoa com a educação; e que as crianças nascidas com órgãos genitais ambíguos poderiam modificar o sexo diferente do genético mediante uma intervenção cirúrgica, que, em sua opinião, deveria acontecer antes dos dezoito meses, porque, de outra forma, o sexo biológico poderia determinar um certo papel de gênero imposto pela sociedade. Deve--se acrescentar que a aplicação da sua teoria ao caso específico de dois irmãos conduziu ao suicídio de ambos em idade muito jovem.

O psiquiatra americano Robert Stoller, autor de um livro publicado em 1968 – *Sex and gender* –, popularizou as ideias de Money: «A palavra gênero não tem um significado biológico, mas psicológico e cultural. Os termos que melhor correspondem ao sexo são macho e fêmea, enquanto os que melhor qualificam o gênero são o masculino e o feminino, e estes podem chegar a tornar-se independentes do sexo biológico».

---

(17) *Ibidem*, pp. 49-50.

(18) J. TRILLO FIGUEROA, *Una revolución silenciosa: la política sexual del feminismo socialista*, Libros Libres, Madri, 2007.

Por outro lado, a já citada Kate Millet, em sua obra *Sexual Politics*, vale-se do conceito de gênero exposto por Stoller para fundamentar «cientificamente» a afirmação expressa anteriormente por Simone de Beauvoir que a mulher não nasce, mas torna-se. Segundo a autora não existe uma correspondência necessária entre sexo e gênero. Citemos as suas palavras: «O que chamamos conduta sexual é o fruto de uma aprendizagem que começa com a precoce socialização do indivíduo e é reforçada pelas experiências de adulto». Millet sustenta que, em princípio, o gênero é arbitrário; são o patriarcado e as normas impostas pelo sistema patriarcal que estabelecem o papel dos sexos, pois, segundo esta doutrina, quando se nasce não há diferença alguma entre os sexos.

A ideologia do gênero, influenciada por algumas correntes marxistas, nega a existência de uma natureza humana e tende a uma leitura dos direitos humanos radicalmente diferente da que inspirou a sua proteção nas legislações modernas. Não se trata, agora, de lutar pelos direitos da mulher, mas de estruturar a sociedade negando as consequências da natureza humana num sentido normativo. Como bem assinala Michel Schooyans, «está claro que no âmbito da discussão sobre o que é inato e o que é adquirido, sobre o que vem da natureza e o que vem da cultura, a ideologia de gênero nega qualquer possibilidade da existência ao inato e natural. Entre o masculino e o feminino não existe solução de continuidade, e entre os dois o ponto médio ou equidistante está representado pelo hermafroditismo. A própria ideia de diferenças naturais causa horror pelas diferenças que *devem* ser abolidas. O resultado é que não existe nada mais antifeminista do que as feministas radicais, que querem eliminar a especificidade feminina e reduzir todo o comportamento a *papéis* cujos atores sejam similares, do mesmo modo que, segundo a metáfora leninista, as engrenagens permitem o funcionamento de uma máquina»[19].

Desde 1990, a ideologia de gênero apresenta uma versão ainda mais extrema – a teoria *queer* – em que se afirma que o gênero é *performativo*: são os próprios atos que determinam a identidade sexual, que muda segundo as ações que executamos. É um desaparecimento total e utópico da diferença sexual. A teoria do *ciborgue* é ainda mais extrema:

---

(19) M. SCHOOYANS, *Nuovo disordine mondiale*, San Paolo, Alba, 2000, p. 47.

tenta-se ocultar a diferença entre o humano e o animal e entre o ser humano e a máquina.

Enunciemos telegraficamente as consequências teóricas da ideologia de gênero: «1) já não haveria homem ou mulher; 2) todos os tipos de uniões dos sexos teriam o mesmo valor antropológico e social; 3) eliminação do casamento e da autoridade parental; 4) eliminação da família; e, finalmente, 5) eliminação da sociedade por destruição da sua célula básica»[20]. Investigando o mesmo tema, Magdalena del Amo sublinha as últimas consequências antropológico-sociais desta ideologia: «Não se trata de ser tolerantes e de que nos acostumemos a que aquele ou aquela que nasceu num corpo que não é o seu, como se diz agora, modifique o sexo com hormônios e cirurgia. Não se trata de que os que nascem com uma inclinação para o mesmo sexo formem um par e convivam como uma família mais, gerando, adotando ou sem adotar. Não se trata de nos adaptarmos ao mundo, onde, à parte da família tradicional, coexistam outros tipos de família como os que citamos. Trata-se de modificar o mundo para libertar as mulheres. Para isso, deve-se eliminar a natureza. Isso é possível com a criação de lésbicas, homossexuais e bissexuais desde o berço. O sexo serve unicamente ao prazer. As relações sexuais devem ser diversificadas e livres. O aborto também é livre. Tudo vale neste novo mundo do gênero»[21].

As políticas públicas promovidas pelos lobbies que sustentam tal ideologia e que estão conquistando um surpreendente êxito nas agendas dos organismos internacionais são desmascaradas com um vocabulário ambíguo. Vale a pena dar a palavra a um participante nas Conferências do Cairo, sobre população, e de Pequim, sobre a mulher, que desencadearam as políticas em *perspectiva do gênero*: «Frequentemente solicitam-me que explique em trinta segundos o que vi no Cairo e em Pequim. Para simplificar, respondo que observei que nas Nações Unidas habitam pessoas que creem que o mundo necessita de:

1) Menos pessoas.

2) Mais prazer sexual.

---

(20) SCALA, *La ideologia del género,* cit., p. 80.

(21) M. DEL AMO, *Déjame nacer,* La Regla de Oro, Madri, 2009, p. 259.

3) A eliminação das diferenças entre homens e mulheres.

4) Inexistência de mães em tempo integral.

Essas pessoas reconhecem que aumentar o prazer sexual poderá aumentar o número de bebês e de mães; e, por conseguinte, a sua receita para a salvação do mundo é:

1) Anticoncepcionais grátis e aborto legal.

2) Promoção da homossexualidade (sexo sem filhos).

3) Cursos de educação sexual para promover a experimentação sexual de crianças e ensinar-lhes a obter anticoncepcionais e abortos; normalizar a homossexualidade e destacar que homens e mulheres são a mesma coisa.

4) Eliminação dos direitos dos pais, de modo que eles não possam impedir as crianças que tenham sexo, educação sexual, anticoncepcionais e abortos.

5) Cotas equivalentes para homens e mulheres.

6) Todas as mulheres com força laboral.

7) Desacreditar todas as religiões que se oponham a esta agenda.

Esta é a *perspectiva do gênero,* e querem implementá-la em todos os programas, a todo o nível e em todos os países»[22].

* * *

O feminismo e a sua versão mais radical, a ideologia de gênero, descritos nos parágrafos anteriores, é um dos movimentos culturais de influxo mais vasto nas categorias mentais contemporâneas. Partindo de reivindicações justas, chegou a defender aberrações que lesavam a dignidade humana da mulher, da família e, por fim, de toda a sociedade[23].

---

(22) D. O' LEARY, *La agenda de género. Redefiniendo la igualdad,* PROMESA, San José de Costa Rica, 2007, pp. 301-2.

(23) Para uma visão histórica do feminismo, cf. SOLÉ ROMEO, *Historia del feminismo (siglos XIX y XX),* EUNSA, Pamplona, 1995. Em nossa exposição seguimos este trabalho.

É preciso levar em conta que durante o século XX o feminismo cristão continuou a sua luta a favor das mulheres. Figuras da literatura e da filosofia como Edith Stein ou Gertrudes von Le Fort e, mais próxima dos nossos dias, Haaland Matlary, escreveram importantes ensaios. João Paulo II ocupou-se do feminismo em diversos documentos, e em particular na exortação apostólica *Mulieris dignitatem*. O feminismo cristão contemporâneo permanece fiel à tradição de uma religião que, afirmando a dignidade igual de mulheres e homens, enquanto filhos de Deus, revolucionou as categorias culturais machistas da Antiguidade. Ainda hoje se observam diferenças substanciais no que diz respeito à dignidade feminina entre os países de tradição cristã e as áreas de influxo muçulmano.

Na atualidade, vários autores – muitos deles inspirados pela antropologia cristã – propõem um *feminismo da complementaridade*. As lutas sustentadas por mulheres para ocupar maiores espaços públicos eram justas em si mesmas. Porém, o que não está certo é a tendência à imitação do modelo masculino da vida, que depois resultou na perda da identidade sexual. A feminilidade tem valores específicos – em primeiro lugar, a capacidade de acolhimento do outro, a conaturalidade com o «cuidado» de outra pessoa, manifesta na abertura à maternidade (não apenas entendida biologicamente) – que têm de fazer parte de todos os ambientes da vida social. Na complementaridade com o específico masculino, o referido feminismo colaboraria significativamente com a humanização das relações sociais e o aperfeiçoamento sereno das nossas existências individuais[24].

6. Os neomalthusianismos

No conjunto das ideias que formam a cultura contemporânea, a mentalidade antinatalista, que tem raízes remotas no tempo, ocupa um lugar significativo. Em 1798, Thomas Robert Malthus (1766--1834), pastor anglicano e economista inglês, escreveu um célebre

---

(24) Cf. A. APARISI e J. BALLESTEROS (orgs.), *Por un feminismo de la complementariedad*, EUNSA, Pamplona, 2002.

Ensaio sobre os princípios da população. De um ponto de vista iluminista, Malthus propunha-se indagar sobre a seguinte pergunta: «Foi dito que hoje se decide sobre um grande problema: se o homem daqui para a frente caminhará sempre e mais rapidamente para uma melhoria ilimitada e, até esse momento, impensável, ou se será condenado à perpétua variação entre felicidade e sofrimento e a encontrar-se sempre, também depois dos esforços maiores, a uma distância incomensurável do objetivo desejado»[25]. Segundo o economista inglês, a principal causa que mantém a humanidade afastada de um estado de perfeição é a desigualdade entre o crescimento da população e o crescimento da produção. Concretamente, a população cresce em progressão geométrica (1, 2, 4, 8, 16...), enquanto que a produção cresce em progressão aritmética (1, 2, 3, 4, 5...). A solução do problema que causa essa desigualdade é a «abstenção do casamento, temporal ou permanente, com uma conduta estritamente moral em relação ao sexo durante todo o período de espera»[26]. Nesse contexto, Malthus opunha-se radicalmente à legislação a favor dos pobres, pois tais medidas suporiam o incentivo do crescimento da população. Em 1820, publicou um ensaio de economia política em que criminaliza os pobres e defende os interesses da classe dominante colonialista e proprietária de terras.

Essa tese classista encontrará eco no darwinismo social, na mentalidade eugenista e no racismo. No famoso livro *A origem das espécies*, Darwin considera que a luta pela existência é o motor do processo de evolução das espécies. O próprio Darwin afirma que a ideia de seleção natural lhe foi sugerida a partir da leitura do ensaio de Malthus sobre a população. Embora Darwin limite-se principalmente a formular hipóteses aplicáveis ao mundo da natureza, logo surgiu quem aplicasse as suas teorias no âmbito humano. O maior representante do «darwinismo social» é Herbert Spencer. Como já vimos, Spencer é o primeiro a falar da sobrevivência do mais forte. O seu determinismo evolucionista leva-o a sustentar que o Estado não deve interferir nos processos de seleção natural que se verificam na vida social: as leis econômicas

---

(25) T. MALTHUS, *Saggio sul principio di popolazione*, Einaudi, Turim, 1977, p. 7.

(26) *Idem*, p. 225. Cf. L. CANTONI, *Il problema della popolazione mondiale e le politiche demografiche. Aspetti etici*, Cristianità, Piacenza, 1994.

da concorrência farão prevalecer os mais fortes sobre os mais débeis. O darwinismo social é facilmente aplicável às relações entre os povos e entre as raças e favorece o predomínio dos fortes (habitualmente homens brancos, ricos e sadios) sobre os débeis (não brancos, pobres e doentes).

Outra voz que se une ao coro dos malthusianos é a de Francis Galton (1822-1911), pai do eugenismo. Primo de Darwin, Galton sustenta que é preciso melhorar a raça humana mediante um processo de seleção: deve-se fomentar a reprodução das melhores qualidades humanas e criar obstáculos aos defeitos, que se encontram determinados geneticamente. Os jovens têm de submeter-se ao «exame eugênico»: quem é aprovado no exame deve procriar uma prole numerosa, e quem o reprova é convidado a emigrar. A Galton não lhe faltou tempo para afirmar que as pessoas de cor são «geneticamente inferiores» e que os judeus são «parasitas». A mentalidade eugenista difundiu-se rapidamente pelo mundo nórdico ocidental e concretizou-se no financiamento de estudos sobre a transmissão hereditária de características sociais, chegando a conclusões deterministas que condenavam grupos inteiros da população. Particular gravidade adquiriu a legislação acerca da esterilização dos «desadaptados sociais», posta em prática nas três primeiras décadas do século XX nos Estados Unidos, nos países escandinavos, na Suíça e Alemanha.

Um papel relevante na difusão da mentalidade eugenista é o de Margaret Sanger, que em 1921 funda a *Liga Americana de Controle de Natalidade*. Sanger proporá políticas que se assemelham muito às implementadas no mesmo período pelo nazismo de Hitler. «O principal objetivo do controle de nascimentos – escrevia, em 1919 – é gerar nascimentos de pais mais fortes e idôneos e menos crianças dos inadaptados»[27]. Sanger sustenta a política de esterilização e segregação das pessoas com um patrimônio genético «contaminado» e em 1926 organizou em Genebra a Primeira Conferência Mundial sobre População, para a qual convidou intelectuais universalmente reconhecidos como racistas.

---

(27) M. SANGER, *Birth Control Review,* maio de 1919, III, n. 5, p. 12.

Embora as previsões de Malthus tenham se revelado falsas, já que a produção mundial aumentou de modo impensável graças ao progresso tecnológico, sobrevive uma mentalidade neomalthusiana com diversos ingredientes ideológicos. Se o impulso do feminismo, estudado há pouco, é importante, as teorias freudianas, que reduzem o homem à libido, junto à revolução sexual, provinham as raízes «científicas» para separar radicalmente a atividade sexual da procriação. No Primeiro Mundo, as legislações permissivas que legitimam crimes como o aborto ou a eutanásia evidenciam uma das incongruências da etapa final da modernidade: da felicidade prometida com a afirmação da autonomia absoluta do homem excluem-se os não nascidos, os doentes terminais e os anciãos. Nem todos têm o direito à felicidade, como na sociedade de privilégios do *Ancien Régime*. Por sua vez, a IPPF (Federação Internacional de Planejamento Parental), versão internacional, também fundada por Margaret Sanger, da Liga Americana de Controle de Natalidade, junto de outras fundações criadas posteriormente, difunde uma mentalidade contrária à vida humana e constrange os países do Terceiro Mundo a executar políticas demográficas que violam os mais elementares direitos do homem e manifestam a sobrevivência de uma agressiva política colonialista[28].

---

(28) Bento XVI escreve na *Caritas in Veritate*, n. 28: «Além disto, algumas organizações não governamentais difundem o aborto, promovendo, por vezes, nos países pobres, a adoção da prática da esterilização, inclusive em mulheres a quem não se pede o seu consentimento. Acresce que existe a suspeita fundamentada que em certas ocasiões as ajudas ao desenvolvimento estão condicionadas a determinadas políticas sanitárias que implicam, de fato, a imposição de um forte controle da natalidade. Preocupam também tanto as legislações que aceitam a eutanásia como as pressões de grupos nacionais e internacionais que reivindicam o seu reconhecimento jurídico.

A abertura à vida está no centro do verdadeiro desenvolvimento. Quando uma sociedade se encaminha para a negação e supressão da vida acaba por não encontrar a motivação e a energia necessárias para esforçar-se ao serviço do verdadeiro bem do homem. Se se perde a sensibilidade pessoal e social para acolher uma nova vida, também se colocam em causa outras formas de acolhimento proveitoso para a vida social. O acolhimento da vida forja as energias morais e capacita para a ajuda recíproca. Fomentando a abertura à vida, os povos ricos podem compreender melhor as necessidades dos que são pobres, evitar o emprego de recursos econômicos e intelectuais escassos para satisfazer os desejos egoístas entre os próprios cidadãos e promover boas atuações na perspectiva de uma produção moralmente sã e solidária em relação ao direito fundamental de cada povo e cada indivíduo à vida».

7. Os ambientalismos

Junto com os feminismos e a mentalidade antinatalista, a ecologia ocupa um lugar central no horizonte cultural contemporâneo. A degradação evidente do ambiente natural, resultado dos abusos da sociedade tecnológica, despertou, nas últimas décadas do século XX, a consciência ambientalista. O ambientalismo não é um movimento homogêneo. Nas páginas seguintes, serão brevemente apresentadas as principais correntes deste movimento cultural.

As concepções fundamentais da relação entre homem e natureza, segundo J. Ballesteros, podem ser resumidas em três correntes culturais: o antropocentrismo tecnocrático, que considera o homem independente da natureza; o biologismo, que vê no homem apenas um animal mais desenvolvido que os outros; e o pensamento de inspiração monoteísta, que contempla o homem como parte da natureza, mas simultaneamente considera-o imagem de Deus e, por conseguinte, acima da natureza.

A primeira posição inicia-se nos primeiros séculos da modernidade. Tanto Descartes como Francis Bacon, ambos pais das correntes filosóficas mais características da época moderna, o racionalismo e o empirismo, sustentam que o conhecimento serve não para contemplar a verdade ou para entender o sentido da existência humana, mas, sobretudo, para dominar a natureza: *scientia propter potentiam*. Por outro lado, a distinção cartesiana entre a *res cogitans* e a *res extensa*, e a identificação do homem com a sua alma, tornavam possíveis que se pudesse contemplar o corpo e o mundo material como meros objetos, como matéria que devia ser dominada pela inteligência humana.

Ligada a essa concepção encontra-se o mito do progresso, tão querido aos iluministas. O avanço do domínio do homem sobre a natureza – em outras palavras, o progresso técnico possibilitado pela ciência moderna – sempre melhoraria as condições de vida. A partir desta perspectiva, o Iluminismo desembocará na tecnocracia otimista de Saint Simon e no positivismo de Comte. A difusão desta mentalidade no Ocidente e o progresso efetivo da técnica formou a sociedade tecnológica, tão criticada pela Escola de Frankfurt. Como assinala Ballesteros, «esta mentalidade tecnocrática pressupunha a ideia da infinitude de recursos como material disponível ilimitadamente para a produção [...]. O ser humano é visto como um ser ativo, cuja atividade se concretiza, sobretudo, na produção técnica de mercadorias»[29].

Segundo essa corrente cultural, o problema ecológico resolve-se com a ciência e a técnica. Não é um problema ético, mas de natureza econômica e tecnológica. Os fatos desmentem lamentavelmente o otimismo do antropocentrismo tecnocrático, que não foi capaz de evitar as guerras – principal fator de devastação ecológica –, a fome e a degradação do meio ambiente.

Se nesta corrente cultural esconde-se uma atitude prometeica, na qual a relação do homem com a natureza não é de cuidado e administração, mas de domínio do homem sobre o ambiente que se proclama absoluto – o *ius abutendi* do direito romano –, no biologismo considera-se que o homem é um mero elemento do ecossistema, negando, por conseguinte, a sua dignidade que o põe simultaneamente dentro e acima da natureza material. Além disso, no biologismo predomina um comportamento pessimista sobre o futuro da espécie humana, que veremos a seguir.

Poucas páginas antes mencionamos a doutrina de Malthus, que, para enfrentar as necessidades crescentes da espécie humana, não via outra solução senão a diminuição da população. Darwin seguirá o caminho traçado por Malthus, considerando que a luta pela vida e pela sobrevivência dos mais aptos é algo fatal no mundo da natureza. Como vimos, Spencer aplica essas categorias também ao mundo humano, não especificamente diverso do primeiro. Esta posição de homologação do homem com a natureza será radicalizada pelos adeptos da *deep ecology*. Segundo eles, a eliminação de vidas humanas é indispensável para a subsistência da vida em geral. Para Devall e Sessions[30], o monoteísmo é culpado pela atual degradação ambiental, pois defende a superioridade do homem sobre a natureza. Essa afirmação monoteísta rompeu os laços sagrados do homem com a terra e abriu as portas do capitalismo ao imperialismo e ao fascismo. Esses autores, que receberam alguns elementos do taoísmo e

---

(29) J. BALLESTEROS, *Ecologia personalista,* Tecnos, Madri, 1995, p. 18.
(30) Cf. B. DEVALL, G. SESSIONS, *Ecologia profonda. Vivere come se la natura fosse importante,* Abele, Turim, 1989.

do budismo, defendem um «igualitarismo biocêntrico» oposto ao «chauvinismo humano». Neste contexto, o modelo antropológico preferido por ecologistas radicais é o do selvagem que vive em contato íntimo com a natureza. Nisto consiste a «qualidade de vida», que se alcança apenas com a diminuição drástica da população humana.

O elemento mais característico da *deep ecology* é a total desvalorização da pessoa. Se, para os autores citados, «a prosperidade da vida não humana exige uma diminuição da população humana»[31], para William Aiken «uma mortalidade humana massiva seria algo positivo. O nosso dever é provocá-la. O dever da nossa espécie face ao meio ambiente é eliminar 90% dos nossos efetivos»[32].

Parece interessante enfatizar a relação entre algumas correntes ecologistas e a mentalidade antinatalista e eugênica[33]. De fato, quem utiliza pela primeira vez o termo «ecologia» (do grego: «discurso sobre a casa» ou, mais claramente, «ciência do habitat») é Ernest Haeckel (1834--1919), zoólogo alemão racista e defensor da eliminação dos doentes incuráveis. Um caso extremo deste tipo de mentalidade, que une ecologia e eugenismo, é a do animalista Peter Singer, de origem australiana e professor em Princeton, que em seus livros de ética sustenta a legitimidade da eliminação das crianças com síndrome de Down, equipara a vida humana à dos animais e afirma que a vida dos adultos doentes não tem um valor intrínseco. Influenciado pelo utilitarismo de Bentham, Singer não hesita em afirmar: «quando a morte de um recém-nascido deficiente leva ao nascimento de outra criança com melhores perspectivas de uma vida feliz, a quantidade total de felicidade será maior se a criança deficiente for morta. A perda da vida feliz da primeira criança é superada pela soberba de uma vida feliz para o segundo. Por conseguinte, se matar uma criança hemofílica não provoca efeitos desagradáveis em terceiros, seria justo matá-la de um ponto de

---

(31) *Idem*, p. 78.

(32) Citado por A. BERQUE, *Mediance. De milieux en paysages,* Reclus, Montpelier, 1990, p. 63.

(33) Sobre a relação entre ecologia e população: cf. M. FERRER REGALES e A. PELAEZ LOPEZ, *Poblacíon, ecologia y medio ambiente*, EUNSA, Pamplona, 1996; E. COLOM, *Ecologia e popolazione,* em «Annales Theologici» (Roma) 1998, 12, pp. 485-531. Cf. também A. GASPARI, *Da Malthus al razzismo verde,* 21mo secolo, Milão, 2000.

vista do utilitarismo total»[34]. Depois da afirmação da autonomia absoluta do homem, em algumas correntes extremistas surgidas na crise da cultura da modernidade o homem é colocado ao nível das plantas e dos animais.

O ecologismo personalista diverge do antropocentrismo tecnocrático e do biologismo: o homem é uma parte da natureza e está dotado simultaneamente de uma excelência própria que o coloca acima do mundo material. A relação humana com a natureza não é de domínio abusivo, mas de cuidado e administração: a natureza está ao serviço do homem, único ser querido em si mesmo pelo Criador. O essencial não é a defesa dos «direitos» dos seres não humanos diante dos humanos, mas o estabelecimento das condições biológicas que garantam uma vida digna a todos os seres humanos. A natureza não tem recursos ilimitados. Por isso, é necessário tratá-la com cuidado, administrando-a sabiamente. Neste sentido, o homem é o principal recurso, porque pode usar a inteligência para encontrar mais recursos. O ecologismo personalista critica a mentalidade consumista e propõe uma atitude frente à natureza que não seja exclusivamente econômica: a natureza também é fonte de gozo estético e de aperfeiçoamento espiritual. O homem é superior à natureza, mas depende dela para sobreviver. Isso implica um sentimento de solidariedade com o ambiente, uma consciência dos limites da condição humana e uma participação da criatura no governo providencial de Deus[35].

---

(34) P. SINGER, H. KUHSE, *Should the Baby Live? The Problem of Handicapped Infants*, Oxford University Press, Oxford-Nova York-Melbourne, 1995.

(35) Para aprofundar as consequências políticas e sociais do ecologismo personalista, reenvio o leitor para o livro de Ballesteros citado anteriormente. Acrescenta Bento XVI na *Caritas in Veritate* n. 48: «O tema do desenvolvimento está também muito unido hoje aos deveres que nascem da *relação do homem com o ambiente natural*. Este é um dom de Deus para todos e o seu uso representa para nós uma responsabilidade para com os pobres, as gerações futuras e toda a humanidade. Quando se considera a natureza e, em primeiro lugar, o ser humano, fruto do destino ou do determinismo evolutivo, diminui o sentido da responsabilidade nas consciências. O crente reconhece o maravilhoso resultado da intervenção criadora de Deus, que o homem pode utilizar responsavelmente para satisfazer as suas legítimas necessidades – materiais e imateriais – respeitando o equilíbrio inerente à própria criação. Se se desvanece esta visão, acaba-se por considerar a natureza como um tabu intocável ou, pelo contrário, por abusar dela. Ambas as posições não estão de acordo com a visão cristã da natureza, fruto da criação de Deus.

A natureza é expressão de um projeto de amor e de verdade. Ela precede-nos e foi-nos dada por Deus como ecossistema. Fala-nos do Criador (cf. Rm 1, 20) e de seu amor à humanidade.

8. O retorno do sagrado

Antes de encerrar esse panorama da cultura contemporânea, faremos uma breve referência aos movimentos religiosos contemporâneos que manifestam um retorno do sagrado, embora o referido retorno não esteja livre de ambiguidades.

O processo de secularização não assume a eliminação da dimensão religiosa do homem. Ao longo dos parágrafos precedentes mostramos como a visão transcendente da vida baseada – pelo menos no Ocidente – na revelação cristã foi substituída por outras cosmovisões que parecem religiões substitutivas ou religiões seculares. Em outras palavras, recebemos na modernidade processos de absolutização do relativo que trataram de oferecer uma explicação total do homem e da história por perspectivas unilaterais. Recordemos, como exemplos mais significativos, a absolutização da razão científica no Iluminismo e no positivismo, do sentimento no romantismo, da economia entendida em sentido materialista no marxismo. Essas explicações globais tinham a pretensão de substituir as «razões» da fé por elementos meramente

---

Está destinada a encontrar a «plenitude» em Cristo no final dos tempos (cf. Ef 1, 9-10; Col 1, 19-20). Portanto, também ela é uma «vocação». A natureza está à nossa disposição não como uma «porção de desejos espalhados ao azar», mas como um dom do Criador que desenhou as suas estruturas intrínsecas para que o homem descubra as orientações que devem ser seguidas para «guardá-la e cultivá-la» (cf. Gn 2, 15). É preciso destacar que é contrário ao verdadeiro desenvolvimento considerar a natureza como mais importante do que a própria pessoa. Essa postura conduz a atitudes neopagãs ou de novo panteísmo: a salvação do homem não pode vir unicamente da natureza entendida num sentido puramente naturalista. Por outro lado, também é necessário refutar a posição contrária, que olha à sua completa tecnificação, porque o ambiente natural não é apenas matéria disponível ao nosso gosto, mas obra admirável do Criador e que leva em si «uma gramática» que indica a finalidade e critérios para um uso inteligente, não instrumental e arbitrário. Hoje, muitos preconceitos ao desenvolvimento provêm na realidade destas maneiras distorcidas de pensar. Reduzir totalmente a natureza ao conjunto de simples dados factuais acaba por ser fonte de violência para o ambiente, provocando, além disto, condutas que não respeitam a natureza do próprio homem. Esta, enquanto se compõe não só de matéria, mas também de espírito, e, portanto, rica de significados e fins transcendentes, tem um caráter normativo inclusive para a cultura, a qual é orientada, por sua vez, para a liberdade responsável, atenta aos ditames da lei moral. Portanto, os projetos para um desenvolvimento humano integral não podem ignorar as gerações sucessivas, mas têm de caracterizar-se por solidariedade e *justiça intergeracional*, levando em conta os múltiplos aspectos, como o ecológico, o jurídico, o econômico, o político e o cultural.

humanos e naturais. As tragédias do século passado, em particular as duas guerras mundiais, abriram espaço ao relativismo que desconfia de toda a explicação global, como as próprias explicações das ideologias, de todo o valor moral absoluto e de toda a verdade objetiva.

No entanto, num mundo onde parecia já não haver lugar para o sobrenatural e transcendente, durante as últimas décadas abundam as novas formas de religiosidade, espiritualidades alternativas, e cresceram também as adesões aos círculos mágicos e esotéricos. Se, por um lado, esse processo manifesta que o homem é um ser religioso e que a sua sede de penetrar nos mistérios da vida é insaciável, por outro, a oferta religiosa contemporânea é tão rica e variada que impede uma leitura simplista deste «retorno ao sagrado».

Se entendemos por secularização «um processo qualitativo pelo qual a religião é marginalizada e determina cada vez em menor medida as grandes decisões culturais, morais e políticas»[36], a própria secularização facilita o êxito das novas formas religiosas, que não pretendem orientar a cultura ou que não contam com os instrumentos aptos para fazê-lo. Por outro lado, a secularização favorece a transformação da religião em vaga religiosidade: em vastos setores da sociedade ocidental contemporânea assistimos ao processo de desinstitucionalização da religião, quer dizer, a difusão do *believing without belonging* (acreditar sem pertencer). Por isso, o retorno ao sagrado não significa um regresso das massas às Igrejas institucionais tradicionais, que ostentam um corpo dogmático objetivo e ensinam uma moral que deriva das verdades religiosas.

O relativismo dominante na cultura contemporânea ajuda a compreender a «dispersão» religiosa: se não se pode conhecer uma verdade última fundamental, as religiões não podem oferecer certezas firmes. Isso explica as migrações de uma confissão para outra, a experimentação contínua e a tendência ao sincretismo: muitas vezes trata-se de compatibilizar elementos que são por si mesmos incompatíveis, como por exemplo a fé cristã e a crença na reencarnação. Além disso, a crise dos mitos da modernidade coloca no mesmo nível, pelo menos em alguns setores sociais, ciência e magia, medicina e bruxaria etc. Uma razão «frágil», como é a razão «pós--moderna», abre espaço à magia, ao ocultismo e à superstição.

---

(36) M. INTROVIGNE, *Il sacro postmoderno*, Gribaudi, Milão, 1996, p. 16.

Segundo Massimo Introvigne, o florescimento de novas formas religiosas é um fenômeno que lança as suas raízes na história dos últimos séculos. Para tentar colocar um pouco de ordem no caótico panorama da religiosidade contemporânea, Introvigne propõe uma classificação dos novos movimentos segundo o grau de afastamento da visão católica do mundo, afastamento que se manifestou em fases sucessivas da história.

O primeiro período recusa a noção de Igreja e poderia resumir-se no lema «Cristo sim, Igreja não». Esse primeiro período deu origem a diversas seitas contemporâneas: as de origem protestante, nas quais existe uma fratura eclesiológica (neoprotestantismo pentecostal e alguns grupos protestantes evangélicos) e outras nas quais se verifica também uma fratura teológica, porque se baseiam em novas revelações presuntivas, tais como os adventistas.

O segundo período afasta-se ainda mais da visão católica do mundo. Nele, recusa-se não só a Igreja, mas também o papel de Jesus Cristo como Salvador. O lema característico destes movimentos seria «Deus sim, Cristo não». Neste segundo período, que nasce da Revolução Francesa, houve a expansão da influência das religiões orientais e originaram-se os cultos orientalizantes contemporâneos.

O terceiro período deixa de lado a ideia de um Deus pessoal: «religião sim, Deus não». Este período manifesta-se nos movimentos do potencial humano, que culminam com a Cientologia.

O último período recusa o sentido religioso: «sagrado sim, religião não». São propostas outras formas de contato com o sagrado que não são, em sentido estrito, religiosas – por exemplo, a magia e o espiritismo. Pertence a este último período uma das espiritualidades mais famosas nos últimos anos do século XX: o *New Age*[37].

O *New Age* é muito difícil de definir. De um ponto de vista psicológico, os *new agers* consideram que se iniciou uma nova época, a Era de Aquário, que supera a precedente Era de Peixes (associada ao cristianismo). Para os seus seguidores, trata-se de um novo paradigma, de uma nova visão do mundo que tem contornos filosóficos, científicos, econômicos e políticos. Sociologicamente, o *New Age* não é nem uma seita, nem um movimento, mas uma *network*, ou seja, uma estrutura

---

(37) Cf. *ibidem*, pp. 123-128.

em forma de rede que carece de organização hierárquica com encontros informais, iniciativas não centralizadas, sem figuras de referência indiscutíveis e dotada de alguns elementos comuns que não dão origem a uma doutrina estruturada, mas a uma espiritualidade vaga e não dogmática. Entre os elementos dessa espiritualidade podemos nomear os seguintes: a) *relativismo*: não existe uma verdade objetiva, mas cada um tem a própria verdade e cada um pode também criar a própria realidade; b) *recusa de todas as religiões organizadas*: se não existe verdade, nenhuma religião pode pretender possuí-la. Além disso, as religiões quebram a experiência religiosa do cotidiano, deixando-a para tempos e espaços específicos afastados do mundo. Por isso, os *new agers* preferem falar em espiritualidade, que deve influenciar a vida cotidiana; c) *panteísmo*: tudo é uma coisa só. Não existe separação entre Criador e criatura e entre natureza e homem. Este todo está em contínua evolução, é material e espiritual. Deus não é um ser transcendente, mas uma consciência interpessoal que está no inconsciente coletivo. O homem pode entrar em contato com essa consciência ou Mente Universal, a que pertencem também plantas e animais, através de diversos métodos. Daqui deriva a consciência, por parte do *New Age*, de alguns postulados da ecologia radical que critica o antropocentrismo. O panteísmo está relacionado com algumas formas de feminismo: Deus é Pai e Mãe, e, mais particularmente, poderia identificar-se com Gaia, quer dizer, a Terra divinizada. Deste panteísmo deduz-se a divinização do homem: todos somos, num certo sentido, Deus[38].

---

(38) Cf. *Idem, New Age and Next Age*, Piemme, Casale Monferrato, 2000. Bento XVI também se refere à ambiguidade do retorno do sagrado. Em *Caritas in Veritate* n. 55, afirma: «O mundo de hoje é percorrido por algumas culturas de fundo religioso que não levam o homem à comunhão, mas o isolam na busca de bem-estar individual, limitando-se a gratificar as expectativas psicológicas. Uma certa proliferação de itinerários religiosos de pequenos grupos e inclusive de pessoas individuais, assim como o sincretismo religioso, podem ser fatores de dispersão e de falta de compromisso. Um possível efeito negativo do processo de globalização é a tendência ao favorecimento do referido sincretismo, alimentando formas de «religião» que afastam as pessoas umas das outras em vez de fazer que se encontrem, e as afastam da realidade. Simultaneamente, persistem, por vezes, parcelas culturais e religiosas que encastram a sociedade em castas sociais estáticas, em crenças mágicas que não respeitam a dignidade da pessoa, em atitudes de submissão a forças ocultas. Nesse contexto, o amor e a verdade encontram dificuldade para realizar-se, prejudicando o autêntico desenvolvimento».

QUARTA PARTE

A Igreja Católica e o mundo contemporâneo

Depois de estudar as principais correntes do pensamento dos últimos séculos, analisaremos a relação entre a Igreja Católica e o mundo contemporâneo. Não abordaremos aqui a história da Igreja propriamente dita, mas apenas a relação entre fé e processos culturais. Insistiremos especialmente no magistério pontifício deste período, dedicando mais espaço aos temas abordados nos capítulos anteriores.

XII. Igreja, Antigo Regime e Revolução. De Pio VII ao beato Pio IX

1. Igreja e mudança histórica

Nos primeiros capítulos deste livro descrevemos as mudanças políticas, sociais, econômicas, mas sobretudo culturais que a Revolução Atlântica trouxe consigo. Nesse processo esteve envolvida a Igreja Católica, que se encontrava plenamente inserida nas estruturas políticas, econômicas e sociais do *Ancien Régime*.

A aliança entre o Trono e o Altar, a visão orgânica da sociedade dividida em três estados, o intervencionismo econômico, eram elementos onipresentes na Europa Ocidental, que tinha uma cosmovisão cristã da vida. Depois dos processos revolucionários, esses elementos desapareceram. Para entender a relação entre a Igreja e o mundo contemporâneo é necessário que o historiador, o político, o homem de fé, coloque frequentemente a pergunta: esses elementos sociopolíticos e econômicos pertenciam ao núcleo essencial da Igreja, enquanto instituição divina fundada por Jesus Cristo, ou eram elementos circunstanciais, históricos, que poderiam alterar-se sem atraiçoar em nada o depósito da revelação que a Igreja recebeu para guardar fielmente?

HISTÓRIA DAS IDEIAS CONTEMPORÂNEAS

As diferentes respostas a esta pergunta oferecem-nos a possibilidade de retomar as noções esboçadas na primeira parte sobre o clericalismo, o laicismo e a secularização. Se se responder à pergunta distinguindo entre elementos sobrenaturais e elementos históricos acidentais, concluindo que os elementos do *Ancien Régime* tão relacionados à Igreja são do segundo tipo, abre-se a possibilidade intelectual para um processo de desclericalização e de purificação da memória histórica capaz de estabelecer um diálogo simultaneamente aberto e crítico entre a Igreja e o mundo contemporâneo. Se, pelo contrário, responde-se à pergunta negando toda a distinção entre elementos essenciais e elementos circunstanciais históricos, perpetua-se o clericalismo que determina a condenação global da modernidade, provocando como reação lógica o laicismo, que desejaria ver a Igreja Católica reduzida às sacristias e nas consciências, impedindo toda a manifestação externa e social da própria fé[1].

Se o primeiro passo intelectual que se deve dar para esclarecer a difícil relação entre a Igreja e o mundo durante os dois últimos séculos é o de estabelecer a distinção entre o depósito imutável da fé guardado pela Igreja e as instituições históricas alteráveis, que podem encontrar-se circunstancialmente unidas à Igreja enquanto instituição histórica. A nossa posição histórica consiste em afirmar que a estrutura política, econômica e social do Antigo Regime, com as suas grandes virtudes e os seus grandes defeitos, era apenas um conjunto de instituições históricas modificáveis. O segundo passo intelectual fundamental é esclarecer a relação entre novas instituições – o Novo Regime – e a Igreja, enquanto guardiã da fé revelada.

Se a monarquia absoluta, a organização hierárquica da sociedade, o mercantilismo econômico etc. do *Ancien Régime* são elementos circunstanciais, o mesmo se deveria dizer do regime republicano, a separação de poderes, a igualdade legal, as liberdades de imprensa e de expressão, a representação política etc., referindo-se ao Novo

---

(1) O forte anticlericalismo que surgiu depois da restauração de algumas instituições do Antigo Regime por Carlos X de Bourbon, na França, e que terminará com a revolução liberal de 1830, assim como o triênio constitucional na Espanha (1820-1823) depois da tentativa de Fernando VII de restaurar plenamente o Antigo Regime, podem ser lidas nesta ótica de clericalismo-laicismo.

374

Regime. A princípio, essas instituições não eram contrárias à fé revelada. Seria possível dizer, como fizeram Guardini e Chesterton[2], que os grandes ideais da modernidade têm origem cristã e que em certo sentido são consequências de uma leitura da tradição cristã mais coerente que a do Antigo Regime. A trilogia revolucionária *Liberdade, Igualdade, Fraternidade* não é compreensível fora de um contexto cultural permeado de cristianismo.

Neste trabalho imprescindível de crivo entre o divino e o humano, entre o sobrenatural e o natural, ocupa um lugar de relevo a distinção entre as instituições do Novo Regime consideradas em si mesmas e o fundamento teórico que lhes deu origem. Embora se possam encontrar numerosos espíritos profundamente cristãos e abertos à transcendência nos processos revolucionários que solidificam a Revolução Atlântica, não se pode ocultar que a fundamentação filosófica última de muitos desses processos, como assinalamos com insistência na segunda parte deste curso (*A modernidade ideológica*), é a pretendida autonomia absoluta do homem, com a consequência necessária da liberdade de consciência entendida num sentido liberal, que nos casos mais extremos nega a existência de uma ordem moral objetiva. Neste processo, o homem termina por autonomear-se árbitro dos valores.

Estudando as distintas posições intelectuais dos católicos que se referem à cultura da modernidade, é possível fazer uma classificação, embora correndo o risco de esquematismo. Além do grupo majoritário de cristãos que carecem de uma formação específica e que se consideram plenamente fiéis ao magistério da Igreja existe um grupo de sensibilidade tradicionalista, que vê na sociedade pré-revolucionária a forma *par excellence* de organizar relações sociais. A violência dos processos revolucionários, os ataques contra a Igreja, contra os seus ministros e os seus bens conduziram muitos à conclusão que a modernidade é intrinsecamente anticristã e que as liberdades modernas são *semper et ubique* liberdades de perdição. Neste grupo de sensibilidade tradicionalista poderiam fazer-se muitas distinções. A atitude mais radical deste primeiro grupo é o clericalismo que não faz as distinções identificadas

---

(2) Cf. R. GUARDINI, *La fine dell'epoca moderna*, Morcelliana, Brescia, 1993, pp. 99-101; G. K. CHESTERTON, *Orthodoxy*, em *Collected Works*, Ignatius, São Francisco, 1986, I, p. 233.

HISTÓRIA DAS IDEIAS CONTEMPORÂNEAS

anteriormente e que considera a queda do Antigo Regime uma tragédia irreparável para o espírito cristão. Como consequência desta atitude estreitam-se os horizontes culturais: segundo essa perspectiva, derivaria da fé apenas uma cultura católica, estruturada em torno das instituições consideradas necessariamente ligadas à fé e negando, por conseguinte, as prerrogativas da liberdade cristã, que se abre ao pluralismo em tantos espaços sociais deixados à livre iniciativa dos cristãos[3].

Um segundo grupo de católicos é o dos chamados liberais, que saúdam com entusiasmo a chegada da revolução e que consideram a liberdade, a igualdade e a fraternidade frutos sociais de uma leitura amadurecida do Evangelho. Aqui também devem-se fazer distinções. Alguns intelectuais sabem separar as instituições liberais que salvaguardam os direitos da pessoa da fundamentação última destas instituições, quer dizer, a autonomia absoluta do homem, que em sua própria raiz era anticristã e incompatível com uma antropologia de inspiração evangélica. Porém, também existem católicos que não fazem tal distinção e que aceitam igualmente o ponto de partida da modernidade ideológica, ou seja, a liberdade de consciência compreendida num sentido liberal[4].

---

(3) Neste grupo podem enquadrar-se as teorias políticas que relacionam intrinsecamente monarquia e fé católica, como fazem De Bonald (1754-1840) e De Maîstre (1753-1840), ou o grupo de eclesiásticos dos *zelanti*, que não queriam alterar nada na estrutura dos Estados Pontifícios e as relações entre a Igreja e o Estado durante os pontificados de Pio VII, Leão XII, Pio VIII e Gregório XVI, ou a atitude de cinco bispos legitimistas nomeados por Luís XVI antes da Revolução Francesa e que não deram a sua demissão quando Pio VII a exigiu como meio de pacificação das relações com a França napoleônica. Mais recentemente, a *Action Française* de Maurras repropunha a aliança entre a Igreja e o poder político. Na realidade, segundo a visão agnóstica de Maurras, a religião seria apenas um *instrumentum regni* nas mãos do poder político.

(4) A restauração do mapa político europeu depois do Congresso de Viena de 1815 explica em parte o aparecimento de grupos católicos de tendências liberais. A Bélgica, de maioria católica, passava a depender dos Países Baixos, oficialmente calvinistas; grande parte do território da Polônia, da Rússia ortodoxa; os católicos irlandeses continuavam debaixo da soberania da anglicana Inglaterra. A mudança das estruturas políticas deveria trazer também a liberdade religiosa para os católicos das ditas nações. Na Bélgica, foi conduzida uma política unionista entre católicos e libeais com o tíbio consentimento de Roma. Na Polônia, a revolução de 1830, que levará à efêmera independência, foi combatida pelo breve de Gregório XVI *Superiori anno* (VI-1831): o próprio Papa via-se atacado por liberais nos

2. Gregório XVI e o Beato Pio IX

Os pontificados de Pio VII (1800-1823), Leão XII (1823-1829), Pio VIII (1829-1831), Gregório XVI (1831-1846) e sobretudo do Beato Pio IX (1846-1878) devem ser enumerados neste difícil contexto cultural. A primeira condenação pontifícia do liberalismo, enquanto visão do homem que se autofundamenta, é a contida na encíclica *Mirari vos* de Gregório XVI, promulgada em 15 de agosto de 1832, na qual se identificava a ideologia liberal com o naturalismo, ou seja, com a afirmação das realidades humanas como últimas, desligadas de qualquer entidade transcendente. O Papa reivindicava para si — para o sucessor de Pedro — o governo da Igreja universal, e, recusando as intenções de transformá-la em uma instituição humana moderna, condenava as doutrinas contrárias ao celibato sacerdotal, à indissolubilidade do matrimônio e o indiferentismo religioso como consequência da liberal liberdade de consciência. Neste contexto coloca-se também a condenação da liberdade de imprensa, quer dizer, a liberdade entendida como um meio para difundir doutrinas errôneas. No âmbito político, Gregório XVI desejava um retorno à concórdia entre príncipes e sacerdotes, unidos ao serviço da Igreja e do Estado.

O documento pontifício mais emblemático do enfrentamento com os movimentos intelectuais da modernidade ideológica é o *Syllabus,*

Estados Pontifícios e Gregório XVI considerou mais oportuno tratar com o czar Nicolau I, pedindo garantias para os católicos, mas opondo-se ao movimento revolucionário. Nas ilhas britânicas, graças à política do irlandês O'Connell, chegar-se-á às leis de 1829, que permitiram o acesso dos católicos irlandeses aos cargos eletivos, ainda que com algumas limitações. Na França, o catolicismo liberal muito mais radical – a política unionista da Bélgica foi uma simples estratégia política, e a conduta dos católicos poloneses e irlandeses foram sobretudo uma política patriótica – foi capitaneado por Felicité de Lamenais, que, iniciando com atitudes ultramontanas, passou um período liberal sem romper com a Igreja e terminou a vida em 1854 fora da Igreja Católica. Junto de Montalembert e Lacordaire, funda em 1830 o jornal *L'Avenir*, que tinha como lema *Dieu et Liberté*. Suas páginas defendiam a separação entre a Igreja e o Estado e o uso das liberdades modernas para fazer apostolado cristão, mas sem distinguir o fundamento antropocêntrico dessas liberdades. Gregório XVI, na encíclica *Mirari vos*, condenou muitas posições defendidas pelo jornal, sem nomeá-lo explicitamente. Lacordaire e Montalembert, católicos exemplares, obedeceram sinceramente a Roma.

377

HISTÓRIA DAS IDEIAS CONTEMPORÂNEAS

do Beato Pio IX, que não era menos que uma condenação global a todas as liberdades modernas. Promulgado com a encíclica *Quanta cura* em dezembro de 1864, o documento foi interpretado em distintas formas e não ajudou a sua compreensão o fato de que o Papa se encontrasse numa situação política difícil como senhor temporal dos Estados pontifícios, ameaçados pelo processo já irreversível da unidade da Itália, que tinha posto fim ao poder temporal dos Pontífices em 1870. No entanto, deixando de lado as circunstâncias históricas particulares, o Beato Pio IX condenava não a liberdade, mas o pretendido fundamento último da liberdade moderna, que era o naturalismo ou o princípio tantas vezes mencionado nestas páginas da autonomia absoluta do homem. Além disto, há de acrescentar-se que a estrutura do *Syllabus* – 80 proposições breves com referências a mais de trinta documentos do magistério, referências necessárias para entender o contexto das condenações – não era a mais adequada para uma fácil compreensão do texto e as simplificações da doutrina pontifícia a favor e contra surgiram no dia seguinte da sua publicação. A rejeição às liberdades aplicadas do liberalismo é compreensível ao tomar-se essas liberdades como consequências necessariamente unidas ao princípio errôneo, que estava em sua base. É certo que a filosofia política sustentada nas declarações oficiais da Igreja ainda fazia parte do pensamento medieval e quiçá teria sido desejável uma maior distinção entre instituições concretas e fundamentação ideológica equivocada. Porém, levando-se em conta o estado de assédio mantido contra a Igreja durante o século XIX, os Pontífices não podiam fazer muitas distinções e impunha-se, de um ponto de vista estritamente doutrinal, a condenação do naturalismo antropológico, incompatível com a fé revelada.

Nos últimos anos do pontificado de Pio IX foi convocado o Concílio Vaticano I. No que se refere ao nosso principal interesse nestas páginas – o diálogo entre Igreja e mundo contemporâneo –, o Concílio oferece elementos importantes de reflexão. Em primeiro lugar, a Igreja reafirmava, contra o espírito da modernidade ideológica, a ausência de incompatibilidade entre razão e fé, postulando, por sua vez, a necessária harmonia que deve reinar entre elas, porque possuem a mesma origem divina. Na constituição dogmática *Dei Filius* afirmava-se a possibilidade de um conhecimento racional de Deus e a necessidade da graça para aceder às verdades da revelação que superam a capacidade da razão humana. No entanto, essa superação não pressupõe que a fé vá contra a razão: há verdades da fé que não são alcançáveis apenas com a razão, mas são razoáveis, e não absurdas. Além disso, o Beato Pio IX teve a valentia de definir dogmaticamente na constituição *Pastor aeternus* a infalibilidade pontifícia em matéria de fé e moral, quando fala *ex cathedra*. O Beato Pio IX não tinha respeitos humanos e no meio do mundo sempre mais cético em torno de tudo o que superava o conhecimento sensível defendia com força e fidelidade a particular assistência do Espírito Santo sobre a Igreja Católica.

Pio IX perdia o poder temporal, abrindo um período difícil para as relações da Igreja-Estado que foi resolvido recentemente, em 1929, durante o pontificado do Papa Pio XI.

XIII. De Leão XIII a Pio XII

1. Leão XIII

O pontificado de Leão XIII (1878-1903) marca uma mudança importante, distinguindo entre a fundamentação ideológica naturalista e autônoma da modernidade e o processo de mudança político-institucional em curso na Europa durante o século XIX. Apreciará muitas das instituições modernas, estabelecendo definições que, nas décadas anteriores, eram muito difíceis de empreender.

No vasto magistério de Leão XIII analisaram-se as principais problemáticas políticas: origem da autoridade, bem comum, natureza social do homem, tolerância religiosa etc. Leão XIII confirmava que os tempos tinham mudado. Já não era suficiente uma atitude de condenação, mas era necessária uma proposta para o mundo moderno que superasse o tradicionalismo que nada queria modificar. O Papa propôs-se apresentar à humanidade, face à liberdade absoluta e naturalista, a beleza da liberdade cristã, que não sofria das tentações antropocêntricas e autônomas da modernidade ideológica[1].

---

(1) Entre as numerosas encíclicas que afrontam argumentos sóciopolíticos é necessário citar o *Diuturnum* (1881), sobre a origem do poder; *Immortale Dei* (1885), sobre as relações entre a Igreja e Estado; e *Libertas* (1888), sobre a liberdade cristã.

No entanto, embora seja verificável uma mudança de tom e de grau, o Papa Pecci coloca-se na continuidade com o magistério precedente: a condenação do naturalismo ideológico recusado por Pio IX é igualmente forte em Leão XIII.

Na encíclica *Diuturnum* Leão XIII afirmava que a eleição dos governantes pelo povo é possível «sem que isso seja contrário ou repugne à doutrina católica». O Papa «aceitava expressamente as liberdades que estão na base da vida pública de um regime liberal dentro de margens muito amplas, quer dizer, a liberdade de expressão, de imprensa, de ensino, pedindo apenas que não sejam liberdades ilimitadas, de tal modo que seja salvaguardada a base ideal mínima da sociedade [...]. São perfeitamente compatíveis com a doutrina católica a eleição popular dos governantes, as formas de democracia moderada, isto é, certa ampliação da base do regime representativo, a participação dos cidadãos na administração pública, as autonomias municipais, as aspirações do espírito nacional»[2].

O Papa estava convencido de que o cristianismo guardava todos os anseios da humanidade. E não lhe tremia a mão quando se apropriava da trilogia revolucionária: «A força da Igreja aparece enorme para manter e tutelar a liberdade política e civil dos povos... A igualdade jurídica e a verdadeira fraternidade entre os homens encontram em Jesus Cristo o primeiro que as afirmou»[3]. *Liberté, egalité et fraternité* são valores cristãos que não podem ser condenados, mas sobretudo enquadrados numa ordem moral aberta à transcendência.

Leão XIII enfrentará também o problema da questão social com a famosa encíclica *Rerum novarum*, que iniciou o moderno magistério social da Igreja. Se, durante a primeira metade do século XIX, a atenção do magistério estava concentrada principalmente em matérias político--doutrinais, a partir de 1848 a situação social tinha se tornado cada vez mais insustentável e, depois das intervenções magistrais dos papas precedentes, Leão XIII considerou urgente enfrentar o problema. Criticando as consequências destrutivas do capitalismo selvagem, o Papa prevenia os cristãos dos perigos do coletivismo socialista, propondo simultanea-

---

(2) A. ACERBI, *Chiesa e democrazia*, Vita e Pensiero, Milão, 1991, p. 60.

(3) LEÃO XIII, *Libertas,* VIII, 226.

mente uma organização das relações entre capital e trabalho que coloque no centro a pessoa e, em particular, os direitos dos trabalhadores[4].

O enfrentamento entre Igreja e estado laicista da França da III República teve particular importância durante o seu longo pontificado. Defendendo a liberdade da Igreja para desenvolver o seu papel de salvação na sociedade, não hesitou em animar os católicos franceses a caminhar para um *ralliement* com a república, sustentando a compatibilidade das distintas formas de governo – catolicismo e monarquia não têm qualquer ligação essencial – e a obrigatoriedade, por parte dos católicos, de trabalhar a favor do bem-comum da sociedade.

Se o magistério leonino marca uma mudança, sempre na continuidade do ensino pontifício, o Papa, ligado ainda às doutrinas políticas tradicionais, sublinhava o papel do Estado na constituição de uma sociedade justa, deixando num segundo plano a necessária recristianização da sociedade civil, que forças sociais – não necessariamente estatais – deveriam levar adiante[5].

---

(4) Para o enquadramento histórico e os princípios teológicos da *Rerum novarum*, cf. E. COLOM, *Chiesa e società*, Armando, Roma, 1996, pp. 175-271.

(5) Como escreve G. Redondo, «é difícil exagerar a importância do objetivo de Leão XIII. Impôs-se com seriedade eliminar, na medida do possível, a existência de dois mundos fechados em si próprios e, por conseguinte, inimigos: a sociedade civil do liberalismo e a sociedade tradicionalista cristã. O mundo era uno, e nele deveriam viver todos os homens. Mas se é difícil exagerar a qualidade deste empenho, também não há maior dificuldade assinalar hoje as suas limitações. A mais evidente é que Leão XIII, que, afinal, em questões culturais foi um homem do seu tempo, continuou a considerar que era decisivo ponderar o que o Estado fazia em relação a essas questões. Junto aos seus acertos inegáveis, manteve-se no Papa a ideia de que nas questões sociais é importante o que o Estado leva a cabo e não o que logra fazer a própria sociedade. Esta posição não dá lugar a qualquer ponto estranho. No fim do século XIX, esta concepção da vida sociopolítica não só era patrimônio de Leão XIII – ou do resto da hierarquia da Igreja –, mas de todos os governantes contemporâneos e, por conseguinte, dos próprios socialistas que aspiravam a conseguir o controle do Estado. Lenin, um social-democrata, conseguiu-o em 1917.

O esforço de Leão XIII fez-se inclusive em sua defesa da sociedade cristã, a partir de hábitos mentais que mantinham a primazia dos governantes sobre os governados. Algo que se é certo na peculiar sociedade que é a Igreja e no que afeta as verdades da fé e as normas básicas dos costumes poderia resultar não tão exato no que diz respeito à ação dos cristãos no mundo face às suas particulares responsabilidades em relação à autoridade civil e os seus concidadãos. Não parece muito possível encontrar na doutrina de Leão XIII um reconhecimento explícito, por exemplo, do legítimo pluralismo diante de questões temporais ligado à responsabilidade pessoal do cristão. Por conseguinte, tampouco seria

2. São Pio X e Bento XV

São Pio X (1903-1914) deverá enfrentar um problema doutrinal grave: o modernismo. Este livro não pretende apresentar uma história teológica do modernismo. Assim, será suficiente afirmar que este movimento doutrinal surgido dentro da Igreja apresentava a fé como mero sentimento religioso, enquanto aceitava o racionalismo e o imanentismo modernos como quadros de referência necessários para os estudos teológicos e a exegese bíblica. Propunham-se de novo, afinal, muitos dos elementos do catolicismo liberal já condenados por Gregório XVI e pelo Beato Pio IX. O Santo Papa não podia deixar de condenar esses princípios, que colocavam em questão a sobrenaturalidade da Igreja e de todo o depósito da revelação. Se o magistério de Leão XIII centrava-se no diálogo entre a Igreja e o mundo, o de São Pio X olhava mais para o interior de uma Igreja que, em alguns setores intelectuais, padecia da influência da modernidade ideológica. Mediante o decreto *Lamentabili* e a encíclica *Pascendi* (1907), São Pio X reafirmava a doutrina tradicional – não tradicionalista[6]. Naquele momento o perigo parecia superado, embora posteriormente Pio XII e Paulo VI terão de enfrentar movimentos teológicos neomodernistas.

Giaccomo della Chiesa – o cardeal mais jovem naquela época – foi eleito Papa em 3 de setembro de 1914 no conclave convocado depois da morte de Pio X. Tomará o nome de Bento XV, e será fre-

---

correto exigi-lo. Com frequência referiu-se já nestas páginas ao progresso da liberdade. E todo o progresso tem o seu ritmo» (*Historia de la Iglesia en España*, cit., p. 55).

(6) «São Pio X enfrentou decididamente o modernismo em documentos bem conhecidos: a encíclica *Pascendi domini gregis* e o decreto *Lamentabili sane exitu* (ambos de 1907). Uma nova intervenção do Magistério vem ratificar o referido acima: que a missão da Igreja não é nem política, nem cultural etc., mas essencialmente religiosa. O Papa entendeu com toda a razão que era muito o que estava em jogo. E com a ajuda, entre outros, do jesuíta e futuro cardeal Billot, não vacilou em redigir e publicar os dois documentos. No fim da *Pascendi*, São Pio X escreveu sobre o modernismo que "ninguém se maravilhará se o definimos afirmando que é um conjunto de todas as heresias". A razão destas palavras tem de procurar-se no objetivo modernista de reduzir a fé cristã à cultura da modernidade. Nesse sentido, talvez não se possa dizer que o protesto de um Alfred Loisy, por exemplo – segundo o qual ele não tratava de fazer teologia, mas simplesmente exegese, história bíblica, e que portanto não entendia o porquê das condenações –, seja pouco sincero, e sim que penetra um erro profundo (talvez uma ignorância) das bases últimas do pensamento científico e do caráter original da Revelação cristã» (*Ibidem*, p. 58).

quentemente indicado como o Papa da Primeira Guerra Mundial[7]. Na verdade, grande parte do pontificado desenvolveu-se durante a guerra, que tinha estourado algumas semanas antes da sua eleição. O Papa natural da Ligúria procurou permanecer além das partes em conflito e fez numerosas propostas de paz, além dos contínuos apelos à consciência dos governantes, alguns deles em tom apocalíptico. No dia seguinte à coroação, dirigiu uma mensagem aos católicos, pedindo o fim das hostilidades e orações pela paz. Depois, proporá, sem resultado, estabelecer uma trégua para o Natal de 1914. Em janeiro de 1915, protestará contra a invasão alemã da Bélgica. No dia 28 de julho do mesmo ano, primeiro aniversário do começo da guerra, anima publicamente o início das negociações de paz. Nesta ocasião, Bento XV sustenta que «as nações não morrem»: se não são respeitados os seus direitos legítimos e as suas justas aspirações, os ódios e os rancores transmitem-se de geração em geração. O Papa exortou ao diálogo, à negociação tratadística, à busca de pontos de convergência que ponham fim à luta[8]. A iniciativa pontifícia, cheia de boa vontade, foi mal-compreendida pelos aliados. Muitos veículos da imprensa francesa e italiana acusaram o Papa de não distinguir entre o agressor e a vítima e de querer aproveitar a posição militar vantajosa das potências centrais para pedir nesse momento a paz etc. Apesar dos mal-entendidos, Bento XV continuou o seu empenho na busca do diálogo, por exemplo, com as exortações de dezembro desse ano[9].

A iniciativa mais conhecida no âmbito da ação diplomática do Papa para favorecer a paz é a Nota de 1 de agosto de 1917. Nela, o Papa Della Chiesa, depois de uma breve introdução em que manifesta o seu amor por todos, sem distinção de nação, raça ou religião, e querendo permanecer numa «imparcialidade absoluta», fazia propostas concretas: desarmamento, arbitragem e sanções, livre navegação dos mares, restituição dos territórios invadidos, negociações sobre os territórios disputados – em particular, entre a França e a Alemanha e entre a Itália e a Áustria –, exame sereno do problema balcânico,

---

(7) Há uma vasta bibliografia sobre o papel de Bento XV na Primeira Guerra Mundial. Cf. G.RUMI (a cura di), *Benedetto XV e la pace – 1918,* Morcelliana, Brescia, 1990.

(8) Cf. *Acta Apostolicae Sedis* (daqui em diante *AAS*) 7 (1915).

(9) Cf. *AAS* 7 (1915), p. 509.

armênio e polonês. O Papa terminava a Nota definindo a guerra como um «massacre inútil», e esperava que os governos seguissem o convite do Papa, que falou em nome do Príncipe da Paz[10]. Embora a Nota fosse recusada tanto por países aliados, que sequer responderam, como pelos impérios centrais, o conteúdo será substancialmente reproposto nos famosos catorze pontos do Presidente Wilson.

O fracasso desta iniciativa papal relaciona-se com o assim chamado «Pacto de Londres», assinado em 1915 entre os aliados e a Itália. Depois de um período de neutralidade, a Itália decidiu entrar em guerra contra os impérios centrais sobretudo por causa das disputas territoriais que mantinha com a Áustria. No artigo 15 do Pacto, os aliados pressionados pela Itália comprometiam-se em excluir a Santa Sé da conferência de paz que deveria ser convocada no fim da guerra. A Itália desejava impedir que fosse reaberta a «questão romana», ou seja, o conflito entre a Santa Sé e o reino de Itália pela perda dos Estados Pontifícios. O Pacto permaneceu secreto até a Revolução Russa, quando o governo comunista comunicou o conteúdo do artigo 15. Apesar do Pacto de Londres, a Santa Sé conseguiu alcançar alguns resultados nas conferências de paz de Versalhes: as missões católicas das colônias alemãs, que passavam da soberania anglo-francesa, foram postas sob a proteção da Santa Sé e conteve-se a deportação dos missionários católicos alemães.

Apesar do fracasso de suas propostas de paz, Bento XV desenvolveu um papel humanitário muito importante, reconhecido pela opinião pública mundial. Embora acusado por alguns franceses de filo-germanismo (*le pape boche*) e por alguns setores alemães de ser «o Papa francês»[11], o Sumo Pontífice conseguiu que a sua voz se fizesse ouvir no âmbito internacional e a Santa Sé saiu do conflito com uma autoridade moral que ninguém podia ignorar, reforçando a sua presença no mundo contemporâneo. As grandes potências perceberam que a voz do Romano Pontífice, desprovido do seu poder temporal, era muito mais forte que a do antigo soberano dos Estados Pontifícios. Depois da Grande Guerra, Bento XV prosseguiu o seu esforço humanitário, organizando diversas iniciativas para solucionar as terríveis necessidades da popula-

---

(10) Cf. *AAS* 9 (1917), pp. 428ss.

(11) Cf. N.-J. CHALINE (ed.), *Chrétiens dans la première guerre mondiale*, Cerf, Paris, 1993.

ção, em particular na Europa central, na Rússia e no antigo Império Otomano. Como consequência da posição sustentada durante a guerra, a Santa Sé viu duplicar o número de representações diplomáticas junto do Papa. Neste âmbito tem particular importância o restabelecimento das relações diplomáticas entre Inglaterra e França.

Há outro elemento, mais conjuntural, que se destaca no pontificado de Bento XV: o fim do *non expedit*, que desde os tempos de Pio IX proibia a participação ativa dos católicos italianos na política. A Primeira Guerra Mundial modificou as circunstâncias políticas italianas. A Santa Sé permitiu a formação do *Partido Popular* de inspiração católica, mas não confessional, fundado pelo Pe. Luigi Sturzo. O Papa considerava chegado o momento de uma presença ativa dos católicos na política sempre que defendessem os direitos retirados à Santa Sé pela casa de Saboia depois da unificação italiana. O Papa distanciou-se do *Partido Popular Italiano*, sobretudo quando apresentou-se o problema das alianças políticas. Por sua vez, delineou com clareza o papel não político da Ação Católica.

Depois de sete anos intensos de pontificado, Bento XV morreu em 22 de janeiro de 1922 devido a uma pneumonia. Segundo Federico Requena, o pontificado de Della Chiesa «foi incompreendido pela maioria dos seus contemporâneos. Tentou-se explicar esta incompreensão argumentando que Bento XV foi avançado para a sua época; outros pensam que foi um homem do seu tempo, mas que enfrentou como poucos alguns aspectos do mundo em que lhe coube viver. Recentemente, Ives-Marie Hilaire define-o como um profeta mal-interpretado. De qualquer forma, parece claro que é um pontificado que a historiografia vai, progressivamente, reabilitando»[12].

3. Pio XI

a) O programa do seu pontificado

Pio XI (1922-1939) levou pouco tempo para publicar a sua primeira encíclica, na qual expôs o seu programa de ação. A *Ubi arcano*

---

(12) F. REQUENA, «*Benedicto XV. Un papa entre dos mundos*», em «Anuario de Historia de la Iglesia» VI, Pamplona, 1997, pp. 75-76.

veio à luz dia 23 de dezembro de 1922. Em suas páginas, seguindo Bento XV muito de perto o Papa fez uma análise da situação do mundo contemporâneo a ele. Um mundo que tinha saído de uma terrível guerra internacional, mas que ainda não tinha encontrado a verdadeira paz: «Porém, é preciso examinar antes de tudo a grandeza e gravidade deste mal e inquirir depois as causas e raízes, se se quer, como Nós queremos, colocar um oportuno remédio. É isto que por dever do Nosso Apostólico ofício Nos propomos começar com esta Encíclica e nunca cessaremos de procurar com toda a solicitude do Nosso ministério pontifício»[13].

Uma vez estabelecida a necessidade de encontrar uma causa, Pio XI enumera os males do mundo: existem conflitos internacionais, porque a conflitualidade entre as nações não diminuiu depois do Tratado de Versalhes; existem conflitos internos, tais como a luta de classes e o enfrentamento entre os partidos, que muitas vezes tendem apenas a interesses das partes; inclusive, na família não há paz, como tampouco existe paz em muitos indivíduos, vítimas da difusão de uma mentalidade contra a obediência e o esforço. Qual é a causa de todos esses males? O Papa não tem dúvidas: «Em má hora se afastaram os homens de Deus e de Jesus Cristo e, por isso, daquele estado feliz vieram a cair neste abismo de males; por essa mesma razão fracassa com frequência tudo quanto concebem para reparar os males e salvar o que ainda resta de tantas ruínas. Quis-se que Deus e Jesus Cristo fossem excluídos da legislação e dos governos, derivando toda a autoridade não já de Deus, mas dos homens, de tal modo que se conseguiu que as leis perdessem a garantia das únicas sanções verdadeiras e imperecíveis, assim como os princípios soberanos do direito, que, na opinião dos próprios filósofos pagãos, como Cícero, não podem derivar senão da lei eterna de Deus. Com isso desapareceram os próprios fundamentos da autoridade, quando se suprimiu a razão fundamental de que alguns tenham o direito de mandar e outros, de obedecer. Necessariamente toda a sociedade humana, sem apoiar-se em nenhuma base ou defesa sólidas, ficou completamente

---

(13) AAS 14 (1922), p. 676. Incluiremos as referências das AAS e tomamos a tradução de todos os textos de Pio XI da *Colección de encíclicas y documentos pontifícios (Concilio Vaticano II)*, tradução e índices de Mons. Pascual Galindo, Acción Católica Española, Madri, 1967.

sacudida, convertida em presa das facções que lutavam pelo poder, não tanto para assegurar os interesses da pátria, como os próprios e particulares»[14]. Segundo o Pontífice, a ausência de Deus criava grandes problemas não apenas na ordem política: a ausência de Deus na escola e na família produz efeitos ainda mais destrutivos para o bom funcionamento da sociedade humana.

Se a causa da ausência da paz é o afastamento de Cristo, o remédio não pode ser outro senão a paz de Cristo, confiada à Igreja. Os ensinamentos de Jesus Cristo sobre os valores espirituais e interiores, sobre a dignidade e santidade da vida, sobre a santidade sacramental do casamento e a consequente santidade da família: «essas e outras verdades que Ele trouxe do céu à terra entregou-as unicamente à sua Igreja, decerto com a promessa formal que a ajudaria e estaria sempre com ela e mandou-lhe que não deixasse de ensinar todas as nações com um magistério infalível até o fim dos séculos»[15]. Por isso, a Igreja Católica terá de ter uma função principal na resolução dos problemas do mundo e para conduzir a humanidade a uma sincera pacificação dos ânimos.

Por conseguinte, o remédio é a paz de Cristo, paz que nos séculos passados reinou, embora sempre com as limitações próprias da história humana. Pio XI teceu nesta primeira encíclica um tímido elogio da Cristandade medieval: época em que existia uma autêntica sociedade de nações fundamentada num código internacional cristão ao qual se podia fazer referência[16].

Segundo Pio XI, Cristo deve reinar em todo o ambiente da vida humana para solucionar os problemas do mundo: «daqui se infere, pois, que não pode existir qualquer paz verdadeira – a paz de Cristo tão desejada – enquanto todos os homens não seguirem os ensinamentos, os preceitos e exemplos de Cristo, tanto na vida pública, como na vida privada»[17]. O Papa resume essa desejável realidade numa única frase: «o reino de Cristo»[18]. Essas mesmas ideias aparecem no lema do

---

(14) AAS 14 (1922), p. 683.
(15) AAS 14 (1992), p. 688.
(16) AAS 14 (1922), p. 688.
(17) AAS 14 (1922), p. 689.
(18) AAS 14 (1922), p. 690.

seu pontificado que queriam também expressar a continuidade com os pontificados precedentes. Com efeito, São Pio X propôs-se «restaurar tudo em Cristo» e Bento XV procurou durante o seu governo levar a cabo uma obra de pacificação. «Insistindo no objetivo a que os Nossos dois Predecessores se propuseram, todos os Nossos esforços se concentrarão em realizar *a paz de Cristo no Reino de Cristo*»[19].

Após três anos da publicação desta encíclica, Pio XI escreveu outra inteiramente dedicada a manifestar a riqueza doutrinal e as consequências sociais do reino de Cristo. Em 11 de dezembro de 1925, publicou-se a encíclica *Quas primas*. Nela, o Papa afirmava que Cristo é rei não só enquanto Deus, mas também enquanto Homem, e que goza do sumo e absoluto império neste mundo. Um reino que é principalmente espiritual[20], mas também é um reino social[21]. O Papa Ratti descrevia os benefícios que traria à humanidade o reino efetivo de Cristo na sociedade: os laços de obediência desagregados pela mentalidade laicista seriam retomados com mais força[22]; restaurar-se-ia a liberdade da Igreja[23]; o culto público que toda a sociedade deve tributar a Deus voltaria a ocupar o seu justo lugar[24]; o próprio Cristo reinaria nas inteligências, nas vontades e no coração dos fiéis, que se tornariam servos bons e leais do reino celestial[25].

b) Pio XI e a crise da cultura da modernidade

Na encíclica *Quas primas*, Pio XI resume todos os males do mundo contemporâneo em uma palavra: o laicismo, qualificado como «peste que hoje infecta a sociedade humana»[26]. Segundo o Papa, o laicismo contemporâneo é o resultado de um longo processo histórico de secularização. Começou-se por negar à Igreja o direito de governar

---

(19) AAS 14 (1922), p. 691.
(20) AAS 17 (1925), p. 600.
(21) AAS 17 (1925), pp. 600-601.
(22) AAS 17 (1925), pp. 601-602.
(23) AAS 17 (1925), pp. 608-609.
(24) AAS 17 (1925), p. 609.
(25) AAS 17 (1925), pp. 609-610.
(26) AAS 17 (1925), pp. 604-605.

os povos para conduzi-los à felicidade eterna. Depois, a religião cristã foi equiparada a outras religiões falsas para enfim ser submetida ao poder civil, negando a liberdade da Igreja de Jesus Cristo. Contemporaneamente, alguns procuraram substituir a religião sobrenatural por um vago sentimento religioso natural, e em alguns Estados chegou-se ao extremo de se pensar que se podia prescindir de Deus, instaurando na sociedade a irreligião e o desprezo de Deus. As consequências deste processo de secularização são enumeradas na encíclica *Ubi arcano* e repetidas na encíclica *Quas primas*: «Quando se viu a semente da discórdia espalhada por todas as partes; inflamados entre os povos os ódios e as rivalidades que tanto retardam ainda o restabelecimento da paz; as querelas desenfreadas que com frequência se escondem sob as aparências de bem público e do amor pátrio; e, florescendo de tudo isto, as discórdias civis junto com um egoísmo cego e desagregado, apenas atento aos seus particulares benefícios e comodidades e medindo tudo por elas; destruída de raiz a paz doméstica pelo esquecimento e o relaxamento dos deveres familiares; quebrada a união e a estabilidade das famílias; e, enfim, sacudida e empurrada à morte a sociedade humana»[27].

Pio XI teve de enfrentar um grande número de crises ou, talvez mais claramente, manifestações da crise da cultura da modernidade. Algumas dessas manifestações atacavam diretamente os direitos da Igreja; outras implicavam a humanidade inteira; outras, por fim, negavam os direitos da Igreja, de Deus e do homem. Basta uma lista superficial de alguns dos fatos críticos, que apresentamos cronologicamente e não por ordem de importância, para atestar a gravidade da situação mundial neste período de 1922 a 1939: a política anticlerical do governo francês; a perseguição à Igreja no México; crise econômica mundial depois do *crash* da bolsa de valores de Nova York; política totalitária fascista, na Itália; a perseguição religiosa na Espanha; a política totalitária neopagã na Alemanha nacional-socialista; o ateísmo militante na Rússia comunista.

A noção de laicismo descrita na encíclica *Quas primas* serve ao Papa para explicar as causas dos distintos males que afligiram o mundo

---

(27) AAS 17 (1925), pp. 604-605.

durante o seu breve pontificado. Embora existam muitas circunstâncias mutáveis entre 1922 e 1939, a explicação última de que o Pontífice se serve para os vários fatores históricos a que fazem referências as encíclicas é sempre a mesma: a causa é o não reconhecimento dos direitos de Deus e de Cristo na sociedade humana.

Se olharmos rapidamente algumas das encíclicas de Pio XI poderemos verificar a afirmação anterior. Em 18 de junho de 1924, na encíclica *Maximam gravissimamque*, o Papa permitia aos bispos franceses dar vida às associações diocesanas que podiam garantir de forma eficaz os direitos da Igreja na França. Pio XI fazia um breve resumo da recente história das relações entre a França e a Santa Sé e qualificava como nefasto o projeto de separar os interesses da República dos da Igreja[28], concretizado nas leis de 1905. O Pontífice formulou um juízo muito positivo sobre a ação de São Pio X. As circunstâncias de 1924 são distintas e pode-se aceder a um acordo com o governo francês sobre a questão das associações diocesanas. Porém, o Papa adverte com clareza: «desejamos que ninguém se atreva a interpretar a nossa presente declaração de maneira alheia ao nosso pensamento, como se pretendêssemos com ela abolir as condenações feitas pelo nosso Predecessor de santa memória, Pio X, ou reconciliar-nos com as denominadas leis laicas. Visto que condenamos de igual maneira o que foi reprovado por Pio X e sempre que por "laicismo" se entenda um sentimento ou uma intenção contrária ou alheia a Deus e à religião, condenamos absolutamente esse laicismo e declaramos abertamente que deve ser recusado[29]. Pio XI tratou sempre de encontrar os espaços de liberdade para a Igreja e não hesitou em relacionar-se com qualquer tipo de regime, embora tenha considerado o estado sectário como a melhor maneira de regular as relações Igreja-Estado. O governo francês de então mostrou-se mais aberto que os seus antecessores, e o Papa aproveitou a ocasião. Na mente do Papa está clara, de todas as maneiras, a razão dos problemas da Igreja em França: o laicismo oposto aos direitos de Deus na sociedade.

---

(28) AAS 16 (1924), pp. 5-6.
(29) AAS 16 (1924), p. 10.

Uma causa similar encontra-se por trás da profunda crise econômica que golpeou o mundo depois da queda de Wall Street. Para muitos analistas da época, a crise econômica demonstrou o fracasso do liberalismo; simultaneamente, a economia dirigista de tipo socialista parecia a receita mais adequada para sair da crise. Pio XI dedicou duas encíclicas à referida crise, nas quais criticava tanto o liberalismo de Manchester como as soluções socialistas e comunistas. Movido por caridade apostólica, o Papa queria mobilizar os homens em direção à generosidade e solidariedade. Na encíclica *Nova impendet* (2 de outubro de 1931), Pio XI falou pela primeira vez diretamente da crise econômica e pediu aos cristãos um forte empenho para ir ao encontro dos mais necessitados. Um ano depois, em maio de 1932, foi publicada a encíclica *Caritate Christi*. O Romano Pontífice pintou um quadro obscuro: não existe sociedade que não sofra por causa da crise financeira, que se manifesta nos altos índices de desocupação com os consequentes sofrimentos de famílias e indivíduos. A causa de uma situação tão triste é a avareza, mãe de todos os pecados, que se difunde num mundo materialista, no qual Deus desapareceu do horizonte existencial de muitas pessoas. Mais concretamente, Pio XI critica «o sórdido individualismo, que tudo ordena e subordina ao próprio interesse sem ocupar-se dos outros, e, ainda pior, pisando com crueldade todos os seus direitos»[30]. Esse individualismo, característico do liberalismo econômico, encontrou espaço quando foi abandonada a lei do amor cristão e os sagrados princípios que encabeçavam toda a convivência social. Os sem Deus – comunistas e outros agitadores – aproveitaram-se da situação e «afanam-se audazes por romper todos os limites, por destroçar todo o vínculo da lei divina ou humana, por empenhar-se, abertamente ou em segredo, numa luta mais encarniçada contra a religião, contra o próprio Deus, executando esse diabólico programa: arrancar do coração de todos, mesmo das crianças, toda ideia e todo sentimento religioso, porque sabem muito bem que, uma vez retirada do coração humano a fé em Deus, poderão conseguir o que quiserem»[31].

---

(30) AAS 24 (1932), pp. 178-179.
(31) AAS 24 (1932), p. 180.

O laicismo não se identificava apenas com a política anticlerical das democracias ocidentais ou com o liberalismo econômico. Durante o pontificado de Pio XI, tomou muitas vezes o rosto do totalitarismo. O Papa deveria enfrentar problemas extremos em muitos países, principalmente no México, na Espanha, na Itália, na Alemanha e na Rússia. A análise da origem dos diversos totalitarismos conduz novamente ao grande mal dos tempos modernos: o laicismo, a substituição de Deus por uma visão meramente terrena da vida.

Pio XI dedicou especial atenção aos graves problemas que os governos emergentes da Revolução mexicana colocaram à Igreja. Em 1926, escreveu a encíclica *Iniquis afflictisque*, na qual denunciava a Constituição de 1917. O referido documento rejeitava os direitos de Deus e da Igreja na sociedade. A Constituição mexicana institucionalizou todos os desejos próprios de um laicismo militante: separação entre Igreja e Estado, não reconhecimento jurídico da Igreja, subordinação da Igreja aos magistrados civis, proibição do ensino religioso e da escola privada etc.[32] Seis anos mais tarde, em 29 de setembro de 1932, o Papa publicou uma segunda encíclica, *Acerba animi*, na qual tratou da suspensão do culto, decidida pelos bispos mexicanos. Ali, Pio XI afirmava que «esta perseguição do povo mexicano não só é uma grave ofensa contra o Deus eterno, porque persegue a sua Igreja, mas também é uma grave ofensa contra os fiéis cristãos, porque fere a sua fé e a sua consciência religiosa, e é ainda um avanço da ação dessa revolução que é o ateísmo, inimigo de Deus»[33]. O Papa Ratti não se cansou de clamar contra as injustas leis dos governos de Álvaro Obregón, Plutarco Elias Calles e Lázaro Cardenas: em 1937, foi publicada uma terceira encíclica: *Firmissimam constantiam*. Além de incentivar a Ação Católica no México, o documento elogiava a constância dos bispos, sacerdotes e leigos mexicanos na defesa da fé católica e «em resistir às imposições daqueles que, ignorando a divina excelência da religião de Jesus Cristo e conhecendo-a através das calúnias dos seus inimigos, enganam-se, crendo não poder fazer reformas favoráveis para o povo, se não for combatida a religião da grande maioria»[34].

---

(32) Cf. AAS 18 (1926), p. 220

(33) AAS 24 (1932), p. 329.

(34) AAS 29 (1937), p. 200. Muitos católicos reagiram contra essas medidas que

As graves dificuldades da Igreja no México deveram-se ao abandono da fé em Deus e à recusa do reino de Cristo. Algo semelhante acontecia na Espanha da II República. Em 3 de junho de 1933, o Papa dava à luz a encíclica *Dilectissima nobis*. Pio XI sublinha que a Igreja não está ligada a qualquer forma de governo, sempre que sejam salvaguardados os direitos de Deus e da consciência cristã. O Papa denuncia não a forma republicana, mas o ataque desencadeado contra aqueles direitos mediante a aprovação da lei sobre as confissões e congregações religiosas, movida por um verdadeiro ódio à religião[35]. Pio XI lamentou a separação entre Igreja e Estado. «A separação não é mais do que uma funesta consequência, como declaramos tantas vezes, especialmente na encíclica *Quas primas*, do laicismo, ou seja, da apostasia da sociedade moderna, que pretende afastar-se de Deus e da Igreja»[36]. A pretensão em querer excluir Deus da vida pública é absurda e prejudicial, mas mais absurdo é considerar o caso da Espanha católica, que tantos frutos deu à Igreja e à civilização. Os legisladores procuram laicizar completamente a sociedade, começando pela educação da juventude[37].

O caso espanhol irá agravar-se até a deflagração da Guerra Civil (1936-1939). Porém, o Papa tinha de enfrentar a perseguição anticatólica inclusive em sua amada Itália. Depois de alcançar, em 1929, o acordo com o regime fascista que punha fim à Questão Romana, as relações entre a Santa Sé e o governo de Mussolini encontraram muitas dificuldades. Os ataques desencadeados contra as associações

---

contrariavam a sensibilidade religiosa da maioria do povo mexicano. Neste contexto, e com o agravamento da política anticatólica, originaram-se as guerras dos chamados «cristeros», que por infelicidade causaram um banho de sangue com dezenas de milhares de vítimas. A atitude de Pio XI foi de firmeza diante das medidas injustas do governo, mas mesmo compreendendo a reação heroica dos «cristeros» o Papa rejeita o uso da violência. Sobre este argumento: cf. J. MEYER, *La cristiada*, Siglo XXI, México, 1973-1974. Para compreender a *forma mentis* dos dirigentes da revolução mexicana. Cf. E. KRAUSE, *Puente entre siglos. Venustiano Carranza*, F. C. E., México, 1985; *El vértigo de la victoria. Álvaro Obregón*, F. C. E., México, 1987; *Reformar desde el origen. Plutarco E. Calles*, F. C. E., México, 1987; e *General Misionero. Lázaro Cárdenas*, F. C. E., México, 1987.

(35) AAS 25 (1933), p. 962.
(36) AAS 25 (1933), pp. 264-265.
(37) AAS 25 (1933), p. 272.

juvenis da Ação Católica Italiana fizeram o Papa publicar a encíclica *Non abbiamo bisogno*, em 29 de junho de 1931. Pio XI denunciou o totalitarismo do regime, qualificado de «estatolatria pagã, em contradição tanto com os direitos naturais da família, tanto com os direitos sobrenaturais da Igreja»[38]. O Pontífice chama a combater «a boa batalha pela liberdade das consciências, mas não como alguém Nos fez inadvertidamente dizer, pela liberdade da consciência, frase equívoca e de que se abusou demasiado para significar a absoluta independência da consciência: coisa absurda na alma criada e redimida por Deus»[39]. Não era distinção superficial: a liberdade de consciência entendida em sentido liberal era um dos elementos essenciais da mentalidade laicista.

Se num regime fascista se deu uma substituição de Deus pelo Estado idolatrado, ainda mais grave foi a substituição da verdadeira religião pela fé neopagã na Alemanha nacional-socialista ou pela ideologia ateia do comunismo elevada a «religião de Estado» na Rússia. Em março de 1937, Pio XI publicou três encíclicas. O Papa tinha acabado de restabelecer-se de uma doença que muitos consideravam mortal, e a sua força quase octogenária surpreendeu o mundo: em 14 de março condenou o nacional-socialismo com a encíclica *Mit brennender Sorge*; no dia 19, na encíclica *Divini Redemptoris*, condenou o comunismo; no dia 28 de março, publicou a já citada *Firmissimam constantiam* sobre a perseguição religiosa no México.

Pio XI não usa meias palavras quando se refere ao nacional-socialismo que governava a Alemanha naquele momento. Embora o termo «nazismo» não apareça no texto, a intenção do Papa era evidente. Em 1933 a Santa Sé e a Alemanha tinham assinado uma concordata. O Papa Ratti não hesitava em travar relações com qualquer tipo de regime se considerasse possível garantir espaços de liberdade para a Igreja. A concordata converteu-se imediatamente em letra morta, mas, pelo menos, serviu de fundamento jurídico aos repetidos protestos da Santa Sé contra o governo alemão na defesa das liberdades não respeitadas. Em 1937 a situação agravou-se e o Papa decidiu levantar a voz.

---

(38) AAS 23 (1931), p. 302.
(39) AAS 23 (1931), pp. 301-302.

Na encíclica *Mit brennender Sorge*, Pio XI denunciou o uso blasfemo da religião por parte da ideologia nazista. O Papa exortava os alemães a permanecer fiéis à genuína fé em Deus, afirmando que «quem, com uma confusão panteísta, identifica Deus com o Universo, materializando Deus no mundo ou deificando o mundo em Deus, não pertence aos verdadeiros crentes»[40]. Tampouco possui fé verdadeira aquele que substitui Deus pelo destino impessoal, «seguindo uma suposta concepção pré-cristã do antigo-germanismo»[41]. Em seguida, Pio XI condenou a elevação da raça a norma suprema, qualificando o fato como autêntico culto idolátrico. E acrescentava: «Apenas espíritos superficiais podem cair no erro de falar de um Deus nacional, de uma religião nacional e empreender o louco objetivo de confinar Deus, criador do mundo, rei e legislador dos povos, ante cuja grandeza as nações *são como gotas de água num copo* (Is 40,15), nos limites de um só povo»[42]. Pio XI resumia o caráter pseudorreligioso do nacional-socialismo com duas palavras: «neopaganismo provocador».

O Papa estava preocupado com o abuso da linguagem religiosa cristã usada pelos nacional-socialistas. Por conseguinte, ele dedica uma parte importante da Encíclica ao esclarecimento de alguns termos: revelação é a palavra de Deus aos homens, e não sugestões provenientes do sangue e da raça para a erradicação da história de um povo; a fé consiste em ter por verdadeiro o que Deus revelou, e não a alegre e orgulhosa confiança no futuro do próprio povo; a imortalidade é a sobrevivência do homem, depois da morte terrena, e não uma sobrevivência coletiva na continuidade do mesmo povo para um futuro de duração indeterminada neste mundo etc[43]. Pio XI terminou a *Mit brennender Sorge* com um ato de fé na Providência e com o augúrio de um restabelecimento da paz entre Igreja e Estado. «Porém, se a paz, sem culpa Nossa, não vem, a Igreja de Deus defenderá os seus direitos e as suas liberdades em nome do Onipotente, cujo braço ainda hoje não se abreviou»[44].

---

(40) AAS 29 (1937), p. 148.
(41) AAS 29 (1937), p. 148.
(42) AAS 29 (1937), p. 149.
(43) AAS 29 (1937), pp. 156-158.
(44) AAS 29 (1937), pp. 166-167.

A situação alemã era verdadeiramente extrema, como também a do comunismo soviético. A *Divini Redemptoris* definia o comunismo bolchevique como «um sistema cheio de erros e sofismas, oposto à razão e à revelação divina; subversivo da ordem social porque destrói as suas bases fundamentais; desconhecedor da verdadeira origem, natureza e fim do Estado; negador dos direitos da personalidade humana, da sua dignidade e liberdade»[45]. Seria demasiado amplo mencionar todas as críticas que Pio XI dirige ao comunismo. Diremos, apenas, que o Papa o considera uma consequência das pretensões de alguns intelectuais do século XIX para libertar a civilização humana dos laços da moral e da religião. O comunismo é uma manifestação do processo de secularização laicista que destrói os fundamentos morais do homem, da família e da sociedade. Pio XI colocava o comunismo numa estreita relação com o liberalismo, não só porque este último provocou grandes injustiças sociais, mas também porque o liberalismo secularizou a sociedade. «E, para compreender como o comunismo conseguiu que as massas operárias o tenham aceito sem discussão, convém recordar que os trabalhadores já estavam preparados pelo abandono religioso e moral em que os deixara a economia liberal. Com turnos de trabalho, inclusive aos domingos, não se lhes dava tempo sequer para cumprir os seus deveres religiosos nos dias de feriado; não se pensava em construir igrejas junto das fábricas, nem em facilitar o trabalho do sacerdote; pelo contrário, continuava-se promovendo positivamente o laicismo. Já se recolhem os frutos dos erros tantas vezes anunciados pelo Nossos Predecessores e por Nós mesmos; assim, não deveríamos nos surpreender ao vermos que tantos povos amplamente descristianizados são já pavorosamente inundados e quase submergidos pela vaga comunista»[46].

O laicismo que Pio XI via por trás desses processos políticos e econômicos era também a causa da deterioração dos costumes sociais.

---

(45) AAS 29 (1937), p. 72.

(46) AAS 29 (1937), pp. 73-74. É significativo que no momento de dizer por que o comunismo foi uma força negativa e violenta da história do século XX, o coordenador de *O livro negro do comunismo* – um não católico carente de qualquer clericalismo – não duvida em citar parágrafos das encíclicas de Pio XI *Divini Redemptoris* e *Quadragesimo anno*. Ainda que Courtois critique a Igreja Católica, sustenta que o apelo do Papa Ratti «a respeito da dignidade humana é essencial». Cf. *Il libro nero del comunismo*, cit., p. 28.

O Romano Pontífice considerava que havia dois âmbitos da existência humana particularmente importantes, porque modelam o caráter de toda a sociedade: a educação e a família. O Papa dedicará duas encíclicas específicas a essas duas temáticas (*Divini illius Magistri*, de 31.12.1929, e *Casti connubii*, de 31.12.1930), advertindo, entre outras coisas, sobre os perigos da educação chamada laica ou neutra, que quer excluir Deus do ensino (cf. *Divini illius Magistri*, AAS 22 [1929], pp. 751-754), e, sobretudo, os erros contra a fecundidade, a indissolubilidade e o caráter sacramental do casamento cristão, erros que são frutos de uma mentalidade laicista neopagã (*Casti Connubii*, AAS 22 [1930], pp. 556-576).

Paralelamente, Pio XI esforçou-se por expor claramente a doutrina católica sobre a ordem social. Além das propostas nos documentos de gênero diverso em que se considera o laicismo e que já apresentamos, o Papa expôs na encíclica *Quadragesimo anno* os princípios que considerava essenciais à instauração de uma nova ordem social cristã. Seguindo as coordenadas de Leão XIII, Pio XI propõe uma relação harmônica entre capital e trabalho. Pio XI desejava que as classes econômicas, geradoras de conflitos, fossem substituídas enquanto atores sociais pelas corporações. O Papa tem em conta os grêmios medievais, embora evidentemente não desejasse o regresso ao passado, mas a constituição de uma nova sociedade baseada não na condição econômica, e sim nas funções sociais. Nesse contexto, louva novamente a ordem social própria da cristandade medieval. Pio XI continua a sua encíclica com uma análise das novas formas de socialismo, que ainda apresentam atenuações em relação às doutrinas comunistas, que continuam incompatíveis com o cristianismo. O documento termina com um apelo à regeneração dos costumes e à vivência da caridade social. Deve acrescentar-se que nesta encíclica se enuncia pela primeira vez de forma explícita o princípio da subsidiariedade.

O laicismo dominante impedia a vida contemplativa e a preocupação religiosa. «A mais grave enfermidade que aflige a nossa época – escrevia o Papa na encíclica *Mens nostra* de 20 de dezembro de 1929 –, «sendo fonte fecunda dos males que toda pessoa sensata lamenta, é a ligeireza e irreflexão que desvia os homens. Daí a dissipação contínua e veemente das coisas exteriores; daí a insaciável sede de riquezas e prazeres que pouco a pouco debilita e extingue nas almas o desejo de bens mais elevados e de tal maneira as enreda nas coisas exteriores e transitórias que não as deixa elevar-se à consideração das verdades eternas, nem das leis divinas, nem mesmo do próprio Deus, único princípio e fim de todo o universo criado, que, no entanto, por sua infinita bondade e misericórdia, atualmente e apesar da corrupção de costumes que tudo invade, não deixa de atrair os homens a si com abundantíssimas graças»[47]. Para Pio XI o mundo padecia de uma grave doença que impedia os homens de olhar para o alto. A paz de Cristo no reino de Cristo era o remédio. O Papa colocava muita confiança no papel que tinha de desenvolver a Ação Católica na cristianização da sociedade e na instauração do reino de Cristo. Definida como «a participação dos leigos no apostolado hierárquico da Igreja», a Ação Católica adquiriu uma grande importância durante os pontificados de Pio XI e de Pio XII.

Com Pio XI chegou-se – como se disse antes – à assinatura dos Pactos de Latrão entre a Igreja e o Estado italiano (1929). O Papa recuperava a independência devida mediante a criação do Estado da Cidade do Vaticano: independência necessária para exercer a sua função espiritual na Igreja Universal. Os pactos serão um dos efeitos mais positivos do regime fascista. Mussolini decidiu dar esse passo por motivos de realismo político. Contudo, o enfrentamento ideológico entre fascismo e cristianismo, apesar da aproximação institucional, não só continuou, mas agravou-se[48].

Afirmamos que a modernidade se identifica com um processo de secularização. Esse processo apresenta duas faces: a secularização, num sentido muito forte, baseado numa afirmação da autonomia absoluta do homem; e a secularização entendida como desclericalização das estruturas sociais, processo que deixa espaço para a legítima autonomia das realidades temporais. Pio XI foi muito consciente do primeiro aspecto. Com efeito, o laicismo se identificaria com a secularização entendida num sentido expressivo. Porém, os tempos ainda não estavam maduros para se perceber, de forma exaustiva, a positividade – segundo uma

---

(47) AAS 21 (1929), pp. 691-692.

(48) Para uma análise original e inteligente do fascismo e a sua relação com a Igreja: cf. G. K. CHESTERTON, *La ressurrezione di Roma,* Istituto di Propaganda Libraria, Milão, 1995.

perspectiva cristã, não clerical — da secularização entendida como desclericalização da sociedade. Naquela época, algumas sementes teológicas e pastorais preparavam uma mudança de comportamento em relação à autonomia relativa do temporal e da missão dos leigos na Igreja, que desembocará no Concílio Vaticano II[49].

4. Pio XII (1939-1958)

A Pio XI sucedeu o seu secretário de Estado, Eugênio Pacelli, que tomará o nome de Pio XII. O Papa Ratti apoiou-se muito no trabalho de seu secretário de Estado e, segundo contam numerosos testemunhos, preparou-o para que fosse seu sucessor e manifestou-o abertamente a muitos cardeais e a diferentes colaboradores. Parte desta preparação são as suas viagens internacionais. Pacelli foi nomeado Legado Pontifício ao Congresso Eucarístico Internacional, que aconteceu em Buenos Aires, em 1934; irá também como representante do Papa a Lourdes, em 1935, e dois anos mais tarde a Lisieux e Paris; em 1938, será legado pontifício no Congresso Eucarístico Internacional de Budapeste. Também tem particular importância a visita privada que fez aos Estados Unidos entre outubro e novembro de 1936. Nesta viagem, Pacelli teve a oportunidade de conhecer muitas realidades eclesiásticas e civis americanas e foi convidado pelo Presidente Roosevelt, que iniciava osegundo mandato.

A experiência na Alemanha, onde havia sido núncio entre 1917 e 1929, colocou-o no centro das dificílimas relações entre a Santa Sé e o III Reich. A concordata assinada em 1933 é obra sua, assim como os setenta protestos que a Santa Sé enviou a Berlim contra os incumprimentos alemães da concordata. O papel de Pacelli na redação da encíclica *Mit brennender Sorge* analisada anteriormente foi também de suma importância.

Nos últimos anos do pontificado de Pio XI a figura do secretário de Estado ocupou um posto cada vez mais central. Com os seus pre-

---

(49) Cf. *Ibidem*, p. 225. Cf. também Y. CONGAR, *Jalons pour une théologie du laïcat*, Cerf, Paris, 1953; B. MONDIN, *Storia della teologia*, ESD, Bolonha, 1997, pp. 446-567.

cedentes e levando-se em conta a situação internacional dramática – faltavam poucos meses para o início da Segunda Guerra Mundial – é fácil compreender que o Cardeal Pacelli fosse o *papabile* por excelência no momento de eleger o sucessor de Pio XI.

Se o trabalho mais destacado antes da sua eleição ao sólio pontifício foi o diplomático, há também em Pacelli uma alma sacerdotal repleta de zelo pastoral. Entre a documentação depositada no arquivo de família depreende-se que Pacelli obedeceu sempre aos superiores quando recebeu os diversos cargos, mesmo com relutância, porque em seu íntimo o que mais desejava era o trabalho pastoral com as almas. Assim expressa em numerosas oportunidades ao seu irmão e ao próprio Pio XI. Além disto, tem de assinalar-se como características da sua personalidade uma capacidade de trabalho extraordinária, uma memória prodigiosa e, sobretudo, uma vida espiritual profunda, centrada na Eucaristia e na devoção a Nossa Senhora.

a) A encíclica programática: Summi pontificatus

Publicada em 20 de outubro de 1939, a encíclica programática *Summi pontificatus* reflete o momento trágico da deflagração da Segunda Guerra Mundial. Segundo a tradição dos pontífices precedentes, Pio XII faz uma análise do mundo contemporâneo pintando um quadro com cores escuras. A crise chegou a tal extremo que «as angústias do presente e a calamitosa situação atual constituem uma apologia tão definitiva da doutrina cristã que talvez seja esse conjunto de circunstâncias que pode mover os homens mais do que qualquer outro argumento. Do gigantesco vórtice de erros e desse dilúvio de movimentos anticristãos colheram-se frutos tão amargos, que constituem uma reprovação e uma condenação, cuja eficácia supera qualquer refutação racional»[50]. A situação crítica do mundo deve-se ao progressivo afastamento da sociedade de Cristo e da sua lei de amor e verdade. Nesta conexão ideal com a *Quas primas* de Pio XI, Pacelli relaciona a indigência moral e espiritual do presente com os esforços por destronar Cristo.

---

(50) *Summi pontificatus*, n. 17 [texto completo em italiano, *AAS*, 31 (1939), pp. 454-480].

Pio XII não quer fazer uma lista ampla dos erros do mundo que lhe era contemporâneo. Nesta encíclica ele destaca a fonte dos males e se detém nos dois erros fundamentais: a necessidade da unidade do gênero humano e a absolutização do Estado.

Qual é a causa de tantos males? «Em primeiro lugar, é certo que a fonte primária e mais profunda dos males que hoje afligem a sociedade moderna brota da negação, da recusa de uma norma universal de retidão moral, tanto na vida privada dos indivíduos, como na vida política e nas relações internacionais; a própria lei natural fica sepultada debaixo da detração e o esquecimento»[51]. Afirma o Papa que o fundamento da lei natural encontra-se em Deus. O processo de secularização que se desenvolveu na Europa conduziu à negação da divindade de Cristo. De fato, a incredulidade excluiu Cristo da vida moderna «e com a fé em Cristo removeu também a fé em Deus», fundamento da ordem moral universal. Assim, a «laicização» da sociedade – Pio XI teria falado de laicismo – trouxe ao mundo um paganismo corrupto e corruptor, que não reconhece a diferença entre o bem e o mal[52].

Desta fonte surgem os dois erros que Pio XII quer denunciar. O primeiro é a negação da unidade e da igualdade do gênero humano, testemunhado pelas Sagradas Escrituras desde o Gênesis até o Novo Testamento. Esta verdade da qual o apóstolo Paulo se fez arauto «anuncia estas realidades ao mundo grego: *Deus tirou do mesmo tronco toda a linhagem dos homens para que habitasse na vasta extensão da terra, fixando a ordem dos tempos e os limites da habitação de cada povo para que procurassem a Deus* (At 17, 26-27). Esta é a razão pela qual podemos contemplar com admiração do espírito o gênero humano, unificado pela unidade de sua origem comum a Deus, segundo aquele texto: *Deus único e pai de todos, que está acima de todos e habita em todos* (Ef 4, 6); unificado pela unidade da natureza, que consta do corpo material e da alma espiritual e imortal; unificada pela unidade do fim próximo de todos e da missão comum que todos têm de realizar nesta vida presente; unificada pela uni-

(51) *Ibidem*, n. 20.
(52) *Ibidem*, n. 23.

dade da habitação, a terra, de cujos bens todos os homens podem desfrutar por direito natural para sustentar-se e adquirir a própria perfeição; unificada pela unidade do fim supremo, o próprio Deus, que todos devem prosseguir e pela unidade de meios para conseguir este fim supremo»[53]. É óbvio que Pacelli tem em mente as doutrinas racistas em voga, particularmente o nacional-socialismo. A unidade do gênero humano, tema de uma encíclica não publicada de Pio XI, reencontra, assim, um lugar principal nos ensinos de magistério do seu sucessor.

O segundo erro analisado por Pio XII consiste nas concepções que, «com intenção temerária, pretendem separar o poder político de toda a relação com Deus, do qual dependem, como sua causa primeira e supremo senhor, tanto os indivíduos como as sociedades humanas; tanto mais quanto desligam o poder político de todas aquelas normas superiores que brotam de Deus como fonte primária e atribuem a esse mesmo poder uma faculdade ilimitada de ação, entregando-a exclusivamente ao capricho volátil e flutuante ou às meras exigências configuradas pelas circunstâncias históricas e pelo logro de certos bens particulares»[54]. O Papa condena o absolutismo do Estado – tão presente nas doutrinas políticas que estão na base do nacional-socialismo, do fascismo e do comunismo, nesse momento no poder na Alemanha, Itália e Rússia, mas também presente de outra maneira no positivismo jurídico das democracias ocidentais –, mas não a soberania civil enquanto tal, que foi querida por Deus segundo as prescrições de uma ordem moral universal ao serviço da perfeição integral de todos os homens. O poder ilimitado do Estado prejudica os direitos das famílias e, mais concretamente, o direito dos pais a educar os seus filhos nas virtudes morais e religiosas. Também a ordem internacional é maltratada por esta concepção ilimitada do poder político, como se deduz do contexto histórico em que escreve-se a encíclica.

---

(53) *Ibidem*, n. 30.
(54) *Ibidem*, n. 39.

Pio XII menciona a suscetibilidade de alguns que pensam que a Igreja, com as suas intervenções públicas, quer usurpar os direitos da autoridade civil. Contra tais suspeitas «declaramos com sinceridade apostólica que a Igreja é totalmente alheia a tais propósitos, porque a Igreja abre os seus braços maternais a todos os homens não para dominá-los politicamente, mas para prestar-lhes toda a ajuda possível. Nem sequer a Igreja pretende invadir a esfera de competência própria das restantes autoridades legítimas, mas oferece-lhes a sua ajuda, penetrada pelo espírito do seu divino Fundador e seguindo o exemplo dAquele que *passou fazendo o bem* (At 10, 38)»[55].

Pacelli termina a sua primeira encíclica exortando à oração e à caridade para afrontar um tempo com enorme violência e ódio, com confiança plena em Deus, *autor e amante da paz*. O *New York Times* de 28 de outubro de 1939 estampava, em sua primeira página: «O Papa condena os ditadores, os violadores de tratados, o racismo». O chefe da Gestapo, Heinrich Müller, considerava que a encíclica «está dirigida exclusivamente contra a Alemanha, quer contra a ideologia, quer em relação à questão germano-polonesa»[56].

b) Pio XII e a Segunda Guerra Mundial

Desde o início de seu pontificado, Pio XII proclama palavras de paz para tratar de impedir que se deflagrasse um segundo conflito bélico mundial[57]. O clima internacional era incandescente, desde a *Anschluss*, invasão alemã à Tchecoslováquia, e as relações cada vez mais inamistosas entre a Alemanha e a Polônia. Em abril, o Papa enviou alguns telegramas aos embaixadores junto da Santa Sé de quatro nações – Alemanha, França, Inglaterra e Polônia – para convencê-los da

---

(55) *Ibidem*, n. 70.

(56) Citado in R. J. RYCHLAK, R, *Comments on Susan Zuccotti's Under his Very Windows»*, em «Journal of Modern Italian Studies», VII, 2, verão de 2002, p. 227.

(57) Para uma visão sintética e completa sobre este tema: cf. P. BLET, *Pio XII e la seconda guerra mondiale negli archivi vaticani*, San Paolo, Cinisello Balsamo, 1999. A Santa Sé publicou uma coletânea de documentos em vários volumes: *Actes et documents du Saint Siège relatifs à la II Guerre Mondiale*, Libreria Editrice Vaticana, Cidade do Vaticano, 1967-1981.

oportunidade de organizar uma conferência e resolver pacificamente as suas diferenças. As respostas, ainda que com cortesia, foram negativas. Em 24 de agosto, nas vésperas da Segunda Guerra Mundial, Pio XII transmitiu uma mensagem radiofônica com um caloroso apelo à paz: «Tudo está perdido com a guerra; nada se pode perder com a paz»[58]. Porém, em 1º de setembro de 1939, com a invasão da Polônia, dava-se início à tragédia. Em dezembro, o Papa pediu às potências combatentes que estabelecessem uma trégua para o Natal. Outra vez, Pio XII recebe respostas negativas.

Diante da impossibilidade de refrear a guerra, o Papa tratou de colocar os meios para evitar que a Itália entrasse no conflito. Recebeu o rei Vítor Manuel III no Vaticano e – coisa incomum para a época – retribuiu a visita no Quirinal. Porém, essa tentativa – apesar das negociações entre a Santa Sé e o Estado italiano – terminará em fracasso. Pio XII envolveu-se numa tentativa secreta para derrubar Hitler entre o fim de 1939 e início de 1940. Pacelli não o havia comunicado a ninguém e arriscou muito, mas pensava consigo que deveria fazer o possível para colocar a palavra «fim» ao conflito. Essa iniciativa, também liderada por alguns generais alemães opostos ao Führer, não deu em nada[59].

Maio e junho de 1940 são meses que marcam um agravamento da guerra, com a invasão alemã dos Países Baixos, Bélgica e Luxemburgo. Pio XII enviou telegramas aos soberanos dos três países, manifestando a sua comoção e o augúrio do restabelecimento da liberdade dessas nações. Esses telegramas provocaram a ira de Hitler e Mussolini e foram julgados demasiado fracos pelos Aliados.

Uma vez desvanecidas as possibilidades de mediação da paz, Pio XII porá toda a sua capacidade de trabalho ao serviço da caridade e da assistência das vítimas civis e militares da guerra em todas as frentes. Continuará levantando a voz contra a guerra, sobretudo através de radiomensagens de Natal, que analisaremos em breve. Assim, entramos num dos pontos mais «conflituosos» do pontificado de Pacelli: os seus supostos silêncios diante do holocausto do povo hebreu e a sua atitude

---

(58) *AAS* 31 (1939), p. 334

(59) Cf. G. SALE, «La Chiesa cattolica, l'antesemitismo e la *Shoah*», em *Il Novecento tra genocidici, paure e speranze,* Jaca Book, Milão, 2006, p. 65.

pouco enérgica frente ao nazismo. Muitas páginas foram escritas sobre o tema e a abertura atual dos arquivos possibilita uma leitura mais serena dos acontecimentos. Nas próximas páginas faremos um resumo das conclusões às quais chegaram alguns historiadores que trabalharam diretamente com os documentos.

Em primeiro lugar é preciso citar as declarações explícitas que Pio XII fez durante a guerra. Em sua primeira encíclica referiu-se à dolorosa situação polonesa: «É acaso necessário que vos declaremos que o nosso coração de Pai cheio de amor compassivo está ao lado de todos os seus filhos e, de modo especial, ao lado dos atribulados e perseguidos? Porque, embora os povos arrastados para o trágico turbilhão da guerra até agora sofrem, talvez, os começos das dores (Mt 24, 8), contudo, a morte e a desolação, o lamento e a miséria reinam já em inumeráveis famílias. O sangue de tantos homens, incluindo os não combatentes que pereceram, levanta um pranto fúnebre, sobretudo a partir de uma amada nação, a Polônia, que por sua tenaz fidelidade à Igreja e seus méritos na defesa da civilização cristã, escritos com caracteres indeléveis nos fastos da história, tem direito à compaixão humana e fraterna de todo o mundo e, confiando na Virgem Maria Mãe de Deus, *Auxilium christianorum*, espera o dia desejado em que possa sair salva da tormenta presente, de acordo com os princípios de uma paz sólida e justa»[60].

Na parte final da radiomensagem do Natal de 1941, Pio XII denuncia a perseguição contra a Igreja na Alemanha sem nomeá-la explicitamente, e conclui: «Nós amamos, Deus é testemunha, com igual afeto a todos os povos sem exceção alguma: e para evitar mesmo a única aparência de que nos mova o espírito partidista, impusemo-nos até agora a máxima reserva. Porém, as disposições contra a Igreja e os fins que se propõem são tais que nos sentimos obrigados, em nome da verdade, a pronunciar uma palavra inclusive para evitar que, mesmo entre os próprios fiéis, possa surgir algum desvio»[61].

No ano seguinte, no Natal de 1942, Pio XII referiu-se «às centenas de milhares de pessoas que, sem culpa alguma, por vezes, apenas por

---

(60) *Summi pontificatus*, n. 73.
(61) Radiomensagem, 24-XII-1941, n. 27.

razões de nacionalidade ou de raça, veem-se destinadas à morte ou a um progressivo aniquilamento»[62].

O discurso pronunciado pelo Papa na ocasião da festa de Santo Eugênio, em 2 de junho de 1943, foi de particular importância. Nele, Pio XII explica a sua reserva e discrição: «Não vos surpreendais, veneráveis irmãos e filhos diletos, se o nosso ânimo responde com solicitude particularmente primorosa e comovida à petição daqueles que se dirigem a nós com olhos de ansiosa oração, humilhados, como estão, por razões da sua nacionalidade ou da sua estirpe por grandes tragédias e as mais agudas dores e destinados, por vezes, ainda sem culpa própria, com constrangimentos exterminadores [...]. Nem esperareis que expuséssemos tudo o que tratamos e procuramos fazer para mitigar os seus sofrimentos, melhorar as suas condições morais e jurídicas, tutelar os seus imprescindíveis direitos religiosos, ajudar as suas necessidades. Toda palavra dirigida com este fim às autoridades competentes e toda a referência pública deveriam ser por nós ponderadas seriamente e medidas pelo interesse dos próprios danificados para não tornar, embora sem intenção, mais grave e insuportável a sua situação. Lamentavelmente, as medidas obtidas não correspondem à solicitude materna da Igreja em defesa desses grupos particulares, sujeitos às mais amargas desventuras [...] e o Vigário, embora pedindo apenas a compaixão e o retorno às normas elementares do direito e da humanidade, encontrou-se por vezes diante de portas que nenhuma chave queria abrir[63].

Portanto, é «por interesse dos próprios prejudicados para não fazer, embora sem querê-lo, mais grave e insuportável a sua situação», que o Papa fala com reserva. Pio XII considerava que, se tivesse falado com mais clareza, as represálias contra os católicos e os judeus poderiam ser mais terríveis. Há dois episódios que, sem dúvida, pesavam sobre o ânimo do Pontífice. O primeiro refere-se à Holanda. As igrejas cristãs holandesas tinham obtido das autoridades alemãs de ocupação que fossem dispensados da deportação de não arianos os judeus convertidos ao cristianismo antes da invasão alemã. Mesmo com a aceitação do pedido, os bispos católicos holandeses protestaram contra as medidas

---

(62) Radiomensagem, 24-XII-1942, n. 17.

(63) Discurso, 2-VI-1943, em *Actes et documents...*, cit, 3 (tomo II), doc. 510, p. 801.

antissemitas, citando também o telegrama que excluía os judeus convertidos. A resposta foi tremenda. Centenas de sacerdotes, religiosos, religiosas e leigos de origem hebreia (entre os quais Edith Stein e a irmã) foram presos e conduzidos aos campos de concentração. Segundo alguns testemunhos, quando, em agosto de 1942, Pio XII tomou conhecimento através da imprensa da notícia sobre a repressão alemã provocada pelo protesto dos bispos holandeses, ficou «pálido como um morto» e decidiu emitir um protesto contra as perseguições, que pensava publicar no *Osservatore Romano* nesse mesmo dia[64].

O segundo episódio refere-se à Polônia. Depois da ocupação alemã, a situação dos católicos poloneses era muito trágica. Alguns membros da hierarquia tinham pedido ao Papa palavras mais claras de condenação sobre o que estava acontecendo. Pio XII escreve uma carta de apoio aos bispos poloneses que termina nas mãos da Gestapo. A correspondência foi definida como ilegal. Mais à frente, o arcebispo da Cracóvia, Sapieha, escreve para Roma em fevereiro de 1942, informando sobre a situação dramática dos católicos poloneses. Sapieha entrega a sua carta ao capelão militar da Soberana Ordem Militar de Malta, dom Scavizzi, para que ele a levasse ao Santo Padre. Porém, imediatamente Sapieha arrepende-se e pede ao capelão militar que destrua a carta por medo das represálias. Mesmo assim, dom Scavizzi foi recebido pelo Santo Padre, que se comoveu quando ouviu as tristes notícias sobre a situação dos católicos e judeus na Polônia. Pio XII decide enviar outras cartas para apoiar o arcebispo Sapieha e outros bispos poloneses, e encarrega Mons. Paganuzzi de levá-las pessoalmente à Cracóvia para entregá-las ao prelado. Depois de uma viagem cheia de aventuras e enganos, Paganuzzi consegue se encontrar com Sapieha em 14 de agosto de 1942. Segundo o testemunho de Paganuzzi, o arcebispo «pegou a correspondência, abriu-a e leu-a [...]. Depois de uma longa pausa cheia de emoções [...] disse: " Agradeço muito ao Santo Padre [...]. Querido Monsenhor, não há ninguém mais agradecido do que nós, os poloneses, pelo grato e sensibilizado interesse do Papa [...]. No entanto, não é necessária uma demonstração pública do amor e interesse do Papa

---

(64) Cf. P. LEHNERT, *Pio XII. Il privilegio di servirlo,* Rusconi, Milão, 1984, p. 148ss.

pelas nossas dificuldades, quando tal demonstração não faria senão aumentá-las [...]. E este é o caso, Monsenhor [...]. Não sabe que se dou publicidade a estas coisas e me encontrassem em casa certos papéis não bastariam todas as cabeças dos poloneses para as represálias dos nazistas? Com certeza, Monsenhor, [...] sobre isto é melhor nem falar [...]. Não se trata apenas de judeus [...] aqui matam-nos a todos [...]. Que utilidade teria dizer uma coisa que todos sabem que existe? É natural que o Papa esteja conosco [...]. Porém, por que razão falar da condenação e do pranto do Papa, quando não vinha senão agravar os problemas de todos?»[65]. E, para reafirmar a ação de Sapieha, será o próprio arcebispo que escreverá diretamente ao Papa em 28 de outubro: «Pesa-nos muito não poder comunicar publicamente aos nossos fiéis as cartas de Sua Santidade. Porém, dariam o pretexto para novas perseguições e podemos já contar as vítimas das suspeitas que existem contra nós, por nos comunicarmos com a Sé Apostólica»[66].

Da leitura da correspondência entre o Papa e os bispos alemães deduz-se que Pio XII animava-os a valorizar a situação local e agir em consequência. Por sua vez, volta a explicar a sua reserva. Em fevereiro de 1940, escreveu ao bispo de Eichstätt: «Ali, onde o Papa queria gritar forte, impôs-se lamentavelmente um silêncio de espera: ali onde queria atuar e ajudar, impôs-se uma paciente espera»[67]. Em abril de 1943 escreveu a von Preysing, cardeal de Berlim: «Nós deixamos aos pastores que trabalham no sítio o cuidado de valorizar se e até que ponto o perigo de represálias e de pressões, assim como em outras circunstâncias devidas à duração e à psicologia da guerra, aconselham *ad maiora mala vitanda* a usar reserva, apesar das razões a favor da intervenção. É um dos motivos pelos quais nos impusemos a nós próprios alguns limites em nossas declarações»[68]. Neste intercâmbio epistolar com os bispos alemães não faltará o apoio decidido de Pio XII às intervenções muito audazes e valentes do bispo de Münster, von Galen[69].

---

(65) Q. PAGANUZZI, *Pro Papa Pio,* Cidade do Vaticano, 1970, pp. 52-56.

(66) *Actes et documents...,* cit, 3 (Tomo II), doc. 435, p. 668.

(67) *Ibidem,* 2, doc. 38, p. 125.

(68) *Ibidem,* 2, doc. 105, p. 324.

(69) Cf. S. FALASCA, *Un vescovo contro Hitler. Von Galen, Pio XII e la resistenza al nazismo,* Cinisello Bálsamo, 2006.

Depois de ter estudado uma vasta documentação, Tornielli finaliza: «Desta série de testemunhos e documentos podemos concluir que o Papa Pacelli estava convencido de ter dito tudo o que podia dizer e tinha decidido evitar o recurso a excomunhões ou condenações espetaculares – julgadas como inúteis para parar ou atenuar os massacres – para apontar uma mudança com o objetivo concreto de salvar a maior quantidade de vidas possível por meio de uma obra caritativa e assistencial, organizada também com a contribuição de alguns núncios apostólicos. Essa decisão do Papa foi levada a cabo, embora chegassem aos sagrados palácios romanos notícias terríveis, que se referiam também a perseguições contra bispos e sacerdotes católicos. Certamente, em termos numéricos, o sacrifício do clero católico foi incomparável em face da monstruosidade da *Shoah*. Porém, esta circunstância tornou compreensível que Pio XII não usou dois pesos e duas medidas, permanecendo em silêncio sobre a sorte dos judeus para ocupar-se de denúncias abertas dos seus sacerdotes»[70]. E Chenaux afirma: «A germanofilia de Pio XII, indiscutível, não pode *de per se* explicar o seu silêncio durante a guerra frente às perseguições nazistas. A reserva que se impôs explica-se fundamentalmente pela preocupação do pastor em que se tinha transformado, isto é, a de não fazer ou dizer nada que pudesse pôr em perigo a vida de milhões de católicos, em particular alemães, por quem se sentia responsável»[71]. Podemos reunir o testemunho de Harold Tittmann, encarregado de negócios do Presidente Roosevelt junto da Santa Sé, que viveu no Vaticano durante a guerra: «Pessoalmente, não posso pensar de outro modo senão que o Santo Padre, não protestando oficialmente, escolheu o melhor caminho e que, deste modo, salvou muitas vidas»[72].

A «reserva» de Pio XII não significava passividade. O Papa pôs-se à cabeça de uma vasta organização para salvar vidas humanas e para aliviar os sofrimentos das populações em conflito. Desde 1939, instituiu o *Ufficio Informazioni del Vaticano per i prigionieri di guerra.*

---

(70) A. TORNIELLI, *Pio XII. Eugénio Pacelli. Un uomo sul trono di Pietro,* Mondadori, Milão, 2007, p. 391.

(71) P. CHENAUX, *Pio XII. Diplomatico e pastore,* San Paolo, Cinisello Bálsamo, 2004, p. 383.

(72) H. TITTMANN, *Il Vaticano di Pio XII,* Corbaccio, Milão, 2005, p. 105.

Durante o conflito e até 1947, o departamento elaborou 2.100.000 fichas de prisioneiros e vítimas das perseguições. Ali trabalharam centenas de funcionários que conseguiram fornecer as informações aos parentes das pessoas desaparecidas. Acrescente-se que o *Ufficio* estava ao serviço de todos, sem distinção de raça ou credo. Efetivamente, foram examinados 102.026 pedidos de informação sobre israelitas. Além disto, Pio XII organizou uma vasta rede de caridade, que distribuía roupas, alimentos e dinheiro às pessoas com dificuldades, tanto aos militares como aos civis. Dispôs generosamente do seu patrimônio pessoal a favor dos necessitados. Em solidariedade a todas as pessoas que sofriam as penúrias da guerra, decidiu não ligar o aquecimento do Vaticano. Sempre disponível para aliviar as dores alheias, passava bastante tempo em audiência para receber os soldados de todos os exércitos, os feridos e os mutilados de guerra, as famílias que tinham perdido parentes etc.[73].

Muito conhecida é a decisão do Papa, em 1943, de abrir as portas das instituições religiosas de Roma a todos os hebreus perseguidos pelas forças de ocupação alemã. Calcula-se que 4.447 judeus foram salvos por esta decisão. Há uma ampla bibliografia sobre o tema[74].

Em 1944, Pio XII interviu diretamente para evitar as deportações dos judeus da Hungria com um telegrama dirigido ao regente Horthy. Contidas as deportações, recomeçaram lamentavelmente depois da queda do governo Horthy. O trabalho levado a cabo a favor dos hebreus pelos núncios apostólicos da Hungria, Romênia e Eslováquia terão não só o apoio do Papa, mas em grande medida essas iniciativas tiveram as suas precisas indicações[75].

Os testemunhos de numerosos expoentes do mundo judeu depois da morte de Pio XII lançam muita luz sobre a informação de que dispunha o Pontífice antes da polêmica sobre os «silêncios»

---

(73) Entre os muitos testemunhos sobre a ocasião é particularmente comovente o da Irmã Pasqualina Lehnert (1894-1893), que serviu Pacelli do período da nunciatura de Munique até a morte. Soror Pasqualina conta muitos fatos que destacam a caridade heroica de Pio XII. Cf. P. LEHNERT, *Pio XII. Il privilegio di servirlo,* cit., em particular o capítulo VI: *La tiara, corona di spine. La seconda guerra mondiale.*

(74) Cf. A. GASPARI, *Los judíos, Pio XII e a leyenda negra,* Planeta Testimonio, Barcelona, 1999.

(75) Cf. G. SALE, *La Chiesa Cattolica, l'antisemitismo e la Shoah,* cit., pp. 70-84.

de Pacelli. Golda Meir, ministra das relações exteriores de Israel, enviou o seguinte telegrama ao Vaticano: «Participamos da dor da humanidade pela morte de Sua Santidade, o Papa Pio XII. Num período perturbado por guerras e discórdias, ele soube manter os mais altos ideais da paz e caridade. Durante o martírio espantoso que sofreu o nosso povo nos dez anos do terror nazista, a voz do Pontífice levantou-se a favor das vítimas. A vida daqueles tempos foi enriquecida por uma voz que proclamava acima dos tumultos do conflito cotidiano, as maiores verdades morais. Nós choramos a morte de um grande servidor da paz»[76]. O Grande Rabino de Londres escreve: «Nós, os da comunidade hebreia, temos razões particulares para nos doer a morte de uma personalidade que, em toda a circunstância, demonstrou uma preocupação valente e concreta com as vítimas do sofrimento e da perseguição»[77]. O Grande Rabino de Roma, Elio Toaff, assim se exprimia: «Tivemos a oportunidade de beneficiar-nos mais do que ninguém da grande e caritativa bondade e magnanimidade do chorado Pontífice durante os anos de perseguição e terror, quando toda a esperança parecia morta para nós»[78]. Por sua vez, o presidente de Israel, Izthak Ben-Zvi, fez-se porta-voz «dos sentimentos de numerosos refugiados hebreus, salvos da morte e da tortura por intercessão de Pio XII»[79]. A lista dos testemunhos é ainda mais longa, porém, bastam esses exemplos como amostragem dos sentimentos dos judeus na segunda metade do século XX[80].

---

(76) Citado por A. TORNIELLI, *Pio XII...*, cit, p. 571.

(77) Citado no artigo «Nel mondo in lutto continuano le manifestazioni di suffragio, di sincero cordoglio e di devozione», em *L'Osservatore Romano*, 11-X-1958.

(78) Citado na *La civiltà cattolica*, 1961, I, p. 458.

(79) Citado em *Christian News from Israel*, vol. IX, n. 3-4, dezembro 1958.

(80) Para outros testemunhos de agradecimento dos hebreus: cf. D. G. DALIN, *La leggenda nera del Papa di Hitler*, PH Casale Monferrato, 2007, pp. 161-168. Este autor – rabino americano – conta um fato importante: «Em 26 de maio de 1955, a Orquestra Filarmônica de Israel voou a Roma para uma execução especial da sétima sinfonia de Beethoven na Sala do Consistório no Vaticano, exprimindo a gratidão duradoura pela ajuda que o Papa e a Igreja Católica deram ao povo judeu. Que a Orquestra Filarmônica de Israel fosse unida num tal modo ao mundo hebreu em honrar calorosamente as iniciativas e o rasto de Pio XII é de um significado mais do que casual. É inconcebível que o governo israelita tenha pago todas as despesas da viagem da filarmônica para deslocar-se a Roma para um concerto especial com a intenção de homenagear um líder eclesiástico considerado o papa de Hitler.

c) A ordem internacional e a democracia

Pio XII expôs o seu magistério social principalmente por meio de radiomensagens. Nelas, o Papa apresenta os princípios jurídicos que deveriam estar na base da nova ordem mundial e da nova sociedade. A crise da Segunda Guerra Mundial era tão profunda que se tratava de reconstruir a partir das ruínas uma ordem social mais equivalente com a dignidade do ser humano. O Papa Pacelli parte de uma concepção teológico-metafísica que contempla a ordem estabelecida por Deus pela criação. O homem, mediante o pecado, não foi fiel a esse projeto divino e introduziu a desordem. Este estado de coisas deve mudar, e é preciso lutar por uma ordem da sociedade que reflita a ordem divino-natural. Nesta perspectiva, a dignidade do ser humano e os direitos consequentes são o elemento básico da ordem social.

Frente aos totalitarismos que ensanguentaram o mundo durante a primeira metade do século XX, a voz do Papa eleva-se para despertar as consciências e dá esperança às pessoas de boa vontade para esta obra de reconstrução. Muitas das suas intervenções são pronunciadas em tempo de guerra: Pacelli não quer esperar a paz, mas começa o seu magistério social quando ainda ressoam as bombas do conflito.

Na véspera do Natal de 1941, Pio XII lançou a sua radiomensagem *Nell'alba e nella luce*. Desde as primeiras palavras, Pacelli analisa a origem do conflito bélico: o afastamento da sociedade da fé e do amor de Deus provocaram esta tragédia. Trata-se de um processo de «descristianização» que levou à «anemia religiosa»[81]. Seguindo os ensinamentos de Bento XV, Pio XII recorre à tripla concupiscência de que fala São João em sua primeira epístola para descrever a atitude existencial de muitos homens e mulheres que se revoltaram contra o verdadeiro cristianismo.

Pelo contrário, a histórica visita a Roma da Filarmônica de Israel para tocar no Vaticano ao Papa Pio XII foi um gesto único de reconhecimento e de gratidão coletiva a um grande líder mundial e amigo do povo hebreu para o seu papel decisivo em salvar as vidas de centenas de milhares de hebreus» (pp. 165-167).

(81) Radiomensagem, 24-XII-1941.

Na parte principal da radiomensagem, o Papa sublinha os princípios que devem servir de base para a paz duradoura. Pio XII recorda à humanidade que um tratado de paz não fundamentado na justiça e na moral poderia levar à terceira guerra mundial, como demonstra a história recente da Europa. A nova ordem internacional há de erguer-se sobre «a rocha indestrutível e imutável da lei moral, manifesta pelo mesmo Criador mediante a ordem natural e esculpida por Ele nos corações dos homens com caracteres indeléveis; a lei moral, cuja observância deve ser inculcada e promovida pela opinião pública de todas as nações e de todos os Estados com tal unanimidade de voz e de força, que ninguém possa atrever-se a colocá-la em dúvida ou a debilitar a sua força obrigatória»[82].

Imediatamente depois desta premissa, Pio XII enumerou alguns pressupostos essenciais da ordem internacional: «1) No campo de uma nova ordem fundamentada sobre os princípios morais não existe lugar para a lesão da liberdade, da integridade e da segurança de outras nações, qualquer que seja a sua extensão territorial ou capacidade defensiva. [...] 2) [...] não existe lugar para a opressão exposta ou velada das peculiaridades culturais e linguísticas das minorias nacionais, para a redução da sua própria capacidade econômica, para a limitação ou abolição da sua natural fecundidade. [...] 3) [...] não existe lugar para os estreitos cálculos egoístas, que tendem a limitar para si as fontes econômicas e as matérias de uso comum, de tal forma que as nações menos favorecidas por natureza fiquem excluídas [...] 4) [...] não existe lugar – uma vez eliminados os focos mais perigosos de conflitos armados – para uma guerra total, nem para uma desenfreada corrida aos armamentos [...]; não existe lugar para a perseguição da religião e da Igreja»[83]. Neste contexto, Pio XII denunciou a perseguição contra a Igreja na Alemanha, sem nomeá-la.

No ano seguinte o Papa voltou a falar sobre questões político-sociais em sua radiomensagem de Natal. Desta vez, concentrou-se na ordem interna das nações. Partindo da definição agostiniana da paz – *tranquillitas ordinis* –, Pacelli divide a sua intervenção referindo-se,

---

(82) *Ibidem*, n. 17.
(83) *Ibidem*, n. 19.

em primeiro lugar, à convivência social tranquila. Insistindo na visão da ordem natural querida por Deus, recorda que a causa e o último fundamento da vida encontra-se em Deus. A origem e o fim essencial da sociedade «há de ser a conservação, o desenvolvimento e o aperfeiçoamento do ser humano»[84]. Os cinco pontos fundamentais para a ordem e a pacificação da sociedade humana são o respeito da dignidade do ser humano e os seus direitos naturais; a defesa da família; a consciência da dignidade do trabalho e o respeito das suas prerrogativas; a reintegração do ordenamento jurídico sobre as bases divinas e naturais contra o positivismo e o utilitarismo dominantes; a concepção do Estado segundo o espírito cristão, que se concretiza em «reinar é servir»[85.]

A radiomensagem de Natal de 1944 tem um valor particular. Nela, Pacelli sublinha os princípios sobre os quais se deveria apoiar o trabalho de reconstrução no âmbito jurídico-político. Em sua intervenção, «manifesta uma aberta simpatia pela democracia, não tanto na forma de regime, mas, sobretudo, sintetiza Chenaux, como um sistema de valores (um ideal) conforme aos postulados da lei natural e em perfeita consonância com o espírito do Evangelho»[86], superando as reservas que tinha Pio XI sobre a democracia.

O Papa adverte que existe uma tendência maioritária no mundo em favor da democracia. Imediatamente esclarece que fala de democracia num sentido amplo, ou seja, num sentido que admite as distintas formas de governo. A realização de uma democracia autêntica e sã deve colocar-se num marco de referência moral baseada em Deus e reconhecida pela razão: «Apenas a clara inteligência dos fins assinalados por Deus a todas as sociedades humanas, unida ao sentimento profundo dos deveres sublimes do trabalho social, pode colocar aqueles a quem se confiou o poder em condições de cumprir as suas próprias obrigações de ordem legislativa, judicial ou executiva, com aquela consciência da própria responsabilidade, com aquela generosidade, com aquela incorruptibilidade, sem as quais um governo

---

(84) Radiomensagem, 24-XII-1942, n. 9.

(85) *Ibidem.*

(86) A. TORNELLI, *Pio XII. Un uomo sul trono di Pietro,* cit., p. 444.

democrático dificilmente conseguiria obter o respeito, a confiança e a adesão da melhor parte do povo»[87].

Além disso, a democracia implica a consideração da multidão dos homens de uma sociedade não como massa amorfa, facilmente manipulável, mas como povo. O povo «vive da plenitude da vida dos homens que a compõem, cada um dos quais – em seu próprio cargo e à sua maneira – é a pessoa consciente de suas próprias responsabilidades e de suas próprias convicções. [...]. A massa é inimiga capital da verdadeira democracia e do seu ideal de liberdade e igualdade. Num povo digno de tal nome, o cidadão sente em si mesmo a consciência da sua personalidade, dos seus deveres e dos seus direitos, da sua liberdade unida ao respeito da liberdade e dignidade dos outros»[88].

Pio XII acrescenta que os dotes morais, intelectuais e práticos dos governantes «é uma questão de vida ou morte» de uma autêntica democracia. Voltando a algumas ideias da sua encíclica programática, Pacelli afirma que «uma sã democracia fundada sobre os princípios imutáveis da lei natural e da verdade revelada será decididamente contrária àquela corrupção que atribui à legislação do Estado um poder sem freios e sem limites e que faz também do regime democrático, apesar das aparências contrárias, mas vãs, puro e simples sistema de absolutismo»[89].

Antes desta importante radiomensagem, o Papa havia se referido à finalidade última do poder político. Em 1941, afirmou: «Tutelar o intangível campo dos direitos do ser humano e tornar possível o cumprimento dos seus deveres deve ser a função essencial de todo o exercício público do poder. Este não traz consigo, por acaso, o significado genuíno do bem comum, a cuja promoção está chamado o Estado»[90]. O texto é significativo, porque marca uma evolução na concepção do bem-comum. No passado, e, particularmente, com Leão XIII, o bem comum foi considerado um conjunto de bens morais. Sem deixar de

---

(87) Radiomensagem, 24-XII-1944.

(88) *Ibidem*.

(89) Sobre a radiomensagem de Natal de 1944: cf. G. SALE, «Il radiomessagio natalizio di 1944. Pio XII e la democrazia», em *Il Novecento tra genocidi, paure e speranze*, cit., pp. 153-169.

(90) Radiomensagem, 24-XII-1941.

dar-lhes valor, Pio XII apresenta o bem comum numa perspectiva jurídica que gira em torno dos direitos da pessoa humana.

d) Um mundo dividido em dois blocos

O fim da Segunda Guerra Mundial não comportou um desaparecimento das tensões internacionais. O poder soviético aproveitou a vitória bélica dos aliados para espalhar-se por toda a Europa central e oriental. A partir de 1947, pode-se falar de «uma guerra fria» entre os dois blocos em que se dividiu o mundo: o bloco ocidental, sob a hegemonia dos Estados Unidos, e o bloco oriental, guiado pela União Soviética. A difusão do comunismo colocava sérios obstáculos à missão da Igreja em muitos países. Figuras de importância na Igreja nos países da Europa Oriental – Wyscinski, na Polônia; Mindszensty, na Hungria; Stepinac, na Croácia – sofreram uma perseguição fortíssima; as igrejas católicas de rito bizantino foram suprimidas e assimiladas pelas igrejas ortodoxas; reduziu-se ou, em casos extremos, eliminou--se a possibilidade de professar publicamente a fé[91]. Pio XII protestou abertamente contra essas violações dos direitos individuais e tratou de estar o mais próximo possível das populações submetidas ao regime marxista. O decreto do Santo Ofício de 1º de julho de 1949, que proibia todo tipo de colaboração com o comunismo, deve ser inserido neste quadro internacional.

O anticomunismo evidente de Pacelli, em plena continuidade com os seus predecessores, como não podia deixar de ser, não significou um alheamento automático com o bloco ocidental. Pio XII sentia grande apreço pelos Estados Unidos e pelo presidente Roosevelt, que tinha enviado à Santa Sé um representante pessoal, mas não alinhou na cruzada anticomunista de Truman. O Papa preferia ver o mundo como uma unidade, baseada na ordem moral desejada por Deus. Na radiomensagem de Natal de 1947 expressou-se da seguinte maneira: «A Nossa posição entre as duas partes opostas está livre de toda a prevenção de

---

(91) Cf. F. HUBEŇAK, *La Iglesia del silencio*, em *Política y Religión. Historia de una incomprensión mutua* (R. Bosca e J. E. Miguens, orgs.), Lumière, Buenos Aires, 2007, pp. 271-311.

um ou outro povo, de uma ou outra nação, como é estranha a toda a consideração de ordem temporal. Estar com Cristo ou contra Cristo: eis aqui toda a questão»[92]. Em 1951, embora houvesse distinções entre os dois blocos, criticou «a debilidade lamentavelmente difundida em todo o mundo que gosta de chamar-se com ênfase "mundo livre"»[93]: a autêntica paz apenas se conseguirá quando for construída uma ordem cristã, perseguida no Oriente, mas também pouco realizada no Ocidente materialista e secularizado.

e) A unificação europeia e a descolonização

Na conjuntura internacional que se criou depois da guerra, Pio XII enfatizou dois processos que estavam dando os primeiros passos: a união europeia e a descolonização da África e da Ásia. Em relação à primeira, encontramos em Pacelli um europeísta convicto: uma Europa unida, consciente da cultura cristã, que é a base da sua identidade, podia exercer um papel de mediação entre os dois blocos. Pio XII não se contentava com uma união meramente econômica, mas desejava uma unidade política e cultural que se pusesse ao serviço de um mundo harmônico e solidário. O Papa foi inclusive favorável à criação de uma autoridade comum capaz de falar a uma só voz. Pio XII apoiou diretamente todas as intenções empreendidas depois da Segunda Guerra Mundial para a criação de uma Europa unida, que poderia servir de contenção entre os Estados Unidos e a União Soviética. Os principais promotores deste projeto foram, em sua maioria, políticos católicos, entre os quais Robert Schumann, Konrad Adenauer e Alcide de Gasperi[94]. Pio XII saudou com grande alegria a assinatura, precisamente em Roma, do Tratado que deu origem à Comunidade Econômica Europeia, em 25 de março de 1957. Em sua alocução de 28 de março, o Romano Pontífice afirmou: «Acreditamos que os países da Europa que admitiram o princípio de delegar uma parte da sua

---

(92) Radiomensagem, 24-XII-1947.
(93) Radiomensagem, 24-XII-1951.
(94) Cf. J. L. de IMAZ, *Los constructores de Europa*, Fundación Carolina, Buenos Aires, 2008.

soberania num organismo supranacional tomem um caminho saudável, do qual possa emergir para eles próprios e para a Europa uma vida nova em todos os campos, um enriquecimento não só econômico e cultural, mas também espiritual e religioso»[95]. Depois do falecimento de Pio XII, o periódico francês *Le Monde* escreveu: «Talvez não haja um âmbito da vida pública em que se tenha empenhado mais do que na união da Europa»[96]. É preciso acrescentar que em 1947 o Papa nomeou São Bento de Núrsia como padroeiro da Europa.

No que se refere à África e Ásia, o fim da guerra trouxe consigo o início do processo que, nos anos seguintes, conduziu à independência de muitos países afro-asiáticos. «Não é infundado afirmar que Pio XII soube acompanhar o processo de descolonização em curso tanto na África como na Ásia, levando a termo o processo de dissociação entre o destino da Igreja e a das ex-potências coloniais»[97]. Ao longo do seu vasto magistério missionário e caminhando pela senda marcada por seus predecessores Bento XV e Pio XI, o Papa recordava que o papel do missionário não é transferir a cultura europeia para os outros continentes, mas difundir a semente do Evangelho, que pode germinar em toda a cultura, desde que não se oponha à ordem moral. Manifestação clara desta atitude é a suspensão das proibições relativas aos ritos chineses e indianos, visto que não estavam em contraste com a fé católica, mas consistiam em manifestações culturais legítimas.

Pio XII valeu-se da colaboração de Mons. Celso Costantini, secretário da Congregação da *Propaganda Fide*, para levar adiante o programa dirigido a «desocidentalizar» as missões. Lamentavelmente, este louvável projeto teve também o seu lado negativo: o perigo do nacionalismo das ex-colônias que queriam também «nacionalizar» as instituições católicas nos seus territórios. O caso mais doloroso é o chinês, já que nos anos cinquenta se criou a Associação Patriótica dos católicos chineses, condenada por Pio XII em 1957.

Pio XII afirmou o direito à autodeterminação dos povos. Na mensagem natalícia de 1955, dizia: «Não pode ser negada nem obstaculi-

---

(95) AAS 49 (1957), p. 966.
(96) *Le Monde,* 10 de outubro de 1958. Citado por P. CHENAUX, *Pio XII...,* cit., p. 315.
(97) *Ibidem,* p. 344.

zada a esses povos uma justa e progressiva liberdade política»[98], embora também advertisse sobre o perigo de «queimar etapas». Dois anos depois, em 1957, acrescentava: «A Igreja, que no decurso dos séculos viu nascer e acrescentar-se a tantas nações, não pode hoje senão prestar particular atenção ao acesso de novos povos às responsabilidades da liberdade política. Muitas vezes convidamos as nações interessadas a proceder por este caminho com espírito de paz e de compreensão recíproca» (1957-VI-14).

$$* * *$$

O magistério de Pio XII é muito vasto. Algumas das suas encíclicas constituem uma referência indispensável para diversas disciplinas teológicas. Entre as grandes encíclicas temos de citar a *Mistici corporis* (1943.VI.29), sobre a Igreja; a *Divino afflante Spiritu* (1943.IX.30), sobre o estudo da Sagrada Escritura, que abria novas perspectivas à exegese bíblica com grande sensibilidade para o método histórico-crítico, e a *Mediator Dei* (1947.XI.20), sobre a liturgia, em que o Papa constatava os progressos obtidos pelo movimento litúrgico da primeira metade do século XX, ao mesmo tempo que procurava corrigir algumas práticas equivocadas. O influxo do magistério de Pacelli está demonstrado por numerosas citações de seus escritos nos documentos do Concílio Vaticano II, que torna Pio XII o autor mais citado do acontecimento conciliar.

No que se refere ao fio condutor desta parte do livro – as relações entre a Igreja Católica e o mundo contemporâneo dentro do processo de secularização – é preciso destacar que Pio XII sublinha a importância do direito natural como base da nova ordem internacional e da estrutura interna das sociedades políticas. Embora não faltem chamados à construção de uma «ordem cristã», o Papa confia na comum natureza racional humana, criada por Deus e destinada a Deus, para criar âmbitos de entendimento entre os povos e as culturas. Os seus contínuos apelos à lei natural estabelecem uma afinidade particular com o pontificado de Bento XVI.

---

(98) Radiomensagem, 24-XII-1955.

A morte de Pio XII foi chorada por grande parte da humanidade. Muitos perguntavam-se como alguém pode suceder ao Papa, com suas qualidades morais, espirituais e intelectuais. A Providência encarregar-se-ia disso. As polêmicas surgidas nas últimas décadas, sobretudo desde 20 de fevereiro de 1963, com a estreia de *O vigário*, obra dramática de Rolf Hochhuth em que o autor denuncia os «silêncios» de Pio XII diante do Holocausto[99], não fazem justiça ao grande Papa, que em breve esperamos ver elevado aos altares.

---

(99) Em entrevista ao *L'Osservatore Romano*, a Paolo Mieli, historiador, diretor do *Corriere della Sera* e judeu de raça e religião, afirma: «Estou convencido que as acusações contra ele são fruto de um ódio nascido na segunda metade da década de 1940 e na década de 1950. A literatura hostil a Pio XII é posterior ao fim da guerra. Na Itália, começa depois da ruptura do governo de unidade nacional de 1947 e intensifica-se durante a década de 1950. Todo esse depósito de ódio ou de uma forte aversão emergiu nos anos seguintes. Além disso, se viesse à luz imediatamente, os judeus que haviam sido salvos graças a esta Igreja não teriam permitido que se dissesse e escrevesse o que se disse e escreveu. Quando se produziu vinte ou trinta anos depois, todas as testemunhas, todos os que se salvaram – estamos falando de milhares de pessoas – já não viviam, e a nova geração dos seus filhos absorveu essas acusações. De fato, quem resistiu e resiste a essas acusações? Os historiadores» (*L'Osservatore Romano,* edição espanhola, 17 de outubro de 2008, p. 10).

XIV. Do Vaticano II
a João Paulo II

Morto Pio XII em outubro de 1958, o Patriarca de Veneza, Ângelo Roncalli, viajou a Roma para tomar parte no Conclave. Depois do longo e intenso pontificado de Pio XII, os eleitores procuram um cardeal de certa idade: na mente dos cardeais, tratava-se de instaurar um pontificado de transição. Em 28 de outubro de 1958, o cardeal Roncalli torna-se João XXIII. Tinha então 77 anos[1].

Os quase cinco anos de pontificado estão determinados por um acontecimento decisivo: a convocatória do Concílio Vaticano II. O Papa atribuiu a ideia a uma iluminação divina. Comenta a iniciativa com alguns colaboradores íntimos, mas surpreende o colégio de cardeais quando dá a notícia depois de uma cerimônia na basílica de São Paulo Extramuros, na sala do capítulo da abadia beneditina anexa. Com o concílio, João XXIII convoca um sínodo para a diocese de Roma e a revisão do Código de Direito Canônico de 1917.

O Papa inaugurará o Concílio em 11 de outubro de 1962, na presença de dois mil e quinhentos bispos e, pela primeira vez, de observa-

---

(1) Para um panorama sintético do pontificado de João XXIII. Cf. P. TINEO, «Juan XXIII y el despertar de una nueva época» em «Anuário de Historia de la Iglesia» (Pamplona), VI, 1997, pp. 127-153.

dores de outras confissões religiosas, e participará na primeira sessão. João XXIII tinha concebido um concílio eminentemente pastoral, que levasse em conta os «sinais dos tempos» – expressão sua que depois se difundiria na linguagem eclesiástica – e que supunha um «pôr em dia» da Igreja (*aggiornamento*) em plena fidelidade à tradição. As esperanças postas neste evento manifestam uma das características mais acentuadas da personalidade de Roncalli: a sua inteligência otimista, aberta, sempre disposta a ver o lado bom e positivo da realidade e do mundo contemporâneo sem, por isso, deixar de verificar a presença do mal. A sua afabilidade e cordialidade, os seus modos sempre familiares e paternos, rapidamente conquistaram o coração das pessoas. As visitas feitas à prisão de *Regina Caeli* e ao Hospital do *Bambino Gesù*, em Roma, foram memoráveis. Na preparação do Concílio fez uma peregrinação que o levou ao santuário mariano de Loreto e a Assis. Era a primeira vez desde o tempo de Pio IX que um Papa atravessava os limites do Lácio. Foi uma viagem apoteótica em que multidões se concentraram nas ruas e nas estações por onde passava o comboio papal.

A atitude de abertura ao mundo contemporâneo e, por sua vez, a sua capacidade crítica diante das injustiças da sociedade manifestam-se de forma especial em duas das suas encíclicas: *Mater et magistra* e *Pacem in terris*.

João XXIII morreu em 3 de junho de 1963. No dia 21 de junho foi eleito Gian Battista Montini, arcebispo de Milão, que tomou o nome de Paulo VI. Caberá a ele prosseguir com os trabalhos do Concílio, que se encerrará em 8 de dezembro de 1965.

1. O Concílio Vaticano II: legítima autonomia do temporal e da liberdade religiosa

Em 25 de janeiro de 1959, João XXIII anunciou aos cardeais da cúria romana a sua decisão de convocar o Concílio Vaticano II. Depois de um longo processo preparatório, em 11 de outubro de 1962 o Papa inaugurou solenemente a assembleia conciliar.

O Concílio desenvolveu-se em quatro etapas. A primeira encerrou em 8 de dezembro de 1962. Depois da morte de João XXIII,

Paulo VI anunciou que a segunda etapa abriria em 29 de setembro de 1963. Neste período foram aprovados dois documentos: a constituição sobre a sagrada liturgia (*Sacrosanctum concilium*) e o decreto sobre os meios de comunicação social (*Inter mirifica*). A segunda etapa se encerrou em 4 de dezembro de 1963. No ano seguinte, entre 14 de outubro e 21 de novembro, aconteceu a terceira etapa. Nela promulgaram-se a constituição dogmática sobre a Igreja (*Lumen gentium*), o decreto sobre o ecumenismo (*Unitatis redintegratio*) e sobre as igrejas orientais (*Orientalium Ecclesiarum*). A quarta e última etapa desenvolveu-se entre 14 de setembro e 8 de dezembro de 1965. É a etapa mais prolífica com a promulgação dos decretos sobre o ofício pastoral dos bispos (*Christus Dominus*), a renovação da vida religiosa (*Perfectae caritatis*), a formação sacerdotal (*Optatam totius*) e as declarações sobre a educação cristã (*Gravissimum educationis*) e sobre as relações da Igreja com as religiões não cristãs (*Nostra aetate*). Em 18 de novembro aprovou-se a constituição sobre a divina revelação (*Dei Verbum*) e, em 7 de dezembro, na véspera da clausura, foi votada e promulgaram a declaração sobre a liberdade religiosa (*Dignitatis humanae*), os decretos sobre os presbíteros (*Presbyterorum ordinis*), sobre as missões (*Ad gentes*) e a constituição pastoral sobre a Igreja e o mundo moderno (*Gaudium et spes*).

No discurso de abertura e em outras intervenções oficiais, João XXIII esclareceu o que propunha com a convocatória do Concílio: uma renovação da Igreja, a busca da unidade dos cristãos e uma abertura ao mundo para resolver todos juntos os problemas da humanidade. Paulo VI reafirmará esses objetivos. Nos debates que ocorreram durante as sessões houve diferentes posições: um setor considerável da cúria romana tomou uma atitude defensiva e centralizadora. De fato, nas fases instrumental e preparatória constata-se um desejo de controle e de direção excessiva por parte da cúria. Imediatamente viu-se que o Concílio era universal, quer dizer, que os bispos dos cinco continentes queriam debater amplamente as diferentes temáticas e os esquemas preparados pelos órgãos centrais foram recusados e reelaborados em sua quase totalidade. Ao longo das sessões formaram-se uma maioria e uma minoria conforme se falava em renovação ou conservação. O resultado foi uma reafirmação da fé perene da Igreja apresentada sob uma forma equivalente à sensibilidade contemporânea.

Privilegiaram-se as afirmações das imensas riquezas da mensagem cristã e preferiu-se colocar em segundo plano a condenação dos erros e as denúncias dos males do mundo contemporâneo. A Igreja apresentou-se ao mundo como depositária de uma verdade portadora de paz, amor e liberdade, em atitude dialogante e com os desejos de servir. A iniciativa adotada por Paulo VI de abertura ao mundo moderno e de firmeza na defesa da doutrina contribuiu significativamente com essa síntese de fidelidade à tradição e de renovação que apresentam os documentos conciliares.

A leitura atenta dos documentos evidencia diferentes influências. Uma dessas, particularmente incisiva, é a que exerce a nova teologia franco-belga, representada entre outros por Henri de Lubac e Yves-Marie-Congar. O movimento litúrgico, pastoral e ecumênico, desenvolvidos nos anos precedentes ao Concílio, estarão também nas mentes de muitos padres conciliares. Além disto, é preciso prestar uma atenção particular às novas realidades eclesiais que surgiram neste período e sublinharam o chamamento universal à santidade, à santificação do trabalho, à vocação apostólica baseada no batismo. Entre os diversos elementos que influenciaram o Concílio, queria deter-me agora nos ensinamentos de São Josemaria Escrivá, fundador do Opus Dei. A santificação do trabalho e das circunstâncias ordinárias do cristão é o núcleo da mensagem de São Josemaria. No que se refere à nossa temática específica – a autonomia relativa do temporal –, Escrivá sustentou desde os anos 1920 a liberdade legítima do cristão nas questões políticas e a necessidade de participar ativamente em todos os âmbitos da sociedade civil, seguindo a consciência bem formada. Numa época em que o clericalismo e o laicismo pareciam tornar-se as únicas possibilidades, São Josemaria soube apresentar a beleza e as exigências da liberdade cristã diante do mundo, afastada dos clericalismos que confundem o temporal com o eterno e de laicismos que separam liminarmente a ordem natural da sobrenatural, impedindo todo o ponto de contato[2]. Essas temáticas serão centrais no Concílio.

---

(2) Muitas das ideias desenvolvidas neste livro têm como fonte de inspiração a doutrina de São Josemaria. Cf. J. ESCRIVÁ, *Entrevistas com Mons. Josemaria Escrivá*, Quadrante, São Paulo, 2016; CONGREGAÇÃO PARA A CAUSA DOS SANTOS, *Decreto sull'eroicità delle virtù del servo di Dio Josemaría Escrivá, Fondatore dell'Opus Dei,* 9-IV-1990; M. FAZIO, *Pax*

Deter-nos-emos em duas noções conciliares na análise dos documentos do Vaticano II, que abrem novas perspectivas à relação Igreja-mundo contemporâneo: a legítima autonomia do temporal e a liberdade religiosa, que estão estreitamente ligadas ao fio condutor deste livro.

Deste ponto de vista, um dos documentos mais importantes do Concílio é a *Gaudium et spes*, cujo subtítulo reza *Constituição pastoral sobre a Igreja no mundo contemporâneo*. Foi promulgada em dezembro de 1965, 101 anos depois do *Syllabus*. O tempo não havia passado em vão e a atitude defensiva da Igreja transforma-se em abertura, diálogo e crítica construtiva em relação à modernidade. Vale a pena apresentar algumas citações textuais deste documento para apreciar esta mudança de paradigma.

Em 4, os padres conciliares descrevem a situação do homem contemporâneo. A cultura atual está caracterizada por mudanças e transformações rápidas, provocadas pela inteligência humana. «Como sucede em toda a crise de crescimento, essa transformação traz consigo não leves dificuldades. Ora, enquanto o homem amplia extraordinariamente o seu poder, nem sempre consegue submetê-lo ao seu serviço. Quer conhecer com profundidade crescente a sua intimidade espiritual e com frequência sente-se mais incerto de si próprio do que nunca. Descobre, pouco a pouco, as leis da vida social e duvida da orientação que a esta deve dar». Para o Concílio, o mundo contemporâneo apresenta realidades paradoxais: grande crescimento de capacidade produtiva e milhares de pessoas que morrem de fome; um maior intercâmbio de ideias, mas também um uso ideológico e manipulador das mesmas etc. «Afetados por tão complexa situação, muitos dos nossos contemporâneos dificilmente conseguiram conhecer os valores permanentes e relacioná-los com exatidão simultaneamente às novas descobertas.

Christi in regno Christi. Il Pontificato di Pio XI come contesto di anni decisivi nella vita del Beato Josemaría Escrivá. Contesto storico, personalità, scritti (org. M. FAZIO), EDUSC, Roma, 2002, pp. 51-68; D. LE TOURNEAU, *Las enseñanzas del Beato Josemaría Escrivá sobre la unidad de vida*, em «Scripta Theologica» XXI (1999/3) (Pamplona), pp. 633-676; E. REINHARDT, *La legitima autonomia de las realidades temporalem*, em «Romana» 15 (1992/2), pp. 323-335; A. RODRIGUEZ LUÑO, *La formazione della coscienza in materia sociale e politica secondo gli ensegnamenti del Beato Josemaría Escrivá*, em «Romana» 24 (1997/1), pp. 162-181.

A inquietação atormenta-os e questionam-se entre angústias e esperanças sobre a atual evolução do mundo». O curso da história apresenta um desafio ao homem, que o obriga a responder.

O documento é consciente do clima niilista que reina na cultura contemporânea, que traz consigo frequentemente a angústia e a perda do sentido existencial. Tal atmosfera cultural ajuda a recolocar as perguntas fundamentais da condição humana: «Que é o homem? Qual é o sentido da dor, do mal, da morte, que, apesar de tantos progressos, ainda subsistem? Que valor têm as vitórias obtidas com preço tão elevado? Que pode dar ao homem a sociedade? Que pode esperar dela? Que existe depois desta vida temporal?» (10).

A resposta a todas essas perguntas encontra-se na vida de uma Pessoa, Jesus Cristo, que manifesta o homem a todo o homem. À luz de Cristo, o Concílio trata de esclarecer diante do mundo contemporâneo o mistério do homem. E o homem é fundamentalmente imagem de Deus, criado para dar glória ao Criador. As respostas que não tenham em conta esse dado existencial terminam por prejudicar o próprio homem, que se perde «exaltando-se a si próprio como regra absoluta ou consumindo-se até o desespero. A dúvida e a ansiedade transformam-se em consequência» (12).

A *Gaudium et spes* sublinha o caráter social e comunitário da vocação do homem, de tal modo que a criatura humana não possa nunca realizar-se plenamente «se não é na entrega sincera de si próprio aos outros» (24). Essa visão anti-individualista da pessoa será retomada frequentemente pelo magistério posterior para criticar a sociedade consumista e egoísta de orientação liberal. Vocação à solidariedade e à caridade, que marca uma espécie de quadro de referência para possíveis soluções do problema da organização social e política. No entanto, o Concílio afirma com vigor que não existem soluções únicas para os problemas terrenos e que, em vez disso, existe uma grande autonomia das coisas temporais. Leia-se com atenção este texto, que se insere no fio condutor deste livro, ou seja, a história das ideias contemporâneas lidas sob a ótica do processo de secularização entendida nos dois sentidos acima descritos: «Se, por autonomia da realidade, se quer dizer que as coisas criadas e a própria sociedade gozam de leis e valores próprios que o homem tem de descobrir, empregar e ordenar pouco a pouco, é absolutamente legítima esta exigência de autonomia. Não é apenas que a reclamem imperiosamente os homens do nosso tempo. É que, além disso, responde à vontade do Criador. Assim, pela própria natureza da criação, todas as coisas estão dotadas de consistência, verdade e bondade próprias e de uma própria ordem regulada, que o homem deve respeitar com o reconhecimento da metodologia particular de cada ciência ou arte [...]. Porém, se a *autonomia do temporal* quer dizer que a realidade criada é independente de Deus e que os homens podem usá-la sem referência ao Criador, não existe nenhum crente a quem se lhe oculte a falsidade envolta em tais palavras. Sem o Criador, a criatura desaparece. Além disso, os que creem em Deus, seja qual for a sua religião, escutaram sempre a manifestação da voz de Deus na linguagem da criação. Mais ainda, pelo esquecimento de Deus, a própria criatura fica esquecida» (36).

Na primeira parte desta ampla citação dava-se o golpe de misericórdia ao clericalismo que queria intervir em todo o campo do mundo humano em nome de uma Igreja e uma fé que, na realidade, deixa esses campos à livre iniciativa dos homens. Afirmava-se a secularização, no sentido da desclericalização ou secularidade. Na segunda parte, a *Gaudium et spes* criticava a secularização compreendida no sentido da pretensão da autonomia absoluta do temporal.

Esses princípios fundamentais são aplicados nos números seguintes no âmbito político e social. Em 43 há um chamado dos leigos cristãos para trabalhar a favor do bem comum temporal, evitando a tentação de não se ocupar deste mundo por não ser a nossa pátria definitiva ou se esquecer a vida após a morte para pensar, apenas, nas coisas temporais. É uma obrigação moral trabalhar a favor da construção de uma cidade digna dos homens: «O cristão que falta às suas obrigações temporais falta aos seus deveres com o próximo; falta, sobretudo, às suas obrigações com Deus e coloca em perigo a sua salvação eterna». E deve enfrentar esta obrigação com plena responsabilidade, sem delegá-la exclusivamente à hierarquia eclesiástica: «A consciência bem formada do leigo possibilita que a lei divina fique gravada na cidade terrena. Os leigos podem esperar dos sacerdotes orientação e impulso espiritual. Não pensem, porém, que os seus pastores estão sempre em condições de poder dar-lhes imediatamente solução concreta em todas as questões que surjam, mesmo que graves. Não é essa a sua missão. Cumprem melhor os leigos a sua própria função com a luz da sabedoria cristã e com a observância atenta da doutrina do Magistério».

Simultaneamente, a *Gaudium et spes*, dando outro golpe na mentalidade clerical, afirma o legítimo pluralismo que deve reinar entre os fiéis leigos: «Muitas vezes sucederá que a própria concepção cristã da vida incliná-los-á, em certos casos, a escolher determinada solução. Porém, poderá suceder, como sucede frequentemente e com todo o direito, que outros fiéis, guiados por uma não menor sinceridade, julguem o mesmo assunto de maneira distinta. Nesses casos de soluções divergentes, mesmo à margem da intenção de ambas as partes, muitos propendem facilmente a vincular a sua solução com a mensagem evangélica. Entendem todos que em tais casos não está permitido a ninguém reivindicar a autoridade da Igreja em exclusivo a favor do seu parecer».

Esse princípio está ainda mais claramente formulado em 76, onde se diz que a Igreja, «por causa da sua missão, não se confunde de modo nenhum com a comunidade política, nem está ligada a nenhum sistema político». Além disso, a Igreja é simultaneamente «sinal e salvaguarda do caráter transcendente da pessoa humana». A constituição pastoral sublinha a independência na colaboração como a melhor forma para estabelecer as relações entre a Igreja e o Estado e, simultaneamente, aplaude o fato de que, na cultura contemporânea, «a consciência mais viva da dignidade humana provocou em diversas regiões do mundo que surgisse o propósito de estabelecer uma ordem político-jurídica que proteja melhor na vida pública os direitos da pessoa, tais como o direito à liberdade de reunião, direito à liberdade de associação, liberdade de expressão e de opinião e liberdade de professar particular e publicamente uma religião» (73).

A mudança de tom deste documento é claríssima se o comparamos com o magistério precedente, sobretudo de Pio IX. Porém, não se deve esquecer que o Vaticano II insiste continuamente na visão transcendente do ser humano em plena continuidade com a crítica do princípio da autonomia do homem, própria do magistério do século XIX e da primeira metade do século XX. A *Gaudium et spes* é uma das manifestações mais claras do processo que estamos tratando de descrever neste livro: a modernidade identifica-se com um processo de secularização, mas o dito processo não é unidirecional. Pode desembocar na autoafirmação do homem ou na afirmação da secularização (desclericalização e autonomia relativa do temporal).

Outro documento emblemático da nova relação instaurada entre a Igreja e o mundo contemporâneo é a declaração sobre a liberdade religiosa *Dignitatis humanae* definida por Rocco Buttiglione como «o coração do evento conciliar»[3].

Com efeito, neste documento afirma-se decididamente o direito das consciências de procurar a verdade livremente sem constrangimento externo. Em muitas páginas deste trabalho fizemos referência à problemática acerca da tolerância religiosa e da liberdade de consciência. O Concílio não aceitava a liberdade de consciência entendida em sentido liberal, ou seja, como radicalmente autônoma, mas incorporava à terminologia do magistério muitas das noções surgidas na modernidade, sempre em relação à verdade objetiva e à ordem moral natural. O Concílio afirmou que, em consonância com a tradição do magistério anterior, e crendo que a única religião verdadeira é a católica, mantendo também a obrigação que têm todos os homens de procurar a verdade, especialmente no que se refere a Deus e à sua Igreja, e, uma vez conhecida a verdade, a abracem e a guardem, «confessa, assim mesmo, que estes deveres tocam e ligam a consciência dos homens, que a verdade não se impõe senão pela força da própria verdade, que penetra suave e fortemente nas almas» (n. 1).

No item 2, o documento entra no cerne da questão: «Este Concílio Vaticano declara que cada indivíduo tem direito à liberdade religiosa. Esta liberdade consiste em que todos os homens hão de estar imunes de coação, quer por parte de pessoas particulares como de grupos sociais e de qualquer potestade humana; e, isto de tal maneira que em matéria religiosa ninguém se obrigue a trabalhar contra a sua consciência e nem seja impedido de atuar conforme a ela, privado e em público, sozinho ou associado com outros, dentro dos limites devidos. Além disso, declara que o direito à liberdade religiosa está realmente fundamentado na própria dignidade humana, tal como se a conhece pela palavra revelada de Deus e pela mesma razão natural. Este direito do ser humano à liberdade religiosa deve ser reconhecido no ordena-

---

(3) R. BUTTIGLIONE, *Il pensiero dell'uomo che divenne Giovanni Paolo II*, cit., p. 211. Cf. R. BOSCA, *La libertad religiosa en el Magisterio de la Iglesia Católica*, em *La libertad religiosa en la Argentina*, Konrad Adenauer Stitfung, Buenos Aires, 2003, pp. 83-112.

mento jurídico da sociedade, de forma que se converta num direito civil».

A liberdade religiosa reconhecida pelo Concílio Vaticano II não é, portanto, o indiferentismo da Modernidade ideológica, mas que, deixando firme a obrigação de todo homem de procurar a verdade e afirmando também a existência de uma Verdade absoluta, a declaração estabelece a necessidade de uma ordem jurídica adequada para salvaguardar o direito da consciência de empreender a referida procura livremente, ou seja, sem coações. A *Dignitatis humanae* abria um caminho muito fecundo no diálogo com o mundo contemporâneo sem identificação dos princípios derivados da fé revelada com a liberdade humana absoluta liberal ou com o ceticismo gnosiológico ou ético do niilismo. Poder-se-ia dizer que, recusando o subjetivismo, a Igreja fazia sua a subjetividade, temática central de grande parte do pensamento moderno. Não existe ruptura doutrinal com o passado: o que há é uma mudança de perspectiva. O Magistério precedente adotava uma ótica objetiva, ou seja, uma ótica do ponto de vista da verdade revelada. Neste sentido, e apenas neste sentido, a verdade tem mais direitos que o erro. Porém, o Concílio adota uma perspectiva subjetiva – não subjetivista: parte do ponto de vista do sujeito que deve aderir livremente, sem coações de nenhum tipo, a essa verdade objetiva. São perspectivas complementares, não contrárias ou opostas entre si, mas que se enriquecem mutuamente.

O Concílio Vaticano II colocava as bases para a construção de uma Modernidade cristã, que, longe de atitudes clericais ou teocráticas, pudesse dar sentido à modernidade secularizada e niilista do século XX.

Depois do Concílio Vaticano II gerou-se um ambiente de contestação, dissidência, perda de fé, que fez Paulo VI sofrer indescritivelmente. As intervenções do Papa no Concílio tinham chegado a um bom equilíbrio entre tradição e renovação. Depois da sessão de encerramento, muitos quiseram incentivar a renovação sob um pretenso «espírito do Concílio», que na realidade contradizia a letra dos documentos. Não é o nosso objetivo fazer uma história interna da Igreja, e, portanto, não desenvolveremos o assunto. Porém, sim, deve-se afirmar que houve uma queimada dentro da Igreja, impensável para João XXIII quando convocou o Concílio, que arrastou muitas pessoas: abandonos de sacerdotes e de religiosas aos milhares, confusão doutrinal em vários ambientes, perda da visão sobrenatural em vários setores e a tentativa de substituição dos fins espirituais da Igreja – a salvação das almas, fundamentalmente – por fins terrenos. Nesta substituição, muitos não hesitaram em incorporar a análise marxista dos fenômenos sociais, e, embora se tenha tentado distinguir entre método e teoria, terminou-se por mundanizar o horizonte de muitos cristãos. É preciso lembrar que estávamos em plena revolução cultural de 1968, onde tudo se pôs em causa, e a Igreja não foi imune a essas correntes culturais de protesto. Como bem resume Gonzalez Novalín, «a corrente secularizante entrou em cheio na concepção da doutrina eclesiástica, que substituiu o objeto formal da teologia por realidades que implicavam as suas modernas denominações de «Teologia da morte de Deus», «Teologia da seculari-zação», «Teologia da libertação» etc. Os próprios episcopados pareciam demasiado condescendentes com a imprecisão dogmática do momen-to, transigindo com publicações ou textos, a que Roma colocava repa-ros. São exemplo disso os incidentes provocados pelos novos catecismos holandês e francês. Daqui o sentido óbvio e genuíno dos documentos conciliares sacrificados a um indeterminado "espírito do concílio", de caráter profético e subjetivo»[4].

São inumeráveis os lamentos do Papa por tal estado de coisas, e o mundo contemplou Paulo VI esgotado pelas dificuldades. Por um lado, estava pressionado e, por outro, vivia na própria carne as lutas internas da Igreja. Se nos primeiros anos do seu pontificado esteve muito bem conceituado nos meios de comunicação social, que o va-lorizavam como Papa moderno e progressista, tudo mudou quando, em 1968, publicou a encíclica *Humanae vitae*, em que assentava prin-cípios de moral matrimonial, considerados por muitos retrógrados e utópicos[5]. «Nunca, como nesta ocasião, sentimos o peso da nossa

---

(4) J. L. GONZALEZ NOVALIN, «Juan Bautista Montini. Una vida para el papado», em *«Anuário de Historia de la Iglesia»* VI (1997), Pamplona, pp. 181-182.

(5) Em particular, o objeto das críticas referia-se ao n. 14 da Encíclica, onde se manifesta a fidelidade de Paulo VI à doutrina que contrariava a corrente secularista e permissiva: «Em conformidade com estes princípios fundamentais da visão humana e cristã do matrimônio, temos de esclarecer que devem excluir-se absolutamente como via lícita para a regulação dos nascimentos, a interrupção direta do processo gerador já iniciado e, sobretudo, o aborto diretamente querido e procurado, ainda que seja por razões

carga – comentará o Papa numa audiência três dias depois de ter publicado a encíclica. Estudamos, lemos, discutimos quanto pudemos, e também rezamos... Quantas vezes tivemos a impressão de que nos ultrapassam os argumentos, quantas vezes hesitamos diante do dilema de uma fácil condescendência com as opiniões em curso ou de uma decisão sem sofrimento para a sociedade moderna ou arbitrariamente onerosa para a vida matrimonial»[6]. A partir desta encíclica, o Papa passava a ser, para muitos, um obscurantista que se opunha ao progresso da história[7].

O seu *Credo do Povo de Deus*, belíssimo documento no qual se reafirmam as verdades fundamentais da fé, foi, por assim dizer, uma contraofensiva pontifícia para esclarecer uma série de elementos da revelação que muitos colocavam em dúvida. No documento, Paulo VI escreveu: «Estamos conscientes da inquietação que agita em relação à fé certos ambientes modernos, que não se subtraem à influência de um mundo em profunda mudança em que tantas coisas certas se impugnam ou se discutem. Nós vemos também que alguns católicos se deixam levar por uma espécie de paixão pela mudança e a novidade. A Igreja, certamente, tem sempre o dever de continuar o seu esforço para aprofundar e apresentar os insondáveis mistérios de Deus, ricos para todos de frutos de salvação, de uma maneira cada vez mais adaptada às gerações que se sucedem.

---

terapêuticas. Tem de excluir-se igualmente, como o Magistério da Igreja declarou muitas vezes, a esterilização direta, perpétua ou temporal, tanto de um homem como de uma mulher. Fica também excluída toda a ação que, ou prevendo o ato conjugal, ou na sua realização, ou no desenvolvimento das suas consequências naturais, se proponha, como fim ou como meio, tornar impossível a procriação. Podem invocar-se tão pouco como razões válidas para justificar os atos conjugais intencionalmente infecundos, o mal menor ou o fato que tais atos constituiriam um todo com os atos fecundos anteriores ou que seguir-se-ão depois, e que, portanto, partilhariam a única e idêntica bondade moral. Na verdade, se é lícito alguma vez tolerar um mal moral menor para evitar um mal maior ou de promover um bem maior, não é lícito, nem por razões gravíssimas, fazer o mal para conseguir o bem, quer dizer, fazer objeto de um ato positivo da vontade o que é intrinsecamente desordenado e, por isso mesmo, indigno da pessoa humana, embora com ele se quisesse salvaguardar ou promover o bem individual, familiar ou social. Portanto, é um erro pensar que um ato conjugal, feito voluntariamente infecundo e, por isso, intrinsecamente desonesto, possa ser tido por honesto pelo conjunto de uma vida conjugal fecunda».

(6) *Insegnamenti di Paolo VI*, vol. VI (1968), pp. 869-873.

(7) Sobre a contestação pós-conciliar e a atitude de Paulo VI: cf. CARCEL, *Historia de la Iglesia. III. La Iglesia en la época contemporánea*, Palabra, Madri, 1999, pp. 609-641.

Porém, é preciso simultaneamente ter o maior cuidado quando se cumpre o dever indispensável da busca, para não atentar contra os ensinamentos da doutrina cristã. Isto seria então originar, como se vê desgraçadamente hoje em dia, turbação e perplexidade em muitas almas fiéis»[8].

Homem de vida espiritual profunda, acostumado ao diálogo e com grande capacidade de escutar as opiniões alheias, teve de contornar temporais doutrinais, disciplinares e morais. Pouco compreendido por alguns, criticado por muitos, ainda é preciso tempo para que o seu pontificado seja valorizado. Em 1999, concluiu-se a fase diocesana do seu processo de beatificação[9].

Em 6 de agosto de 1978, Paulo VI morreu em Castelgandolfo, depois de quinze anos de pontificado. No fim de agosto, foi eleito o Patriarca de Veneza, cardeal Albino Luciani. Ao rosto aflito de Paulo VI seguiu-se o sorriso afável de João Paulo I. Pouco durou o seu pontificado: escassos 33 dias. A Providência tinha já escolhido o seu sucessor: João Paulo II, apelidado por alguns «o Grande».

2. O Pontificado de João Paulo II (1978-2005): Para uma modernidade cristã

Karol Wotjtyla é, em certo sentido, um símbolo do século XX: filho da Polônia, assim como a sua pátria foi dos totalitarismos de direita e de esquerda. A sua formação filosófica bebe das fontes da *philosophia perennis*, mas também da modernidade, alcançando uma síntese personalista que incidirá profundamente no pensamento filosófico do século que se encerra. Transformado pela Providência em João Paulo II, o último Papa do segundo milênio desenvolveu uma ação magistral e pastoral que chega ao mais profundo da cultura contemporânea. João Paulo II, em total sintonia com o Concílio Vaticano II, apresentou a verdade sobre o homem, que foi revelada em Cristo. Nesta perspectiva

---

(8) PAULO VI, *El Credo del Pueblo de Dios*, 30-VI-1968, Ediciones Paulinas, Buenos Aires, 1979, p. 4.

(9) Pode-se ler uma apresentação sintética e ponderada do pontificado de Paulo VI em J. L. GONZALEZ NOVALIN, «Juan Bautista Montini...», cit, pp. 155-188.

cristocêntrica, que implica além do mais uma visão personalista do homem, o Papa analisa a problemática completa do mundo atual. Os processos culturais contemporâneos encontram em João Paulo II um eco imediato, dado que tais processos não são para ele algo teórico e abstrato, mas os âmbitos onde se joga o destino da humanidade e de cada pessoa em particular.

Seria impossível analisar todo o magistério deste longo pontificado, que se ocupou de problemas que vão desde o feminismo ao colonialismo, passando pela relação ciência-fé e a ecologia. É necessário escolher. Decidimos abordar três questões principais, que permitem vislumbrar alguns aspectos importantes do diálogo entre a Igreja e o mundo contemporâneo. Iniciaremos com um estudo da posição que João Paulo II adota em relação ao liberalismo – consideramos conveniente privilegiar esta ideologia depois da queda do muro de Berlim –, depois abordaremos a análise pontifícia da denominada «cultura da morte» para, em seguida, determo-nos sobre a sua proposta de sociedade mundial tal como se apresenta no discurso pronunciado diante da Assembleia Geral das Nações Unidas, em 1995. Muitos dos temas já estudados anteriormente serão retomados nestas páginas e apresentados segundo a perspectiva de João Paulo II.

a) A doutrina social da Igreja frente à ética liberal

A doutrina social da Igreja, presente já no Evangelho, embora sistematizada apenas a partir do pontificado de Leão XIII com a célebre encíclica *Rerum novarum*, e que será enriquecida com os contributos dos papas ulteriores, não consiste numa atitude de autodefesa diante das ideologias consideradas equívocas ou heterodoxas. A mensagem social cristã contém sobretudo propostas positivas, que encontram a sua força nos ensinamentos de Cristo, na verdade que nos entregou o Filho de Deus feito homem. Esta premissa – prioridade das propostas positivas sobre o conteúdo crítico[10] – é importante já que, de outra

---

(10) Cf. V. POSSENTI, *Oltre l'illuminismo. Il messaggio sociale cristiano*, Paoline, Roma, 1993, pp. 74-75.

forma, poderíamos correr o risco de enfrentar a presente temática do ponto de vista defensivo, que na maior parte das vezes é o ponto de vista da inferioridade[11].

Segundo João Paulo II, uma diferença primária entre a ética social liberal e a ética social cristã que se encontra na doutrina social da Igreja é que a primeira pertence ao *modo de pensar ideológico*, enquanto «a doutrina social da Igreja não é uma «"terceira via"» entre o *capitalismo liberal* e o *coletivismo marxista,* e nem sequer uma possível alternativa a outras soluções menos radicalmente opostas, mas tem uma *categoria própria*. Não é sequer uma *ideologia,* mas a *cuidadosa formulação* do resultado de uma reflexão atenta sobre as complexas realidades da vida do homem na sociedade e em contexto internacional, à luz da fé e da tradição eclesial. O seu objetivo principal é *interpretar* essas realidades, examinando a sua conformidade ou diferença com o que o Evangelho ensina do homem e da sua vocação terrena e, simultaneamente, transcendente, para *orientar*, consequentemente, a conduta cristã. Portanto, não pertence ao âmbito da *ideologia*, mas ao âmbito da teologia e especialmente da teologia moral»[12].

O fato de a doutrina social constituir um saber teológico não impede – e mais, é necessário – que no interior deste pensamento haja uma racionalidade filosófica. A teologia não aplica diretamente o dado revelado sobre a realidade, mas tem necessidade da mediação de uma reflexão de caráter racional. Quando falamos na ética social cristã que se encontra no âmago da doutrina social da Igreja, referimo-nos à racionalidade filosófica de que necessita toda a reflexão teológica[13].

Por tudo isto, apresentaremos os ensinamentos de João Paulo II sobre as chamadas instituições liberais para depois atingir o ponto mais profundo da incomensurabilidade entre a ética social liberal e a ética social cristã: incomensurabilidade que pensamos encontrar-se nas

---

(11) Cf. S. FONTANA, *Dottrina Sociale della Chiesa e società liberale,* em *La Società*, n. 3 (1993), p. 475, onde se sublinha o otimismo do ensino social da Igreja, superando uma visão polêmica ou meramente defensiva da mesma.

(12) *Sollicitudo rei socialis* n. 41.

(13) Cf. V. POSSENTI, *La dottrina sociale della Chiesa e l'apporto della filosofia,* em «La Società» n. 1 (1991), pp. 30-42; M. RHONHEIMER, *Perché una filosofia politica?,* em «Acta Philosophica» 2/1 (1992), 250-251.

antropologias que servem de base às duas éticas. Comecemos com a análise das instituições capitalistas; depois, passaremos a uma referência à democracia liberal e terminaremos esta primeira parte com uma análise dos seus pressupostos antropológicos.

1. Os juízos do magistério sobre o capitalismo liberal

Se analisarmos os diferentes juízos que a Igreja pronunciou sobre as instituições características do capitalismo liberal encontraremos as seguintes classes: rejeição, rejeição condicional, aprovação condicional, aprovação[14]. Essa diversidade de apreciações é consequência da própria essência do capitalismo, quer dizer, o ser um sistema econômico inserido nas estruturas históricas e, enquanto históricas, necessariamente mutáveis.

Nas encíclicas sociais de João Paulo II, o julgamento das instituições capitalistas é um tema frequente. A *Laborem exercens* analisa a origem conceitual do capitalismo: alguns dos seus fatores consideram que na prática o trabalho humano é «como uma espécie de "mercadoria" que o trabalhador – especialmente o operário da indústria – vende ao empresário, que é simultaneamente possuidor do capital, ou seja, do conjunto dos instrumentos de trabalho e dos meios que tornam possível a produção»[15]. O Papa sustenta que a essência teórica do capitalismo consiste numa inversão da ordem estabelecida no Gênesis, em que Deus ordena ao homem que domine a terra. Para João Paulo II existe capitalismo quando «*o homem é considerado um instrumento de produção*, enquanto ele – ele apenas, independentemente do trabalho que executa – deveria ser tratado como sujeito eficiente e seu verdadeiro artífice e criador»[16].

A *Laborem exercens* voltou a insistir na firme rejeição do magistério social precedente do capitalismo das origens do processo de industrialização e afirma que, embora as circunstâncias tivessem

(14) Cf. J. M. IBAÑEZ LANGLOIS, *La Doctrina Social de la Iglesia*, cit., p. 251.

(15) *Laborem exercens*, n. 7.

(16) *Ibidem.*

mudado, os novos sistemas econômicos – entre os quais cita os neo-capitalismos – «*deixaram perdurar as injustiças flagrantes ou provocaram outras novas*»[17].

A referida encíclica individualiza no sistema capitalista uma tensão teórico-prática entre capital e trabalho: «Este conflito surgiu porque os trabalhadores, oferecendo as suas forças para o trabalho, punham-nas à disposição do grupo dos empresários, e que este, guiado pelo princípio do máximo rendimento, procurava estabelecer o mais baixo salário possível para o trabalho executado pelos operários»[18]. A doutrina social da Igreja propõe e ensina um princípio fundamental: o da prioridade do trabalho com respeito ao capital. «Este princípio refere-se diretamente ao próprio processo de produção, com respeito ao qual o trabalho é sempre uma *causa eficiente* primária, enquanto o "capital", sendo um conjunto de meios de produção, é apenas um instrumento ou uma causa instrumental. Este princípio é uma verdade evidente, que se deduz de toda a experiência histórica do homem»[19].

Colocar o capital acima do trabalho – sem ter em conta que o próprio capital é fruto do trabalho e, em definitivo, consiste apenas num conjunto das coisas – é uma consequência da perspectiva reducionista do economicismo: «Em tal abordagem do problema existia um erro fundamental que se pode chamar o *erro do economicismo*, considerando-se o trabalho humano exclusivamente segundo a sua finalidade econômica. Pode-se e deve-se também chamar a esse erro fundamental do pensamento um erro do materialismo, enquanto que o economicismo inclui, direta ou indiretamente, a convicção da primazia e da superioridade do que é material; por outro lado, o economicismo situa o que é espiritual e pessoal (a ação do homem, os valores morais e similares) direta ou indiretamente numa posição subordinada à realidade material. Isso não é ainda o *materialismo teórico*, no pleno sentido da palavra. Porém, é já certamente *materialismo prático*, o qual, não tanto pelas premissas derivadas da teoria materialista, quanto a um certo modo de valorar, quer dizer, de uma certa hierarquia de bens, baseada sobre a imediata e maior atra-

---

(17) *Idem*, n. 8.
(18) *Idem*, n. 11.
(19) *Idem*, n. 12.

ção do material, é considerado capaz de apagar as necessidades do homem»[20].

A *Laborem exercens* detém-se num outro aspecto da economia liberal, relacionado com a concepção do capital: a consideração da propriedade privada como algo absoluto. A encíclica reafirma a licitude da propriedade privada, inclusive dos meios de produção. Desta forma, a doutrina social cristã distancia-se radicalmente do coletivismo, mas simultaneamente «diferencia-se do programa do *capitalismo* praticado pelo liberalismo e por sistemas políticos relacionados a ele. Neste segundo caso, a diferença consiste no modo de entender o próprio direito de propriedade. A tradição cristã nunca sustentou esse direito como absoluto e intocável. Pelo contrário, sempre o entendeu num contexto mais amplo do direito comum de todos a usar os bens da criação inteira: *o direito à propriedade privada* como *subordinado ao direito ao uso comum*, ao destino universal dos bens»[21].

Na *Sollicitudo rei socialis*, o Papa repropôs a doutrina sobre a propriedade privada e acrescentou a já clássica expressão da hipoteca social, que recai sobre ela[22]. Simultaneamente, defende-se com clareza o direito à iniciativa econômica, que está intimamente ligado à subjetividade criadora do cidadão[23].

Na última encíclica social, a *Centesimus annus*, o Papa sublinha a centralidade do princípio do destino comum dos bens, e confirma-se o papel central do homem como causa eficiente de todo o processo produtivo. Nos números 34 e 35 julgam-se algumas instituições econômicas. O livre mercado parece que é «o instrumento mais eficaz para colocar os recursos e responder eficazmente às necessidades»[24]. Não obstante, o Papa assinala que existem muitas necessidades humanas que não se satisfazem com o mercado: só o mercado não basta. Além disso, a *Centesimus annus* «reconhece a justa *função dos lucros* como índice do bom funcionamento da empresa. Quando uma empresa dá lucros significa que os fatores produtivos foram utilizados

---

(20) *Idem*, n. 13

(21) *Idem*, n. 14.

(22) Cf. *Sollicitudo rei socialis*, n. 42.

(23) Cf. *idem*, n. 15.

(24) *Centesimus annus*, n. 35.

adequadamente e que as correspondentes necessidades humanas foram devidamente satisfeitas. No entanto, os lucros não são o único índice das condições da empresa. É possível que os balanços econômicos sejam corretos e que ao mesmo tempo os homens, que constituem o patrimônio mais valioso da empresa, sejam humilhados e ofendidos na sua dignidade»[25].

Em suma, na última encíclica social encontramos diversas aprovações condicionais a respeito de algumas instituições do sistema capitalista. Em 42, João Paulo II oferecerá esclarecimentos posteriores. Perguntando se o sistema econômico que deve ocupar o lugar do comunismo deve ser o capitalista, o Papa responde: «Se por "capitalismo" se entende um sistema econômico que reconhece o papel fundamental e positivo da empresa, do mercado, da propriedade privada e da consequente responsabilidade com os meios de produção, da liberdade de criação humana no setor da economia, a resposta certamente é positiva, embora talvez seja mais adequado falar de "economia de empresa", "economia livre de mercado" ou simplesmente "economia livre". Porém, se por "capitalismo" entende-se um sistema no qual a liberdade, no âmbito econômico, não está enquadrada num sólido contexto jurídico que a ponha ao serviço da liberdade humana integral e a considere como uma particular dimensão da mesma, cujo centro é ético e religioso, então, a resposta é absolutamente negativa»[26].

Indicamos sucintamente alguns juízos do magistério social mais recente sobre as instituições capitalistas. Faremos, agora, os juízos sobre a democracia liberal, para depois atingir o fundamento antropológico-teológico de cada uma.

2. A democracia liberal na *Centesimus annus*

No momento em que referimos os juízos expressos pelo magistério sobre a democracia é muito importante esclarecer os diversos sentidos desse termo. Se trabalhássemos de outro modo, cairíamos

---

(25) *Ibidem.*
(26) *Ibidem*, n. 42.

em ambiguidades que não ajudariam a compreender o significado dos textos pontifícios.

Ao longo da história do pensamento ocidental, o termo *democracia* encontrou essencialmente três significados: democracia como participação do povo para a gestão pública; democracia como uma das três formas clássicas de governo (além da monarquia e da aristocracia); e, finalmente, democracia como a «ideologia da soberania popular». A tradição do magistério considera como moralmente necessária a primeira acepção – é um direito do homem a participação na coisa pública, embora esta participação possa revestir diversas formas de acordo com as circunstâncias históricas; enquanto forma de governo é opinável – é uma forma possível, mas não obrigatória; como ideologia, por sua vez, é rejeitada, se entende-se por soberania popular um poder absoluto que não guarda nenhuma relação com a instância transcendente[27].

Quando acrescentamos a palavra democracia ao substantivo liberal, referimo-nos ao sistema político que adota algumas formas jurídicas típicas: a separação de poderes, ordenamento legislativo de tipo constitucional, representação política dos cidadãos, eleições periódicas etc. Neste sentido poderemos intercambiar os termos democracia liberal e democracia constitucional.

A encíclica faz uma referência explícita à novidade que trouxe, na época da *Rerum novarum,* a atitude positiva de Leão XIII que se reporta à organização da sociedade baseada na separação dos três poderes do Estado. João Paulo II partilha a apreciação positiva desta instituição liberal, que, como vimos, tem uma sistematização teórica com Locke – e, posteriormente, com Montesquieu – e considera que «tal ordenamento reflete uma visão realista da natureza social do homem, a qual exige uma legislação adequada para proteger a liberdade de todos». O Papa identifica a recíproca limitação dos poderes com o Estado de direito, «no qual é soberana a lei e não a vontade arbitrária dos homens»[28].

---

(27) J. M. IBAÑEZ LANGLOIS, *La Doctrina Social de la Iglesia,* cit., p. 260; cf. também E. COLOM, *Democrazia: libertà, verità e valori,* em «La Società» (Verona) 1993, n. 2, pp. 243-264.

(28) *Centesimus annus,* n. 44.

A aprovação da organização liberal clássica dos poderes do Estado está isenta de ambiguidade, assim como sem ambiguidade é a condenação de todo tipo de totalitarismo em que o homem é instrumentalizado e se negam as liberdades da Igreja e das organizações intermédias da nação.

No número 46, a encíclica reitera o apreço pelo sistema democrático entendido como a participação dos cidadãos nas decisões políticas, isto é, no primeiro sentido a que nos referimos antes. Esta valorização positiva estende-se também a outras instituições próprias da democracia liberal: eleições dos governantes por parte dos cidadãos, controle do governo por parte do povo. Na mesma linha condena-se «a formação de grupos dirigentes restritos que, por interesses particulares ou por motivos ideológicos, usurpam o poder do Estado»[29].

Depois deste elogio do sistema democrático enquanto forma de governo, João Paulo II explica o perigo que corre o mesmo sistema democrático se não se baseia numa concepção íntegra do ser humano que favoreça a criação de estruturas de participação e de corresponsabilidade. No texto que citarei agora evidencia-se a distância do Romano Pontífice quando adverte a tentação de uma aliança entre agnosticismo moral e democracia: «Hoje tende-se a pensar que o agnosticismo e o relativismo cético são a filosofia e a atitude fundamental correspondentes às formas políticas democráticas e que os que estão convencidos de conhecer a verdade e aderem a ela com firmeza não são fiáveis do ponto de vista democrático, quando não aceitam que a verdade seja determinada pela maioria ou que seja variável segundo os diversos equilíbrios políticos. A este propósito, é preciso destacar que, se não existe uma verdade última, a qual guia e orienta a ação política, então as ideias e as convicções humanas podem ser facilmente instrumentalizadas para os fins do poder. Uma democracia sem valores converte-se facilmente num totalitarismo visível ou encoberto, como demonstra a história»[30]. Para evitar esse possível fracasso da democracia, o Papa exorta que todos respeitem os direitos humanos, que surgem de uma visão integral do homem.

---

(29) *Idem*, n. 46.
(30) *Ibidem.*

Entre outras coisas, essa visão integral tem como consequência um redimensionamento do papel do Estado no âmbito econômico: o Estado deve favorecer «uma segurança que garanta a liberdade individual e a propriedade, além de um sistema monetário estável e serviços públicos eficientes». Além disso, o Estado deve velar e guiar o exercício dos direitos humanos no setor econômico; deve intervir contra as situações particulares de monopólio que prejudiquem o desenvolvimento; e deve suprir, em circunstâncias excepcionais, «quando setores sociais ou grupos de empresas demasiado débeis ou em vias de formação sejam inadequados para o seu objetivo». O Papa insiste no caráter excepcional destas situações, já que um Estado assistencial «provoca a perda de energias humanas»[31].

As considerações feitas por João Paulo II sobre as instituições políticas liberais são de aprovação e de aprovação condicional. Porém, até este momento temos apresentado apenas alguns textos pontifícios que julgam as distintas instituições político-econômicas unidas à ideologia liberal sem explicar a razão última que motiva esses mesmos juízos. Por que razão o Papa defende a prioridade do trabalho humano sobre o capital, o destino comum dos bens sobre a propriedade privada, uma democracia com valores últimos sobre a democracia agnóstica no campo moral, um Estado com funções econômicas sobre um estado mínimo? Trataremos de oferecer uma resposta.

3. A antropologia cristã

A resposta à pergunta precedente insere-se no que o Papa denomina «a verdade sobre o homem», e que responde à concepção antropológica cristã. Poderíamos citar muitos escritos de João Paulo II, mas decidimos expor a antropologia cristã a partir da encíclica *Centesimus annus*, por tratar-se de um texto eminentemente social. É necessário também recordar que a antropologia cristã pertence, num certo sentido, à teologia moral e, simultaneamente, necessita da mediação racio-

---

(31) *Idem*, n. 48.

nal de uma antropologia filosófica, que chamaremos, neste contexto e em sentido amplo, personalismo.

João Paulo II considera que «o que constitui a trama [...] de toda a doutrina social da Igreja é a correta concepção da pessoa humana e do seu valor único, porque "o homem ... na terra é a única criatura que Deus quis por si mesma". Nele foi impressa a sua imagem e semelhança, conferindo-lhe uma dignidade incomparável»[32].

Então, podemos dizer que o ponto fundamental da antropologia cristã é o fato de o homem ser pessoa – quer dizer, *imago Dei* – e, por esta razão, gozar de uma alta dignidade. Daí que a encíclica afirme, «com simplicidade e energia que todo homem – sejam quais forem as suas convicções pessoais – tem dentro de si a imagem de Deus e, portanto, merece respeito»[33].

A antropologia cristã, que reconhece no homem – em todo homem – uma dignidade tão alta, tem em conta uma realidade de significado oposto: frequentemente, o homem atraiçoa essa dignidade com o pecado. «O homem criado para a liberdade tem consigo a ferida do pecado original que o empurra continuamente para o mal e faz que necessite de redenção. Esta doutrina não só é *parte integrante da revelação cristã*, como tem também um grande valor hermenêutico enquanto ajuda a compreender a realidade. O homem tende para o bem, mas é também capaz do mal; pode transcender o seu interesse imediato e, ainda assim, permanecer vinculado a ele»[34].

Esse realismo sobrenatural que não cerra os olhos diante do problema do mal conduz também à consciência de que o homem, apesar das suas misérias e debilidades, é um ser chamado à existência plena. Em outras palavras, esse chamado traduz-se numa vocação. Crescer na dignidade pessoal significa crescer na «capacidade de responder à própria vocação e, portanto, ao chamado de Deus». O ponto culminante do desenvolvimento conduz ao exercício do direito-dever de buscar a Deus, conhecê-Lo e viver segundo esse conhecimento»[35].

---

(32) *Idem,* n. 11.
(33) *Idem,* n. 22.
(34) *Idem,* n. 25.
(35) *Idem,* n. 29.

João Paulo II insiste numa visão do indivíduo cuja estrutura ôntica é de abertura a Deus e aos outros. Na realização da transcendência metafísica da pessoa – quer dizer, no real transcender-se a si próprio – cumpre-se a visão do homem: «o homem, quando não reconhece o valor e a grandeza da pessoa em si própria e no outro, priva-se, de fato, da possibilidade de gozar da própria humanidade e de estabelecer uma relação de solidariedade e comunhão com os outros homens, para o qual foi criado por Deus. Com efeito é mediante a própria doação livre como o homem se realiza autenticamente, e esta doação é possível graças à sua essencial «capacidade de transcendência» . O homem não se pode dar a um projeto somente humano da realidade, a um ideal abstrato, nem a falsas utopias. Enquanto pessoa, pode dar-se a outra pessoa ou a outras pessoas, e, por fim, a Deus, que é o autor do seu ser e o único que pode acolher plenamente a sua doação. O homem aliena-se quando nega transcender-se a si próprio e a viver a experiência da autodoação e da formação de uma autêntica comunidade humana, orientada para o seu último destino que é Deus»[36].

Se o homem é abertura aos outros e realiza-se apenas dando-se, essa entrega há de ser livre. Na liberdade, o homem realiza-se a si próprio, e, por isso, a igreja, «ao ratificar constantemente a transcendente dignidade da pessoa, utiliza como método próprio o respeito à liberdade. Não obstante, a liberdade é plenamente valorizada apenas pela aceitação da verdade. Num mundo sem verdade, a liberdade perde a sua consistência e o homem cai exposto à violência das paixões e aos condicionamentos patentes ou encobertos»[37].

Talvez a relação liberdade-verdade seja uma das chaves para entender a incomensurabilidade entre a ética social liberal e a ética social cristã. A encíclica *Veritatis splendor*, particularmente no segundo capítulo, ataca o problema da relação entre liberdade e verdade. Nela, o Papa sustenta a capacidade da razão natural para conhecer a verdade moral. Para ser livre, o homem deve saber dis-

---

(36) *Idem*, n. 41.
(37) *Idem*, n. 46.

tinguir entre o bem e o mal, distinção que faz com a luz da razão natural, *reflexo no homem do esplendor do rosto de Deus*[38].

S. Tomás identifica esta luz da razão natural, mediante a qual podemos discernir entre o bem e o mal, com a própria lei natural[39]. Lei natural que, enquanto participação da lei eterna na criatura racional, tem a sua origem em Deus, mas, simultaneamente, é a lei própria do homem.

João Paulo II fala de uma «justa autonomia da razão prática», entendendo com tal o fato de que o homem possui em si mesmo a sua própria lei, recebida por Deus. A autonomia moral relativa, que tem de distinguir-se de uma autonomia concebida, como que se autofundamenta negando uma participação da razão prática da Sabedoria do Criador ou como a «liberdade criadora de normas morais, segundo as contingências históricas ou as diversas sociedades e culturas». Segundo o Papa, esta concepção absoluta da autonomia moral «seria a morte da verdadeira liberdade»[40].

A concepção da pessoa como autotranscedência, que se realiza apenas mediante o dom de si, provê os elementos definitivos para superar a dialética indivíduo-sociedade própria da ideologia liberal. Na realidade, a pessoa nunca é apenas indivíduo: ser pessoa é ser-com e ser para os outros. Simultaneamente, a abertura para a transcendência desencadeia que o sentido último do homem se realize apenas na Verdade e no Amor: a vocação do homem é um caminho em liberdade para o Absoluto. Com palavras da *Centesimus annus*, «a Igreja conhece o "sentido do homem" graças à Revelação Divina. "Para conhecer o homem, o homem verdadeiro, o homem integral, há que conhecer Deus", dizia Paulo VI, citando, em seguida, Santa Catarina de Sena, que em uma oração expressava a mesma ideia: "Na natureza divina, Divindade eterna, conhecerei a minha natureza"»[41].

A autonomia do homem é a mesma da sua liberdade: uma liberdade criada, guiada pela lei moral que tem Deus por autor; portanto, é uma autonomia relativa. A visão liberal do homem que apresenta

---

(38) *Veritatis splendor*, n. 42.
(39) Cf. *Summa theologiae*, I-II, q. 91, a.2.
(40) *Veritatis splendor*, n. 40.
(41) *Centesimus annus*, n. 55.

um indivíduo independente, autônomo, cético em relação aos valores últimos manifesta-se como uma vã tentativa de absolutizar o relativo.

Autonomia relativa e autonomia absoluta são incomensuráveis. Não obstante, vimos que o Papa dava aprovações claras e, por vezes, condicionais a algumas instituições liberais. Por quê? Sigamos em ordem. As aprovações *tout court* referiam-se ao âmbito das instituições políticas e, em particular, à separação dos poderes do Estado e à criação de um Estado de Direito. O fato de limitar o poder político evidencia um princípio teórico que está na base da democracia constitucional moderna: a pessoa tem direitos invioláveis. «A tradição constitucional parte da ideia básica de que é necessário garantir os direitos fundamentais dos cidadãos, e, no intuito de consegui-lo, tem de colocar-se o poder político e social em condições jurídicas tais que resulte impossível violá-los. Logo, o poder – todo o poder – tem de ser um poder limitado, submetido a restrições constitucionais. A democracia não significa "o poder absoluto do povo" – isso seria um absolutismo demagógico –, mas apenas: "ninguém pode ter um poder absoluto"[42].»

Segundo Rodriguez Luño, a persuasão de que existem coisas que nunca se podem fazer pertence à essência do regime democrático e tem um papel análogo aos atos intrinsecamente maus da moral. A separação e a limitação dos poderes do Estado e a criação de um sistema de garantias jurídicas são instituições aptas para salvaguardar o valor-pessoa.

Quando, numa sociedade, essa persuasão se enfraquece e perde-se o sentido da verdade, é forte a tentação de estabelecer uma relação entre democracia e agnosticismo moral. Porém, as instituições políticas liberais, enquanto tais, não têm necessariamente um laço com tal agnosticismo. Por isso, o Papa simplesmente aprova, quando adverte sobre o perigo de esvaziar a democracia dos pontos de referência fixos que o conceito de dignidade da pessoa oferece.

No que diz respeito ao capitalismo, o Papa dava algumas aprovações condicionais. Se a economia de mercado coloca no centro a pessoa, afastando-se de uma atitude economicista, valorizando-se o trabalho

---

(42) Entrevista de D. CONTRERAS ao professor A. RODRIGUEZ LUÑO, Boletín ACEPRENSA, Servicio 127/93, Madri, outubro de 1993.

enquanto ação humana livre e responsável etc., então, dão-se as condições para uma aprovação *tout court*. Fica a pergunta: se conseguem modificar-se, essas instituições capitalistas continuarão sendo liberais? Se consideramos que a essência do liberalismo é uma liberdade compreendida como autonomia absoluta do homem, a resposta seria negativa. O binômio conceitual indivíduo-liberdade do pensamento liberal é muito diferente da tríade pessoa-liberdade-verdade. Como escreve João Paulo II na *Carta às famílias*, «o individualismo supõe um uso da liberdade pelo qual o sujeito faz o que quer, "estabelecendo" ele próprio "a verdade" do que gosta ou resulta útil. Não admite que outro "queira" ou exija algo dele em nome de uma verdade objetiva. Não quer "dar" a outro sobre a base da verdade; não quer converter-se em uma "entrega sincera". O individualismo é, portanto, egocêntrico e egoísta. A antítese com o personalismo nasce não apenas no terreno da teoria, mas, mais ainda, no do *ethos*. O *ethos* do personalismo é altruísta: move a pessoa a entregar-se aos outros e a encontrar satisfação com isso»[43].

b) Cultura da vida e cultura da morte

A civilização do amor é a categoria referida por Paulo VI e que João Paulo II utiliza com frequência, identificando essa civilização com a cultura da vida. Tratando-se de uma noção que se encontra sempre num contexto teológico, não podemos reduzi-la ao seu conteúdo meramente sociopolítico. A civilização do amor é a possibilidade de estruturar a sociedade em formas muito diversas, mas também em pleno respeito à verdade sobre o homem tal como o sustenta a Revelação, verdade em que a luz da razão pode penetrar e descobrir as suas estruturas fundamentais, embora sempre com a consciência de que, em suma, o homem é um mistério do amor de Deus.

A concepção do homem própria da antropologia cristã não é nem pessimista, nem otimista, já que parte do dado revelado que afirma que o homem foi criado à imagem e semelhança de Deus, que caiu em pecado, mas que foi redimido por Cristo. As análises da sociedade

---

(43) *Carta às famílias*, n. 14.

contemporânea que o Papa elabora têm como ponto de referência esta «verdade sobre o homem». Não são fruto de um pessimismo antropológico nem consideram as estruturas sociais como determinantes. Analisam-se as consequências perversas, na vida dos homens e dos povos, quando a pessoa não é fiel a essa imagem e semelhança de Deus que tem o homem por desígnio amoroso do Criador, simultaneamente à apresentação dos horizontes da transcendência, nos quais a pessoa pode, livremente, dar-se conta de que se encaminha para um fim último, respondendo à vocação divina em que consiste a sua dignidade.

Em sua encíclica *Evangelium vitae*, o Santo Padre diagnostica a cultura contemporânea e procura manifestar alguns elementos de visões antropológicas da dita cultura que servem de base de sustentação de atitudes negativas diante da vida humana.

Algumas ideologias justificam atentados contra a dignidade humana com a mesma pergunta de Caim depois de assassinar o irmão Abel: Porventura sou um guarda do meu irmão? Esta atitude reflete uma perda de sentido de responsabilidade diante do irmão, a inexistência do sentido de solidariedade em relação aos mais fracos e a indiferença entre os homens e entre os povos (cf. n. 8).

Os atentados contra a vida e a pretensa legalização de tais atentados têm múltiplas causas. No fundo, há uma crise profunda da cultura, que gera um ceticismo em torno da ética e do próprio saber sobre o homem. Essa desconfiança traz consigo sérias dificuldades no momento de encontrar um sentido da existência humana e a possibilidade de fundamentar os direitos e deveres dos homens (cf. n. 11).

Pode advertir-se no contexto da cultura contemporânea uma autêntica «estrutura de pecado», que não é outra coisa senão uma cultura da morte, fruto de doutrinas filosóficas, econômicas e políticas que coincidem na defesa de uma concepção eficientista da sociedade. Se o critério último de valor é a eficácia e a utilidade, a vida mais débil, que exigiria mais acolhimento, é recusada, considerada inútil, como um peso insuportável de que é preciso se desfazer. Pode-se falar de uma «guerra dos poderosos contra os débeis» (n. 12).

Um elemento característico desta estrutura de pecado é a mentalidade hedonista e irresponsável a respeito da sexualidade – mentalidade que supõe uma concepção egoísta da liberdade pessoal, que vê na procriação um obstáculo para o desenvolvimento da própria personalidade. Hedonismo que acolhe inclusive a possibilidade do infanticídio, pois recusa a limitação, a deficiência, a doença: está-se voltando – assinala o Papa – ao estado de barbárie que se considerava superado para sempre (cf. n. 12). Neste contexto cultural, o mal por excelência é o sofrimento. Assim, vale tudo para eliminar a dor do horizonte existencial humano: sinal claro de que neste ambiente cultural faltam os elementos indispensáveis, que proporcionam uma visão religiosa da vida, para decifrar o mistério da dor.

João Paulo II junta outro aspecto ao quadro cultural contemporâneo: uma atitude prometeica do homem que se crê senhor da vida e da morte, porque decide sobre elas. Na realidade, essa atitude soberba conduz o homem a enfrentar-se com a morte como um sem sentido, que encerra todo o horizonte transcendente de esperança (cf. n. 15).

Todos estes elementos – utilitarismo, hedonismo, vaidade prometeica – escondem uma ideia perversa de liberdade. A gravidade da crise atual escancara-se no fato de que os delitos contra a vida, em vez de serem considerados delitos, são considerados legítimas expressões da liberdade individual, que devem ser reconhecidos e protegidos como autênticos direitos. É uma concepção que contradiz a própria ideia dos direitos humanos: se, por um lado, nesses tempos reina uma maior sensibilidade moral para reconhecer o valor e a dignidade de cada indivíduo sem discriminações de raça, cultura, religião ou nível social, por outro lado procura-se limar os direitos do homem nos momentos mais emblemáticos da sua existência: o nascimento e a morte (cf. n. 18).

Quais são as raízes de tamanha contradição? Segundo o Papa, a origem deste paradoxo encontra-se numa mentalidade que exaspera até deformá-lo – o conceito de subjetividade. Reconhece-se como titular de direitos apenas aquele que se apresenta com plena ou, pelo menos, incipiente autonomia, e, portanto, é completamente independente dos outros. Outra vertente desta mesma realidade é considerar que a dignidade da pessoa humana está necessariamente relacionada com a capacidade de comunicação verbal e explícita. Segundo essas posições, os seres «estruturalmente débeis», como o nascituro e o moribundo, estão excluídos desta dignidade ou titularidade de direitos. Na realidade, o estado de direito que aceita essas concepções antropológicas está mudando «a força da razão» pela «razão da força».

A raiz da contradição de afirmar os direitos humanos, por um lado, e justificar os atentados contra a vida ao nível ainda mais profundo, do outro, reside numa concepção da liberdade que exalta no modo absoluto o indivíduo singular e não o dispõe à solidariedade, ao acolhimento e serviço dos outros. É uma concepção individualista da liberdade, que termina por converter-se na liberdade dos mais fortes contra os débeis destinados a perecer.

Essa concepção da liberdade renega a sua relação com a verdade. Se o único ponto de referência são as próprias decisões, a verdade objetiva e, em particular, a verdade sobre o homem – que faria ver que a liberdade tem uma dimensão relacional essencial –, deixa de ser uma luz: confundem-se o bem e o mal, e o subjetivismo das próprias opiniões, interesses ou caprichos fica como único guia.

Se o indivíduo considera que possui uma autonomia absoluta, baseada numa liberdade individualista, a sociedade apresenta-se como um conjunto de indivíduos, um com o outro, sem relações recíprocas. Apenas une a busca dos próprios interesses individuais. Para garanti-los, fazem-se compromissos necessários que permitam o máximo de liberdade possível. Porém, como faltam as referências a valores comuns e a uma verdade absoluta para todos, a vida social degenera num relativismo total: «tudo é convencional, tudo é negociável», também o direito à vida (cf. n. 20).

Indo mais profundamente à raiz do paradoxo da desvalorização da vida humana numa época em que, teoricamente, defendem-se os direitos humanos, João Paulo II chega ao centro do drama do homem contemporâneo: o eclipse do sentido de Deus e do homem, consequência do contexto social e cultural dominado pelo secularismo.

Sem Deus a criatura desvanece-se. A sua idade degrada-se, pois agora o homem considera-se apenas um organismo vivente que atingiu um nível de perfeição muito elevado. Mas organismo vivente, e nada mais. Fechado o horizonte do físico, a vida humana transforma-se em algo do qual se pode gozar com plena propriedade: a vida converte-se em algo manipulável (cf. n. 22).

O eclipse do sentido de Deus e da dignidade do homem desencadeia um materialismo prático com as suas três manifestações principais: o individualismo, o utilitarismo e o hedonismo. Nesse contexto, o sofrimento é considerado algo inútil e sem sentido, a sexualidade despersonaliza-se e animaliza-se, a procriação converte-se num inimigo a se evitar ou numa fonte de afirmação egoísta pessoal (manipulações genéticas). Os mais débeis – a mulher, a criança, o doente, o ancião – sofrem as consequências destas atitudes antropológicas (cf. n.23).

Para terminar esta exposição do diagnóstico da cultura contemporânea feito por João Paulo II, é oportuno citar textualmente o n. 24 da encíclica *Evangelium vitae*: «No íntimo da consciência moral produz-se o eclipse do sentido de Deus e do homem com todas as múltiplas e funestas consequências para a vida. Põe-se em dúvida, sobretudo, a consciência de cada pessoa, que na sua unicidade e irrepetibilidade se encontra sozinha diante de Deus [...]. No entanto, todos os condicionamentos e esforços para impor o silêncio não conseguem sufocar a voz do Senhor que ressoa na consciência de cada homem. Deste íntimo santuário da consciência pode começar um novo caminho de amor, de acolhimento e de serviço à vida humana».

Uma vez apresentada a análise de João Paulo II de alguns aspectos da cultura contemporânea, é preciso perguntar-se novamente: que atitude antropológica adotar, pessimismo ou otimismo? Há alternativa? O homem sente sede de transcendência e, simultaneamente, sente as suas limitações existenciais. Está aberto ao bem, mas deve enfrentar a sua inclinação para o mal. Vive inserido numa estrutura social, mas reclama para si um âmbito de autonomia pessoal, exigida por aspirações íntimas da consciência. O Concílio Vaticano II expressava-o com melhores palavras quando afirmava: «São muitos os elementos combatidos no próprio interior do homem. Como criatura, o homem experimenta múltiplas limitações; sente-se, no entanto, ilimitado em seus desejos e chamado a uma vida superior. Atraído por múltiplas solicitações, tem de escolher e renunciar. Mais ainda, como doente e pecador, não raro faz o que não quer e não faz o que quer. Por isso, sente em si próprio a divisão que tantas e tão graves discórdias provoca na sociedade»[44].

João Paulo II, na primeira encíclica do seu pontificado, *Redemptor hominis*, retomou os elementos essenciais da antropologia cristã, que, ainda que leve perfeitamente em conta a presença do mal, afirma o

---

(44) CONCÍLIO VATICANO II, Constituição *Gaudium et spes*, 10.

mais alto destino do homem, porque a luta entre o bem e o mal foi definitivamente vencida em Cristo. Citava Santo Agostinho: «"Fizestes-nos, Senhor, para Vós, e o nosso coração está inquieto, até que não repouse em Vós". Nesta inquietude criativa bate e pulsa aquilo que é mais profundamente humano: a busca da verdade, a insaciável necessidade do bem, a fome da liberdade, a nostalgia do belo e a voz da consciência»[45].

A *civilização do amor* propugnada por Paulo VI e por João Paulo II, na qual as potencialidades dos homens possam ser atualizadas num marco de liberdade e justiça, não é o produto de um otimismo ingênuo que fecha os olhos à realidade. Afasta-se do pessimismo e do otimismo antropológico para instalar-se num realismo sobrenatural que conhece o que se pode esperar da natureza humana, caída depois do pecado original, mas redimida por Cristo, o Filho de Deus feito homem. Assenta-se sobre uma antropologia que não nega a existência do mal no coração do homem e que sabe que a mera mudança das estruturas sociais não é idônea para arrancar o mal do mundo. A *civilização do amor* é uma meta difícil, mas alcançável: começa no coração do homem, com a sua conversão pessoal. Toda concepção social que não parta deste pressuposto – a primeira batalha que tem de travar-se é pessoal – está destinada a refugiar-se na ilha da Utopia.

c) A proposta de João Paulo II sobre uma nova ordem mundial

Se a primeira parte da nossa exposição sobre o pontificado de João Paulo II versou sobre a análise do liberalismo, e a segunda, sobre algumas das consequências da cultura niilista e da sociedade permissiva, neste último ponto analisaremos as reflexões pontifícias sobre o problema do nacionalismo e do diálogo intercultural.

O discurso pronunciado por João Paulo II na sede das Nações Unidas em 1995 deve ser colocado num novo contexto mundial surgido depois dos acontecimentos de 1989, com a queda do bloco soviético

---

(45) JOÃO PAULO II, *Redemptor hominis*, n. 18.

da Europa central e oriental, e no final da Guerra Fria. O Papa desejava considerar «as consequências que as mudanças extraordinárias verificadas nos anos recentes têm para o presente e o futuro de toda a humanidade» (1).

Uma das características que distingue o nosso tempo é a busca pela liberdade. Nos últimos tempos, muitos homens e mulheres aceitaram o risco da liberdade, reclamando um espaço social e político a que tinham direito, baseando-se na sua qualidade de seres livres. A busca da liberdade tem como fundamento os direitos universais que todos os homens têm simplesmente por serem pessoas. João Paulo II afirma que o movimento mundial de busca da liberdade tem uma estrutura interior. A chave para entender a dita estrutura é o seu caráter planetário. Este fato confirma «que existem realmente alguns direitos humanos universais, enraizados na natureza da pessoa, nos quais se refletem as exigências objetivas e imprescindíveis de uma *lei moral universal*» (3).

Segundo o pontífice polonês, os direitos do homem recordam que este mundo não é irracional ou sem sentido: pode-se falar de uma lógica moral «que ilumina a existência humana e torna possível o diálogo entre os homens e entre os povos». Esta lógica torna também possível uma linguagem compreensível e comum, uma espécie de «gramática» que serve o mundo para enfrentar esta discussão sobre o mesmo futuro» e que pode abrir a possibilidade de transformar um século de constrangimento num século de persuasão.

Por isso, o Pontífice preocupa-se com o fato de alguns homens negarem a universalidade dos direitos dos homens ou a própria universalidade da natureza humana. É verdade que – afirma o Papa – não existe uma forma única, política ou econômica, de organizar a liberdade humana, porque a diversidade cultural fundamenta a diversidade institucional; «mas uma coisa é afirmar um legítimo pluralismo de "formas de liberdade" e outra negar o caráter universal ou inteligível da natureza do homem ou da experiência humana» (*ibidem*).

Em 1989, verificou-se uma série de revoluções que demonstraram que a busca pela liberdade é uma exigência evidente que surge com o reconhecimento da inestimável dignidade e valor do ser humano. Foram revoluções feitas em nome da solidariedade e que indicam o caminho a percorrer. Porém, a procura da liberdade no século XX compromete não só os indivíduos, como também as nações. A Segunda Guerra Mundial tem como origem a violação dos direitos das nações, condenadas pelo fato de ser «outras» por parte das doutrinas nefastas que pregavam a inferioridade de algumas nações ou culturas. A violação dos direitos das nações continuou, sobretudo, nas chamadas «democracias populares». Por esses motivos, torna-se necessária uma reflexão séria sobre os direitos das nações, similar à realizada pela Academia da Cracóvia durante o Concílio de Constança e à da Escola de Salamanca no século XVI por ocasião do descobrimento da América.

Com as tendências atuais para a homogeneização do mundo por causa do desenvolvimento das relações econômicas e dos meios de comunicação, existe um retorno de particularismos étnico-culturais. «Esta tensão entre particular e universal pode ser considerada imanente ao ser humano. A natureza comum move os homens a sentir-se, tal como são, membros de uma única família. Porém, graças a esta concreta historicidade desta mesma natureza, estão necessariamente ligados de um modo mais intenso a grupos humanos concretos; antes de tudo a família, depois a vários grupos de pertença até o conjunto do respectivo grupo étnico-cultural, que, não por casualidade, indicado com o termo "nação" evoca o "nascer", enquanto o indicado com o termo "pátria" (*fatherland*) evoca a realidade da mesma família. A condição humana situa-se assim entre estes dois polos – a universalidade e a particularidade – e em tensão vital entre eles; tensão inevitável, mas especialmente fecunda, quando se vive com sereno equilíbrio» (7).

Os direitos das nações baseiam-se sobre este fundamento antropológico. Em primeiro lugar, o direito de existir, que não exige de si uma soberania estatal, tendo diversas formas possíveis de agregação jurídica. O direito à existência implica o direito à própria língua e à própria cultura mediante as quais se expressa um povo e se promove a sua originária soberania espiritual. Cada nação tem também o direito de modelar a própria vida de acordo com as suas tradições sempre respeitando os direitos humanos fundamentais e evitando qualquer tipo de opressão contra as minorias. Contemporaneamente, toda nação deve viver em paz, respeito e solidariedade com as outras nações.

O mundo – dizia João Paulo II – deve aprender a conviver com a diversidade. «A realidade da "diferença" e a peculiaridade do "outro" podem sentir-se, por vezes, como um peso ou como uma ameaça.

O medo da "diferença", alimentado por ressentimentos de caráter histórico e exacerbado por manifestações de personagens sem escrúpulos, pode levar à negação da própria humanidade do "outro" com o resultado de que as pessoas entram numa espiral de violência da qual ninguém – nem mesmo as crianças – se livra». No entanto, além das diferenças, existe uma dimensão comum fundamental, uma vez que as diversas culturas são na realidade modos distintos de enfrentar a questão do sentido último da existência pessoal. É aqui precisamente onde se pode encontrar a fonte do respeito devido a toda a cultura e a toda a nação: «*toda a cultura é um esforço de reflexão sobre o mistério do mundo e, em particular, do homem: é um modo de expressar a dimensão transcendente da vida humana.* O coração de cada cultura está constituído pela sua aproximação ao maior dos mistérios: o mistério de Deus» (9).

O Papa, que falou da necessidade de respeitar as diferenças, insiste agora num dos temas mais presentes do seu pontificado, recolhendo a herança do Concílio: a liberdade religiosa. Cada comunidade esforça-se por dar uma resposta ao problema da existência humana. É por isso que um dos pilares essenciais da estrutura dos direitos humanos e o fundamento de toda a sociedade realmente livre seja o direito fundamental da liberdade religiosa. Não se pode impor uma resposta ao mistério do homem: a verdade sobre o homem é o critério imutável mediante o qual toda cultura deve ser julgada e, simultaneamente, toda cultura tem algo para agregar às distintas dimensões da verdade complexa sobre o homem (cf. n. 10). As respostas próprias de cada cultura estão enraizadas na tradição nacional. Neste contexto, é necessário distinguir entre patriotismo – justo amor por um país de origem –, que em nada se opõe à verdade sobre o homem e que traz luz para esclarecer o mistério da existência humana, e o nacionalismo, que despreza outras nações ou culturas e, enquanto ideologia, ergue-se em religião substitutiva. Quando o nacionalismo se baseia num princípio religioso, encontramo-nos com o fundamentalismo, que nega a liberdade religiosa (cf. n. 11).

A liberdade é a medida da dignidade e da grandeza do homem. Deve utilizar-se a liberdade de forma responsável, tanto no âmbito pessoal como no social. A estrutura moral da liberdade é a arquitetura interior da cultura da liberdade. Esta lógica interna ou estrutura moral identifica-se com a sua ordenação para a verdade, verdade que pode ser conhecida universalmente graças à lei moral inscrita no coração do homem. Diante desta concepção de moralidade, o Papa sublinha que existem outras correntes morais, tais como o utilitarismo, que define a moralidade não com base no bem, mas no vantajoso e útil. O utilitarismo é uma ameaça à liberdade: o utilitarismo político comete injustiças, porque está inspirado por um nacionalismo agressivo; o utilitarismo econômico submete os pobres aos ricos sem dar-lhes a possibilidade de desenvolver-se.

O Papa espera que as Nações Unidas possam constituir uma família de nações, uma comunidade baseada na confiança recíproca, no apoio mútuo e no respeito sincero. João Paulo II fala de uma nova esperança: tem de se rejeitar a tentação do cinismo e arriscar pela solidariedade e a paz, como em 1989 muitas pessoas correram o risco da liberdade. O homem moderno, que inicia a modernidade cheio de «maturidade» e de «autonomia», chega com medo ao fim do século XX. É preciso superar o medo, com a consciência de que o homem não está só: Deus está com ele.

O Papa apresentou-se à Assembleia Geral das Nações Unidas como testemunha de Jesus Cristo, testemunha da dignidade humana, testemunha da esperança e da providência misericordiosa. E concluía este magnífico discurso com as seguintes palavras, com as quais podemos encerrar esta exposição: «Devemos *vencer o nosso medo do futuro. Porém, não poderemos vencê-lo completamente senão juntos*». A «resposta» àquele medo não é a coação, a repressão ou imposição de um único «modelo» social ao mundo inteiro. A resposta ao medo que ofusca a existência humana no fim do século é o esforço comum por *construir a civilização do amor*, fundamentada nos valores universais da paz, da solidariedade, da justiça e da liberdade. E a «alma» da civilização do amor é a cultura da liberdade: a liberdade dos indivíduos e das nações, vivida numa solidariedade e responsabilidade oblativas.

Não devemos ter medo do futuro. Não devemos ter medo do homem. Não é causalidade que nos encontremos aqui. Cada pessoa foi criada à «imagem e semelhança» d'Aquele que é a origem de tudo o que existe. Temos em nós a capacidade de sabedoria e virtude. Com estes dons, e com a ajuda da graça de Deus, podemos construir um século que está por chegar e, para o próximo milênio, uma civilização digna da pessoa humana, uma verdadeira cultura de liberdade.

Podemos e devemos fazê-lo! E, fazendo, poderemos nos dar conta que as lágrimas deste século prepararam o terreno para uma nova primavera do espírito humano» (18)[46].

O falecimento de João Paulo II, em 2 de abril de 2005, e o abalo que isso representou para o mundo mostram a sua categoria e a sua autoridade moral. Numerosos chefes de Estado e milhares de pessoas das mais variadas nações quiseram estar presentes no seu funeral, que, independentemente do credo ou das ideias políticas, prestaram homenagem à sua pessoa, considerada uma autêntica *testemunha da verdade*. Em 1º de maio de 2011, diante de uma multidão que encheu amplamente a Praça de São Pedro, Bento XVI beatificou-o.

3. Bento XVI (2005-2013)

O pontificado de Bento XVI começou em 19 de abril de 2005. Ainda não é momento de fazer um balanço geral. Por isso, optamos por apresentar apenas um dos elementos chave de seu magistério, que está no núcleo condutor deste livro: a recuperação da verdade como estratégia para vencer o que o Papa chama a «ditadura do relativismo».

Na segunda-feira, 18 de abril de 2005, o Cardeal Joseph Ratzinger presidiu à Santa Missa com a qual deu início ao Conclave, que teve por objetivo eleger o sucessor do falecido Papa João Paulo II. Na homilia, o Decano do Colégio Cardinalício destacou as circunstâncias culturais que o futuro sucessor de São Pedro deveria enfrentar. Num parágrafo central, afirmou: «Quantos ventos de doutrina conhecemos durante as últimas décadas! Quantas correntes ideológicas! Quantas modas de pensamento! A barca do pensamento de muitos cristãos foi balançada frequentemente por estas ondas, levada de um extremo ao outro: do marxismo ao liberalismo, até a libertinagem; do coletivismo ao individualismo radical; do ateísmo a um vago misticismo religioso; do agnosticismo ao sincretismo etc. Cada dia nascem novas seitas e cumpre-se o que disse São Paulo sobre o engano dos homens, sobre a

---

(46) JOÃO PAULO II, *Discurso a la Asamblea General de las Naciones Unidas,* Nova York, 5-X-95, em *L'Osservatore Romano,* 13-X-95.

astúcia que conduz ao erro (cf. Ef 4, 14). A quem tem uma fé clara, segundo o Credo da Igreja, frequentemente aplica-se-lhe a etiqueta do fundamentalismo. Enquanto o relativismo deixa-se «levar à deriva por qualquer vento da doutrina», parece ser a única atitude adequada nos tempos atuais. Vai-se constituindo uma ditadura do relativismo que não reconhece nada como definitivo e que deixa como última medida apenas o próprio eu e os seus caprichos»[47].

O Cardeal Ratzinger não se deixava levar pelo desespero: Cristo é a Verdade e quem participa da sua amizade encontra o sentido da vida. Porém, o sinal que deixará esta homilia é claro: estamos perante uma ideologia dominante, uma autêntica ditadura que nega o acesso à verdade. Seguramente, o cardeal alemão não sabia que as suas palavras eram, por assim dizer, *autoproféticas*: seria ele o encarregado de levar a cabo a apresentação convincente da verdade, como principal estratégia para derrotar a *ditadura do relativismo*.

Quais são os traços mais característicos do relativismo, segundo Bento XVI? Ao longo de suas intervenções nesses primeiros anos do pontificado o Papa referiu-se inúmeras vezes a esta ideologia e abordou-a a partir de diferentes perspectivas. Aqui, faremos uma breve exposição sobre o seu pensamento, esclarecendo que poderia apresentar-se de múltiplos modos distintos.

Tal como o descreve na recém-citada homília, o relativismo se caracterizaria por um antropocentrismo subjetivista, que reedita a atitude dos antigos sofistas gregos, afirmando que o homem é a medida de todas as coisas. Em seu primeiro ano de pontificado, afirmou: «A cultura atual, profundamente marcada por um subjetivismo, que desemboca muitas vezes no individualismo extremo ou no relativismo, impulsiona os homens a converter-se na única medida de si próprios, perdendo de vista outros objetivos que não estejam centrados em seu próprio eu, transformado no único critério de avaliação da realidade e das suas próprias opções»[48].

---

(47) J. RATZINGER, *Homilia da Missa «Pro eligendo Pontifice»*, 18 de abril de 2005.

(48) BENTO XVI, *Mensagem do Santo Padre Bento XVI aos membros das Academias Pontifícias*, 5 de novembro de 2005.

A autorreferencialidade do homem relativista implica que Deus seja afastado. Ou se nega a sua existência, ou, mesmo admitindo-a, considera-se que é uma realidade própria da intimidade da consciência privada e individual ou mero sentimento de uma presença vaga: «Quer-se relegar Deus para a esfera privada, ao sentimento, como se não fosse uma realidade objetiva; e, assim, cada um forja o seu próprio projeto de vida. Porém, esta visão, que se apresenta como se fosse científica, apenas aceita como válido o que se pode verificar com experiências. Com um Deus que não se presta à experiência do imediato, esta visão acaba por prejudicar também a sociedade, pois daqui segue-se que cada um forja o seu próprio projeto e, no final, cada um contrapõe-no ao outro. Como se vê, é uma situação em que realmente não se pode viver»[49].

Assim, Bento XVI infere que é imprescindível – parece óbvio, porém a crise cultural relativista é tão grave que nada se pode dar por cumprido – a necessidade de voltar a Deus, de insistir em sua catequese na existência de Deus, o Único que pode orientar a existência humana para uma vida conseguida. Na resposta à pergunta de um jornalista em sua viagem apostólica à Áustria, o Papa expôs a sua prioridade pastoral: «Eu apenas quero confirmar as pessoas na fé, pois precisamente também hoje necessitamos de Deus, necessitamos uma orientação que dê uma direção à nossa vida. Uma via sem orientação, sem Deus, não tem sentido; fica vazia. O relativismo relativiza tudo e, no final, já não se pode distinguir o bem do mal»[50].

Com este «retorno a Deus», o Papa insiste que a pessoa humana deve recuperar a consciência da sua condição de criatura: não somos seres completamente autônomos, mas recebemos a nossa existência como dom gratuito, que temos de fazer frutificar: «Devemos fazer que Deus esteja novamente presente em nossas sociedades. Esta parece-me a primeira necessidade: que Deus esteja de novo presente em nossa vida, que não vivamos como se fôssemos autônomos,

---

(49) BENTO XVI, *Encontro com os jovens de Roma e do Lácio como preparação para a XXI Jornada da Juventude,* 6 de abril de 2006.
(50) BENTO XVI, *Viagem apostólica à Áustria por ocasião do 850º aniversário da fundação do Santuário de Mariazell. Palavras do Santo Padre na sua conversa com os jornalistas durante o voo,* 7 de setembro de 2007.

autorizados a inventar o que são a liberdade e a vida. Devemos tomar a consciência de que somos criaturas, constatar que Deus nos criou e que seguir a sua vontade não é dependência, mas um dom de amor que nos dá a vida»[51].

Se o antropocentrismo subjetivista é uma característica-chave do relativismo dominante e o afastamento de Deus é uma de suas consequências principais, outra das consequências importantes é a perda da noção de natureza humana como princípio de orientação moral. O autoerigir-se do homem como árbitro da verdade e do erro, do bem e do mal, assim como o esquecimento de sua condição de criatura, conduz à negação da própria existência da natureza humana, criada por Deus e comum a toda a humanidade, fonte de moralidade e guia para a consecução do fim da existencia: a felicidade por meio do conhecimento da verdade e da posse do bem.

Esses elementos característicos do pensamento relativista confirmam uma crise da verdade. No fundo, reina uma grande desconfiança na capacidade da razão para conhecer uma verdade que possa orientar a existência humana. Bento XVI defenderá a razão humana capaz de alcançar a verdade, participação da Razão ou Logos divino, um dos núcleos mais densos do seu pontificado. Seguindo estreitamente João Paulo II na *Fides et ratio*, o Papa alemão sustentará a necessidade de estabelecer um diálogo fecundo entre a fé e a razão entre as quais existe uma relação de necessidade. A fé sem razão corre o risco de converter-se num fundamentalismo que quer impor a verdade com violência; a razão sem fé, separada, é uma razão positivista incapaz de superar o meramente empírico, empobrece o horizonte existencial. Em numerosas oportunidades, Bento XVI fará um apelo a «ampliar a razão», superando a mentalidade cientificista.

No famoso discurso pronunciado na Universidade de Ratisbona, em setembro de 2006, o Papa denunciou o uso da violência para impor uma fé determinada: «A violência está em contraste com a natureza de Deus e a natureza da alma. "Deus não se compadece com o sangue, disse. Não agir segundo a razão é contrário à natureza de Deus. A fé é fruto da alma e não do corpo. Logo, quem quer levar

---

(51) *Ibidem.*

outra pessoa à fé necessita da capacidade de falar bem e de raciocinar corretamente, e não recorrer nem à violência, nem a ameaças [...]. Para convencer a alma racional não se deve recorrer ao próprio braço, nem a instrumentos contundentes, nem a nenhum outro meio com o qual se possa ameaçar de morte uma pessoa»[52].

Por sua vez, era também clara a exigência de ampliar a razão: «No mundo ocidental está muito difundida a opinião segundo a qual apenas a razão positivista e as formas de filosofia dela derivadas são universais. Porém, as culturas profundamente religiosas do mundo consideram que precisamente esta exclusão do divino da universalidade da razão constitui um ataque às suas convicções mais íntimas. Uma razão que seja surda ao divino e relegue a religião no âmbito das subculturas é incapaz de entrar no diálogo das culturas»[53].

A crise da verdade conduz à crise da liberdade, que facilmente degenera em arbitrariedade, selvageria passional e vazio existencial. Como o seu predecessor, Bento XVI insistirá repetidas vezes no binômio verdade-liberdade. «Na atualidade, um obstáculo particularmente enganador para a obra educativa é a presença massiva do relativismo em nossa sociedade e em nossa cultura, que, não reconhecendo nada como definitivo, deixa como última medida apenas o próprio eu com os seus caprichos. E, debaixo da aparência de liberdade, transforma-se para cada um numa prisão, porque separa um do outro, deixando cada um fechado em seu próprio "eu"»[54]. Recordava também a quem tem responsabilidades diretivas na sociedade: «Aristóteles definiu o bem como "aquilo para que tendem todas as coisas" e chegou a sugerir que, "embora seja digno conseguir o fim inclusive apenas para um homem, não obstante é mais belo e mais divino consegui-lo para uma nação ou para uma pólis" (*Ética a Nicômaco*, 1; cf. *Caritas in Veritate*, 2). Na verdade, a alta responsabilidade de o manter desperta a sensibilidade diante da verdade e o bem recai sobre quem quer que desempenhe o

---

(52) BENTO XVI, *Viagem Apostólica a Munique, Altötting e Ratisbona. Encontro com o mundo da cultura. Discurso na Universidade de Ratisbona*, 12 de setembro de 2006.

(53) *Ibidem.*

(54) BENTO XVI, *Discurso na Cerimônia de abertura da Assembleia Eclesial da Diocese de Roma*, 6 de junho de 2005.

papel de guia: no campo religioso, político ou cultural, cada um segundo o seu próprio modo. Juntos, devemos comprometer-nos na luta a favor da liberdade e da busca da verdade. Ambas vão juntas, lado a lado, ou juntas perecem miseravelmente (cf. *Fides et ratio*, 90)»[55].

Bento XVI tem uma consciência muito clara da crise cultural contemporânea. Não se detém numa lamentação estéril. Propõe uma superação da crise numa plena coerência com o seu lema episcopal: cooperar com a verdade, que estabelece a existência de um Deus como Fundamento – um Deus que é Amor, como recordará em sua primeira encíclica *Deus Caritas est*; uma condição de criatura da pessoa humana; uma capacidade da razão – uma razão ampla, sem a estreiteza cienticista – para alcançar verdades centrais da natureza humana que possam orientar as decisões morais e a vida social.

4. Francisco (2013-)

A 11 de fevereiro de 2013, de forma inesperada, Bento XVI decidiu renunciar ao pontificado. Com esse gesto quebrou uma tradição multissecular. Tomou tal decisão convencido de que era o que Deus lhe pedia. No dia 13 de março seguinte, os cardeais reunidos em conclave elegeram Jorge Maria Bergoglio, até então arcebispo de Buenos Aires, que tomou o nome de Francisco.

É o primeiro papa vindo do Novo Continente, com um estilo muito diferente ao do seu predecessor e, ao mesmo tempo, unido ao Papa emérito por uma admiração e carinho emocionantes. Com ele, a Igreja Católica inicia um novo capítulo da sua história milenar.

---

(55) BENTO XVI, *Viagem apostólica à República Tcheca. Encontro com as autoridades civis e o corpo diplomático. Discurso no Palácio presidencial de Praga, Sala Espanhola,* 26 de setembro de 2009.

Epílogo

Chegamos ao final deste rápido percurso histórico através dos séculos da modernidade. Enquanto são escritas estas páginas, no início do terceiro milênio, muitos intelectuais falam do fim de uma época, de esgotamento de um projeto moderno, da pós-modernidade. A mudança de milênio abre espaços para novos milenarismos, para visões apocalípticas da história, e há inclusive quem se refira ao fim da história. O nosso objetivo foi fundamentalmente histórico e permanece como tal. Porém, pensamos que nestes últimos parágrafos é conveniente esboçar resumidamente um panorama das tendências culturais atuais.

O fio condutor deste percurso foi o processo de secularização. Entendido num sentido amplo, como afirmação da autonomia absoluta do homem, a secularização termina em tragédia. A visão prometeica do homem, quer seja em sua versão iluminista ou romântica, marxista, de Nietzsche etc., causou uma grave desordem nos diferentes âmbitos da existência humana. No âmbito político, o século XX foi testemunha das tragédias dos campos de concentração nazistas, de Hiroshima e Nagasaki, dos diversos arquipélagos Gulag, dos genocídios nacionalistas; no âmbito científico, o cientificismo deu origem a uma sociedade tecnológica quase ingovernável, que se volta contra o homem com as manipulações genéticas e os desastres ecológicos; no âmbito econômico, a mentalidade economicista provocou um abismo cada vez mais profundo entre o Norte e o Sul do mundo: junto das sociedades opulentas convivem, em enormes privações, mais de dois terços da população mundial.

Entendida no segundo sentido como afirmação da autonomia relativa do temporal, a secularização consistiu fundamentalmente num processo interno da Igreja, que conduziu à desclericalização da visão cristã do mundo e tornou possível um diálogo entre a Igreja e a sociedade, diálogo que deve ser cada vez mais incisivo se o desejo é colocar--se a serviço de uma nova evangelização.

São muitos os que pensam que o atual momento cultural está marcado pelo desenvolvimento das novas técnicas de comunicação. A sociedade de informação e a consequente globalização das relações inter-humanas é uma realidade. De todas as maneiras, o futuro da cultura não depende das técnicas de comunicação, mas da visão do homem que tais técnicas veiculam.

Que visão do homem prevalecerá no terceiro milênio? Depois do esgotamento do projeto moderno, o homem encontra-se ainda imerso na busca de sentido de sua existência. Algumas tendências culturais contemporâneas manifestam o desejo de superar os caminhos sem saída a que levou a afirmação da autonomia absoluta do homem. No âmbito político e econômico, pelo menos, no mundo ocidental, as tendências são a integração, que supera os nacionalismos, e o reforço dos princípios da subsidiariedade contra o centralismo estatista, e a solidariedade contra o individualismo liberal. No âmbito científico desperta-se a consciência do perigo de uma tecnologia sem pontos de referência éticos, sobretudo no que diz respeito ao cuidado do ambiente. No âmbito cultural, o etnocentrismo do homem branco ocidental é suplantado por um pluralismo aberto à diversidade cultural.

As ditas tendências supõem a superação da modernidade ideológica e do niilismo do século XX. Não obstante, permanecem muitas ambiguidades no panorama cultural contemporâneo. Se as tendências descritas abrem caminhos para uma autêntica personalização da sociedade humana, não estão menos presentes em vastos setores culturais o economicismo, o hedonismo e o relativismo moral. A própria globalização pode tender à homogeneização de uma cultura mundial estruturada em torno desses elementos que acabamos de mencionar.

No próprio movimento de despertar religioso está presente uma corrente que defende uma religião humanizada, que não olha para o alto, mas que tende para a autorredenção do homem.

O mundo contemporâneo, herdeiro de dois séculos de intensa secularização, continua a encontrar-se num momento de crise, continuação que se faz patente depois da Primeira Guerra Mundial. Trata-se fundamentalmente de uma crise da verdade do homem. A antropologia cristã apresenta o homem como criatura livre e simultaneamente dependente de Deus. Deus é o Senhor da história, mas a história é contemporaneamente o produto das livres decisões dos homens. Como se relacionam o domínio divino da história e a liberdade real da criatura humana é um mistério. A nós apenas cabe fazer um uso responsável de nossa liberdade.

Bibliografia

Fontes citadas

F. BACON, *Essays... with other Writings*, Londres, 1902.

P. BAYLE, *Diccionario histórico y crítico*, Círculo de Lectores, Barcelona, 1996.

J. BENTHAM, *Principi generali di legislazione,* em *Sofismi Politici*, Roma, 1981.

H. BERGSON, *Oeuvres*, Édition du Centenaire, Paris, 1959.

M. BLONDEL, *L'Action*, PUF, Paris, 1950.

E. BONNOT DE CONDILLAC, *Opere*, UTET, Torino, 1976.

J. BUTLER, *I quindici sermoni*, Sansoni, Florença, 1969.

A. CAMUS, *El hombre rebelde*, Losada, Buenos Aires, 2004.

 – *El mito de Sísifo*, Losada, Buenos Aires, 2004.

G. K. CHESTERTON, *Orthodoxy*, em *Collected Works*, Ignatius, São Francisco, 1986.

 – *La resurrezione di Roma*, Istituto di Propaganda Libraria, Milão, 1995.

A. COMTE, *Discurso sobre el espíritu positivo*, Aguilar, Buenos Aires, 1965.

CONGREGAÇÃO PARA A CAUSA DOS SANTOS, *Decreto sull'eroicità delle virtù del servo di Dio Josemaria Escrivá*, Fondatore dell'Opus Dei, 9-IV-1990.

CONSTANT, *Mélanges de littérature et de la politique*, Paris, 1829.

 – *Príncipes politiques applicables à tous les gouvernements*, Genebra, 1980.

J. D'ALEMBERT – D. DIDEROT, *Enciclopedia*, Laterza, Bari, 1968.

R. DESCARTES, *Opere filosofiche*, UTET, Turim, 1969.

 – *Discurso del método*, C. Adam e P. Tannery, Paris, 1897-1913.

J. DEWEY, *Liberalismo e azione sociale*, La Nuova Itália, Florença, 1946.

C. DICKENS, *Oliver Twist*, B.U.R., Milão, 1996.

 – *Canto di Natale*, Paoline, Cinisello Balsamo, 1989.

 – *David Copperfield*, O. Mondadori, Milão, 1999.

 – *Bleak House*, Penguin, Londres, 1985.

 – *Tempi difficili*, B.U.R., Milão, 1997.

D. DIDEROT, *Opere filosofiche*, Feltrinelli, Milão, 1963.

F. DOSTOIEVSKY, *Delitto e castigo*, Paoline, Roma, 1978

 – *I fratelli Karamazov*, Città Armoniosa, Reggio Emília, 1985.

L. FEUERBACH, *Opere*, Laterza, Bari, 1965.

M. FOUCAULT, *Le parole e le cose*, Rizzoli, Milão, 1967.

GALILEO GALILEI, *Opere*, UTET, Torino, 1965.

R. GUARDINI, *La fine dell'época moderna*, Morcelliana, Brescia, 1993.

 – *Dostievskij: il mondo religioso*, Morcelliana, Brescia, 1995.

J. W. VON GOETHE, *Werke*, Saur, Munchen, 1990.

G. HEGEL, *Primi scritti critici*, R. Bodei (org.), Milão, 1971.

 – *Scritti storici e politici*, Laterza, Bari, 1997.

M. HEIDEGGER, *Essere e tempo*, Longanesi, Milão, 1979.

C. H. HELVETIUS, *Dello spirito*, Editori Riuniti, Roma, 1970.

E. HEMINGWAY, *Il vecchio e il mare*, Classici Moderni Oscar Mondadori, Milão, 1972.

 – *I quarantanove racconti*, O. Mondadori, Milão, 1988.

W. v. HUMBOLDT, *Idee per un «Saggio sui limiti dell'attività dello stato»*, em *Antologia degli scritti politici di W. v. Humboldt*, Bolonha, 1961.

D. HUME, *Tratado sobre la naturaleza humana*, em T. H. Green e T.H. Grose (orgs.), *D. Hume. The Philosophical Works,* Londres, 1882-1886.

F. HUTCHESON, *Collected Works*, Olms, Hildesheim, 1971.

K. JASPERS, *I grandi filosofi*, Longanesi, Milão, 1973.

JOÃO PAULO II, Carta Encíclica *Redemptor hominis*, 4-III-1979.

 – Carta Encíclica *Laborem Exercens*, 14-IX-1981.

 – Carta Encíclica *Sollicitudo rei socialis*, 30-XII-1987.

 – Carta Encíclica *Centesimus annus*, 1-V-1991.

 – Carta Encíclica *Veritatis splendor*, 6-VIII-1993.

 – *Discurso à Assembleia Geral das Nações Unidas*, Nova York ,5-X-95, em *L'Osservatore Romano,* 13-X-95.

I. KANT, *Opere*, Laterza, Bari, 1981-1982.

S. KIERKEGAARD, *Opere*, Sansoni, Florença, 1972.

B. DE LAS CASAS, *Brevíssima relación de la destrucción de las Indias*, Sarpe, Madri, 1985.

J. O. DE LA METTRIE, *Opere filosofiche*, Laterza, Bari, 1974.

C. LARMORE, *Patterns of Moral Complexity*, Cambridge University Press, Cambridge-Nova York, 1987.

G. E. LESSING, *L'educazione del genere umano*, Laterza, Bari, 1957.

H. LEE, *Matar a un ruiseñor*, Plaza & Janes, Barcelona, 1986.

J. LOCKE, *Scritti politici*, UTET, Turim, 1977.

T. MALTHUS, *Saggio sul principio di popolazione*, Einaudi, Turim, 1977.

T. MANN, *La montaña mágica*, José Janes, Barcelona, 1947.

J. MARITAIN e R. MARITAIN, *Oeuvres completes*, Saint Paul, Paris, 1982--1995.

K. MARX, F. ENGELS, *Werke*, Dietz, Berlim, 1957-1968.

J. S. MILL, *La libertà ed altri saggi*, Milão, 1946

M. MONTAIGNE, *Essais*, La Pléiade, Bruges, 1950.

MONTESQUIEU, *Lo spirito delle leggi*, UTET, Turim, 1965.

E. MOUNIER, *Dalla proprietà capitalistica alla proprietà umana*, Ecuménica, Bari, 1983.

I. NEWTON, *Principia mathematica*, UTET, Turim, 1965.

F. NIETZSCHE, *Gesammelte Werke*, Musarin, Munique, 1920-1929.

G. ORWELL, *1984*, O. Mondadori, Milão, 1989.

– *La fattoria degli animali*, O. Mondadori, Milão, 1995.

Pio XI, *Enchiridion delle Encicliche*, n. 5, EDB, Bolonha, 1995.

J. RAWLS, *A Theory of Justice*, Oxford University Press, Oxford-Nova York, 1972.

– *Political Liberalism*, Columbia University Press, Nova York ,1993.

E. RENAN, *Che cos' è una nazione? e altri saggi*, Donzelli, Roma, 1998.

J. ROTH, *La Marcha Radetzky*, EDHASA, Barcelona, 2000.

– *La cripta de los capuchinos*, El Acantilado, Barcelona, 2002.

J. J. ROUSSEAU, *Opere*, Sansoni, Florença, 1972.

F. SCHILLER, *Guillermo Tell*, Plaza & Janes, Barcelona, 1961.

A. SHAFTESBURY, *Saggi morali*, Laterza, Bari, 1962.

J. SLOWACKI, *Dziela*, Ossolinski Wroclaw, 1959.

A. SOLJENÍTSIN, *Archipiélago Gulag*, Plaza & Janes, Barcelona, 1974.

J. STEINBECK, *The Grapes of the Wrath*, Penguin, EUA, 1997.

A. DE TOCQUEVILLE, *Scritti Politici*, UTET, Turim, 1968.

J. TOLAND, *Il cristianesimo senza misteri*, em A. SABETTI, *John Toland. Un irregolare della società e della cultura*, Liguori, Nápoles, 1976.

C. VARELA, *Cristóbal Colón. Textos y documentos completos*, Alianza, Madri, 1982.

G. VATTIMO, *Oltre l'interpretazione. Il significato dell'ermeneutica per la filosofia*, Bari, 1994.

A. VESPÚCIO, *Viajes y documentos completos*, Akal, Madri, s.f.

F. DE VITÓRIA, *Relectio de Indis,* Corpus Hispanorum de Pace, BAC, Madri, 1967.

VOLTAIRE, *Scritti filosofici,* Laterza, Bari, 1972.

WOLFF, *Logica tedesca,* Patron, Bolonha, 1980.

Estudos citados

ACERBI, *Chiesa e democrazia,* Vita e Pensiero, Milão, 1991.

P. ACKROYD, *Dickens,* Mandarin, Londres, 1990.

Actes et Documents du Saint Siège relatifs à la II Guerre Mondiale, Libreria Editrice Vaticana, Cidade do Vaticano, 1967-1981.

H. AGUER, *Construcción de ciudadania o educación integral?,* Arzobispado de La Plata, La Plata, 2008.

A. APARISI e J. BALLESTEROS (orgs.), *Por un feminismo de la complementariedad,* EUNSA, Pamplona, 2002.

R. ARON, *République imperial. Les États-Unis dans le monde (1945-1972),* Calmann-Lévy, Paris, 1973.

B. BAILYN, *The origins of American Politics,* Vintage Book, Random House, Nova York, 1967.

J. BALLESTEROS, *Postmodernidad: decadencia o resistencia,* Tecnos, Madri, 1989.

   – *Ecologia personalista,* Tecnos, Madri, 1995.

J. L. BARRÉ, *Jacques et Raïssa Maritain. Les mendiants du Ciel,* Stock, Paris, 1996.

D. BELL, *The Cultural Contradictions of Capitalism,* Basic Books, Nova York, 1996.

C. BECKER, *The Declaration of Independence,* Vintage Book, Nova York, 1942.

G. BEDESCHI, *Storia del pensiero liberale,* Laterza, Bari, 1990.

V. BELTRÁN DE HEREDIA, *Personalidad de Maestro Francisco de Vitória y trascendencia de su obra doctrinal,* em F. DE VITÓRIA, *Relectio de Indis,* Corpus Hispanorum de Pace, BAC, Madri, 1967.

A. BERQUE, *Mediance. De milieux en paysages,* Reclus, Montpellier, 1990.

P. BLET, *Pie XII et la Seconde Guerre Mondiale d'après les archives du Vatican,* Perrin, Paris, 1997.

   – *Pio XII e la seconda guerra mondiale negli archivi vaticani,* San Paolo, Cinisello Bálsamo, 1999.

I. BIBO, *Isteria tedesca, paura francese, insicurezza italiana,* Il Mulino, Bolonha, 1997.

N. BOBBIO, *Liberalismo in Diccionário de Filosofia*, A. Biraghi (org.), Edizioni di Communità, Milão, 1957.

F. BOTTURI, *Immagine ermeneutica dell'uomo*, em I. YARZA (org.) *Immagini dell'uomo. Percorsi antropologici nella filosofia moderna*, Armando, Roma, 1996, pp. 77-94.

L. BRAJNOVIC, *Grandes figuras de la literatura universal*, EUNSA, Pamplona, 1973.

G. BURDEAU, *Le libéralisme*, Éditions du Seuil, Paris, 1979.

J. M. BURGOS, *El personalismo*, Palabra, Madri, 2003.
- *Cinco claves para comprender a Jacques Maritain*, em «Acta Philosophica» 4/1 (1995), 5-25.
- *«Weber e lo spirito del capitalismo»*, em «Acta Philosophica» 5/2 (1996), p. 197-220.

R. BUTTIGLIONE, *La crisi della morale*, Dino, Roma, 1991.
- *Tradizione americana e pensiero cattolico*, em «Communio» (Milão), 1992, n. 125, pp. 65-74.
- *Il pensiero dell'uomo che divenne Giovanni Paolo II*, Mondadori, Milão, 1998.

R. CAMMILLERI, *I mostri della Ragione*, Ares, Milão, 1993.

G. CAMPANINI, *Il pensiero politico di Mounier*, Morcelliana, Brescia, 1983.

L. CANTONI, *Il problema della popolazione mondiale e politiche demografiche. Aspetti etici*, Cristianità, Piacenza, 1994.

F. CAPUCCI, *Antonio Gramsci. Cuadernos de la cárcel*, Emesa, Madri, 1978.

A. CASTALDINI, *L'ipotesi mimetica*, Leo S. Olschki Editore, Florença, 2001.

F. CASTELLI, *I cavalieri del nulla*, Massimo, Milão, 1977.

F. CHABOD, *L'idea di nazione*, Laterza, Bari, 1967.

J. L. CHABOT, *Histoire de la pensée politique (XIX et XX siècle)*, Mason, Paris, 1988.

N. J. CHALINE (ed.), *Chrétiens dans la première guerre mondiale*, Cerf, Paris, 1993.

G. CHALMETA, *Giustizia aritmética? I limiti del paradigma politico utilitarista*, em «Acta Philosophica» 7/1 (1998), 5-22.
- *La justicia politica en Tomás de Aquino*, EUNSA, Pamplona, 2001.

P. C. HENEAUX, *Entre Maurras et Maritain*, Cerf, Paris, 1999.
- *Pio XII. Diplomatico e pastore*, San Paolo, Cinisello Bálsamo, 2004.

B. CHUDOBA, *Rusia y el Oriente de Europa*, Rialp, Madri, 1980.

M. CLAVEL, *Ce que je crois*, Paris, 1975.

L. CLAVELL, J. L. R. SÁNCHEZ DE ALVA, *Gyorgy Lukacs. Storia e coscienza di classe e Estética*, Japadre, L'Aquila, 1976.

E. COLOM, *Democrazia: libertà, verità e valori,* em *La Società* (Vrona) (1993) n. 3, pp. 243-264.

– *Chiesa e Società*, Armando, Roma, 1996.

– *Ecologia e popolazione,* em «Annales Theologici» (Roma), 1998, 12, pp. 485-531.

E. COLOMER, *EL pensamiento alemán de Kant a Heidegger,* Herder, Barcelona, 1990.

J. L. COMELLAS, G. REDONDO, *De las revoluciones al liberalismo,* vol. X da *Historia Universal,* EUNSA, Pamplona, 1984.

F. COPLESTON, *Historia de la filosofia,* Ariel, Barcelona, 1993.

G. COTRONEO, *Liberalismo in Dizionario di Politica,* Ave, Roma, 1993.

S. COURTOIS, *Il libro nero del comunismo,* Mondadori, Milão, 1998.

M. D'ADDIO, *Storia delle dottrine politiche,* ECIG, Gênova, 1992.

D. G. DALIN, *La leggenda nera del Papa di Hitler,* PIEMME, Casale Monferrato, 2007.

C. DAWSON, *Religion and the Modern State,* Sheed & Ward, Londres, 1935.

– *Dinámica de la historia universal,* Rialp, Madri, 1961.

J. L. DE IMAZ, *Los constructores de Europa,* Fundación Carolina, Buenos Aires, 2008.

M. DEL AMO, *Dejáme Nacer,* La Regla de Oro, Madri, 2009.

C. DEVALL, G. SESSIONS, *Ecologia profunda. Vivere come se la natura fosse importante,* Abele, Turim, 1989.

G. ECHAVARREN, *Freud y la antropologia cristiana,* Apuntes Libros, Buenos Aires, 2003.

S. FALASCA, *Un vescovo contro Hitler. Von Galen, Pio XII e la resistenza al nazismo,* Cinisello Bálsamo, 2006.

M. FAZIO, *Ideologia de la emancipación guayaquileña,* Banco Central del Ecuador, Guayaquil, 1987.

– *El Guayaquil colombiano (1822-1830),* Banco Central del Ecuador, Guayaquil, 1988.

– *Descubrimiento de América: derecho natural y pensamiento utópico,* em «Acta Philosophica» 1/2 (1992), 215-232.

– *Interpretaciones de la Evangelización. Del providencialismo a la utopia in História de la Evangelización de América,* Libreria Editrice Vaticana, Cidade do Vaticano, 1992, pp. 609-622.

– *Due visioni della modernità,* em «Acta Philosophica» 2/1 (1993), 135-139.

– *El liberalismo incipiente,* Corporación de Estudios y Publicaciones, Quito, 1995.

– *Autonomia assoluta versus Autonomia relativa. L'incommensurabilità dell'ética sociale liberale com l'ética sociale cristiana nelle encicliche di Giovanni Paolo II,* em «La Società» (Verona), (1995), n. 5, pp. 301-318.

– *Antropologia e filosofia política in alcuni autori dell'età Moderna,* em «Annali Altavilla 1995», Palermo, pp. 77-105.

– *Kierkegaard: un' ermeneutica possibile,* em «Ermeneutica e Metafísica», Città Nuova, Roma, 1995, pp. 97-106.

– *La América ingenua,* Dunken, Buenos Aires, 1996.

– *Il singolo kierkegaardiano: una sintesi in divenire,* em «Acta Philosophica» 5/2 (1996), pp. 221-249.

– *Secularidad e secularismo. Las relaciones Iglesia-Estado en la historia latinoamericana,* em *Qué es la historia de la Iglesia,* EUNSA, Pamplona, 1996, pp. 295-307.

– *Francisco de Vitória: Cristianismo y Modernidad,* Ciudad Argentina, Buenos Aires, 1998.

– *Due Rivoluzionari. Francisco de Vitoria e Jean-Jacques Rousseau,* Armando, Roma, 1998.

– *Un sendero en el bosque. Guia al pensamiento de Kierkegaard,* EDUCA, Buenos Aires, 2007.

– *Iglesia y el liberalismo en Hispanoamérica durante el siglo XIX: el caso sarmiento,* em *Atti del Simpósio Los últimos cien años de la evangelización de América Latina,* Libreria Editrice Vaticana, Cidade do Vaticano, 2000, pp. 643-657.

– *Tre proposte di società cristiana: Berdiaeff, Maritain, Eliot,* em «Acta Philosophica» 9/2 (2000), 287-311.

– *Hilaire Belloc e la crisi della cultura della Modernità,* em «Annales Theologici», vol. 14, (2000), pp. 287-311.

– *Juan Pablo II y las ideologias contemporáneas,* em «Collección» (Buenos Aires) n. 11 (2001), pp. 367-389.

– *Divventare soggetivo em «Il singolo»,* Bibliotheca Kierkegaardiana di Filosofia (Potenza) n. 1. (2000), pp. 61-84.

– *Chesterton: la filosofia del asombro agradecido,* em «Acta Philosophica» 11/1 (2002), pp. 121-142.

– *Religione e vita nei primi scritti di Christopher Dawson,* «Per la Filosofia» (Pisa-Roma) n. 54 (2002), pp. 97-105.

– *La religión en el proyecto de Esteban Echeverría para una Argentina viable,* em «Tábano», Buenos Aires n. 2 (2002), pp. 20-24.

– *Evangelio y Culturas en América Latina. Evangelización, liberalismo, liberación,* 2ª edição, PROMESA, San José de Costa Rica, 2010.

M. FAZIO, F. FERNANDEZ LABASTIDA, *Historia de la filosofía contemporánea*, Palabra, Madri, 2004.

M. FAZIO, D. GAMARRA, *Historia de la filosofía moderna*, Palabra, Madri, 2002.

M. FERRER REGALES e A. PELAEZ LÓPEZ, *Población. Ecologia y medio ambiente*, EUNSA, Pamplona, 1996.

S. FIRESTONE, *The Dialectic of Sex*, Bantham, Nova York, pp. 10-11.

S. FONTANA, *Dottrina Sociale della Chiesa e società liberale*, em «La Società» (Verona), 1993, n. 3, pp. 475-482.

S. FREUD, *Psicologia de la vida erótica*, Bibliotheca Nueva, Madri, 1929.
– *El yo y el ello*, Bibliotheca Nueva, Madri, 1924.
– *Moisés y la religión monoteísta*, Losada, Buenos Aires, 1945.

U. GALEAZZI (org.), *La Scuola di Francoforte*, Città Nuova, Roma, 1978.

D. GAMARRA, *L'immagine illuministica e romantica: ragione critica e sentimento dell'infinito in Immagini dell'uomo*, cit., pp. 39-62.

A. GASPARI, *Los judíos. Pio XII y la leyenda negra*, Planeta Testimonio, Barcelona, 1999.

R. GATTI (org.), *Democrazia, ragione e verità*, Massimo, Milão 1994.
– *Il filo spezzato. Ragione e democrazia in Hans Kelsen*, em *Democrazia, ragione e verità*, Roberto Gatti (org.) Massimo, Milão, 1994, pp. 8-24.

E. GILSON, *D'Aristote à Darwin et retour*, Vrin, Paris, 1976.
– *La società di massa e la sua cultura*, Vita e Pensiero, Milão, 1978.

J. GODECHOT, *Le rivoluzioni*, 1770-1799, Mursia, Milão, 1975.

J. L. GONZÁLEZ NOVALIN, «Juan Bautista Montini. Una vida para el papado», em «Anuário de Historia de la iglesia» VI (1997), Pamplona.

J. HALE, *La civiltà del Rinascimento in Europa*, Mondadori, Milão, 1994.

P. HAZARD, *La crise de la conscience européenne*, Boivin, Paris, 1935.

G. HERMET, *Nazioni e nazionalismi in Europa*, Il Mulino, Bolonha, 1996.

E. HOBSBAWN, *Nations and Nationalism since 1780: Programme, Myth, Reality*, Cambridge University Press, Cambridge, 1990.

R. HORSMAN, *Race and Manifest Destiny*, Harvard University Press, Cambridge (Massachusetts), 1981.

F. HUBEŃAK, «La Iglesia del silencio», em *Politica y Religión. Historia de una incomprensión mutua* (R. Bosca e J. E. Miguens, orgs.), Lumière, Buenos Aires, 2007, pp. 271-311.

J. M. IBAŃEZ LANGLOIS, *Doctrina Social de la Iglesia*, EUNSA, Pamplona, 1987.

E. ISERLOH, *Compendio di teologia e storia della Riforma*, Morcelliana, Brescia, 1990.

L. KAHN, *Letteratura e crisi della fede*, Città Nuova, Roma, 1978.

H. KISSINGER, *Diplomacia*, F. C. E., México, 1995.

H. KOHN, *El nacionalismo*, Paidós, Buenos Aires, 1966.

E. KRAUSE, *Siglo de caudillos*, Tusquets, México, 1994.
- *Puente entre siglos. Venustiano Carranza*, F. C. E., México, 1985.
- *El vertigo de la victoria. Álvaro Obregón*, F. C. E., México, 1987.
- *Reformar desde el origen. Plutarco E. Calles*, F. C. E., México, 1987.
- *General misionero. Lázaro Cárdenas*, F. C. E., México, 1987.

A. LAMBERTINO, *Aspetti della teoria freudiana dell'uomo in Immagini dell'uomo*, cit., pp. 70-76.

G. LANSON, *Les essais de Montaigne*, Mellottée, Paris, 1948.

D. LE TOURNEAU, *Las enseñanzas del Beato Josemaría Escrivá sobre la unidad de vida*, em «Scripta Theologica» XXI (1999/3) (Pamplona), pp. 633-676.

P. LEHNERT, *Pio XII. Il privilegio di servirlo*, Rusconi, Milão, 1984.

M. LILLA, *Pensadores temerários. Los intelectuales en la política*, Debate, Barcelona, 2004.

L. X. LÓPEZ FARJEAT, *Puede un niilista debatir filosóficamente?*, «Ixtus» 54 (2005), pp. 84-94.

H. DE LUBAC, *Le drame de l'humanisme athée*, Spes, Paris, 1959.

S. MACEDO, *Liberal Virtues: Citizenship, Virtue and Community in Liberal Constitutionalism*, Clarendon Press, Oxford, 1990.

J. MEYER, *La cristiada*, Siglo XXI, México, 1973-1974.

C. MOELLER, *Letteratura del XX secolo e cristianesimo*, Vita e Pensiero, Milão, 1966.

M. MONTERO, *La cultura del siglo XX*, em J. Paredes (org.), *Historia universal contemporánea*, Ariel, Madri, 1994, pp. 637-654.

J. MORALES, *El Islam*, Rialp, Madri, 2001.

A. DEL NOCE, *Alle radici della crisi*, em AA. VV., *La crisi della società permissiva*, Ares, Milão, 1972.

D. O' LEARY, *La agenda de gênero. Redefiniendo la igualdad*, Promesa, San José de Costa Rica, 2007.

K. OFFEN, *Definir el feminismo: un análisis histórico comparativo*, «Historia Social» , 1991 (9), pp. 108-110.

J. ORLANDIS, *La Iglesia Católica durante la segunda mitad del siglo XX*, Palabra, Madri, 1999.

Q. PAGANUZZI, *Pro Papa Pio*, Cidade do Vaticano, 1970.

A. PELLICIARI, *Risorgimento da riscrivere*, Ares, Milão, 1998.

G. PIOVESANA, *Storia del pensiero filosófico russo*, Paoline, Cinisello Bálsamo, 1992.

A. POLAINO-LORENTE, *Acotaciones a la antropologia de Freud*, Universidad di Piura, Piura, 1984.

R. PORCIELLO, *«Razionalismo critico» e democrazia in Karl Popper. Ambiguità di un rapporto*, em AA. VV., *Democrazia, ragione e verità*, Roberto Gatti (org.), Massimo, Milão, 1994.

V. POSSENTI, *La dottrina sociale della Chiesa e l'apporto della filosofia*, em La Società, Verona, 1991, n. 1, pp. 30-42.

– *Oltre l'illuminismo. Il messaggio sociale cristiano*, Paoline, Roma, 1983.

– *Il nichilismo teorético e la «morte della metafísica»*, Armando, Roma, 1995.

P. PRINI, *Storia dell'esistenzialismo*, Studium, Roma, 1989.

A. QUEVEDO, *De Foucault a Derrida*, EUNSA, Pamplona, 2001.

G. REALE, D. ANTISERI, *Il pensiero occidentale dalle origini ad oggi*, La Scuola, Brescia, 1983.

G. REDONDO, *La consolidación de las libertades*, vol. XII da *Historia universal*, EUNSA, Pamplona, 1984.

– *Las libertades y la democracia*, vol. XIII da *Historia universal*, cit.

– *Historia de la Iiglesia en España (1931-1939)*, Rialp, Madri, 1993.

E. REINHARDT, *La legítima autonomia de las realidades temporales*, em «Romana» 15 (1992/2), pp. 323-335.

F. REQUENA, «Benedicto XV. Un papa entre dos mundos», em «Anuario de Historia de la Iglesia» VI, Pamplona, 1997.

M. RHONHEIMER, *Perché una filosofia política?*, em «Acta Philosophica» 2/1 (1992), 250-251.

– *L'immagine dell'uomo nel liberalismo*, em *Immagini dell'uomo*, cit., pp. 95-130.

– *La filosofia politica di Thomas Hobbes*, Armando Roma, 1997.

A. RITHSCL, *Geschichte der Pietismus*, A. Marcus, Bona, 1883-1886.

A. RODRÍGUEZ LUÑO, *La formazione della coscienza in materia sociale e politica secondo gli ensegnamenti del Beato Josemaría Escrivá*, em «Romana» 24 (1997/1), pp. 162-181.

– Entrevista de D. CONTRERAS ao professor A. RODRÍGUEZ LUÑO, Boletín ACEPRENSA, Servicio 127/93, Madri, outubro de 1993.

L. ROMERA, *Assimilare la finitezza: com Nietzsche e Heidegger a un bivio*, em «Acta Philosophica» 4/2 (1995), 263-264.

G. RUMI (org.), *Benedetto XV e la pace – 1918*, Morcelliana, Brescia, 1990.

R. RUTLAND, *The Birth of the Bill of Rights. 1776-1791*, Collier-Macmillan, Nova York, 1966.

G. SALE, *Il Novecento tra genocidi, paure e speranze*, Jaca Book, Milão, 2006.

L. SATTA BOSCHIAN, *Ottocento russo. Geni, diavoli e profeti*, Studium, Roma, 1996.

J. SCALA, *La ideologia del gênero o el gênero como herramienta de poder*, Sekotia, Madri, 2010.

P. SINGER, H. KUHSE, *Should the Baby Live? The Problem of Handicapped Infants*, Oxford University Press, Oxford-Nova York-Melbourne, 1995.

G. SOLÉ ROMEO, *Historia del feminismo (siglos XIX y XX)*, EUNSA, Pamplona, 1995.

Ch. TAYLOR, *The Malaise of Modernity*, Anansi, Concord (Ontario), 1991.

H. TITTMAN, *Il Vaticano di Pio XII*, Corbaccio, Milão, 2005.

A. TORNIELLI, *Pio XII. Eugénio Pacelli. Un uomo sul trono di Pietro*, Sim-Mondadori, Milão, 2007.

F. TOSO, *Frammenti d'Europa. Guida alle minoranze étnico-linguistiche e ai fermenti autonomisti*, Baldini & Castoldi, Milão, 1996.

J. TRILLO–FIGUEROA, *La ideologia invisible. El pensamiento de la nueva izquierda radical*, Libros libres, Madri, 2005.
– *Una revolución silenciosa: la política sexual del feminismo socialista*, Libros libres, Madri, 2009.

T. URDANOZ, *Síntesis teológico-jurídica de la doctrina de Vitoria*, em F. DE VITÓRIA, *Relectio de Indis*, Corpus Hispanorum de Pace, BAC, Madri, 1967.

A. USLAR PIETRI, *Obras selectas*, EDIME, Madri-Caracas, 1956.

J. M. VALVERDE, *Historia de la literatura*, Noguer, Barcelona, 1959.

N. VARELA, *Feminismo para principiantes*, Ediciones B, Barcelona, 2005.

G. VATTIMO, *Le avventure della differenza. Che cosa significa pensare dopo Nietzche ed Heidegger*, Garzanti, Milão, 1980.
– *La fine della Modernità. Nichilismo ed ermeneutica nella cultura postmoderna*, Garzanti, Milão, 1985.
– *La società trasparente*, Garzanti, Milão, 1989.

E. VENTURA, *Sobre hechos e ideas políticas*, Ciudad Argentina, Buenos Aires, 1997.

M. WHITE, *The Philosophy of the American Revolution*, Oxford University Press, Nova York, 1978.

I. YARZA (org.), *Immagini dell'uomo. Percorsi antropologici nella filosofia moderna*, Armando, Roma, 1996.

Direção geral

Renata Ferlin Sugai

Direção editorial

Hugo Langone

Produção editorial

Juliana Amato

Gabriela Haeitmann

Ronaldo Vasconcelos

Revisão

Juliana Amato

Gabriel de Vitto

Capa

Larissa Fernandez

Diagramação

Sérgio Ramalho

ESTE LIVRO ACABOU DE SE IMPRIMIR
A 27 DE NOVEMBRO DE 2023,
EM PAPEL IVORY SLIM 65 g/m².